Harrer (Hg.)
Mitarbeiterbeteiligungen und Stock-Option-Pläne

Mitarbeiterbeteiligungen und Stock-Option-Pläne

Herausgegeben von

Dr. Herbert Harrer, LL.M.
Rechtsanwalt in Frankfurt und
Attorney at Law (New York)

Bearbeitet von

Dipl.-Kfm. Daniel *Brunner*, München; Peter *Erwe*, Rechtsanwalt in Frankfurt; Dr. Raimund *Gmeiner*, München; Dr. Herbert *Harrer*, LL.M., Attorney at Law (New York), Rechtsanwalt in Frankfurt; Dipl.-Kfm. Dieter *Heidemann*, Wirtschaftsprüfer und Steuerberater in München; Carsten *Hölscher*, Rechtsanwalt und Berater in Wiesbaden; Ulli *Janssen*, Rechtsanwalt in Frankfurt; Johannes *Köhler*, London; Frank *Lenzen*, Rechtsanwalt in Frankfurt; Dipl.-Volksw. Dr. Franz-Josef *Leven*, Frankfurt; Dipl.-Kfm. Dr. Christoph *Mittermaier*, M.B.A., München; Dr. Rosemarie *Portner*, LL.M., Rechtsanwältin und Steuerberaterin in Bonn; Dr. Christian *Roschmann*, Rechtsanwalt in São Paulo; Dr. Jürgen *Siebel*, München; Dr. Michael *Tepass*, LL.M., Rechtsanwalt und Fachanwalt für Arbeitsrecht in Frankfurt; Dipl.-Kfm. Professor Dr. Rüdiger Freiherr *von Rosen*, Frankfurt

2., neubearbeitete Auflage

Verlag C. H. Beck München 2004

Verlag C.H. Beck im Internet:
beck.de

ISBN 3 406 51666 1

© 2004 Verlag C.H. Beck oHG
Wilhelmstraße 9, 80801 München

Satz: Fotosatz Buck
Zweikirchener Str. 7, 84036 Kumhausen

Druck: fgb · freiburger graphische betriebe
Bebelstraße 11, 79108 Freiburg

Gedruckt auf säurefreiem, alterungsbeständigem Papier
(hergestellt aus chlorfrei gebleichtem Zellstoff)

Vorwort

Seit der 1. Auflage dieses Buchs im Jahr 2000 haben sich Mitarbeiterbeteiligungsprogramme und Stock-Option-Pläne bei deutschen Gesellschaften weiter etabliert. Sie sind insbesondere wegen einer dadurch verursachten starken Erhöhung der Vergütung der Führungskräfte jedoch auch auf heftige Kritik gestoßen.

Neue Entwicklungen in rechtlicher und wirtschaftlicher Hinsicht haben eine Neuauflage dieses Buchs erforderlich gemacht. Hierzu zählen u.a. der Einfluss des Corporate Governance Kodex und die Verpflichtung zur Mitteilung von bestimmten Geschäften nach den neuen sog. Directors' Dealings. Zusätzlich zu den bisherigen Beiträgen wurde ein Kapitel zur bilanziellen Behandlung von Mitarbeiterbeteiligungsprogrammen ergänzt. Die Musterdokumentation wurde deutlich erweitert. Der Kreis der Autoren konnte weitgehend beibehalten werden. Änderungen gab es jedoch bei der Darstellung von Mitarbeiterbeteiligungsprogrammen von Unternehmen. Dank gilt erneut den Mitautoren für die Bereitschaft zur Mitarbeit an der 2. Auflage und die sorgfältige Überarbeitung ihrer Beiträge. Mein Dank gilt weiterhin dem Verlag C.H. Beck, insbesondere Herrn Matthias Hoffmann, für die verlegerische Betreuung des Werks.

Frankfurt, im März 2004 *Dr. Herbert Harrer*

Inhaltsverzeichnis

Vorwort	V
Abkürzungsverzeichnis	XV
Bearbeiterverzeichnis	XIX

A. Mitarbeiterbeteiligung und Stock-Option-Pläne in Deutschland und im internationalen Vergleich 1
- I. Mitarbeiterbeteiligung und Aktienoptionspläne in Deutschland 1
  - 1. Mitarbeiterbeteiligung – Ziele und Grundideen 1
  - 2. Formen der Mitarbeiterbeteiligung in Deutschland – ein erster Überblick 3
    - a) Mitarbeiterkapitalbeteiligung 3
      - aa) Überblick 3
      - bb) Mitarbeiterkapitalbeteiligung in Aktiengesellschaften . 4
        - aaa) Belegschaftsaktien 4
        - bbb) Aktienoptionspläne 5
        - ccc) Andere Modelle 7
    - b) Erfolgsbeteiligung 9
    - c) Immaterielle Beteiligung 9
  - 3. Förderung der Mitarbeiterbeteiligung durch den Gesetzgeber 10
    - a) Vermögensbildungsgesetz 10
    - b) § 19a EStG 11
    - c) Finanzierung ohne staatliche Förderung 12
  - 4. Verbreitung der Mitarbeiterbeteiligung in Deutschland 12
    - a) Unternehmen mit Mitarbeiterbeteiligung in Deutschland 12
    - b) Verbreitung von Belegschaftsaktien 14
    - c) Verbreitung und Erfolg von Aktienoptionsplänen 18
  - 5. Ausblick 20
- II. Mitarbeiterbeteiligungs- und Aktienoptionspläne im internationalen Vergleich 21
  - 1. Einführung 21
  - 2. Überblick über die Verbreitung und Gestaltung von Aktienkauf- und Aktienoptionsplänen in den unterschiedlichen Ländern 22
    - a) Mitarbeiterbeteiligungspläne für die breite Belegschaft ... 22
      - aa) Vereinigte Staaten 23
      - bb) Großbritannien 25
      - cc) Frankreich 26

Inhaltsverzeichnis

dd) Mitarbeiterbeteiligungspläne in anderen Ländern	27
b) Beteiligungspläne als Anreizvergütung für einen beschränkten Führungskräftekreis	27
3. Einführung eines Aktienoptionsplans für eine lokale Tochtergesellschaft im Ausland	31
a) Überlegungen im Zusammenhang mit der Einführung eines globalen Aktienoptionsplans	31
b) Überblick	32
c) Steuerrecht	33
aa) Lohnsteuerliche Aspekte	33
bb) Sozialversicherungsabgaben	34
cc) Einbehalt von gesetzlichen Abgaben durch das Unternehmen	35
dd) Kapitalertragsteuern	35
ee) Weiterbelastung und Absetzbarkeit der Kosten als Betriebsausgaben	36
d) Kapitalmarkt- und wertpapierrechtliche Bestimmungen	36
e) Arbeitsrechtliche Bestimmungen	37
f) Alternative Vorgehensweisen bei rechtlichen Beschränkungen	39
4. Trends und Entwicklungen	39
B. Rechtliche Aspekte	**41**
I. Gesellschaftsrechtliche Aspekte	41
1. Einführung	41
2. Formen der Mitarbeiterbeteiligung	42
a) Gewinnbeteiligung	42
b) Virtuelle Aktien	43
c) Mitarbeiterdarlehen	43
d) Stille Beteiligung	44
e) Genussrechte/Genussscheine	44
f) GmbH- und Kommanditbeteiligung	45
g) Belegschaftsaktien	46
3. Aktienoptionen	48
a) Definition	48
b) Zielsetzungen	48
aa) Mitarbeitermotivation im weiteren Sinn	48
bb) Kapitalbeschaffung für das Unternehmen	49
cc) Kritik	49
c) Einzelfragen	50
aa) Gesellschaftsrechtliche Grundlagen unter Berücksichtigung des KonTraG	50
aaa) Erwerb eigener Aktien	51
bbb) Gewährung von Aktienoptionen aufgrund einer Kapitalerhöhung	52

Inhaltsverzeichnis

	bb) Durchführung eines Aktienoptionsplanes (SOP)	53
	aaa) Der alte Weg: Optionsanleihen oder Wandelschuldverschreibungen	53
	bbb) Der neue Weg: Bedingtes Kapital für Aktienoptionspläne gemäß KonTraG	55
	ccc) Inhalt des Hauptversammlungsbeschlusses (§ 193 Abs. 2 AktG n.F.)	56
	ddd) Die weiteren Voraussetzungen des Aktienoptionsplanes	58
	eee) Ermächtigungsbeschluss der Hauptversammlung (§ 192 Abs. 2 Nr. 3 AktG n.F.)	58
	fff) Bezugsrecht der Aktionäre	58
	ggg) Fixgehalt und Aktienoptionen	59
	cc) Sonstige rechtliche Aspekte	60
	aaa) Begründung und inhaltliche Ausgestaltung von Aktienoptionsplänen	60
	bbb) Angemessenheit der Vergütung, §§ 86, 87 AktG .	61
II.	Steuerrechtliche Aspekte:	62
	Besteuerung von Stock Options – Nationale und internationale Aspekte	62
	1. Einleitung und Problemstellung	62
	1.1 Einleitung	62
	1.2 Problemstellung	62
	2. Besteuerung von Stock Options auf der Grundlage nationalen deutschen Rechts	65
	2.1 Einkunftsart	65
	2.2 Zeitpunkt der Besteuerung	67
	2.2.1 Zeitpunkt der Besteuerung nicht handelbarer Stock-Options	67
	2.2.2 Zeitpunkt der Besteuerung handelbarer Stock-Options	69
	2.2.3 Handelbarkeit	71
	2.2.4 Tausch nicht handelbarer Stock Options vor Optionsausübung	71
	2.3 Bewertung des Sachbezugs	72
	2.3.1 Handelbare Stock Options	72
	2.3.2 Nicht handelbare Stock Options	73
	2.3.3 Schlussfolgerungen aus der Bewertungsregelung des Erlasses	75
	2.4 Anwendbarkeit der Tarifermäßigung nach § 34 EStG	76
	2.5 Lohnsteuerabzug	77
	2.5.1 Inländischer Arbeitgeber	77
	2.5.2 Entsandtes Personal	77

Inhaltsverzeichnis

		2.5.3 Optionsgewährung durch die ausländische Muttergesellschaft	78
	2.6	Stock Appreciation Rights/Phantom Stock	79
	3.	Besteuerung von Stock Options bei grenzüberschreitenden Sachverhalten	80
	3.1	Szenario	80
	3.2	Besteuerung des Vorteils aus der Optionsgewährung zu unterschiedlichen Zeitpunkten	83
	3.3	Zuordnung des Vorteils aus der Optionsgewährung zu einer Tätigkeit, die vor oder nach Optionseinräumung ausgeübt wurde	84
	3.4	Aufteilung des Besteuerungsrechts zwischen den Fisken	85
	3.5	Vermeidung der Doppelbesteuerung bei Mehrfachansässigkeit	88
	3.6	Qualifikation von Einkünften als Einkünfte aus unselbständiger Arbeit oder Veräußerungsgewinne	89
	3.7	Veräußerung und Tausch von Stock Options bei Unternehmensübernahme und -fusionen	91
	3.8	Zusammenfassung	91
III.	Bilanzrechtliche Aspekte		92
	1. Einführung		92
	2. Bilanzierung nach IAS/IFRS		93
	2.1	Überblick	93
	2.2	Gegenwärtige Behandlung	94
	2.3	Aktuelle Entwicklungen – Exposure Draft ED 2	95
		2.3.1 Anwendungsbereich	95
		2.3.2 Ansatz	96
		2.3.3 Bewertung	99
		2.3.4 Anhangsangaben	105
		2.3.5 Inkrafttreten und Übergangsvorschriften	105
	3. Bilanzierung nach US-GAAP		106
	3.1	Überblick	106
	3.2	Gegenwärtige Behandlung	108
		3.2.1 Ansatz	108
		3.2.2 Bewertung	108
		3.2.3 Anhangsangaben	111
	3.3	Aktuelle Entwicklungen	111
		3.3.1 Übergang zur fair value-Bilanzierung nach SFAS 148	111
		3.3.2 Annäherung zwischen ED 2 und den US-GAAP-Regelungen	112
	4. Bilanzierung nach deutschen Rechnungslegungsvorschriften		113

Inhaltsverzeichnis

	5. Fair value-Bewertung von Optionsrechten		113
	6. Fazit		117
IV.	Arbeitsrechtliche Aspekte		119
	1. Einleitung		119
	2. Anspruchsgrundlagen für Aktienoptionen		119
	a) Arbeitgeberseitig gewollte Ansprüche auf Aktienoptionen		120
	aa) Betriebsvereinbarungen, Sprecherausschussvereinbarungen		120
	aaa) Betriebsvereinbarungen mit dem Betriebsrat		120
	bbb) Sprecherausschussvereinbarungen mit dem Sprecherausschuss		121
	bb) Gesamtzusage, Einheitsregelung		121
	cc) Einzelzusagen		122
	b) Potentielle Leistungserweiterung: Gleichbehandlungsgebot und betriebliche Übung		122
	aa) Gleichbehandlungsgrundsatz		122
	aaa) Differenzierung nach Hierarchiegruppen		123
	bbb) Differenzierung nach Geschäftsbereichen, Betrieben und Unternehmen		123
	ccc) Differenzierung nach Vollzeit- und Teilzeitarbeitnehmern, geringfügig oder befristet beschäftigte Arbeitnehmer		123
	ddd) Ausschuss von Erziehungsurlaubern, etc.		124
	bb) Betriebliche Übung		124
	3. Mitwirkung der Arbeitnehmervertretungen bei Einführung und Ausgestaltung von Aktienoptionsplänen		125
	a) Mitbestimmung des Betriebsrates		126
	aa) Bestehen eines Mitbestimmungsrechtes		126
	bb) Umfang des Mitbestimmungsrechts		126
	aaa) Mitbestimmungsfreie Vorgaben des Arbeitgebers		126
	bbb) Insbesondere: der Hauptversammlungsbeschluss über die bedingte Kapitalerhöhung, § 192 ff. AktG		128
	ccc) Mitbestimmungspflichtige Ausgestaltungsregelungen		129
	cc) Sanktionen		129
	b) Mitwirkung des Sprecherausschusses bei Aktienoptionsplänen		129
	aa) Intensität des Mitwirkungsrechts		129
	bb) Sanktionen		130
	c) Zuständigkeit auf Seiten der Arbeitnehmervertretungen		131
	4. Regelungen über den Verlust der Aktienoptionen bei Ausscheiden aus dem Unternehmen		131

	5. Aktienoptionen und Betriebsübergang	133
	a) Gewährung der Aktienoptionen durch ein vom Arbeitgeber verschiedenes Unternehmen	134
	b) Gewährung der Aktienoptionen durch das Arbeitgeber-Unternehmen	134
	c) Konsequenzen für die Praxis	135
V.	Wertpapier- und kapitalmarktrechtliche Aspekte	137
	1. Einführung	137
	2. Prospektpflichtigkeit nach Wertpapier-Verkaufsprospektgesetz	137
	3. Prospektpflichtigkeit bei Zulassung in verschiedenen Marktsegmenten	138
	a) Marktsegmente	138
	b) Amtlicher Markt	138
	c) Geregelter Markt	140
	d) Darstellung in Prospekten	140
	4. Erstellung eines Informationsmemorandums	141
	5. Prospekthaftung	141
	6. Insiderrecht	142
	a) Allgemeines	142
	b) Begriffsbestimmungen	142
	c) Verbot des Insiderhandels	143
	d) Insiderhandeln bei Mitarbeiterbeteiligungsprogrammen und Stock-Option-Plänen	144
	aa) Ausgangslage	144
	bb) Einführung und Zuteilung	145
	cc) Ausübung	146
	dd) Veräußerung	147
	e) Pflicht zur Veröffentlichung und Mitteilung kursrelevanter Tatsachen	148
	f) Veröffentlichung und Mitteilung von Geschäften (sog. Directors' Dealings)	149

C. **Mitarbeiterbeteiligungsprogramme aus Sicht eines Unternehmens: Eigenkapitalbasierte Vergütung bei Siemens** ... 151

1. Siemens ... 151
2. Ziele eigenkapitalbasierter Vergütung ... 152
3. Beteiligte Mitarbeiter ... 153
4. Nationale und internationale Programme ... 153
5. Belegschaftsaktien ... 154
   5.1 Ziele ... 156
   5.2 Design ... 156
   5.3 Administration ... 158
   5.4 Kommunikation ... 159

Inhaltsverzeichnis

6.	Stock Options	160
	6.1 Ziele	161
	6.2 Beteiligte	161
	6.3 Design	162
	a) Ausübungszeitraum, Ausübungssperrfristen und Regelungen des Insiderrechts	163
	b) Ausübungspreis	163
	c) Ausübungshürde	163
	d) Übertragbarkeit und Verfall der Bezugsrechte	164
	e) Steuerliche und sozialversicherungsrechtliche Behandlung	164
	6.4 Administration	164
	6.5 Kommunikation	165
7.	Ausblick	165
8.	Schlussbemerkung	166

D. Mitarbeiterbeteiligung aus Sicht einer beratenden Bank 167
   I.   Die Rolle der Banken bei der Entstehung innovativer Mitarbeiterbeteiligungsmodelle 167
   II. Neue Formen der Mitarbeiterbeteiligung in Deutschland 170
       1. Leveraged ESOP 170
       2. Reine Optionsmodelle 171
       3. Outperformance-Modelle 172
   III. Die Rolle der Banken bei der Beratung und Implementierung innovativer Modelle 173
       1. Die Rolle der Banken bei Programmgestaltung, -verwaltung und -hedging verschiedener Modellvarianten 174
          a) Die Leistungen der Bank bei Aktienmodellen (ESOPs) .. 174
          b) Die Leistungen der Bank bei Stock Option Modellen ... 175
          c) Die Leistungen der Bank bei Outperformance-Modellen 177
       2. Entscheidungsparameter bei der Wahl des optimalen Programms 178
          a) Definition der Ziele des Unternehmens 178
          b) Vergleich: Optionsprogramm auf bestehende oder auf junge Aktien 180
          c) Kosten der Implementierung 181
          d) Modellvarianten zur Verbesserung der Steuereffizienz ... 182
       3. Globalisierung des Programms 183
          a) Globales Optionsmodell 183
          b) Globales Leveraged ESOP 184
       4. Einbettung der Mitarbeiterbeteiligung in die langfristige Unternehmensstrategie 185
          a) Verbindung der Mitarbeiterbeteiligung mit einem Aktienrückkaufprogramm 185

XIII

	b) Koppelung mit dem ADR-(American Depository Receipt)-Programm des Unternehmens	186
IV.	Pricing und Risikomanagement der Partnerbank bei innovativen Modellen	188
	1. Preisfindung bei Leveraged ESOP und Optionsmodellen	189
	2. Hedging des Stillhalterisikos bei der Bank	191
V.	Der Weg nach vorn?	193

Anhang. Mustertexte 195

    1. Hauptversammlungsbeschluss für Aktienoptionen aus genehmigtem Kapital 196
    2. Optionsvereinbarung 200
    3. Beschluss des Vorstands 206
    4. Beschluss des Aufsichtsrats 207
    5. Bezugserklärung Aktienoptionsprogramm 208
    6. Musterbeschluss für den Erwerb und die Verwendung eigener Aktien 210

Sachregister 215

Abkürzungsverzeichnis

a.a.O.	am angeführten Ort
a.E.	am Ende
a.F.	alte(r) Fassung
ABl. EG	Amtsblatt der Europäischen Gemeinschaften
AcSB	Accounting Standards Board
ADR	American Depository Receipt
AG	Aktiengesellschaft; auch Die Aktiengesellschaft (Zeitschrift)
AGP	Arbeitsgemeinschaft zur Förderung der Partnerschaft in der Wirtschaft
AktG	Aktiengesetz
AO	Abgabenordnung
AP	Arbeitsrechtliche Praxis
APB	Accounting Principles Board Opinion(s)
AT	außertariflich (bei Mitarbeitern)
BAFin	Bundesanstalt für Finanzdienstleistungsaufsicht
BAG	Bundesarbeitsgericht
BAKred	Bundesaufsichtsamt für das Kreditwesen (*seit dem 1.5.2002*: Bundesanstalt für Finanzdienstleistungsaufsicht – BAFin)
BAWe	Bundesaufsichtsamt für den Wertpapierhandel (*seit dem 1.5.2002*: Bundesanstalt für Finanzdienstleistungsaufsicht – BAFin)
BB	Betriebs-Berater (Zeitschrift)
BetrAVG	Gesetz über die betriebliche Altersversorgung
BetrVG	Betriebsverfassungsgesetz
BewG	Bewertungsgesetz
BFH	Bundesfinanzhof
BGB	Bürgerliches Gesetzbuch
BGBl.	Bundesgesetzblatt
BGH	Bundesgerichtshof
BGHZ	Entscheidungen des Bundesgerichtshofs in Zivilsachen
BMA	Bundesministerium für Arbeit und Sozialordnung
BMF	Bundesministerium der Finanzen
BörsG	Börsengesetz
BörsO	Börsenordnung
BörsZulV	Börsenzulassungsverordnung
BR-Drs.	Bundesrats-Drucksache
BStBl.	Bundessteuerblatt
BT-Drs.	Bundestags-Drucksache
CAPM	Capital Asset Pricing Models
d.h.	das heißt
DAI	Deutsches Aktieninstitut
DAX	Deutscher Aktien-Index
DB	Der Betrieb (Zeitschrift)
DCF	Discounted Cashflow
DRS	Deutsche(r) Rechnungslegungsstandard(s)
DRSC	Deutsches Rechnungslegungs Standards Committee
DSR	Deutscher Standardisierungsrat
DStR	Deutsches Steuerrecht (Zeitschrift)
ED	Exposure Draft

XV

Abkürzungsverzeichnis

EFG	Entscheidungen der Finanzgerichte
EG	Europäische Gemeinschaft(en)
Einl.	Einleitung
EK	Eigenkapital
EPS	Earnings per Share
ERISA	Employee Retirement Income Security Act (USA)
ESOP	Employee Stock Ownership Program (Mitarbeiterbeteiligungsprogramm)
EStG	Einkommensteuergesetz
FAZ	Frankfurter Allgemeine Zeitung
FCPE	Fonds Commun de Placement d'Entreprise
FF	Französische Francs
FFG	(1.–4.) Finanzmarktförderungsgesetz
FG	Finanzgericht
FIN	FASB Interpretation
FK	Fremdkapital
Fn.	Fußnote
FS	Festschrift
FTSE 100	Financial Times Stock Exchange Top 100
GbRmbH	Gesellschaft Bürgerlichen Rechts mit beschränkter Haftung
GewStG	Gewerbesteuergesetz
GmbH	Gesellschaft mit beschränkter Haftung
GuV	Gewinn- und Verlustrechnung
HGB	Handelsgesetzbuch
IAS	International Accounting Standard(s)
IASB	International Accounting Standards Board
IASC	International Accounting Standards Committee
IBFD	International Bureau for Fiscal Documentation
i.d.R.	in der Regel
IDW	Institut der Wirtschaftsprüfer
IFRS	International Financial Reporting Standard(s)
IRC	International Revenue Code (USA)
ISO	Incentive Stock Options
i.V.m.	in Verbindung mit
JBFfSt	Jahrbuch der Fachanwälte für Steuerrecht
KGaA	Kommanditgesellschaft auf Aktien
KGV	Kurs-Gewinn-Verhältnis
KonTraG	Gesetz zur Kontrolle und Transparenz im Unternehmensbereich
KoR	Kapitalmarktorientierte Rechnungslegung (Zeitschrift)
KStG	Körperschaftsteuergesetz
LESOP	Leveraged Employee Stock Ownership Program (Mitarbeiterbeteiligung durch Aktienerwerb mit Arbeitgeberdarlehen)
LG	Landgericht
LStDV	Lohnsteuerdurchführungsverordnung
LStR	Lohnsteuer-Richtlinien
LTI	Long Term Incentive (langfristiger Anreiz)
m.w.N.	mit weiteren Nachweisen
MA	Musterabkommen
MAB	Guski/Schneider, Mitarbeiter-Beteiligung, 20. Aufl. 1999
Mio.	Million(en)
Mrd.	Milliarden
n.F.	neue(r) Fassung
NCEO	National Center for Employee Ownership (USA)
NJW	Neue Juristische Wochenschrift (Zeitschrift)
NQSO	Non-qualified Stock Options
NWB	Neue Wirtschafts-Briefe (Zeitschrift)

Abkürzungsverzeichnis

NZA	Neue Zeitschrift für Arbeitsrecht (Zeitschrift)
NZG	Neue Zeitschrift für Gesellschaftsrecht (Zeitschrift)
OECD	Organization for Economic Cooperation and Development (Organisation für wirtschaftliche Zusammenarbeit und Entwicklung)
OECD-MA	OECD-Musterabkommen
OFD	Oberfinanzdirektion
p.a.	per annum (pro Jahr)
Par.	Paragraph
PEE	Plan d'Épargne d'Entreprise (Frankreich: Sparplan zur Vermögensbildung)
PSD	Postspar- und Darlehensverein
RG	Reichsgericht
RGZ	Entscheidungen des Reichsgerichts in Zivilsachen
RL	Richtlinie
RoE	Return on Equity (Kapitalertrag)
Rz.	Randziffer
S&P 500	Standard & Poor's 500
S.	Seite
SAR	Stock Appreciation Rights
SAYE	Save As You Earn
SEC	Securities and Exchange Commission (USA)
SFAS	Statement of Financial Accounting Standards
SMWA	Sächsisches Ministerium für Wirtschaft und Arbeit
SOP	Stock Option Plan
SprAuG	Sprecherausschußgesetz
StAR/Star	Stock Appreciation Rights Program (Aktienoptionsprogramm der SAP AG)
StuW	Steuer und Wirtschaft
Tz	Textziffer, Teilziffer (bei manchen Sammelwerken)
u.a.	und andere; unter anderem
US-GAAP	United States Generally Accepted Accounting Principles
v.H.	vom Hundert
VerkProspG	Wertpapier-Verkaufsprospektgesetz
vgl.	vergleiche
VS	Vertragsstufe
WiB	Wirtschaftsrechtliche Beratung (bis 1997; seit 1998 NZG) (Zeitschrift)
WM	Wertpapier-Mitteilungen (Zeitschrift)
WP	Wirtschaftsprüfer; auch Das Wertpapier (Zeitschrift)
WPg	Die Wirtschaftsprüfung (Zeitschrift)
WpHG	Wertpapierhandelsgesetz
WpÜG	Wertpapiererwerbs- und -übernahmegesetz
z.B.	zum Beispiel
ZBB	Zeitschrift für Bankrecht und Bankwirtschaft (Zeitschrift)
ZH	Entscheide des Obergerichts Zürich
ZHR	Zeitschrift für das gesamte Handels- und Wirtschaftsrecht (Zeitschrift)
ZIP	Zeitschrift für Wirtschaftsrecht (Zeitschrift)

Bearbeiterverzeichnis

Autor/in	Bearbeitungsanteil
Dipl.-Kfm. Daniel *Brunner*, Mitarbeiter der O & R Oppenhoff & Rädler AG, München	B.III (gemeinsam mit D. Heidemann und Dr. Ch. Mittermaier)
Peter *Erwe*, Rechtsanwalt in Frankfurt	B.I (gemeinsam mit Dr. C. Roschmann)
Dr. Raimund *Gmeiner*, Executive Compensation, Siemens AG, München	C. (gemeinsam mit Dr. J. Siebel)
Dr. Herbert *Harrer*, LL.M. (Columbia), Attorney at Law (New York), Rechtsanwalt in Frankfurt, Partner der Sozietät Linklaters Oppenhoff & Rädler	Herausgeber; B.V; Anhang: Mustertexte (gemeinsam mit U. Janssen)
Dipl.-Kfm. Dieter *Heidemann*, Wirtschaftsprüfer und Steuerberater in München, Vorstand der O & R Oppenhoff & Rädler AG	B.III (gemeinsam mit Dr. Ch. Mittermaier und D. Brunner)
Carsten *Hölscher*, Rechtsanwalt und Berater in Wiesbaden, Hewitt Associates GmbH	A.II
Ulli *Janssen*, Rechtsanwalt in Frankfurt, Linklaters Oppenhoff & Rädler	Anhang: Mustertexte (gemeinsam mit Dr. H. Harrer)
Johannes *Köhler*, Dresdner Kleinwort Wasserstein, London	D.
Frank *Lenzen*, Rechtsanwalt in Frankfurt, Linklaters Oppenhoff & Rädler	B.IV (gemeinsam mit Dr. M. Tepass)
Dipl.-Volksw. Dr. Franz-Josef *Leven*, Deutsches Aktieninstitut e.V., Frankfurt	A.I (gemeinsam mit Prof. Dr. R. Frhr. von Rosen)
Dipl.-Kfm. Dr. Christoph *Mittermaier*, MBA, Rechtsanwalt in München, Mitarbeiter der O & R Oppenhoff & Rädler AG in München	B.III (gemeinsam mit D. Heidemann und D. Brunner)
Dr. Rosemarie *Portner*, LL.M., Rechtsanwältin und Steuerberaterin in Bonn, Partnerin der Sozietät Meilicke Hoffmann & Partner	B.II
Dr. Christian *Roschmann*, Rechtsanwalt in São Paulo, Partner der Sozietät Linklaters Oppenhoff & Rädler	B.I (gemeinsam mit P. Erwe)

Bearbeiterverzeichnis

Dr. Jürgen *Siebel*, Corporate Personnel, Compensation & Benefits, Siemens AG, München

C. (gemeinsam mit Dr. R. Gmeiner)

Dr. Michael *Tepass*, Rechtsanwalt und Fachanwalt für Arbeitsrecht in Frankfurt, Partner der Sozietät Linklaters Oppenhoff & Rädler

B.IV (gemeinsam mit F. Lenzen)

Dipl.-Kfm. Professor Dr. Rüdiger Freiherr *von Rosen*, Geschäftsführer, Deutsches Aktieninstitut e.V., Frankfurt

A.I (gemeinsam mit Dr. F.-J. Leven)

A. Mitarbeiterbeteiligung und Stock-Option-Pläne in Deutschland und im internationalen Vergleich*

I. Mitarbeiterbeteiligung und Aktienoptionspläne in Deutschland

1. Mitarbeiterbeteiligung – Ziele und Grundideen

Mitarbeiterbeteiligung kann in einem weiten Sinne verstanden werden als die Beteiligung des Mitarbeiters an ideellen und/oder materiellen Rechten und Funktionen im Unternehmen des Arbeitgebers, welche über die typischerweise in Arbeitsverträgen festgelegten Rechte und Funktionen hinausgehen.[1]

Die Grundidee, Mitarbeiter am Unternehmen zu beteiligen, geht in Deutschland zurück in die Zeit der Weimarer Republik.[2] Sie entstand mit der Absicht, die Legitimation der Institution des Privateigentums zu stärken, die sich insbesondere nach den beiden Weltkriegen 1918 und 1945 Kritik ausgesetzt sah. Mit der Mitarbeiterbeteiligung ist in Deutschland lange Zeit vor allem das Ziel einer Erhöhung der Verteilungsgerechtigkeit verbunden worden. Das erste Vermögensbildungsgesetz von 1961 kann als der Versuch angesehen werden, der starken Vermögenskonzentration der fünfziger Jahre entgegenzuwirken.[3]

Mittlerweile stehen bei der Einführung betrieblicher Beteiligungsmodelle jedoch neue Ziele wie die Steigerung der Mitarbeitermotivation, die Flexibilisierung von Personalkosten und die Verbesserung der Finanzierungssituation der Unternehmen im Vordergrund. In einer Untersuchung aus dem Jahr 1993 rangierte bei den befragten Unternehmen das Ziel der Mitarbeitermotivation (Produktivität, Kostenbewusstsein, Identifikation) mit 34,6 Prozent an erster Stelle, gefolgt von der Ausnutzung von Finanzierungseffekten (Gewinnung von Liquidität, Verbesserung der Kapitalstruktur und Steuerersparnis) mit 21,2 Prozent und der partnerschaftlichen Integration der Mitarbeiter (Mitverantwortung) mit

---

* Die Verfasser danken Frau Dipl.-Vw. Petra Kachel für ihre Unterstützung bei der Erstellung des Beitrags.
[1] Vgl. *Schlecht,* Einführung, in: Bertelsmann/Prognos (Hrsg.), Mitarbeiter am Kapital beteiligen: Leitfaden für die Praxis, Gütersloh 1997, S. 12.
[2] Erste Anfänge sind bereits im letzten Jahrhundert zu verzeichnen. So gab es schon 1867 bis 1874 in Deutschland fünf Aktiengesellschaften mit einer direkten Kapitalbeteiligung der Mitarbeiter. Vgl. *Gaugler,* Vermögensbildung, Mitarbeiterbeteiligung und Unternehmensfinanzierung, in: Kirchenamt der Evangelischen Kirche in Deutschland/Sekretariat der Deutschen Bischofskonferenz (Hrsg.), Beteiligung am Produktiveigentum, Hameln 1993, S. 219. Zur Geschichte der Mitarbeiterbeteiligung in Deutschland ab 1918 vgl. insb. *Wagner,* Renaissance der Mitarbeiterbeteiligung, in: Betriebs-Berater, Beil. 7 zu H.25/1995, S. 2–5.
[3] Vgl. *Wagner,* Renaissance der Mitarbeiterbeteiligung, a.a.O., S. 4.

A. Mitarbeiterbeteiligung und Stock-Option-Pläne

17,3 Prozent.[4] In den neuen Bundesländern ist Mitarbeiterbeteiligung in vielen Fällen als Finanzierungsbeitrag zur Privatisierung und Sanierung des eigenen Unternehmens und damit zur Arbeitsplatzsicherung genutzt worden.[5]

4   Dass eine Beteiligung der Mitarbeiter tatsächlich die oben genannten Auswirkungen hat, lässt sich empirisch belegen. Nach einer Untersuchung der AGP e.V. und der Gesamthochschule Kassel entwickeln sich Produktivität und Krankenstand in Unternehmen mit Mitarbeiterbeteiligung deutlich günstiger als in vergleichbaren Unternehmen ohne Mitarbeiterbeteiligung.[6]

5   Einer Studie der Bertelsmann-Stiftung zufolge kann in Unternehmen mit Mitarbeiterkapitalbeteiligung eine signifikant hohe Identifikation des Managements mit dem Unternehmen festgestellt werden.[7]

6   Für junge Wachstumsunternehmen ist Mitarbeiterbeteiligung besonders interessant, weil damit das Problem geringer Liquidität gelöst und gleichzeitig die Mitarbeiter, insbesondere qualifizierte Führungskräfte, an das Unternehmen gebunden werden können, ohne dass hohe Gehälter gezahlt werden müssen.[8] Der Börsengang wird häufig mit der Einführung eines Mitarbeiterbeteiligungsmodells verbunden. Wenn sich die Mitarbeiter von Anfang an in hohem Maße am Unternehmen beteiligen, erhöht dies auch das Vertrauen externer Kapitalgeber und damit nicht zuletzt den erzielbaren Emissionskurs.[9]

7   Auffällig ist trotz aller Fortschritte die nach wie vor bestehende Zurückhaltung gegenüber der Mitarbeiterbeteiligung in Deutschland, insbesondere im Vergleich zu anderen Ländern wie den USA. Auch die Förderung durch den Gesetzgeber hat ihr Ziel einer breiteren Vermögensbildung nicht erreicht.[10] Dies hängt zum einen mit der traditionell eher zurückhaltende Einstellung der Deutschen zur unternehmerischen Beteiligung zusammen. Zum anderen weist dies darauf hin, dass die bestehenden Modelle nicht ausreichen, um zu substantiellen Fortschritten zu kommen und die unbestrittenen Vorteile der Mitarbeiterbeteiligung für breite Kreise von Unternehmen wie Arbeitnehmern zu erschließen.[11]

---

[4] Vgl. *Guski/Schneider*, Betriebliche Vermögensbeteiligung in Niedersachsen – Bestandsaufnahme 1993, in: Guski/Schneider, Mitarbeiter-Beteiligung (MAB): Handbuch für die Praxis, 20. Aufl., Neuwied 1999, Fach 4110, S. 8–9.

[5] Vgl. hierzu insb. *Wagner*, Investive Lohnpolitik: Ein probates Mittel zur Lösung von Tarifkonflikten und der Stabilisierung von Unternehmen durch betriebliche Mitarbeiterkapitalbeteiligung, in: Guski/Schneider, MAB, a.a.O., Fach 1300, S. 41–42.

[6] Vgl. *McKinsey/Sächsisches Staatsministerium für Wirtschaft und Arbeit (Hrsg.)*, Mitarbeiterbeteiligung – ein Konzept mit Zukunft? Düsseldorf 1998, S. 3.

[7] Vgl. *Stäbler*, Deutsche Unternehmen in den 90er Jahren, Untersuchung der Bertelsmann Stiftung zur innerbetrieblichen Zusammenarbeit, Gütersloh 1998, S. 10.

[8] Vgl. *McKinsey/SMWA*, a.a.O., S. 8.

[9] Vgl. *von Rosen*, Chancengemeinschaft: Deutschland braucht die Aktie, München 1997, S. 154.

[10] Vgl. *Wagner*, Renaissance der Mitarbeiterbeteiligung, a.a.O., S. 6.

[11] Vgl. *Scholand*, Anforderungen an neue Modelle zur Mitarbeiterbeteiligung in deutschen Aktiengesellschaften, in: Guski/Schneider, MAB, a.a.O., Fach 3730, S. 3.

I. Mitarbeiterbeteiligung und Aktienoptionspläne in Deutschland

2. Formen der Mitarbeiterbeteiligung in Deutschland – ein erster Überblick

a) Mitarbeiterkapitalbeteiligung

aa) Überblick

Die Kapitalbeteiligung ist die Form der Mitarbeiterbeteiligung, die im Mittelpunkt der öffentlichen Diskussion steht. Bei einer Kapitalbeteiligung werden Mitarbeiter zu Kapitalgebern ihres Arbeitgebers, indem sie finanzielle Mittel in Form von Eigen- oder Fremdkapital zur Verfügung stellen. Daher ist die Mitarbeiterkapitalbeteiligung im wesentlichen dem Gesellschaftsrecht zuzuordnen.[12]

Die in der Praxis am häufigsten gewählten Formen der Mitarbeiterkapitalbeteiligung sind:[13]
– das Mitarbeiterdarlehen[14]
– die Stille Beteiligung[15]
– das Genußrecht[16]
– die Belegschaftsaktie[17]
– der GmbH-Anteil.[18]

Diese lassen sich zunächst nach dem Kapitalcharakter der Beteiligung unterscheiden:

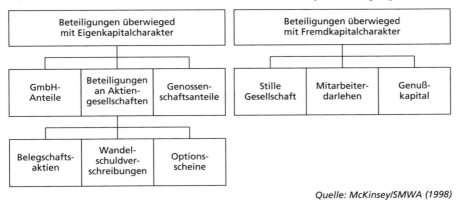

Abb. 1: Übersicht über Modelle der Mitarbeiterkapitalbeteiligung

Quelle: McKinsey/SMWA (1998)

---

[12] Vgl. *Schneider*, Einführung in die Mitarbeiter-Beteiligung, in: Guski/Schneider, MAB, a.a.O., Fach 3100, S. 4.

[13] Vgl. *Drechsler*, Formen der Kapital-Beteiligung – Ein Überblick, in: Guski/Schneider, MAB, a.a.O., Fach 6110, S. 3f.

[14] Vgl. ausführlich *Klötzl*, Mitarbeiter-Darlehen, in: Guski/Schneider, MAB, a.a.O., Fach 6150.

[15] Vgl. ausführlich *Drechsler*, Stille Beteiligungen, in: Guski/Schneider, MAB, a.a.O., Fach 6180.

[16] Vgl. ausführlich *Drechsler*, Genußrechte und Genußscheine, in: Guski/Schneider, MAB, a.a.O., Fach 6210.

[17] Vgl. ausführlich *Drechsler*, Belegschaftsaktien, in: Guski/Schneider, MAB, a.a.O., Fach 6240.

[18] Vgl. ausführlich *Wagner*, GmbH-Beteiligung, in: Guski/Schneider, MAB, a.a.O., Fach 6270.

A. Mitarbeiterbeteiligung und Stock-Option-Pläne

10   Zwischen Eigen- und Fremdkapital gibt es aufgrund der weitgehenden Gestaltungsfreiheit im Schuldrecht fließende Übergänge. Insbesondere Genussrechte und Stille Beteiligungen können auch eigenkapitalähnliche Eigenschaften aufweisen.[19]

11   Weiterhin können die Modelle der Mitarbeiterkapitalbeteiligung nach der Rechtsform des beteiligenden Unternehmens differenziert werden: Mitarbeiterdarlehen, stille Beteiligungen oder Genussrechte sind rechtsformunabhängig anwendbar, während Belegschaftsaktien oder GmbH-Anteile zwangsläufig an die Rechtsform der Aktiengesellschaft bzw. GmbH gebunden sind.[20]

12   Nicht alle Rechtsformen sind überhaupt für die betriebliche Kapitalbeteiligung geeignet. So konstituieren der Gesellschafterstatus bei einer OHG oder GbR, eine Kommanditbeteiligung oder eine atypische Stille Beteiligung automatisch eine unternehmerische Beteiligung des Arbeitnehmers, was die Mitarbeiterbeteiligung steuerlich wie auch sozialversicherungsrechtlich für alle Beteiligten gänzlich unattraktiv macht.[21]

bb) Mitarbeiterkapitalbeteiligung in Aktiengesellschaften

aaa) Belegschaftsaktien

13   In der Praxis der Kapitalbeteiligung ist die Belegschaftsaktie sowohl von der Zahl der beteiligten Mitarbeiter als auch von der Beteiligungssumme her die am weitesten verbreitete Form der Mitarbeiterbeteiligung.[22] Belegschaftsaktien sind Aktien einer Aktiengesellschaft (oder Kommanditgesellschaft auf Aktien) bzw. eines verbundenen Unternehmens, die die Gesellschaft ihren Mitarbeitern überlässt. In der Regel erfolgt die Überlassung zum Vorzugskurs und unter Vereinbarung einer Sperrfrist. Beides ist gleichzeitig Voraussetzung für die Inanspruchnahme staatlicher Förderung nach dem Vermögensbildungsgesetz oder nach § 19a EStG.[23]

14   Mit der Belegschaftsaktie sind die gleichen Rechte verbunden wie mit anderen Aktien, eine besondere Ausgestaltung der Beteiligung ist daher nicht erforderlich. Das Aktiengesetz enthält zudem genügend Regelungen zum Schutz der Aktionäre, die Sonderregelungen entbehrlich machen.[24] Die Beschaffung des zur Gewährung von Belegschaftsaktien notwendigen Kapitals kann erfolgen durch den Rückerwerb eigener Aktien, die Kapitalerhöhung mit Bezugsrechtsausschluss oder die Einräumung eines „genehmigten Kapitals" nach § 202 Abs. 4 AktG.

---

[19] Vgl. *Drechsler*, Formen der Kapital-Beteiligung, a.a.O., S. 3.
[20] Vgl. ebenda.
[21] Vgl. *Fischer*, Wiederanlage der materiellen Beteiligung im Unternehmen, in: Bertelsmann/Prognos, a.a.O., S. 67.
[22] Siehe hierzu auch Abschnitt 4.
[23] Siehe hierzu auch Abschnitt 3.
[24] Vgl. *Schwark*, Vermögensbeteiligung der Arbeitnehmer am Unternehmen, in: Glaubrecht/Halberstadt/Zander, Betriebsverfassung in Recht und Praxis, H. 1/1998, Gruppe 4, S. 391.

I. Mitarbeiterbeteiligung und Aktienoptionspläne in Deutschland

Die Aktie ist eine für die Mitarbeiterkapitalbeteiligung besonders geeignete **15** Beteiligungsform. Sie ermöglicht nicht nur eine nominelle Kapitalbeteiligung, sondern über die Kursentwicklung auch eine Teilhabe an der zukünftigen Unternehmensentwicklung. Unternehmen, die Belegschaftsaktien ausgeben, gehen keinerlei Liquiditätsrisiken ein: die Kapitalzufuhr zum Unternehmen ist endgültig, zukünftige Auszahlungsverpflichtungen entstehen nicht. Wenn Belegschaftsaktien nach Ablauf der Sperrfrist veräußert werden, bleibt die Liquiditätssituation der Gesellschaft unberührt.[25] In der Aktiengesellschaft gestaltet sich die Mitarbeiterbeteiligung zudem organisatorisch besonders einfach, da sie von der Idee her für die Aufnahme vieler Teilhaber konzipiert ist.[26] Ein großer Vorteil gegenüber anderen Beteiligungsformen ist auch die grundsätzliche Möglichkeit, die Aktien jederzeit ohne Schwierigkeiten zu veräußern.[27] Die Belegschaftsaktie wird daher auch als die Beteiligungsform bezeichnet, die unter betriebswirtschaftlichen, gesellschafts- und steuerrechtlichen Gesichtspunkten ein Optimum darstellt.[28]

Eine ganze Reihe der nach dem Gesetz für kleine Aktiengesellschaften von **16** 1994 gegründeten Unternehmen haben, obwohl keine konkreten Absichten zum Börsengang besteht, die Rechtsform der Aktiengesellschaft insbesondere deshalb gewählt, um Mitarbeiter oder das Management beteiligen zu können.[29]

Aufgrund der oben genannten Vorteile sollte jedes Unternehmen, das ernst- **17** haft die Beteiligung seiner Mitarbeiter am Eigenkapital prüft, auch die Umwandlung in eine Aktiengesellschaft in Erwägung ziehen. Denn die Rechtsform der Aktiengesellschaft – insbesondere die der börsennotierten – ermöglicht neben der Ausgabe von Belegschaftsaktien die Implementierung von Aktienoptionsplänen als einem neuen Instrument der Beteiligung von Führungskräften.[30]

bbb) Aktienoptionspläne

Im Rahmen eines typischen Aktienoptionsplans erhalten die Führungskräfte **18** (seltener: andere Mitarbeiter) eines Unternehmens das Recht, innerhalb eines bestimmten Zeitraums oder zu einem bestimmten Zeitpunkt eine festgelegte Zahl von Aktien der Gesellschaft zu einem definierten Kurs zu beziehen.[31] Liegt der Börsenkurs zum Ausübungszeitpunkt über dem Basiskurs, wird der Mitar-

---

[25] Vgl. *Guski/Schneider*, Betriebliche Vermögensbeteiligung in Niedersachsen, a.a.O., S. 10.
[26] Vgl. *von Rosen*, Chancengemeinschaft, a.a.O., S. 152.
[27] *Guski/Schneider*, Betriebliche Vermögensbeteiligung in Niedersachsen, a.a.O., S. 10. Jedoch sind die Sperrfristen für die Veräußerung bei Inanspruchnahme steuerlicher Förderung zu berücksichtigen. Siehe hierzu auch Abschnitt 3.
[28] Vgl. *Schwark*, a.a.O., S. 391.
[29] Vgl. *Seibert/Köster/Kiem*, Die kleine AG: gesellschaftsrechtliche und steuerrechtliche Aspekte, 3. Aufl., Köln 1996, Rz. 15g.
[30] Zwar können Aktienoptionspläne und Belegschaftsaktien prinzipiell auch bei nicht börsennotierten Aktiengesellschaften eingeführt werden, jedoch stellen sich in diesem Fall insbesondere die Bewertung und Veräußerung weitaus komplizierter dar.
[31] Vgl. *Leven*, Aktienoptionspläne – Motivation der Führungskräfte zum Nutzen von Aktionären und Belegschaft, in: Frei/Schlienkamp (Hrsg.), Aktie im Aufwind: Von der Kursprognose zum Shareholder Value, Wiesbaden 1998, S. 189.

A. Mitarbeiterbeteiligung und Stock-Option-Pläne

beiter die Aktien kaufen, da er in diesem Fall durch anschließende Veräußerung zum Börsenkurs einen Gewinn realisieren kann. Liegt der Börsenkurs unter dem Ausübungskurs, wird er die Option verfallen lassen. Auf dieses Weise besteht ein Anreiz, durch eigene Leistung positiven Einfluss auf die Entwicklung des Börsenkurses zu nehmen.

19 Die Zielgruppe eines Aktienoptionsplans besteht in der Regel aus Vorständen und leitenden Mitarbeitern, also der ersten und zweiten Führungsebene des Unternehmens, deren Tätigkeit einen unmittelbaren Einfluss auf die Höhe des Börsenkurses haben kann.[32]

20 Die Anreizwirkung von Aktienoptionsplänen hängt von der Höhe des Ausübungskurses, vom Umfang der gewährten Optionsrechte und vom angestrebten Anteil der Aktienoptionen am Gesamteinkommen der begünstigten Mitarbeiter ab.[33] In der Regel sehen Aktienoptionspläne in deutschen Unternehmen eine Ausübungssperre von zwei bis drei Jahren vor; die Ausübungsbedingungen werden meist an Entwicklung von Indexkennzahlen gekoppelt.[34] In manchen Unternehmen können die Optionen nur innerhalb sogenannter Ausübungsfenster ausgeübt werden, beispielsweise innerhalb von vier Wochen nach der Hauptversammlung. Das Deutsche Aktieninstitut hat die Festlegung solche Ausübungsfenster als eine Möglichkeit empfohlen, insiderrechtliche Probleme zu vermeiden.[35]

21 Aktienoptionspläne bieten den Unternehmen die Möglichkeit einer flexiblen und zielorientierten Vergütung ihrer Führungskräfte. Das Interesse der Führungskräfte wird durch Anbindung der Vergütung an die Kursentwicklung der Aktie auf die Steigerung des Shareholder Value ausgerichtet und so mit dem Interesse der Aktionäre an der Wertentwicklung der Aktie, aber auch mit dem Interesse der Stakeholder an einer langfristig sicheren und ertragsstarken Gesellschaft in Einklang gebracht.

22 Aktienoptionspläne weisen gegenüber Belegschaftsaktien den Vorteil auf, dass die Liquidität des Unternehmens – von den Kosten der Verwaltung des Aktienoptionsplans abgesehen – nicht belastet wird und gleichzeitig die Anreizwirkung wesentlich höher ist. Bei positiver Entwicklung des Aktienkurses kann ein Begünstigter selbst bei einer geringen Zahl von Aktienoptionen ein erhebliches zusätzliches Einkommen erreichen. Verläuft die Börsenentwicklung ungünstig, ist das leistungsabhängige Einkommen entsprechend geringer, im schlechtesten Fall ist der Manager vollständig auf seinen festen Gehaltsbestandteil verwiesen.[36]

23 Zu berücksichtigen ist jedoch, dass sich die Möglichkeiten, durch eigenes Engagement Einfluss auf den Aktienkurs zu nehmen, nach Hierarchiestufen, aber

---

[32] Vgl. *Pellens/Crasselt/Rockholtz*, Wertorientierte Entlohnungssysteme für Führungskräfte – Anforderungen und empirische Evidenz –, in: Pellens, Unternehmenswertorientierte Entlohnungssysteme, Stuttgart 1998, S. 15.

[33] Vgl. *Leven*, a.a.O., S. 197.

[34] Vgl. *Pellens/Crasselt/Rockholtz*, a.a.O., S. 21–25.

[35] Vgl. *Deutsches Aktieninstitut*, Der Umgang von Führungskräften mit Aktien des eigenen Unternehmens im Rahmen von Aktienoptionsprogrammen, Empfehlungen des Deutschen Aktieninstituts e.V., April 1998.

[36] Vgl. *Leven*, a.a.O., S. 189.

I. Mitarbeiterbeteiligung und Aktienoptionspläne in Deutschland

auch nach Geschäftsbereichen unterscheiden. Jedes Unternehmen benötigt daher ein auf seine spezifischen Verhältnisse zugeschnittenes Konzept aktienkursorientierter Vergütungssysteme, das sowohl Belegschaftsaktien als auch Aktienoptionspläne umfaßt.[37]

Die Beschaffung des Aktienkapitals, das zum Ausübungszeitpunkt an die Teilnehmer des Aktienoptionsplans ausgegeben wird, kann entweder durch eine bedingte Kapitalerhöhung oder durch den Rückkauf eigener Aktien erfolgen. Die Rahmenbedingungen für beide Verfahren sind durch das am 1. Mai 1998 in Kraft getretene Gesetz zur Kontrolle und Transparenz im Unternehmensbereich (KonTraG) wesentlich vereinfacht worden.[38] Seitdem darf der Rückkauf eigener Aktien auch zur Bedienung von Aktienoptionsplänen für Vorstandsmitglieder eingesetzt werden. Vorher war dies lediglich zur Ausgabe von Belegschaftsaktien und Aktienoptionen für leitende Angestellte erlaubt.[39] Weiterhin sind die zulässigen Anlässe für die Durchführung einer bedingten Kapitalerhöhung um die Emission sogenannter „nackter" Optionen erweitert worden. Aktiengesellschaften, die ihre Aktienoptionspläne über eine bedingte Kapitalerhöhung finanzieren wollen, sind nun nicht mehr auf den Umweg einer Wandelschuldverschreibung oder einer Optionsanleihe angewiesen.[40] Die rechtlich komplizierte und umständliche Konstruktion von Aktienoptionsplänen war ein Grund, der viele Aktiengesellschaften von der Einführung eines Aktienoptionsplans absehen ließ.

ccc) Andere Modelle

Die Wirkungsweise von Belegschaftsaktien oder Aktienoptionsplänen auf die begünstigten Mitarbeiter kann durch sogenannte „virtuelle Aktien" (Phantom Stocks) bzw. „virtuelle Optionen" (Stock Appreciation Rights) nachgebildet werden. Diese sind von den Ausübungsbedingungen her ausgestaltet wie echte Belegschaftsaktien oder Aktienoptionen, im Gegensatz zu diesen erfolgt jedoch keine Kapitalbeteiligung, sondern eine rein virtuelle Beteiligung am Unternehmen in Form von Bucheinheiten, deren Wert an die Aktienperformance gekoppelt ist und deren Gegenwert zu einem späteren Zeitpunkt ausgezahlt wird.[41] Dies führt zu einem Liquiditätsabfluss bei den Unternehmen, jedoch sind diese Aufwendungen als Personalaufwand steuerlich abzugsfähig.[42]

---

[37] Vgl. *von Rosen*, Aktienkursorientierte Vergütungssysteme, in: Hummel/Bühler/Schuster (Hrsg.), Banken in globalen und regionalen Umbruchsituationen: Systementwicklungen, Strategien, Führungsinstrumente; Festschrift für Johann Heinrich von Stein zum 60. Geburtstag, Stuttgart 1997, S. 371.
[38] Zur rechtlichen Gestaltung von Aktienoptionsplänen nach dem KonTraG siehe auch *Seibert*, Stock-Options für Führungskräfte – zur Regelung im Kontrolle- und Transparenzgesetz (KonTraG), in: *Pellens*, a.a.O., S. 29–52.
[39] Vgl. *Baums*, Aktienoptionen für Vorstandsmitglieder, Institut für Handels- und Wirtschaftsrecht der Universität Osnabrück, Arbeitspapier 12/1996, S. 28.
[40] Vgl. ebenda.
[41] Vgl. *Pellens/Crasselt/Rockholtz*, a.a.O., S. 13.
[42] Zu den Argumenten für echte und virtuelle Eigenkapitalinstrumente vgl. *Pellens/Crasselt/Rockholtz*, a.a.O., S. 17.

A. Mitarbeiterbeteiligung und Stock-Option-Pläne

26 In letzter Zeit verstärkt diskutiert werden die sogenannten Leveraged Employee Stock Ownership Programme (LESOP).[43] Im Unterschied zu konventionellen Mitarbeiterbeteiligungsprogrammen erfolgt der Aktienkauf durch die Mitarbeiter zum vollen Börsenkurs (was die Anwendung des § 19a EStG ausschließt), jedoch wird der Kauf überwiegend durch ein zinsfreies Darlehen des Arbeitgebers finanziert. Zusätzlich übernimmt der Arbeitgeber die Sicherung gegen Kursverluste und die Transaktions- und Depotkosten für die Beschäftigten. Aus Sicht der Beschäftigten hat dieses Vorgehen zwei wesentliche Vorteile gegenüber der traditionellen Belegschaftsaktie: Durch die Kurssicherung sind Vermögensverluste ausgeschlossen, und der Anlagezeitraum von zwei bis drei Jahren ist besser überschaubar als die sechsjährige Sperrfrist der staatlichen Fördermaßnahmen.[44] Jedoch ist festzustellen, dass bei der Einführung eines LESOP aufgrund der Komplexität der Modelle anfänglich relativ geringe Beteiligungsquoten zu verzeichnen sind.[45]

Abb. 2: Belegschaftsaktie und LESOP im Vergleich

	Belegschaftsaktie nach § 19a EStG	Leveraged ESOP
Grundprinzip	Arbeitnehmer erwerben Aktien mit einem Abschlag von bis zu 50 Prozent des Börsenkurses; Finanzierung durch Eigenmittel der Arbeitnehmer.	Arbeitnehmer erwerben Aktien zum Börsenkurs; Finanzierung überwiegend durch zinsfreies Darlehen des Arbeitgebers.
Charakter der Beteiligung	Eigenkapitalbeteiligung der Arbeitnehmer	Eigenkapitalbeteiligung der Arbeitnehmer
Staatliche Förderung	VermBG, § 19a EStG	keine
Eigenmittel der Arbeitnehmer	100 Prozent des Kaufpreises	10–20 Prozent des Kaufpreises
Wertpapierdarlehen	nein	ja
Dividendenzahlung	ja	ja
Stimmrecht	ja	ja
Ertragschancen für Arbeitnehmer	gut	sehr hoch
Sicherung gegen Kursverluste	nein	ja
Kapitalrisiko während der Laufzeit	ja	nein
Arbeitgeber trägt Depotkosten	nein[46]	ja

Quelle: Scholand (1999b), S. 57

---

[43] Das Modell stammt ursprünglich aus den USA, wo ESOPs die am weitesten verbreitete Form der Mitarbeiterbeteiligung sind. Die gesetzlichen Rahmenbedingungen unterscheiden sich jedoch grundlegend von denen in Deutschland, weshalb die Vergleichbarkeit nur bedingt gegeben ist. Vgl. hierzu *Koch*, ESOPs in den Vereinigten Staaten, in: Guski/Schneider, MAB, a.a.O., Fach 4400, und *Otte*, Konzeption und Ausgestaltung der amerikanischen ESOPs und ihre Übertragbarkeit auf die Bundesrepublik Deutschland, in: Guski/Schneider, MAB, a.a.O., Fach 4410.

[44] Vgl. *Scholand*, Anforderungen an neue Modelle, a.a.O., S. 9.

[45] Vgl. *Scholand*, Wege zur erfolgreichen Mitarbeiterbeteiligung, in: Mitbestimmung, H. 1 + 2/1999, S. 56/57.

b) Erfolgsbeteiligung

Eine materielle Beteiligung der Mitarbeiter am Unternehmen setzt nicht zwangsläufig eine Beteiligung am Unternehmenskapital voraus. Auch reine Erfolgsbeteiligungsmodelle sind möglich.[47] In vielen Fällen stellt jedoch die Erfolgsbeteiligung den Einstieg in die Kapitalbeteiligung dar und dient der Aufbringung der erforderlichen Mittel. Viele Unternehmen machen zudem die Gewährung einer Gewinnbeteiligung von der zumindest teilweisen Kapitalbeteiligung der Mitarbeiter abhängig. In diesen Unternehmen sind daher häufig Beteiligungsquoten von nahezu 100 Prozent zu beobachten.[48]

Im Rahmen der Erfolgsbeteiligung kann unterschieden werden zwischen der Leistungsbeteiligung, der Ertragsbeteiligung und der Gewinnbeteiligung. Im Falle einer Leistungsbeteiligung partizipiert der Mitarbeiter entsprechend seinem Anteil an der Gesamtleistung des Unternehmens (gemessen beispielsweise an Produktion, Produktivität oder Kostenersparnis) am Unternehmenserfolg. Markteinflüsse bleiben jedoch unberücksichtigt. Bei der Ertragsbeteiligung (als Beteiligung gemäß dem Umsatz, der Wertschöpfung oder dem Nettoertrag) finden zwar auch Marktfaktoren Berücksichtigung, jedoch können hier – wie schon bei der Leistungsbeteiligung – für das Unternehmen Zahlungsverpflichtungen entstehen, die in der Gewinn- und Verlustrechnung nicht erwirtschaftet worden sind. Die geeignetste, am leichtesten zu handhabende und am weitesten verbreitete Form der Erfolgsbeteiligung ist daher die Gewinnbeteiligung (als Beteiligung am Ausschüttungs-, Substanz- oder Unternehmensgewinn).[49]

c) Immaterielle Beteiligung

Die immaterielle Beteiligung der Mitarbeiter, d.h. ihre Beteiligung an Informations- und Entscheidungsprozessen, hat wesentlichen Einfluss auf die Entfaltung der motivatorischen Wirkung von Erfolgs- und Kapitalbeteiligungsmodellen.[50]

Die Einbettung in die gesamte Unternehmensphilosophie und -kultur und das Verhältnis der Betriebspartner zueinander kann als entscheidend für den Erfolg oder Misserfolg eines Kapitalbeteiligungsmodells angesehen werden.[51]

Die Praxis zeigt, dass die sogenannten „weichen Faktoren" einer Beteiligung der Mitarbeiter am Unternehmenskapital häufig von den Unternehmen selbst als gewichtiger eingeschätzt werden als der eigentliche Finanzierungseffekt.[52]

---

[46] in der Regel.
[47] Vgl. *Wagner*, Investive Lohnpolitik, a.a.O., S. 38.
[48] Vgl. *Bundesministerium für Arbeit und Sozialordnung [BMA] (Hrsg.)*, Praktisch erprobte betriebliche Vereinbarungen zur Kapitalbeteiligung der Arbeitnehmer: mögliche Modelle einer künftigen Mitarbeiterbeteiligung aufgrund tarifvertraglicher Rahmenregelungen, Endbericht, Bonn 1997, S. 23.
[49] Zur Erfolgsbeteiligung vgl. ausführlich *Guski/Schneider*, Gestaltungsmöglichkeiten der Erfolgs-Beteiligung, in: dies. (1999), MAB, a.a.O., Fach 3700, sowie *Schneider*, Formen und Gestaltung einer Erfolgsbeteiligung, in: Bertelsmann/Prognos, a.a.O., S. 31–48.
[50] Vgl. *McKinsey/SMWA*, a.a.O., S. 12.
[51] Vgl. *BMA*, a.a.O., S. III.
[52] Vgl. ebenda, S. 29–30.

3. Förderung der Mitarbeiterbeteiligung durch den Gesetzgeber

a) Vermögensbildungsgesetz

32 Nach dem Vermögensbildungsgesetz gewährt der Staat auf tariflich vereinbarte oder aus eigenen Mitteln des Arbeitnehmers aufgebrachte vermögenswirksame Leistungen des Arbeitgebers, die in Beteiligungen angelegt werden, eine Arbeitnehmersparzulage in Höhe von 20 Prozent auf bis zu 408 Euro p.a., maximal also 81,60 Euro. Arbeitnehmer mit Hauptwohnsitz in den neuen Bundesländern erhalten eine Zulage von 25 %, d.h. maximal 102 Euro p.a. Ein zweiter Förderkorb steht für das Bausparen zur Verfügung.

33 Das Vermögensbildungsgesetz wird sehr häufig für die Vereinbarung betrieblicher Mitarbeiterbeteiligungsmodelle genutzt, zumal alle denkbaren Formen der Beteiligung gewählt werden können. Beteiligungen am arbeitgebenden Unternehmen sind nach dem Vermögensbildungsgesetz der Beteiligung an Mutterunternehmen im Konzern gleichgestellt.

34 Die Inanspruchnahme des Vermögensbildungsgesetzes ist im Gegensatz zum § 19a EStG mit keinen spezifischen steuerlichen Vorteilen für das Unternehmen verbunden. Vermögenswirksame Leistungen sind Bestandteil des Arbeitsentgelts und damit steuer- und sozialabgabenpflichtig. Da diese jedoch als Betriebsausgaben steuerlich absetzbar sind, kann die Mitarbeiterbeteiligung nach dem Vermögensbildungsgesetz dennoch als günstige Finanzierungsquelle für das Unternehmen genutzt werden.[53]

35 Zu beobachten ist die Tendenz, Mitarbeiterbeteiligung unabhängig vom Vermögensbildungsgesetz zu betreiben, weil der administrative Aufwand seiner Inanspruchnahme hoch ist. So sind die Unternehmen nach Ablauf der Sperrfrist für die Auszahlung der Arbeitnehmersparzulage an die Mitarbeiter verantwortlich, selbst wenn diese nicht mehr im Unternehmen beschäftigt sind. Auch die im 3. Vermögensbeteiligungsgesetz festgelegte Pflicht der Arbeitgeber, Beteiligungen im eigenen Unternehmen gegen Insolvenz abzusichern, vergrößert den bürokratischen Aufwand und die Kosten.[54]

36 Mitarbeiterkapitalbeteiligungen zwingend gegen Insolvenz des Betriebes abzusichern, sobald sie über vermögenswirksame Leistungen erworben werden, ist im Grundsatz nicht sinnvoll. Jede Absicherung schmälert die erzielbare Rendite und zehrt damit die vom Staat gewährte Sparprämie tendenziell wieder auf. Besonders deutlich wird dies am Beispiel von Belegschaftsaktien, die – je nachdem, ob Aktien mit vermögenswirksamen Leistungen erworben werden oder nicht – unterschiedlich hohe Renditen erbringen würden. Die Frage der Absicherung wäre anders zu beurteilen, wenn die Beteiligung am eigenen Betrieb speziell der Altersvorsorge dient, was im allgemeinen nicht der Fall ist. Eine Absicherung von

---

[53] Vgl. *Schaub*, Arbeitsrechts-Handbuch: systematische Darstellung und Nachschlagewerk für die Praxis, 8. Aufl., München 1996, S. 708–711 und *Schwark*, a.a.O., S. 386.

[54] Vgl. *Barthel*, Vermögenspolitik braucht neue Perspektiven, in: Wertpapiermitteilungen, H. 46/1998, S. 2289.

I. Mitarbeiterbeteiligung und Aktienoptionspläne in Deutschland

Mitarbeiterbeteiligungen im Rahmen der allgemeinen Vermögensbildung sollte als reines Angebot ausgestaltet werden, über dessen Inanspruchnahme der einzelne Arbeitnehmer selbst entscheidet. Naheliegend wäre es demnach, die Absicherung als externes Versicherungsprodukt auszugestalten.

Der Kreis der Begünstigten ist nach dem 3. Vermögensbeteiligungsgesetz auf Personen mit einem zu versteuernden Einkommen von bis zu 17.900 bzw. 35.800 Euro (Alleinstehende/Verheiratete) begrenzt. Gleichzeitig ist zu beobachten, dass die bestehenden Fördermöglichkeiten nicht ausgeschöpft werden. So betrug Ende 1993 die Höhe der vermögenswirksamen Leistungen pro anspruchsberechtigtem Arbeitnehmer in den alten Bundesländern nur 535 DM, in den neuen Ländern sogar nur 17 DM, obwohl der maximale Betrag bei 936 DM gelegen hätte.[55]

37

b) § 19a EStG

Nach § 19a EStG können Unternehmen ihren Mitarbeitern einen Betrag von bis zu 154 Euro pro Jahr steuer- und sozialversicherungsfrei zuwenden, indem sie ihnen eine Kapitalbeteiligung verbilligt oder unentgeltlich überlassen.[56] Damit wird im Gegensatz zum Vermögensbildungsgesetz auch dem Arbeitgeber ein steuerlicher Vorteil eingeräumt. Zwar gilt diese Förderung auch für betriebsfremde Beteiligungsformen – alle im Anlagekatalog des Vermögensbildungsgesetzes genannten Formen sind möglich –, in der Praxis wird die Regelung jedoch meist für die Mitarbeiterbeteiligung am eigenen Unternehmen genutzt. In Aktiengesellschaften ist die Ausgabe von Belegschaftsaktien nach § 19a EStG die am weitesten verbreitete Form der Mitarbeiterbeteiligung.[57] Der geldwerte Vorteil für den Arbeitnehmer darf den halben Wert der angebotenen Beteiligung nicht überschreiten, damit wird die Ausschöpfung des Höchstbetrages faktisch an eine Mindestbeteiligungssumme geknüpft. Der steuerliche Vorteil wurde früher nur gewährt, wenn eine sechsjährige Sperrfrist eingehalten wurde; diese ist mittlerweile jedoch ersatzlos entfallen. Der Gesetzgeber geht nunmehr davon aus, dass nicht gesetzlicher Zwang, sondern Überzeugungsarbeit des Arbeitgebers den Anreiz zur längerfristigen Vermögensbildung bieten solle.[57a] Es gelten keine Einkommensgrenzen, so dass – anders als bei einer Nutzung des Vermögensbildungsgesetzes – alle Mitarbeiter unabhängig von der Einkommenshöhe in den Genuss der staatlichen Förderung der Mitarbeiterbeteiligung kommen können. Dies ist ein Vorteil, zu kritisieren ist lediglich die geringe Höhe der Förderung, die weit davon entfernt ist, ausreichend zu sein. Zusammenfassend kann § 19a EStG als „bescheidenes, aber gleichwohl notwendiges und förderliches Instrument der Mitarbeiterbeteiligung"[58] bezeichnet werden.

38

---

[55] Vgl. *Guski*, Quo vadis Vermögenspolitik?, in: *Guski/Schneider,* MAB, a.a.O., S. 5.

[56] Siehe auch *Kötter/Schleiter*, Andere Formen der Mittelaufbringung, in: Bertelsmann/Prognos, S. 55–56.

[57] Vgl. *Scholand,* Anforderungen an neue Modelle, a.a.O., S. 3. Siehe hierzu auch Abschnitt 4.

[57a] Vgl. *Rieble*, Wegfall der steuerrechtlichen Sperrfrist für die Vermögensbildung von Arbeitnehmern – Handlungsbedarf für die Arbeitsvertragsparteien?, in: Betriebs-Berater, 57. Jg., Heft 14 v. 3.4.2002.

[58] *Schwark*, a.a.O., S. 386.

A. Mitarbeiterbeteiligung und Stock-Option-Pläne

c) Finanzierung ohne staatliche Förderung

39 Mitarbeiterbeteiligung und staatliche Sparförderung sind nicht synonym zu sehen. So kann Mitarbeiterbeteiligung auch völlig getrennt von jeder staatlichen Förderung durchgeführt werden.[59] In der Literatur wird teilweise die Frage gestellt, ob auf die Inanspruchnahme staatlicher Förderung nicht ganz verzichtet werden kann, da attraktiv ausgestaltete und konkurrenzfähige Beteiligungsmodelle dieser gar nicht bedürfen.[60] So wird bei den auch in Deutschland zunehmende Verbreitung findenden Leveraged Employee Stock Ownership Programs (LESOP) auf staatliche Förderung von vornherein verzichtet.[61]

4. Verbreitung der Mitarbeiterbeteiligung in Deutschland

a) Unternehmen mit Mitarbeiterbeteiligung in Deutschland

40 Die verschiedenen rechtlichen Möglichkeiten der Mitarbeiterbeteiligung erfreuen sich in der Bundesrepublik Deutschland unterschiedlicher Beliebtheit. Es erweist sich als notwendig, bei der Beurteilung der quantitativen Bedeutung der einzelnen Beteiligungsformen zwischen der Zahl der Unternehmen mit Mitarbeiterbeteiligung und der Zahl der beteiligten Mitarbeiter zu differenzieren.

41 Im Jahr 2002 beteiligten ca. 2.500 Unternehmen ihre Mitarbeiter an ihrem Kapital. Mit ca. 800 Fällen lag dabei ein Schwerpunkt auf der Stillen Beteiligung, gefolgt von den Mitarbeiterdarlehen (550 Unternehmen) und Belegschaftsaktienmodellen (350 Unternehmen). Genossenschaftliche Beteiligungen haben mit ca. 300 Unternehmen ebenfalls eine noch beachtliche Größenordnung, während Genussrechts- und GmbH-Beteiligungen (300 bzw. 150) von der Zahl der beteiligten Unternehmen her eher selten sind. Im Jahr 2002 erstmals mitgeteilt wurde die Zahl der Unternehmen mit indirekten Beteiligungen (400).

42 Nach einer vom Bundesministerium für Arbeit und Sozialordnung in Auftrag gegebenen Studie streuen die Beteiligungsquoten in der Praxis meist zwischen 30 und 70 Prozent. Wenn dies mit einer Gewinn- oder Erfolgsbeteiligung verknüpft wird, die – ganz oder teilweise – in Form einer Vermögensbeteiligung zufließt, steigen die Beteiligungsquoten auf fast 100 Prozent.[62]

43 Wird jedoch auf die Beteiligungssumme oder die Zahl der an ihrem Unternehmen beteiligten Mitarbeiter abgestellt, fällt eine starke Konzentration auf die Belegschaftsaktie auf: Obwohl die Mitarbeiterbeteiligung über Aktienausgabe nur ca. 15 Prozent der Unternehmen erfasst, sind 80 Prozent bzw. 1,9 Mio. aller beteiligten Mitarbeiter Belegschaftsaktionäre.

44 Diese quantitative Dominanz der Belegschaftsaktie ist auf mehrere Ursachen zurückzuführen. Zunächst sind Aktiengesellschaften i.d.R. größere Unternehmen mit einer höheren Zahl von Mitarbeitern, so dass bereits von dieser Voraus-

---

[59] Vgl. *Wagner*, Renaissance der Mitarbeiterbeteiligung, a.a.O., S. 2.
[60] Vgl. *Scholand*, Anforderungen an neue Modelle, a.a.O., S. 8–9.
[61] Siehe hierzu auch Abschnitt 2.a.bb.ccc.
[62] Vgl. *BMA*, a.a.O., S. V.

I. Mitarbeiterbeteiligung und Aktienoptionspläne in Deutschland

Abb. 3: Formen der Mitarbeiterbeteiligung in Deutschland und ihre Verbreitung

Beteiligungsform	1986		1996/97		2002	
	Zahl der Unternehmen	Beteiligungssumme Mio. Euro	Zahl der Unternehmen	Beteiligungssumme Mio. Euro	Zahl der beteiligten Mitarbeiter	Zahl der Unternehmen	Beteiligungssumme Mio. Euro	Zahl der beteiligten Mitarbeiter
Belegschaftsaktien	500	3.323	350	11.197	1.600.000	350	10.300	1.900.000
Genußrechte	80	116	200	767	80.000	300	780	100.000
Mitarbeiterdarlehen	367	281	500	409	100.000	550	420	100.000
Stille Beteiligung	555	143	1.000	358	250.000	800	240	200.000
GmbH-Anteile	80	5	150	26	5.000	150	28	5.000
Genossenschaftsanteile	120	8	300	23	15.000	300	25	25.000
Indirekte Beteiligung						400	190	80.000
Mitarbeiterbeteiligung insgesamt	1.502	3.876	2.500	12.780	2.050.000	2.500	11.983	2.330.000

Quelle: Arbeitsgemeinschaft zur Förderung der Partnerschaft in der Wirtschaft (AGP), Stand: 2002

A. Mitarbeiterbeteiligung und Stock-Option-Pläne

setzung her eine höhere Zahl beteiligter Mitarbeiter von Aktiengesellschaften zu erwarten ist. Daneben ist aber auch die relativ einfache und damit kostengünstige Verwaltung der Mitarbeiterbeteiligung, besonders im Falle der börsennotierten Aktiengesellschaft, zu nennen sowie die jederzeit vorliegende Marktbewertung, was sowohl für die Bewertung als auch für die Liquidität im Falle einer Veräußerung der Anteile förderlich ist.[63]

46 Die kleine Stückelung der Aktie wirkt sich ebenfalls positiv auf die Einführung von Mitarbeiterbeteiligungsmodellen aus, denn die Bereitschaft zum Engagement beim eigenen Arbeitgeber ist sicherlich auch von der Höhe des Mindestengagements abhängig. Trotzdem haben die Belegschaftsaktionäre mit durchschnittlich 5.421 Euro eine höhere Beteiligung als der Durchschnitt aller beteiligten Arbeitnehmer (5.143 Euro). Nur die Inhaber von Genussrechten (die als Anlageform in vielerlei Hinsicht der Aktie ähnlich sind) sind mit 7.800 Euro noch stärker engagiert als Belegschaftsaktionäre. Die GmbH-Anteile betragen durchschnittlich 5.600 Euro, die Mitarbeiterdarlehen 4.200 Euro, die Genossenschaftsanteile 1.000 Euro und die Stillen Beteiligungen 1.200 Euro. die indirekten Beteiligungen betragen im Durchschnitt 2.375 Euro je beteiligtem Arbeitnehmer.[64]

47 Erfreulich ist, dass der Durchschnittswert der Belegschaftsaktiendepots trotz der schlechten Durchschnittsrendite der Anlageform Aktie in den Jahren 2000 bis 2002 immer noch relativ hoch liegt. Dies kann jedoch auch durch die besonders einfach zu handhabenden Belegschaftsaktienmodelle miterklärt werden. Bereits 1986 gaben ca. 300 Aktiengesellschaften Belegschaftsaktien aus; bis 1996 stieg diese Zahl auf ca. 350. Es ist verständlich, dass sich bei regelmäßiger Beteiligung an Belegschaftsaktienangeboten im Laufe der Zeit entsprechende Vermögen ergeben, während andere, weniger leicht handhabbare Modelle evtl. nicht in jedem Jahr, sondern nur einmalig oder nur in unregelmäßigen Abständen angeboten werden.

b) Verbreitung von Belegschaftsaktien

48 Wie bereits festgestellt, ist die Belegschaftsaktie das bei weitem verbreitetste Instrument der Mitarbeiterbeteiligung. Ca. 80 Prozent aller beteiligten Mitarbeiter in der Bundesrepublik Deutschland sind Belegschaftsaktionäre (Abb. 4).

49 Von 1988 bis zum ersten Halbjahr 2003 ist die Gesamtzahl der Aktionäre in Deutschland von 3,2 Mio. auf 4,9 Mio. gestiegen.[65] Diese Zunahme ist zu einem großen Teil auf die Steigerung der Zahl der Belegschaftsaktionäre zurückzuführen: während sich im Jahr 1988 ca. 1,1 Mio. Aktionäre als Belegschaftsaktionäre bezeichneten, waren dies 2002 fast 1,4 Mio. Sowohl die Zahl der „reinen Belegschaftsaktionäre" als auch die der Aktionäre, die zusätzlich zu ihren Belegschaftsaktien noch andere Aktien in ihren Depots hielten, ist im vergangenen Jahrzehnt deutlich gestiegen.

---

[63] Siehe auch Abschnitt 2.a.bb.aaa.
[64] Quelle: AGP, Stand: 2002, eigene Berechnungen.
[65] Die nachfolgenden Ausführungen beruhen auf den Ergebnissen regelmäßiger Umfragen, die das Meinungsforschungsinstitut Infratest Burke Finanzforschung seit 1988 im Auftrag des Deutschen Aktieninstituts durchführt.

I. Mitarbeiterbeteiligung und Aktienoptionspläne in Deutschland

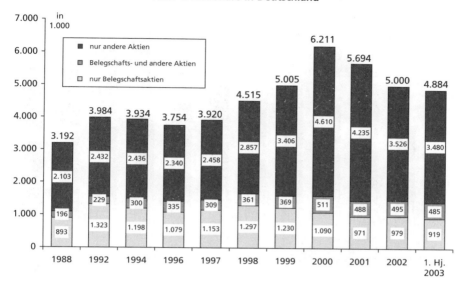

Abb. 4: Aktionäre in Deutschland

Von 1988 bis 2003 nahm die Zahl der Belegschaftsaktionäre in der Bundesrepublik Deutschland um 28,9 Prozent zu, während die Zahl der „anderen Aktionäre" um 72,5 Prozent stieg. Besonders erfreulich entwickelte sich mit einer Zunahme um 147,5 Prozent die Zahl der Anleger, die sowohl Belegschaftsaktien als auch Aktien anderer Unternehmen in ihrem Depot hielten. Dies belegt die hohe wirtschafts- und ordnungspolitische Relevanz der Belegschaftsaktie, denn offensichtlich ist der Erstkontakt mit der Aktie im Rahmen der Ausgabe von Belegschaftsaktien eine hervorragende Methode, Anlegern die Scheu vor dieser Anlageform zu nehmen. 50

Die Zahl der Aktionäre in den alten und neuen Bundesländern ist auch 2003 – weit mehr als ein Jahrzehnt nach der Wiederherstellung der deutschen Einheit – noch extrem unterschiedlich. Diese regionale Differenzierung wirkt sich auch auf die Verteilung der Belegschaftsaktionäre aus (Abb. 5 und 6). 51

In den neuen Bundesländern nimmt die Zahl der Aktionäre zwar, bedingt durch die niedrige Ausgangsbasis, wesentlich schneller zu als in den alten, doch die Belegschaftsaktien werden vergleichsweise vernachlässigt. Dies mag seine Ursachen zum größten Teil darin haben, dass in den neuen Bundesländern die (börsennotierte) Aktiengesellschaft immer noch nicht die gleiche Bedeutung erlangt hat wie in den alten Bundesländern. Weitere Ursache werden jedoch auch in den niedrigeren Vermögen und Einkommen sowie in dem verständlichen Nachholbedarf bezüglich der Aktienanlage insgesamt liegen, der in den neuen Bundesländern zweifelsohne vorhanden ist. 52

Die Verteilung der Aktionäre über die verschiedenen Altersgruppen zeigt, dass Belegschaftsaktien erwartungsgemäß in der Erwerbsphase am weitesten verbreitet sind. In der Altersgruppe von 30 bis 39 Jahren ist der Anteil von Be- 53

A. Mitarbeiterbeteiligung und Stock-Option-Pläne

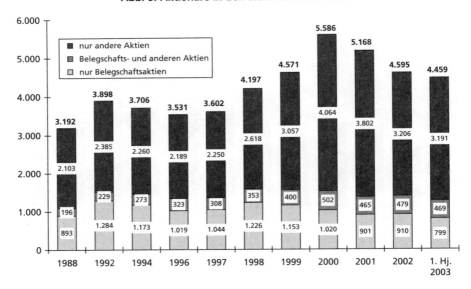

Abb. 5: Aktionäre in den alten Bundesländern

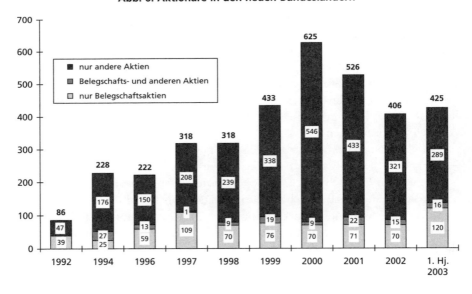

Abb. 6: Aktionäre in den neuen Bundesländern

legschaftsaktionären an der Gesamtbevölkerung am höchsten, wenn auch in der Altersgruppe von 50 bis 59 Jahren ein fast gleich hoher Anteil an Belegschaftsaktionären zu verzeichnen ist. Interessant ist der relativ geringe Anteil von Belegschaftsaktionären in der Altersgruppe der 40- bis 49-Jährigen. Hier besteht offensichtlich Potential für gezielte vermögenspolitische Initiativen (Abb. 7).

I. Mitarbeiterbeteiligung und Aktienoptionspläne in Deutschland

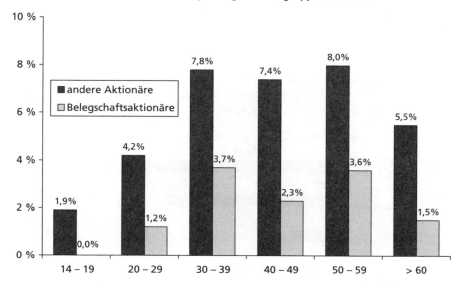

Abb. 7: Anteil an der jeweiligen Altersgruppe in Prozent

Der Besitz von Belegschaftsaktien steigt – wie auch der Besitz anderer Aktien – mit dem monatlichen Haushaltsnettoeinkommen. In allen Einkommensklassen ist der Anteil der Besitzer anderer Aktien um ein Mehrfaches höher als der Anteil der Belegschaftsaktionäre. Der höchste relative Anteil der Belegschafsaktionäre findet sich in der Gruppe mit einem monatlichen Haushaltsnettoeinkommen zwischen 2.500 und 3.000 Euro.

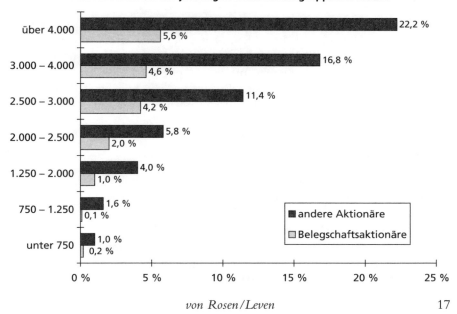

Abb. 8: Anteil an der jeweiligen Einkommensgruppe in Prozent

A. Mitarbeiterbeteiligung und Stock-Option-Pläne

55 Belegschaftsaktien spielen für Aktionäre mit fast allen Bildungsabschlüssen eine wichtige Rolle. Die geringste relative Bedeutung nimmt die Belegschaftsaktie bei Abiturienten und Fachhochschülern ein, was einerseits mit dem hohen Anteil anderer Aktionäre in dieser Bildungsgruppe zusammenhängt, andererseits mit dem geringen Verbreitungsgrad der Belegschaftsaktie bei den Fachhochschülern. Hier ergibt sich, dass die Belegschaftsaktie tendenziell Anleger mit niedrigeren Bildungsabschlüssen an die Aktie heranzuführen imstande ist, die diese Anlageform sonst nicht so intensiv nutzen (Abb. 9).

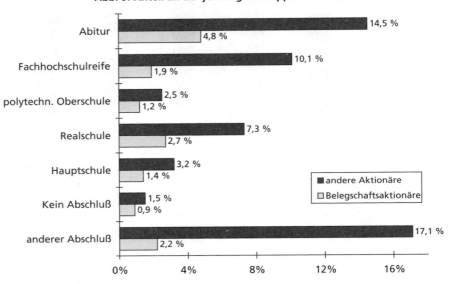

Abb. 9: Anteil an der jeweiligen Gruppe in Prozent

56 Der Anteil der Belegschaftsaktionäre an allen Angehörigen einer bestimmten Berufsgruppe steigt mit zunehmendem Status: bei den Leitenden Angestellten und Beamten ist er am höchsten, bei den Auszubildenden und sonstigen Arbeitern am niedrigsten. Rechnete man aus der Gruppe der Leitenden Angestellten und Beamten die letztgenannte Gruppe heraus (was aus Mangel an differenzierten Daten nicht möglich ist), würde sich ein noch höherer Anteil für die Leitenden Angestellten ergeben (Abb. 10).

c) Verbreitung und Erfolg von Aktienoptionsplänen

57 Aktienoptionspläne haben sich in Deutschland seit der Erleichterung ihrer Umsetzung durch das KonTraG sehr schnell durchgesetzt. Mittlerweile zählen in irgendeiner Form am Aktienkurs orientierte Vergütungen zum Standardrepertoire bei der Vergütung von Vorständen, teilweise auch von Führungskräften der unmittelbar nachgeordneten Ebenen. Zahlreiche Unternehmen vor allem des Neuen Marktes nutzten Aktienoptionspläne nicht als Ergänzung der Führungskräftevergütung, sondern als ihren Hauptbestandteil. Dies war vor dem Hinter-

I. Mitarbeiterbeteiligung und Aktienoptionspläne in Deutschland

Abb. 10: Anteil an der jeweiligen Berufsgruppe in Prozent

Berufsgruppe	andere Aktionäre	Belegschaftsaktionäre
Ltd. Ang. / Beamte	13,1 %	5,0 %
Sonst. Ang. / Beamte	8,3 %	3,5 %
Selbst. / Freie Berufe	15,7 %	2,4 %
Facharbeiter	2,9 %	1,9 %
Rentner / Pensionäre	5,5 %	1,6 %
Hausfrauen	4,9 %	1,6 %
Sonstige Arbeiter	0,8 %	1,2 %
Auszubildende	2,7 %	1,0 %
Studenten	4,4 %	0,5 %
Selbst. Landwirte	16,1 %	0,0 %
Schüler	1,7 %	0,0 %

grund aktuell stockender Einnahmen in der Forschungs- und Entwicklungsphase und in Erwartung hoher künftiger Unternehmensgewinne sicherlich eine nachvollziehbare und tendenziell richtige Entscheidung, die zu einer entsprechenden Schonung der Liquidität führte.

Die rein rechnerisch sehr hohen Beträge, die die Führungskräfte bei Ausübung ihrer Optionen hätten realisieren können, führte allerdings zu intensiven öffentlichen Diskussionen um die Rechtfertigung der damit erzielbaren Einkommenshöhen. Diese Diskussion wurde verstärkt durch die seit März 2000 stark fallenden Aktienkurse, die für die Aktionäre hohe Verluste bedeuteten. Dass ebendiese Börsenentwicklung auch dazu führte, dass bislang kaum ein Manager in Deutschland nennenswerte Einkünfte aus seinen Aktienoptionen erzielt hat, blieb dabei unberücksichtigt.

Als Folge dieser Diskussionen werden Aktienoptionspläne als Vergütungselement in vielen Unternehmen derzeit intensiv überdacht. Dass die Übereinstimmung der Interessen von Aktionären und Führungskräften im Interesse der Überwindung des Principal-Agent-Problems sinnvoll und anzustreben ist, ist dabei unstrittig.

---

[66] Vgl. *Deutsches Aktieninstitut*, Aktienoptionspläne für Führungskräfte in Deutschland, Ergebnisse einer Umfrage des Deutschen Aktieninstituts e.V., Frankfurt a.M., Mai 1998.

[67] Vgl. *Deutsches Aktieninstitut*, Aktienoptionspläne für Führungskräfte in Deutschland, Ergebnisse einer Umfrage des Deutschen Aktieninstituts e.V., Frankfurt a.M., November 1996.

[68] Von den 582 angeschriebenen Unternehmen hatten 148 den Fragebogen beantwortet. Dies entspricht einer Rücklaufquote von insgesamt 26 %, darunter 55 % (55) der DAX100-Unternehmen sowie 70 % (21) der Unternehmen des DAX30. Die Ergebnisse der Umfrage sind im folgenden anonymisiert wiedergegeben.

[69] Soweit sich bei der Addition ein höherer Prozentsatz als 100 % ergibt, ist dies dadurch bedingt, dass ein Unternehmen sowohl bereits über einen Aktienoptionsplan verfügt als auch

A. Mitarbeiterbeteiligung und Stock-Option-Pläne

5. Ausblick

60 Im Interesse einer stärkeren Verbreitung der Anlageform Aktie in breiten Bevölkerungskreisen ist eine stärkere Förderung der Mitarbeiterbeteiligung wünschenswert. Die Höhe der derzeitigen staatliche Förderung nach dem Vermögensbildungsgesetz oder nach § 19a EStG ist unzureichend und wird teilweise auch als wirtschaftlich gänzlich unattraktiv bezeichnet.[72] Wenn der Gesetzgeber hier wirksam fördern möchte, muss die Förderung intensiviert werden. Der nach § 19a EStG förderungsfähige Betrag ist hierzu auf mindestens 500, besser 1.000 Euro jährlich zu erhöhen.

61 Selbst wenn angesichts knapper Kassen eine solche Erhöhung schwer durchsetzbar sein wird, sollten Unternehmen das Instrument der Mitarbeiterbeteiligung verstärkt nutzen. Auch unabhängig von staatlicher Förderung sind solche Modelle ausreichend attraktiv.

62 Von besonderer Bedeutung ist die Harmonisierung der kapitalmarkt- und steuerrechtlichen Vorschriften für die Mitarbeiterbeteiligung multinationaler Unternehmen. Immer mehr Aktiengesellschaften, aber auch Unternehmen anderer Rechtsformen haben Mitarbeiter in verschiedenen Staaten. Im Interesse der Gleichbehandlung der Mitarbeiter – und damit ihrer Motivation – sollte die Ausgabe von Belegschaftsaktien nicht an steuerlichen, wertpapierrechtlichen oder arbeitsrechtlichen Landesgrenzen scheitern. In diesem Sinne ist es begrüßenswert, wenn Unternehmen planen, alle Mitarbeiter zu Aktionären zu machen, um in beiden Richtungen zwischen Kapital und Arbeit, aber auch zwischen Unternehmen und Aktionären zu einer besseren Vernetzung zu kommen. Aktionärseigentum bedeutet gleichzeitig Unternehmertum.

63 Die Mitarbeiterbeteiligung ist daher mindestens auf europäischer Ebene so zu regeln, dass ein Unternehmen allen seinen Mitarbeitern eine Beteiligung zu gleich attraktiven Konditionen anbieten kann.

---

konkret die Implementierung eines weiteren Aktienoptionsplans beabsichtigt ist. Ein niedrigerer Prozentsatz als 100 % kann sich im folgenden daraus ergeben, dass nicht alle Unternehmen zu allen Fragen Angaben gemacht haben.

[70] Vgl. *Deutsches Aktieninstitut*, Der Erwerb eigener Aktien in Deutschland, Ergebnisse einer Umfrage des Deutschen Aktieninstituts e.V., Frankfurt a.M., Mai 1999.

[71] Problematisch unter dem Gesichtspunkt des Insiderrechts ist jedoch in der Regel nicht die Ausübung, sondern die Veräußerung der durch die Ausübung bezogenen Aktien; vgl. hierzu die Ausführungen in *Bundesaufsichtsamt für den Wertpapierhandel*, Insiderrechtliche Behandlung von Aktienoptionsprogrammen für Führungskräfte, Schreiben an die Vorstände der börsennotierten Aktiengesellschaften vom 1. Oktober 1997. In der Praxis fallen aber, zumindest zur Zeit, Ausübung und Veräußerung zeitlich regelmäßig zusammen. Vgl. auch *DAI*, Der Umgang von Führungskräften mit Aktien des eigenen Unternehmens, a.a.O.

[72] Vgl. *Wagner*, Renaissance der Mitarbeiterbeteiligung, a.a.O., S. 5.

II. Mitarbeiterbeteiligungs- und Aktienoptionspläne im internationalen Vergleich

1. Einführung*

In fast allen westlichen Ländern werden mittlerweile Mitarbeiterbeteiligungspläne, sowohl Aktienoptions- als auch Aktienkaufpläne als Bestandteil der Vergütung verwendet, um Mitarbeiter an das Unternehmen zu binden oder es für sie attraktiv zu machen.

Dies gilt insbesondere für hoch bezahlte Führungskräfte, die mit anderen Mitteln nur schwer zu halten oder zu gewinnen wären. Begünstigt wurde dies in vielen Ländern durch attraktive gesetzliche Rahmenbedingungen (Steuer- und Bilanzierungsvorschriften) und durch langjährig steigende Aktienkurse. Insbesondere in den Vereinigten Staaten stieg die Gesamtvergütung der Führungskräfte aufgrund ihrer Aktienoptionen nicht selten um zweistellige Prozentsätze an.

Seit 2001 haben sich diese Rahmenbedingungen durch den Einbruch an den Aktienmärkten, neue Corporate-Governance-Initiativen[1], die Kritik an der bisherigen Bilanzierungspraxis und durch den stärkeren Fokus der Medien und Aktionärsverbänden auf missbräuchliche Praktiken verändert. Dies ist nicht ohne Auswirkungen auf die Marktpraxis geblieben. Viele der Unternehmen planen Änderungen ihrer Vergabepraxis, der Ausgestaltung und Bilanzierung ihrer Pläne.

Für die breite Belegschaft hat die Mitarbeiterbeteiligung oft andere Ziele: z.B. der langfristige Vermögensaufbau und die Altersvorsorge. Die Bedeutung dieser Form der zusätzlichen Altersvorsorge macht eine Schätzung des Employee Benefit Research Institute (EBRI) am Beispiel der Vereinigten Staaten deutlich, wonach Ende 2002 circa 47 Millionen Amerikaner an einem der weit verbreiteten 401 (k) Pläne teilgenommen haben. Insgesamt werden die Vermögensmittel, die in diesen Plänen angesammelt worden sind, auf insgesamt 2,4 Billionen US$[2] geschätzt. Jedoch haben die o.a. Einflüsse sich auch auf diese Form der Mitarbeiterbeteiligung ausgewirkt und zu einer Verminderung ihrer Attraktivität geführt[3]. Viele Mitarbeiter haben aufgrund der wirtschaftlichen Schwierigkeiten

---

* Zunächst möchte ich mich bei meinen vielen Kollegen unseres Netzwerkes für ihre Unterstützung bedanken, ohne die dieser Beitrag nicht möglich gewesen wäre.

[1] Weitere Informationen über Corporate Governance Diskussionen in Europa: http://www.ecgi.org/codes/menu_europe.htm; in den Vereinigten Staaten: http://www.nasdaq.com.

[2] Diese Schätzungen stammen von Anfang 2001: EBRI Research Highlights Retirement and Health Data, Issue Brief # 229, January 2001.

[3] Trotz dieser Tatsache haben französische Mitarbeiter laut einer Studie noch immer großes Interesse an Mitarbeiterbeteiligungsprogrammen geäußert; Hewitt et al „Employee Ownership Focus in France" – 2002; Hewitt Associates.

A. Mitarbeiterbeteiligung und Stock-Option-Pläne

ihrer Arbeitgeber erhebliche Verluste hinnehmen müssen. In einigen wenigen Fällen führte dies sogar zum Totalverlust der Altersersparnisse.

68 Die folgende Untersuchung beschäftigt sich schwerpunktmässig mit echten Kapitalbeteiligungen in der Form von Aktienkauf- und Aktienoptionsplänen und unterscheidet zwischen Plänen für die breite Belegschaft und Führungskräftezusagen. Aufgrund der Vielzahl der Länder und der dort existierenden unterschiedlichen Modelle kann der folgende Beitrag nur einen Überblick über einige der verbreitetsten Modelle geben. Ein Schwerpunkt der Darstellung liegt auf Mitarbeiterbeteiligungsplänen in Frankreich, Großbritannien und den Vereinigten Staaten. Für diese Auswahl sprach die Tatsache, dass die Unternehmen dieser Länder, ihre Heimatpläne oft in andere Länder exportieren und dadurch auch einen sehr starken Einfluss auf die dortige lokale Praxis nehmen.

69 In dem darauf folgenden Abschnitt werden die gesetzlichen Rahmenbedingungen für Mitarbeiterbeteiligungspläne dargestellt, und zwar aus der Sichtweise einer deutschen Muttergesellschaft, die einen Plan für die Mitarbeiter der lokalen Gesellschaft in dem jeweiligen Land im Ausland einführen möchte. Auch hier können nicht die Rechts-, Steuer- und Sozialversicherungssysteme aller Länder dargestellt werden. Dieser Beitrag beschränkt sich darauf, Strukturen aufzuzeigen, die im Ausland vorzufinden sind. Der Leser erhält somit einen Überblick über die in diesem Zusammenhang auftretenden Fragestellungen. Aus Platzgründen konnten nicht alle Planformen berücksichtigt werden, sodass sich die Untersuchung nur auf Aktienoptionspläne bezieht. Die meisten Aussagen (mit Ausnahme der steuerlichen Situation) lassen sich aber aufgrund der vielen Parallelen zu Aktienkaufplänen auch auf diese Form der Beteiligung anwenden.

Im letzten Abschnitt werden Trends und Entwicklungen dargestellt.

2. Überblick über die Verbreitung und Gestaltung von Aktienkauf- und Aktienoptionsplänen in den unterschiedlichen Ländern

a) Mitarbeiterbeteiligungspläne für die breite Belegschaft

70 Für breite Belegschaftskreise werden häufig Unternehmensbeteiligungen in Form von Aktienkaufplänen angeboten, bei denen sich das Unternehmen mittels einer Bar- oder Aktienzuzahlung beteiligt. Teilweise werden aber auch Aktienoptionen an breite Belegschaftsgruppen vergeben. Im Gegensatz zu einem Aktienoptionsplan erwirbt der Mitarbeiter bei einem Aktienkaufplan unmittelbar eine echte Kapitalbeteiligung und ist einem Aktionär gleichgestellt (Kurs- und Insolvenzrisiko, Stimm- und Dividendenrechte etc.). Inhaber von Aktienoptionen tragen bis zum Erwerb der Aktien ein geringeres Risiko. In vielen Fällen gibt es jedoch auch Mischformen, da Elemente von Aktienkauf und Aktienoptionsplänen gemischt oder beide Pläne kombiniert werden.

71 Allerdings gewähren viele Unternehmen, insbesondere in den Vereinigten Staaten, auch ihrer breiten Belegschaft Aktienoptionen. In einigen Ländern be-

II. Mitarbeiterbeteiligungs- und Aktienoptionspläne

gann sich sogar der Trend abzuzeichnen, Aktienoptionen weltweit an die allgemeine Belegschaft auszugeben. Dieser Trend, der sich noch bis zum Ende der 90iger Jahre verstärkt hatte, scheint jedoch nunmehr etwas abzuflachen[4]. Hauptgrund hierfür ist sicherlich die Überlegung, die Aktienoptionen nicht mehr über eine Verwässerung der Anteile finanzieren zu wollen.

In Frankreich, Großbritannien und den Vereinigten Staaten haben die anzutreffenden Plangestaltungen eine lange Tradition, die sich aus den hier bestehenden steuerlichen Vorgaben entwickelt. Im Folgenden werden einige der bekanntesten Plangestaltungen kurz dargestellt. **72**

aa) Vereinigte Staaten

Die in den Vereinigten Staaten verbreitetste Art von Aktienplänen sind **„Matched Saving Plans"** in der Form eines sogenannten 401 (k) Plans (benannt nach der entsprechenden Vorschrift im Internal Revenue Code), die eine steuerbegünstigte Form der Altersvorsorge darstellen. Diese Form der Altersvorsorge wird von circa 90% der Unternehmen in den Vereinigten Staaten angeboten. Es handelt sich hierbei um steuerlich begünstigte Pläne, die es den Mitarbeitern ermöglichen, einen Teil ihres Einkommens vor Steuern (bis zu US$ 10.000[5]) aufzuschieben und in Aktien zu investieren. **73**

Die Beiträge können dabei – müssen aber nicht – zum Kauf der Aktien des Arbeitgeber-Unternehmens verwendet werden. Laut einer Studie bieten mehr als 77% der Aktiengesellschaften im Rahmen eines 401 (k) Plans die Möglichkeit an, die Beiträge in Aktien des Unternehmens zu investieren.[6] Das Unternehmen beteiligt sich entweder mit einem Unternehmensbeitrag oder mit der Vergabe von Gratisaktien. Die erlaubten Gesamtbeiträge von Arbeitgeber und Arbeitnehmer zu 401 (k) Plänen dürfen US$ 40.000 pro Jahr nicht übersteigen. Die steuerlichen Vorschriften sehen vor, dass diese Pläne – mit wenigen Ausnahmen – der gesamten Belegschaft angeboten werden müssen, um steuerlich anerkannt zu sein. **74**

Eine weitere Form ist der so genannte **Employee Stock Purchase Plan**, der von circa 62% der befragten Unternehmen angeboten wird[7]. Die meisten dieser Pläne sind so gestaltet, dass sie gemäß § 423 IRC (Internal Revenue Code) steuerlich begünstigt sind. Die Pläne beginnen größtenteils mit einer Ansparphase, in der der Mitarbeiter mittels direktem Einkommensabzug durch den Arbeitgeber das Geld für den Aktienkauf anspart. Bei den meisten Plänen beträgt die Ansparphase zwischen 3 bis 12 Monaten. Grundlage für die Definition des **75**

---

[4] Dennoch wurden auch noch in der letzten Zeit einige globale Aktienoptionspläne eingeführt; z.B. Bank of Amerika (143.000 Mitarbeiter; 2002); DuPont (85.000; 2002); Pearson (30.000; 2002); Renault (100.000; 2002); Vodafone (42.000; 2002); Wells Fargo (128.000; 2002); die Gesamtzahl von neuen Plänen hat jedoch eerheblich abgenommen.

[5] Die im folgenden Text genannten gesetzlichen Vorschriften basieren auf dem Stand Januar 2003.

[6] Survey Findings: Hot Topics in 401 (k) Plans 2002, Hewitt Associates.

[7] 2000 Stock Purchase Plan Design and Administration Survey, NASPP/PriceWaterhouseCoopers.

A. Mitarbeiterbeteiligung und Stock-Option-Pläne

Kaufpreises ist dabei in der Regel der jeweils niedrigere Marktpreis, zum Beginn oder am Ende der Ansparphase. Um den steuerlichen Status nicht zu verlieren, darf dabei der Kaufpreis nicht mehr als 15% unter dem jeweiligen Marktpreis liegen. Viele Pläne sehen daher einen Rabatt von 10% bis 15% vor. Insgesamt darf der Marktpreis der zum Kauf angebotenen Aktien pro Mitarbeiter im Jahr US$ 25.000 nicht überschreiten. Diese Pläne werden in der Regel fortlaufend über mehrere Jahre angeboten.

76 **Employee Stock Ownership Plans** (ESOPs) sind eine Form der indirekten Mitarbeiterbeteiligung, bei denen Aktien zugunsten von Mitarbeitern gekauft und in einem Treuhandvermögen verwaltet werden. Die Aktien können dabei auch durch ein Darlehen einer Bank finanziert werden (leveraged ESOP), sodass in relativ kurzer Zeit eine hohe (indirekte) Mitarbeiterbeteiligung erzielt werden kann. In den Vereinigten Staaten wurden ESOPs mit der Einführung des Employee Retirement Income Security Act of 1974 (ERISA) populär und von den amerikanischen Unternehmen als eine Form der Altersvorsorge genutzt. Denn im Gegensatz zu einem Employee Stock Purchase Plan erhält der Mitarbeiter die Aktien oder eine entsprechende Barzahlung erst bei Erreichen der Altersgrenze oder bei Verlassen des Unternehmens.

77 Neben einer Reihe von steuerlichen Anreizen im Zusammenhang mit der Finanzierung einer betrieblichen Altersversorgung bestand der Reiz eines ESOPs für viele Unternehmen darin, auf diesem Weg einen grösserer Bestand von Aktien für die Mitarbeiter zu reservieren. Dadurch versprach man sich unter anderem einen besseren Schutz vor feindlichen Übernahmen. Änderungen von Bilanz- und Steuervorschriften haben den Anteil der Unternehmen, die ein ESOP anbieten, stark schrumpfen lassen. Zur Zeit gibt es schätzungsweise nur noch circa 11.000 ESOPs in den Vereinigten Staaten.[8]

78 Wie bereits beschrieben werden von den Unternehmen auch **Stock Options** an die breite Belegschaft vergeben, allerdings werden diese Pläne häufig anlässlich eines speziellen Ereignisses (Firmenjubiläum, etc.) implementiert und sind keine fortlaufenden Pläne. Die Aktienoptionspläne folgen in der Regel einer einfachen Planstruktur („plain vanilla"), unter der der Mitarbeiter die Möglichkeit erhält, Aktien während eines bestimmten Zeitraums (Ausübungszeitraum) zu einem vorher festgesetzten Preis (Optionspreis) zu erwerben. Nach der üblichen Plangestaltung entspricht der Optionspreis dem Marktwert der Aktie zum Zeitpunkt der Optionszuteilung. Dem Ausübungszeitraum ist in der Regel eine Wartezeit vorgeschaltet, die der Mitarbeiter erfüllt haben muss, bevor seine Aktienoptionen unverfallbar und damit ausübbar werden. Es sind grundsätzlich drei verschiedene Ausübungsmethoden denkbar. Die Aktienoption kann ausgeübt werden, indem der Mitarbeiter alle Aktien erwirbt und den hierfür vorgesehenen Kaufpreis entrichtet (entweder bar, durch Einkommensabzug oder Hingabe bereits erworbener Aktien). Sie kann aber auch ausgeübt werden, indem der Mitarbeiter nur so viele Aktien erwirbt, wie er mit dem gleichzeitigen

---

[8] Schätzung des National Center for Employee Ownership (NCEO).

II. Mitarbeiterbeteiligungs- und Aktienoptionspläne

Verkauf der übrigen Aktien finanzieren kann. Letztendlich kann der Mitarbeiter seine Aktienoptionen auch ausüben und sich den gesamten Gewinn bar auszahlen lassen. Die beiden letzten Ausübungsmethoden werden allgemein als bargeldlose Ausübungsmethode bezeichnet.

bb) Großbritannien

„Save As You Earn (SAYE) Share Option Scheme" ist ein Mitarbeiterbeteiligungsprogramm, das mit dem in den Vereinigten Staaten bekannten „Employee Stock Purchase Plan" vergleichbar ist. Es handelt sich hierbei um die weit verbreiteteste Form der Mitarbeiterbeteiligung in Großbritannien, die auch am häufigsten den Mitarbeitern im Ausland angeboten wird. Circa 97% der FTSE 100 Unternehmen und 71% der FTSE 250 Unternehmen[9] bieten diese Form der Mitarbeiterbeteiligung an, die vn den Finanzbehörden steuerlich zu genehmigen ist. Auch nach diesem Konzept sparen die Mitarbeiter über einen Zeitraum monatlich Geld an (zwischen £ 5 und 250), um es dann zum Kauf von Aktien zu einem vorher festgesetzten Preis zu verwenden. Dabei darf der Kaufpreis nicht unter 80% des Marktpreises bei Optionsvergabe liegen. Im Gegensatz zu der verbreiteten Praxis in den Vereinigten Staaten ist jedoch die Ansparphase (3 bzw. 5 Jahre mit zusätzlicher Option zur Verlängerung um 2 weitere Jahre) erheblich länger. Am Ende der Ansparphase ist der Mitarbeiter nicht zum Kauf der Aktien verpflichtet. Er ist auch nicht verpflichtet, die Aktien über einen längeren Zeitraum zu halten. Für den Mitarbeiter liegt der steuerliche Anreiz hierzu darin, dass sämtliche Gewinne, die aus dem Programm bis zum Verkauf der Aktien resultieren, steuerfrei sind. Dieser Plan muss allen Mitarbeitern mit mehr als 5 Jahren Betriebszugehörigkeit angeboten werden.

79

Seit Mai 2000 hat Großbritannien mit der Einführung der so genannten **„All Employee Share Plans**[10]**"** (jetzt umgetauft in **„Share Incentive Plans (SIP)"**) die Gestaltungsfreiheit von steuerlich begünstigten Mitarbeiterbeteiligungsplänen noch zusätzlich erhöht. Nach den neuen Regelungen können die Unternehmen eine Kombination von „Free Shares", „Partnership Shares" und „Matching-Shares" gewähren. Im Gegensatz zu den zuvor beschriebenen Plänen können die Unternehmen die Vergabe von freien Aktien (bis zu einem Wert von £ 3.000) auch von der Leistung des Mitarbeiters, seiner Abteilung bzw. des Unternehmens abhängig machen. Mitarbeitern kann auch die Möglichkeit eingeräumt werden, aus ihrem Bruttoeinkommen bis zu £ 1.500 bzw. monatlich £ 125 „Partnership Shares" zu erwerben. Die „Partnership Shares" kann das Unternehmen um jeweils bis zu zwei weitere Aktien („Matching Shares") aufstocken. Der Gesamtwert der Aktien ist pro Mitarbeiter auf £ 7.500 beschränkt. Dividenden, die aus den All Employee Share Plans herrühren, können bis zu

80

---

[9] Inland Revenue, April 2001; www.inlandrevenue.gov.uk/stats/emp_share_schemes_/ess_t04_1.htm.

[10] Eine umfangreiche Darstellung der **All Employee Share Plans** in Großbritannien befindet sich unter www.inlandrevenue.gov.uk/shareschemes/index.htm; vgl. aber auch www.proshare.org.

A. Mitarbeiterbeteiligung und Stock-Option-Pläne

einem Betrag von £ 1.500 reinvestiert werden („Dividend Shares"). Alle Pläne müssen vor ihrer Einführung genehmigt werden. Die „Matching Shares", „Free Shares" und „Dividend Shares" müssen für einen bestimmten Zeitraum (3 Jahre) in einem Treuhandvermögen gehalten werden. Der Mitarbeiter kann über diese Aktien nur vorzeitig verfügen, wenn er das Unternehmen vorher verlässt. Um die volle steuerliche Begünstigung zu erhalten, müssen die Aktien 5 Jahre gehalten werden. Verfügt der Mitarbeiter also vorher über die Aktien, weil er das Unternehmen verlässt, so falen nachträglich Steuern an. Circa 35% der FTSE 100 Unternehmen und 26% der FTSE 250 Unternehmen[11] haben seit Einführung einen SIP implementiert. Mit Einbruch der Aktienmärkte hat sich diese Tendenz etwas abgeschwächt. Zudem hat der SIP nicht – wie befürchtet – den SAYE ersetzt. Im Gegenteil, die Unternehmen bieten zwei Pläne an und lassen ihren Mitarbeitern die Wahl. SIP's sind von britischen Unternehmen bisher nur sehr selten in andere Länder exportiert worden.

81 Neben den beschriebenen Plänen gibt es noch den **Company Stock Option Plan** (CSPO), der von ca. 13% der FTSE Unternehmen[12] einer breiten Belegschaftsgruppe angeboten wird.

cc) Frankreich

82 Circa 88% der großen bzw. mittleren Unternehmen (mit mehr als 500 Mitarbeitern)[13] in Frankreich bieten ihren Mitarbeiter einen Sparplan zur Vermögensbildung in Form eines **„Plan d'Epargne d'Entreprise (PEE)"** an. Der PEE ist ein freiwilliges Programm, das allen Mitarbeitern vom Unternehmen angeboten wird. Nach diesem Plan hat der Mitarbeiter die Möglichkeit, einen Teil seines Einkommens über einen Zeitraum von 5 Jahren anzusparen und in einen oder mehrere Fonds zu investieren. Viele französische Unternehmen verwenden diesen Plan für ein Mitarbeiterbeteiligungsprogramm, da die in dem Fond angesammelten Mittel auch in Aktien des Arbeitgebers investiert werden können. Die erzielten Gewinne bzw. Dividenden werden in der Regel wieder investiert. Der Mitarbeiter darf über die gesparten Mittel erst nach Ablauf von fünf Jahren verfügen, es sei denn, es liegt ein Ausnahmetatbestand vor.

83 Der Plan kann vorsehen, dass die Mitarbeiterbeiträge durch einen entsprechenden Unternehmensbeitrag („Abondement") aufgestockt werden. Der Unternehmensbeitrag ist weder steuer- noch sozialversicherungspflichtig.[14] Darüber hinaus ist es möglich, in den Plan zusätzliche freiwillige Mitarbeiterbeiträge bzw. Beiträge aus einer freiwilligen[15] Erfolgsbeteiligung fließen zu lassen. Dies kann deshalb interessant sein, da die Beiträge bei einer entsprechenden Verwendung

---

[11] http://www.proshare.org/Research/sip2002.pdf; enthält noch zusätzliche Informationen zu den einzelnen Plantypen.
[12] www.capita-irg.com.
[13] Politiques et pratiques de Rémunéraition en France – 2002, Hewitt Associates.
[14] Mit Ausnahme der allgemeinen Sozialabgabe und des Beitrags zur Verminderung des Sozialdefizits.
[15] Plan Intéressement.

II. Mitarbeiterbeteiligungs- und Aktienoptionspläne

nicht zu versteuern sind und der Plan vorsehen kann, dass auch diese Beiträge durch Unternehmensbeiträge aufgestockt werden. Letztendlich kann der Mitarbeiter auch die gesetzlich vorgeschriebene Erfolgsbeteiligung[16] in den PEE fließen lassen, allerdings ohne Unternehmensbeitrag.

Insgesamt darf der Mitarbeiterbeitrag 25% des jährlichen Bruttoeinkommens nicht übersteigen. Die Unternehmensbeiträge sind auf 300% des Mitarbeiterbeitrags und auf jährlich EURO 2.287 pro Mitarbeiter beschränkt. Sofern die Beiträge in Aktien des Arbeitgebers investiert werden, erhöht sich die Obergrenze um weitere EURO 2.287. **84**

dd) Mitarbeiterbeteiligungspläne in anderen Ländern

In einer Reihe von anderen europäischen Ländern (z.B. Belgien, Italien, Österreich, Spanien) existieren – wenn auch oft nur geringe – steuerliche Anreize zur Förderung von Mitarbeiterbeteiligungsplänen (oft in Form von Steuerfreibeträgen: Italien: EURO 2.066 p.a.; Österreich: EURO 1.453 p.a.; Spanien: EURO 3.005,06 p.a. oder eines Rabatts, z.B. Belgien reduziert den zu versteuernden Betrag um 16 2/3%). Auch in einigen dieser Länder sind Mitarbeiterbeteiligungspläne unter den größeren Unternehmen verbreitet. Die Unternehmen gewähren ihren Mitarbeitern die Aktien in der Regel zu einem günstigeren Kaufpreis. Vielfach sehen die Steuergesetze Sperrfristen (2 bzw. 5 Jahre) vor, während denen die Aktien nicht veräußert werden dürfen. Veräußert der Mitarbeiter die Aktien früher, werden die Beträge nachversteuert. **85**

Außerhalb West-Europas sind qualifizierte Pläne oder steuerliche Anreize selten anzutreffen. Die osteuropäischen Länder sind derzeit dabei, ihre Regelungen zu gestalten. In Ländern wie Polen und Tschechien, die bereits relativ weit entwickelte Regelungen haben, werden die gesetzlichen Rahmenbedingungen immer wieder ergänzt und den anforderungen der Wirtschaft angepasst. Andere osteuropäische Länder sind erst dabei, die gesetzliche Basis für Mitarbeiterbeteiligungsprogramme zu schaffen. **86**

In Südamerika gibt es keine speziellen steuerlichen Vorteile für Mitarbeiterbeteiligungen. Diese werden in der Regel als normale Gehaltsbestandteile behandelt. **87**

In Ländern des asiatisch-pazifischen Raumes gibt es entweder keine gesetzliche Regelung oder sie sind sehr großzügig. Australien, Indien, Malaysia, Neuseeland und Singapur sehen qualifizierte Pläne vor.

b) Beteiligungspläne als Anreizvergütung für einen beschränkten Führungskräftekreis

Für Führungskräfte werden Beteiligungspläne oft als Form der langfristigen Anreizvergütung angeboten. Die Vergabepraxis, der Anteil an der Barvergütung, die Form der langfristigen Anreizvergütung und deren Ausgestaltung unterscheiden **88**

---

[16] Frankreich sieht für Unternehmen mit mehr als 50 Mitarbeiter eine gesetzliche Verpflichtung zur Gewährung einer Erfolgsbeteiligung (Participation) vor.

A. Mitarbeiterbeteiligung und Stock-Option-Pläne

sich im Vergleich zu den algemeinen Belegschaftsplänen signifikant. Während für die allgemeine Belegschaft oft der langfristige Vermögensaufbau und die mit der Vergabe verbundene Botschaft im Vordergrund steht, spielt der Vergütungscharakter bei Führungskräften eine wesentlich grössere Rolle.

89 Im Gegensatz zur allgemeinen Belegschaft erhalten Führungskräfte Mitarbeiterbeteiligungen in Form von Aktienoptionen oder Aktien oft regelmäßig und in kürzeren Abständen zugeteilt.

90 Der Wert der Beteiligung macht oft einen bedeutenden Teil der Gesamtvergütung aus. In einigen Fällen sogar den größten Anteil.

91 Für Führungskräfte sind Aktienoptionen nach wie vor die weit verbreitetste Form der langfristigen Anreizvergütung. Die Anzahl der ausgegebenen Aktienoptionen steht oft im Ermessen eines Compensation Committees oder ähnlicher Gremien des Unternehmens. Die Entscheidung kann auch auf Basis von Gehaltsstufen bzw. Positionsgruppen erfolgen. Weniger häufig wird die Anzahl der Aktienoptionen als Prozentsatz der Vergütung bestimmt. Teilweise wird die Anzahl der ausgegebenen Aktienoptionen aber auch von der Performance des Mitarbeiters oder des Unternehmens abhängig gemacht.

Die Wartefristen sind bei Führungskräfteplänen tendenziell kürzer als für die allgemeine Belegschaft und sehen oft abgestufte Wartefristen vor (z.B. werden pro Jahr 1/3 bzw. 1/4 der Optionen unverfallbar).

In einigen Ländern (z.B. Australien, Frankreich, Großbritannien und den Vereinigten Staaten) existieren spezielle steuerliche Vorschriften, die eine bestimmte Form der Gestaltung von Aktienoptionen begünstigen. In diesen Ländern werden die Aktienoptionspläne den steuerlichen Vorschriften angepasst, es sei denn, die steuerliche Effizienz hat anderen Zielen gegenüber eine geringere Priorität[17]. Die steuerlichen Vorschriften beziehen sich auf Gestaltungsmerkmale, wie zum Beispiel die Länge des Ausübungszeitraums und der Wartezeit, die Höhe des Optionspreises sowie auf den Wert der zugeteilten Aktienoptionen. In der folgenden Tabelle sind anhand vn Frankreich, Großbritannien und den Vereinigten Staaten Kriterien für eine steuerliche Qualifizierung aufgezählt:

Die wichtigsten Kriterien für einen qualifizierten Aktienoptionsplan

Frankreich	Großbritannien	Vereinigte Staaten
Der Optionspreis muss bei Zuteilung feststehen	Der Optionspreis darf nicht unter dem Marktwert bei Zuteilung liegen	Der Optionspreis darf nicht unter dem Marktwert bei Zuteilung liegen
Der Optionspreis darf nicht unter 80 % des durchschnittlichen Marktwertes bei Zuteilung liegen	Der Gesamtwert der Aktien, auf die dem Mitarbeiter eine Option erteilt wird, darf £ 30.000 nicht übersteigen	Der Gesamtwert der Aktien, auf die eine Option besteht und die in einem Jahr unverfallbar werden, darf $ 100.000 nicht übersteigen

---

[17] Andere Ziele können eine höhere Flexibilität oder der Wunsch einer weltweit einheitlichen Plangestaltung sein. in den Vereinigten Staaten gibt es zahlreiche Unternehmen, die sich bewusst gegen Incentive Stock Options (qualifizierte Aktienoptionen) entscheiden.

II. Mitarbeiterbeteiligungs- und Aktienoptionspläne

Frankreich	Großbritannien	Vereinigte Staaten
Die Aktien müssen bis zum Ende einer 5-Jahresfrist beginnend mit Optionszuteilung gehalten werden (außer bei Beendigung des Arbeitsverhältnisses, Pensionierung, Tod oder Invalidität)	Der Ausübungszeitraum darf 10 Jahre nicht überschreiten	Der Ausübungszeitraum darf 10 Jahre nicht überschreiten
Der Arbeitgeber muss den Mitarbeiter und das Finanzamt jährlich über den aktuellen Stand der Aktienoptionen informieren	Die Wartezeit muss mindestens 3 Jahre betragen (bei Tod oder Invalidität werden die Optionen unmittelbar unverfallbar mit einer 12 bzw. 6 monatigen Ausübungsfrist)	Nach Beendigung des Arbeitsverhältnisses gilt eine 3monatige und im Falle der Invalidität eine 12monatige Ausübungsfrist
	Die Aktien müssen mindestens 3 Jahre lang gehalten werden	Die Aktien müssen mindestens 2 Jahre nach Zuteilung der Aktienoption bzw. 1 Jahr nach Ausübung gehalten werden
Der Optionsplan muss von den Aktionären genehmigt worden sein		Der Optionsplan muss von den Aktionären des Unternehmens genehmigt und innerhalb von 12 Monaten eingeführt worden sein.

92 Sofern die Voraussetzungen für einen qualifizierten Plan erfüllt sind, werden die Vorteile aus den Aktienoptionen erst mit Verkauf der Aktien versteuert. In diesem Fall kommt die vielfach günstigere Besteuerung von Kapitalerträgen zur Anwendung.

93 In Großbritannien gibt es darüber hinaus noch eine spezielle Regelung („**Enterprise Management Incentive Scheme**"), die spezielle steuerliche Anreize für Führungskräfte kleinerer unabhängiger Unternehmen vorsieht. Ähnliche Regelungen gibt es teilweise auch in anderen Ländern, wie zum Beispiel Singapur („**Entrepreneurial Employee Stock Option Scheme**").

94 In einigen europäischen Ländern haben sich Gestaltungsformen entwickelt, die bewusst von der amerikanischen Praxis abweichen und die eine zusätzliche Performance-Komponente vorsehen. Dies ist eine Reaktion auf die Befürchtung, dass die herkömmlichen Aktienoptionen Führungskräfte auch dann belohnen, wenn der Aktienkursanstieg nicht auf die persönliche Leistung, sondern auf allgemeine externe Marktfaktoren zurückzuführen ist (Windfall Profits). Die Performance-Komponente kann zum einen darin bestehen, dass die Ausübung der Option vom erreichen einer Hürde abhängig gemacht wird. Zum anderen kann sich die Performance-Komponente auch auf den Optionspreis auswirken.

95 In Großbritannien sehen die meisten Pläne bereits seit einigen Jahren Ausübungshürden vor, die vom Erreichen bestimmter Unternehmenserfolgskennziffern abhängig gemacht werden, z.B. des Ertrags pro Aktie. Ähnliche Plangestaltungen sind in Australien anzutreffen. Zum Teil wird die Ausübungshürde auch als relative Größe definiert, z.B. die Aktienkursentwicklung im Vergleich zum Wettbewerb.

A. Mitarbeiterbeteiligung und Stock-Option-Pläne

96 Aus bilanzierungstechnischen Erwägungen haben sich diese vorwiegend in Europa anzutreffenden Plangestaltungen in den Vereinigten Staaten bisher nicht durchgesetzt. Für viele amerikanische Unternehmen sind Aktienoptionen insbesondere deshalb so attraktiv, weil der Aktienoptionsplan nicht die Gewinn- und Verlustrechnung belastet. Nach den Financial Accounting Standards 123 gibt es für das Unternehmen grundsätzlich ein Wahlrecht, wie die Aktienoptionen zu bewerten sind. Die meisten US-Unternehmen haben das Wahlrecht (in Anlehnung an Accounting Principles Board APB Opinion Nr. 25) bisher so ausgeübt, dass für die Aktienoptionen in der Gewinn- und Verlustrechnung kein Personalaufwand entsteht[18]. Dies setzt allerdings bislang voraus, dass der Optionspreis von Anfang an feststeht und nicht variabel gestaltet ist.

97 Nachdem sich das International Accounting Standards Board (IASB) in seinem Entwurf vom November 2002[19] für eine generelle Berücksichtigung als Personalaufwand in der Gewinn- und Verlustrechnung ausgesprochen hat, wird sich auch das Financial Accounting Standards Board FASB erneut mit der Frage der Bilanzierung von Aktienoptionen auseinandersetzen. Es wird erwartet, dass das FASB einer erwarteten Festlegung der IASB folgen wird und eine zwangsweise Berücksichtigung der Optionspläne als Personalaufwand in der Gewinn- und Verlustrechnung ab 2004 oder 2005 vorschreiben wird. Dies könnte dann sowohl eine Auswirkung auf die in den Vereinigten Staaten verwendeten Plangestaltungen haben, aber auch auf die Form der verwendeten Mitarbeiterbeteiligung.

98 **Restricted Stocks** wurden bisher fast ausschließlich in den Vereinigten Staaten bzw. von amerikanischen Unternehmen (circa 45 % der Unternehmen[20]) verwendet und vorwiegend auch nur Führungskräften angeboten. Bei dieser Form der Mitarbeiterbeteiligung handelt es sich in der Regel um Aktien, die den Mitarbeitern ausgegeben werden, ohne dass diese hierfür einen Kaufpreis zahlen müssen. Diese Pläne sehen eine Unverfallbarkeitsfrist oder -bedingung vor, so dass sie verfalen, wenn die Führungskraft das Unternehmen verlässt. Vor Erfüllen dieser Bestimmungen ist der Begünstigte meistens jedoch dividenden- und stimmberechtigt. Im Vordergrund dieser Form der Vergütung steht, den Mitarbeiter an das Unternehmen zu binden. Oft werden Restricted Stock als Antrittsbonus („sign-on bonus") gewährt, um eine Führungskraft für das Unternehmen zu gewinnen. Meistens ergänzt das Programm einen bereits bestehenden Aktienoptionsplan.

99 **Performance Shares** sind eine in den Vereinigten Staaten verbreitete Form der langfristigen Anreizvergütung (circa 21 % der Unternehmen[21]), bei denen die

---

[18] In diesem Fall muss der Personalaufwand, der anderenfalls angefallen wäre, lediglich als Fußnote zur Bilanz ausgewiesen werden.
[19] Text des IAS-Entwurfes vom November 2002: http://www.standardsetter.de/drsc/docs/drafts/iasb/ed2_sharebased_payments/index.html.
[20] Total Compensation DataBase™ 2002, Executive Compensation Policies and Programs, Hewitt Associates.
[21] Total Compensation DataBase™ 2002, Executive Compensation Policies and Programs, Hewitt Associates.

II. Mitarbeiterbeteiligungs- und Aktienoptionspläne

anzahl der zugeteilten Aktien vom Unternehmenserfolg und vom Erreichen persönlicher Ziele abhängig ist.

Verbreitung von Formen der langfristigen Anreizvergütung[22]

	Belgien	Frankreich	Groß-britannien	Niederlande	Spanien	Vereinigte Staaten[23]
% der Unternehmen mit langfristiger Anreizvergütung	69 %	78 %	85 %	52 %	63 %	91 %
Aktienoptionen/ Virtuelle Aktienoptionen (SARs)	67 %	79 %	84 %	56 %	66 %	81 %
Performance Shares	8 %	7 %	10 %	2 %	3 %	21 %
Long Term Cash Incentives	6 %	8 %	3 %	4 %	5 %	34 %
Restricted Stock	3 %	7 %	7 %	4 %	5 %	45 %
Other	–	4 %	6 %			–

3. Einführung eines Aktienoptionsplans für eine lokale Tochtergesellschaft im Ausland

In den letzten Abschnitten wurden die Verbreitung und die üblichen Gestaltungsformen von Mitarbeiterbeteiligungsplänen in Frankreich, Großbritannien und den Vereinigten Staaten untersucht. In diesem Abschnitt werden die gesetzlichen Rahmenbedingungen für Aktienoptionen aus der Sichtweise einer deutschen Muttergesellschaft dargestellt, die einen Plan für Ihre Mitarbeiter im Ausland einführen möchte. 100

a) Überlegungen im Zusammenhang mit der Einführung eines globalen Aktienoptionsplans

Unternehmen, die einen Aktienoptionsplan oder eine andere Form einer Mitarbeiterbeteiligung für ihre Mitarbeiter im Ausland einführen möchten, müssen sich zunächst einen allgemeinen Überblick darüber verschaffen, ob und – wenn ja – mit welchem Aufwand ein solcher Plan im jeweiligen Land eingeführt werden kann. Hierbei kann nicht von vornherein unterstellt werden, dass in den Ländern mit einer hohen Verbreitung von Mitarbeiterbeteiligungsplänen auch die Einführung eines solchen Plans durch eine ausländische Muttergesellschaft verhältnismäßig einfach erfolgen kann. 101

Bereits im Zusammenhang dieser Voruntersuchung sollte das Unternehmen eine Entscheidung über die Implementationsstrategie eines weltweiten Plans 102

---

[22] Total Compensation DataBase™ 2001, Hewitt Associates; soweit die Summe der genannten Prozentsätze 100 % übersteigen wurden mehrere Pläne berichtet.
[23] Total Compensation DataBase™ 2002, Executive Compensation Policies and Programs, Hewitt Associates.

A. Mitarbeiterbeteiligung und Stock-Option-Pläne

treffen. Hierbei gibt es drei grundsätzliche Ansätze: Eine grundsätzliche Vorgehensweise kann darin bestehen, für alle Länder einen weltweit gültigen Plan anzubieten. Modifikationen sind hierbei nicht erlaubt. Nachteile, zum Beispiel im Hinblick auf die wirtschaftliche Effizienz, werden dabei bewusst zugunsten einer einheitlichen und damit übersichtlichen Plangestaltung in Kauf genommen. Ein Vorteil kann insbesondere darin gesehen werden, dass durch das einheitliche Konzept ein grenzüberschreitender Mitarbeitertransfer erleichtert wird. Im Gegensatz hierzu steht das Konzept, lokale Plangestaltungen zuzulassen und eventuell auch bewusst zu fördern, um die wirtschaftliche Effizienz zu erhöhen. Bei dieser Vorgehensweise stehen Kostengesichtspunkte im Vordergrund. Ein Mittelweg besteht darin, eine einheitliche Plangestaltung vorzugeben, bei der jedoch Modifikationen zugelassen werden. Hierbei handelt es sich um einen Kompromiss zwischen Einheitlichkeit und Effizienz.

b) Überblick

103 Die Einführung von Aktienoptionsplänen ist in vielen Ländern ohne großen Aufwand oder sogar problemlos möglich. In den meisten dieser Länder muss bei der Einführung eines Plans dennoch auf einige, aber relativ einfach zu erfüllende, rechtliche Anforderungen geachtet werden. Dies sind typischerweise Vorschriften über kapitalmarktrechtliche Kontrollmitteilungen sowie wertpapierrechtliche Registrierungen.

104 In einigen anderen Ländern ist die Einführung eines Aktienoptionsplans zwar grundsätzlich möglich, jedoch wird sie durch behördliche oder gesetzliche Regelungen erheblich erschwert. Dies kann zum Beispiel darin liegen, dass die Vergabe von Aktienoptionen bzw. deren Ausübung zu sehr ungünstigen steuerlichen Konsequenzen führt oder dass der Plan – sofern er von einer ausländischen Gesellschaft eingeführt wird – sehr strikten kapitalmarkt- und wertpapierrechtlichen Bestimmungen unterliegt, die zu einem relativ hohen Aufwand führen. In einigen Ländern (z.B. Australien, Kanada und der Schweiz) ist darauf zu achten, dass die Rahmenbedingungen (insbesondere die steuerlichen Regelungen) in den einzelnen Provinzen bzw. Kantonen unterschiedlich sein können.

105 In einigen wenigen Ländern ist die Einführung von Aktien- oder Aktienoptionsplänen durch eine ausländische Muttergesellschaft schwierig, da erhebliche rechtliche Unsicherheiten und bürokratischen Hindernisse bestehen, die eine verlässliche Projektplanung unmöglich machen. Dies gilt insbesondere für länder, wie die Volksrepublik China und viele länder der ehemaligen Sowjetunion, z.B. Russland, Weißrussland, Ukraine, Georgien, Kasachstan, Usbekistan, Tadschikistan etc., in denen nach dem Zerfall der Sowjetunion noch keine klaren Regelungen hinsichtlich der Behandlung von Mitarbeiterbeteiligungen getroffen worden sind. Es besteht jedoch die Möglichkeit, eine Vielzahl vn Problemen durch eine Anpassung der Plangestaltung bzw. die Verwendung eines virtuellen Plans in den Griff zu bekommen.

106 Bei einer Gesamtbetrachtung lassen sich die folgenden Länder in diese drei Kategorien einteilen:

II. Mitarbeiterbeteiligungs- und Aktienoptionspläne

Nur mit Plananpassungen (z.B. cashless exercise) bzw. Verwendung eines virtuellen Plans möglich	Durchführbar mit Aufwand	Relativ leicht durchführbar
China	Australien	Argentinien
Georgien	Belgien	Brasilien
Indien	Frankreich	Dänemark
Kasachstan	Großbritannien	Dominikanische Republik
Kroatien	Italien	Finnland
Russland	Kanada	Hongkong
Tadschikistan	Neuseeland	Indonesien
Ukraine	Niederlande	Irland
Usbekistan	Polen	Japan
Weißrussland	Portugal	Malaysia
	Slowenien	Mexiko
	Spanien	Norwegen
	Schweden	Österreich
	Schweiz	Philippinen
	Tschechien	Puerto Rico
	Vereinigte Staaten	Singapur
		Slowenien
		Südkorea
		Thailand
		Ungarn
		Venezuela

c) Steuerrecht

aa) Lohnsteuerliche Aspekte

Da sich der Erwerb der Aktien mittels einer Aktienoption in mehrere zeitlich voneinander getrennte Ereignisse unterteilt, stellt sich zunächst die Frage, zu welchem Zeitpunkt der mit der Aktienoption verbundene geldwerte Vorteil zu versteuern ist. Hierfür kommt grundsätzlich der Zeitpunkt der Zuteilung, des Eintritts der Unverfallbarkeit, der Optionsausübung, aber auch der Zeitpunkt des anschließenden Verkaufs der Aktie in Betracht. **107**

Nur einige wenige Länder sehen eine Besteuerung der Aktienoptionen bereits bei deren Zuteilung vor. Dies sind insbesondere Australien[24], Belgien[25] und die Schweiz. In den Niederlanden[26] erfolgt eine Besteuerung sobald die Aktienoptionen unverfallbar werden. **108**

In diesen Ländern gibt es Verfahren, wie man den Wert der Aktienoption bestimmt, da man zu diesem Zeitpunkt noch nicht weiß, ob und in welcher Höhe sich tatsächlich ein Gewinn realisieren lässt. Der Wert wird meistens auf Grundlage von pauschalen Annahmen festgelegt und lässt sich aufgrund einer Berech- **109**

---

[24] Allerdings auch nur dann, wenn der Mitarbeiter dies wählt oder wenn es sich nicht um qualifizierte Aktienoptionen handelt. Eine qualifizierte Aktienoption liegt bereits dann nicht vor, wenn die die Aktienoption ausgebende Muttergesellschaft mit weniger als 50 % an der lokalen Gesellschaft beteiligt ist.

[25] Diese Regelung führt dazu, dass der Mitarbeiter sich zum Beispiel in Belgien innerhalb von 60 Tagen entscheiden muss, ob das Angebot annimmt. Tut er dies nicht in ausdrücklicher und schriftlicher Form, so gilt das Angebot als nicht wahrgenommen.

[26] Allerdings besteht die Möglichkeit mittels eines Antrags, die Besteuerung bei Unverfallbarkeit nur auf den inneren Wert der Optionen zu beschränken.

A. Mitarbeiterbeteiligung und Stock-Option-Pläne

nungsformel oder einer Wertermittlungstabelle ermitteln. Für den Steuerpflichtigen kann sich dies – im Vergleich zur Versteuerung des Vorteils aus der Aktienoption erst bei der Ausübung – je nach Methode günstiger oder ungünstiger auswirken. Eine Besteuerung vor Optionsausübung wird jedoch von dem Steuerpflichtigen allein deshalb als nachteilig angesehen, da er eine Chance auf einen Gewinn zu versteuern hat, den er – wenn überhaupt – erst zu einem späteren Zeitpunkt realisieren kann.

110 Zum Teil wird dem Steuerpflichtigen auch die Wahl eingeräumt, mittels einer wissenschaftlichen Methode (z.B. einer modifizierten Form der Black-Scholes Methode) nachzuweisen, dass der tatsächliche Wert der Option geringer ist als der pauschal angesetzte Wert (z.B. in der Schweiz) oder dem Steuerpflichtigen wird erlaubt, den Zeitpunkt der Besteuerung selbst zu wählen (z.B. in Australien, sofern es sich um qualifizierte Aktienoptionen handelt). Letztendlich wird in vielen Ländern ein zu niedriger oder zu hoher Wert im nachhinein wieder korrigiert, z.B. indem die Differenz zu einem späteren Zeitpunkt als positive bzw. negative Einkünfte in Ansatz gebracht werden muss oder diese bei der Festsetzung einer später fällig werdenden Kapitalertragsteuer (z.B. in Australien) Berücksichtigung findet.

111 In den anderen Ländern erfolgt eine Besteuerung in der Regel erst zum Zeitpunkt der Optionsausübung. Allerdings können auch in diesen Ländern unter bestimmten Bedingungen die Aktienoptionen bereits mit deren Zuteilung steuerbar werden, und zwar wenn die Aktienoptionen übertragbar sind (z.B. in Österreich, wo der Wert der Option dann ebenfalls pauschal ermittelt wird) oder wenn der Optionspreis bereits bei Zuteilung unter dem Marktpreis liegt (z.B. Großbritannien, Irland und die Vereinigten Staaten).

112 Sofern der geldwerte Vorteil bei Ausübung zu versteuern ist, ist hierfür in der Regel die Differenz zwischen Optionspreis und Marktwert bei Ausübung die Basis. Üblicherweise kommt der normale Einkommensteuertarif zur Anwendung, da die Aktienoptionen als ein geldwerter Vorteil angesehen werden, der aus dem Arbeitsverhältnis resultiert. In einigen Ländern[27] gibt es steuerlich qualifizierte Pläne, die jedoch teilweise voraussetzen, dass sie im Vorfeld genehmigt worden sind.

113 In einigen Ländern wird die Option aber auch erst bei Verkauf der Aktien versteuert, zum Beispiel in Indonesien, Indien, Mexiko und Polen.

114 Vielfach erklärt sich die Art und Weise, wie Vorteile aus Aktienoptionen besteuert werden, nicht aus der Steuersystematik des entsprechenden Landes, sondern aus einer politischen Zielsetzung, die Vergabe von Aktienoptionen zu fördern oder zu behindern.

bb) Sozialversicherungsabgaben

115 Neben Steuern fallen in den meisten Ländern auch Sozialversicherungsabgaben an. Für Führungskräfte mit einem höheren Einkommen sind die Vorteile meis-

---

[27] Frankreich, Großbritannien, Vereinigte Staaten, vgl. unter Abschnitt 2b. Aber auch Australien, Indien und Neuseeland.

II. Mitarbeiterbeteiligungs- und Aktienoptionspläne

tens nicht sozialversicherungspflichtig, da sie mit Ihrem sonstigen Einkommen bereits über der Beitragsbemessungsgrenze in der jeweiligen Sozialversicherung liegen werden. Dies ist anders in bezug auf die allgemeine Belegschaft und in Ländern ohne Beitragsbemessungsgrenze (z.B. in der Schweiz). Da in den meisten Ländern die Sozialversicherungsabgaben zwischen Arbeitgeber und Mitarbeiter geteilt werden, kann die Vergabe von Aktienoptionen automatisch zu einen Aufwand für die lokale Gesellschaft führen.

cc) Einbehalt von gesetzlichen Abgaben durch das Unternehmen

In vielen Ländern sind die Steuern und Sozialversicherungsabgaben vom Arbeitgeber einzubehalten, auch wenn die Aktienoptionen von der ausländischen Muttergesellschaft gewährt werden. Eine Ausnahme hierzu stellten insbesondere Frankreich und die Schweiz dar, wo der Arbeitgeber generell nicht zum Einzug von Steuern[28] verpflichtet ist. In Irland ist die lokale Gesellschaft ebenfalls nicht zum Einbehalt von Steuern und Sozialabgaben verpflichtet, da dort die Auffassung vertreten wird, dass der geldwerte Vorteil von der ausländischen Muttergesellschaft gewährt wird und diese nicht durch irische Gesetze zum Einzug verpflichtet werden kann. Sofern es nicht zum Einbehalt durch die lokale Gesellschaft kommt, kann es Meldepflichten gegenüber den Finanzbehörden oder Sozialversicherungsträgern geben. 116

dd) Kapitalertragsteuern

Bei einem anschließenden Verkauf der Aktien fallen in vielen Ländern Kapitalertragsteuern an. Basis hierfür ist der Wertzuwachs der Aktie, allerdings meistens nur ab Optionsausübung, da der zuvor entstandene Vorteil (Differenz zwischen Optionspreis und Marktwert) bereits als Einkommen aus dem Arbeitsverhältnis besteuert worden ist. Die Basis wird in vielen Ländern um die jährliche Inflationsrate reduziert (z.B. Australien, Irland, Mexiko). Die Kapitalertragsteuer ist für den Steuerpflichtigen im Vergleich zu der regulären Einkommensteuer oft günstiger. Zum einen ist der Kapitalertragsteuersatz oft niedriger als der normale Einkommensteuersatz, zum anderen kommt der Steuerpflichtige teilweise auch in den Genuss besonderer Steuerfreibeträge (z.B. in Großbritannien). 117

Teilweise setzt die Anwendung eines günstigeren Kapitalertragsteuersatzes voraus, dass die Aktien einen bestimmten Zeitraum gehalten werden (z.B. in Dänemark und den Vereinigten Staaten). In anderen Ländern sind Aktienkurssteigerungen nach einer Spekulationsfrist grundsätzlich von einer Kapitalertragsteuer befreit (z.B. Spekulationsfrist in Österreich: 12 Monate; Tschechien: 6 Monate). 118

Bestimmte Länder sehen keine Kapitalertragsteuer auf Aktienkursgewinne vor (z.B. Argentinien, Hongkong, Malaysia, Niederlande, Schweiz und Singapur). 119

---

[28] Dies gilt jedoch nicht notwendigerweise für den Einbehalt von Sozialversicherungsabgaben.

A. Mitarbeiterbeteiligung und Stock-Option-Pläne

ee) Weiterbelastung und Absetzbarkeit der Kosten als Betriebsausgaben

120   Die Kosten für einen Aktienoptionsplan können oft von der lokalen Gesellschaft steuermindernd als Betriebsausgaben geltend gemacht werden, so dass es sinnvoll sein kann, dass die ausländische Muttergesellschaft die Kosten an ihre Tochtergesellschaft weiterbelastet. Viele Länder setzen dabei jedoch voraus, dass es sich hierbei nicht um Aktien aus einer Kapitalerhöhung handelt und dass eine Weiterbelastung auf Grundlage einer schriftlichen Vereinbarung zwischen der lokalen Gesellschaft und der Muttergesellschaft erfolgt. In vielen anderen Ländern wird eine schriftliche Vereinbarung zumindest als empfehlenswert angesehen.

121   Die Kostenbeteiligung der lokalen Gesellschaft kann in manchen Ländern jedoch zu überraschenden Konsequenzen führen, die im Vorfeld berücksichtigt werden sollten. In diesen Ländern wird argumentiert, dass die Vergabe einer Aktienoption durch eine ausländische Muttergesellschaft solange nicht Bestandteil des lokalen Arbeitsverhältnisses wird, solange sich die lokale Gesellschaft an den Kosten nicht beteiligt. Eine Weiterbelastung der Kosten an die lokale Gesellschaft kann daher direkte Auswirkungen auf arbeits-, steuer- und sozialversicherungsrechtliche Fragen haben. In Spanien und einigen anderen Ländern kann dies dazu führen, dass die Aktienoptionen bei der Bestimmung der Abfindung, die im Falle einer ungerechtfertigten Beendigung des Arbeitsverhältnisses zu zahlen ist, zu berücksichtigen ist.

122   In Argentinien[29] und Mexiko muss der Mitarbeiter die Aktienoptionen nur versteuern, wenn die lokale Gesellschaft die Kosten für den Aktienoptionsplan als steuermindernde Betriebsausgaben geltend macht. In Ungarn muss die lokale Gesellschaft zudem noch die Steuern tragen, die ansonsten vom Mitarbeiter zu zahlen gewesen wären. In Japan, Schweden und Ungarn kann eine Kostenbeteiligung dazu führen, dass die Aktienoptionen für die lokale Gesellschaft sozialversicherungspflichtig werden. In bestimmten Ländern, z.B. Brasilien, Indien und Südkorea kann eine Kostenerstattung der lokalen Gesellschaft an die Muttergesellschaft an kapitalmarktrechtlichen Beschränkungen scheitern.

d) Kapitalmarkt- und wertpapierrechtliche Bestimmungen

123   Kapitalmarktrechtliche Beschränkungen können zum einen darin bestehen, dass der Transfer von lokalen Devisen ins Ausland beschränkt ist. Zum anderen können die Rechte der lokalen Mitarbeiter und der Gesellschaft beschränkt sein, Investitionen im Ausland zu tätigen. Länder mit solchen kapitalmarktrechtlichen Beschränkungen sind insbesondere Brasilien, China, Indien, Polen, Russland und Südkorea.

124   Darüber hinaus sehen eine Reihe von Ländern wertpapierrechtliche Bestimmungen (z.B. Registrierungsvorschriften, die Erstellung eines Wertpapierprospektes bzw. Publizitätspflichten) für die Vergabe von Aktien oder Aktienoptionen

---

[29] In Argentinien scheint dies der Praxis der Finanzverwaltung zu entsprechen. Die tatsächliche Rechtslage ist aber unklar.

II. Mitarbeiterbeteiligungs- und Aktienoptionspläne

an Mitarbeiter der lokalen Gesellschaft vor. Oft wird dies von der Anzahl der begünstigten Personen, der Höhe der Zuwendung, dem Status des begünstigten Personenkreises (Führungskräfte oder allgemeine Belegschaft) sowie der Anzahl der gesamten Aktionäre in dem entsprechenden Land abhängig gemacht. Sowohl die Kosten[30] als auch die Länge[31] eines solchen wertpapierrechtlichen Genehmigungsverfahrens können die Einführung eines Aktienoptionsplans insbesondere in Ländern, wie Belgien, Frankreich,[32] Italien, Kanada, Spanien und den Vereinigten Staaten schwierig gestalten, es sei denn, die Aktien der ausländischen Muttergesellschaften werden in dem jeweiligen Land an der Börse gehandelt.

In einigen Ländern, wie z.B. Großbritannien, Hongkong, Mexiko, Singapur und Taiwan, wird auf eine Erfüllung von wertpapierrechtlichen Voraussetzungen bei einem Aktienplan für Mitarbeiter verzichtet.

e) Arbeitsrechtliche Bestimmungen

In fast allen Ländern kennt man Diskriminierungsverbote, wonach es unzulässig ist, Mitarbeiter aufgrund des Geschlechts, der Rasse, Sprache, Religionszugehörigkeit, aber auch ihres Beschäftigungsgrades, ihrer Gewerkschaftszugehörigkeit und ihres Alters ungleich zu behandeln. In der Regel ist jedoch eine Differenzierung nach sachlichen Kriterien (Funktion, Gehaltsstufe etc.) zulässig, sodass ein Plan nicht für alle Mitarbeiter eingeführt werden muss. Aber in bestimmten Ländern können allerdings dadurch steuerliche Nachteile verbunden sein. In Bezug auf die Diskriminierung aufgrund des Geschlechts gilt in den Ländern der Europäischen Union die Besonderheit, dass eine Regelung bereits dann unzulässig ist, wenn sie zwar nicht selbst diskriminierend ist, sich aber tatsächlich so auswirkt.

In vielen Ländern existieren Betriebsräte oder ähnliche Organe, deren Mitbestimmungsrechte bei Einführung, Änderung bzw. Beendigung eines Aktienoptionsplans sehr unterschiedlich sein können. Mitbestimmungsrechte sind in der Regel dann zu berücksichtigen, wenn der Plan für einen breiteren Mitarbeiterkreis eingeführt wird. Während die Konsultation mit dem Betriebsrat in bestimmten Ländern (z.B. Belgien, Niederlande, Polen, Portugal, Spanien, Ungarn) gesetzlich gefordert wird, handelt es sich in anderen Ländern (z.B. Großbritannien, Irland, Italien, Schweiz) um eine häufig praktizierte, aber gesetzlich nicht unbedingt notwendige Vorgehensweise. In bestimmten Ländern besteht die Pflicht, den Betriebsrat zu konsultieren, nur dann, wenn sich die lokale Gesellschaft an den Kosten des Plans beteiligt. In Schweden sind bei den Beratungen die Gewerkschaften zu beteiligen.

In den meisten Ländern gibt es ein Rechtsinstitut, das dem der „betrieblichen Übung" in Deutschland ähnlich ist. Danach kann die wiederholte und vorbehaltlose Gewährung von Vorteilen einen Vertrauenstatbestand beim Mitarbeiter

---

[30] Hierbei sind auch mittelbare Kosten, wie zum Beispiel für die Übersetzung von Dokumenten in die Landessprache, zu berücksichtigen.
[31] In der Regel zwischen 1 und 6 Monaten.
[32] Bei einem qualifizierten Plan ist eine Erfüllung dieser Voraussetzungen nicht gefordert.

A. Mitarbeiterbeteiligung und Stock-Option-Pläne

begründen, der letztendlich zu einem Anspruch auf Fortsetzung der betrieblichen Übung (d.h. der Zuteilung von Aktienoptionen) führt. Dieser Anspruch wird in vielen Ländern als „Acquired Right" bezeichnet. Das Entstehen eines solchen Anspruchs kann jedoch in den meisten Ländern durch die Einfügung eines Freiwilligkeitsvorbehalts oder durch eine Befristung der Laufzeit des Planes vermieden werden. In einigen Ländern hält man es für sinnvoll, sich vom Mitarbeiter bestätigen zu lassen, dass er den Freiwilligkeitsvorbehalt zur Kenntnis genommen hat. Dies sind insbesondere die südamerikanischen Länder sowie Portugal und Spanien.

129 Sofern ein Anspruch auf Fortsetzung eines Aktienoptionsplans entstanden ist, kann in einigen Ländern (z.B. Argentinien, Brasilien und Portugal) der Plan nicht mehr ohne Zustimmung des Mitarbeiters beendet oder geändert werden. Geschieht dies trotzdem, kann hierin eine vom Arbeitgeber veranlasste Beendigung des Arbeitsverhältnisses („constructive dismissal") gesehen werden, die u.U. die Zahlung einer Abfindung zur Folge haben kann.

130 Teilweise (z.B. in Belgien, Dänemark, Finnland, Irland und Südkorea) wird auch die Gefahr gesehen, dass die erteilten Aktienoptionen bei der Bemessung gesetzlicher Abfindungen zu berücksichtigen sind. In anderen Ländern, z.B. in der Schweiz, wird dies im Hinblick auf die Bestimmung des pensionsfähigen Einkommens für möglich gehalten, es sei denn die betriebliche Versorgungsordnung enthält diesbezüglich eine klare Regelung. In Hongkong kann der Aktienoptionsplan selbst als eine Form der betrieblichen Altersversorgung qualifiziert werden, was zur Folge haben könnte, dass hierfür eine Verordnung über betriebliche Altersversorgung Anwendung findet. Um dies zu vermeiden, ist darauf zu achten, dass der Plan keine Sondervorschriften (z.B. verkürzte Wartezeit) für den Fall der Pensionierung, den Tod oder der Berufs- und Erwerbsunfähigkeit vorsieht.

131 In vielen Ländern bestehen datenschutzrechtliche Bestimmungen, die bei der Verwaltung von weltweiten Aktien- bzw. Aktienoptionsplänen zu beachten sind. Dies sind zum einen alle Länder, die von der EG-Datenschutzrichtlinie[33] erfasst werden, sowie eine Anzahl von anderen Ländern (z.B. der Schweiz und Ungarn). Zumindest innerhalb des Europäischen Wirtschaftsraumes, der Schweiz, Ungarns und in Gebieten von Kanada ist der Transfer von personenbezogenen Daten durch die EG-Richtlinie erleichtert worden. Datenschutzrechtliche Probleme treten in aller Regel nur dann auf, wenn personenbezogene Daten in ein anderes Land übermittelt werden, das erheblich geringere oder keine Datenschutzvorschriften hat. Hierunter fallen insbesondere die Vereinigten Staaten (mit Ausnahme von Unternehmen, die unter die „Safe Harbor" Regelung fallen). Für eine in Deutschland ansässige Muttergesellschaft sollten datenschutzrechtliche Probleme wegen des hohen nationalen Standards nicht entstehen.

---

[33] EG-Richtlinie 95/46/EG v. 24.10.1995 AblEG Nr. L 281/31-50.

II. Mitarbeiterbeteiligungs- und Aktienoptionspläne

f) Alternative Vorgehensweisen bei rechtlichen Beschränkungen

Rechtliche und administrative Schwierigkeiten bei der Einführung eines Aktienoptionsplans für Mitarbeiter von Auslandsgesellschaften lassen sich auf unterschiedliche Art und Weise verringern bzw. vermeiden.

132

Zum einen kann in einigen Ländern durch eine Änderung der Plangestaltung versucht werden, den Plan steuerlich effizienter zu gestalten. Dies kann insbesondere für die Länder sinnvoll sein, in denen steuerlich qualifizierte Formen von Aktienoptionen existieren. Zum anderen kann aber auch versucht werden, durch eine entsprechende Gestaltung des Planes den Zeitpunkt der Besteuerung der Optionen zu verschieben (z.B. in den Niederlanden durch die Festlegung einer längeren Wartefrist).

Kapitalmarktrechtliche Beschränkungen können teilweise dadurch überwunden werden, dass nur bargeldlose Ausübungsmethoden zugelassen werden. In bestimmten Ländern muss aufgrund von kapitalmarktrechtlichen Beschränkungen auf eine Kostenbeteiligung der lokalen Gesellschaft verzichtet werden.

Letztendlich kann aber auch über die Verwendung von virtuellen Plänen (Stock Appreciation Rights, Restricted Stock Units, Phantom Stock oder Long-Term Cash Incentive Pläne) nachgedacht werden. Dies sind Pläne, die in der gleichen Weise wie die entsprechenden Aktienpläne gestaltet sind. Der Mitarbeiter erhält jedoch bei Ausübung seiner Rechte keine echte Kapitalbeteiligung, sondern nur den entsprechenden Gegenwert in Form einer Barzahlung.

4. Trends und Entwicklungen

Die Rahmenbedingungen für die Mitarbeiterbeteiligung stehen vor einem Umbruch. Die zu erwartenden Änderungen in Bezug auf die Bilanzierung von Aktienoptionen, die neuen Corporate-Goverance-Standards sowie das neue Bewusstsein der Aktionäre werden auch zu Änderungen der Unternehmenspraktiken führen.

133

Aufgrund von ersten Studienergebnissen ist zu erwarten, dass die Unternehmen den Teilnehmerkreis für Aktienoptionspläne weiter einschränken werden. Für Führungskräfte werden Aktienoptionen jedoch weiterhin ein weit verbreitetes Vergütungselement bleiben. Allerdings sind Planänderungen zu erwarten. Auch in den Vereinigten Staaten haben bereits einige amerikanische Unternehmen[34] ihre Bilanzierungspraktiken umgestellt und weisen die Kosten der Aktienoptionspläne als Personalaufwand aus. Damit entfällt die Begründung, die in der Vergangenheit oft gegen Performancehürden sprach. Es wäre daher nicht verwunderlich, wenn sich diese Plangestaltung auch in den Vereinigten Staaten durchsetzen würde.

Viele amerikanische Unternehmen sind dabei, ihre Aktienoptionen längerfristig auszugestalten, zum Beispiel durch Haltefristen bezüglich der erworbenen

---

[34] Coca-Cola, GE, Amazon.

A. Mitarbeiterbeteiligung und Stock-Option-Pläne

Aktien (teilweise erst mit Pensionierung). Darüber hinaus sind bargeldlose Ausübungsmethoden für CEOs sowie „re-pricing" Praktiken in Verruf gekommen. Mittlerweile wird auch in den Vereinigten Staaten aufgrund verschärfter Zulassungsregeln der New York Stock Exchange (NySE) und der Technologiebörse Nasdaq verlangt, dass Mitarbeiterbeteiligungsprogramme von der Aktionärsversammlung genehmigt werden.

Neben Aktienoptionen werden für die Unternehmen nun auch andere Beteiligungsformen interessant, z.B. „Restricted Stock" sowie „Performance Shares". Während in der Vergangenheit Aktienoptionen allein aus bilanztechnischen Überlegungen die bevorzugte Form der Mitarbeiterbeteiligung gewesen sind, können nun auch personalpolitische Überlegungen stärker in den Vordergrund treten.

Letztendlich werden die Unternehmen versuchen, ihre Mitarbeiterbeteiligungspläne effektiver einzusetzen und sich intensiver darüber Gedanken machen, was sie mit dem Plan erreichen wollen. Mitarbeiterbeteiligungspläne bleiben nach wie vor ein sehr effektives Instrument, bestimmte strategische Ziele zu erreichen (z.B. Steigerung der Attraktivität des Unternehmens als Arbeitgeber, Schaffen eines Zusammengehörigkeitsgefühls, Förderung des wirtschaftlichen Bewusstseins und entsprechender Verhaltensweisen der Mitarbeiter, Unterstützung einer Unternehmenskultur etc.). Dies erklärt warum viele multinationale Unternehmen in der letzten Zeit ihre Maßnahmen in Bezug auf Kommunikation und Training der Mitarbeiter erhöht haben[35].

134 Als Fazit: Auch in Zukunft werden Mitarbeiterbeteiligungspläne ihren Stellenwert und ihre Bedeutung als Bestandteil der Gesamtvergütung behalten. Neben der reinen Vergütungsfunktion lassen sich mit Mitarbeiterbeteiligungen wichtige langfristige Anreize setzen, mit deren Hilfe die Unternehmen ihre Personalpolitik steuern können.

---

[35] Results Measurement: Hot Topics in Executive Compensation 2003, Hewitt Associates.

B. Rechtliche Aspekte

I. Gesellschaftsrechtliche Aspekte

1. Einführung

Aktienoptionen werden in den USA und auch in Frankreich bereits seit geraumer Zeit als eine selbstverständliche Gestaltung der Mitarbeiterbeteiligung und Bestandteil der Mitarbeitervergütung eingesetzt.[1] Im Zeichen der „Globalisierung" wurden Aktienoptionspläne in den letzten Jahren auch in Deutschland implementiert, um Mitarbeitern eine innovative Variante der gesellschaftlichen Beteiligung an ihrem Arbeitgeber zu bieten und so am Wirtschaftsstandort Deutschland im Wettbewerb um qualifizierte Führungskräfte international konkurrenzfähig zu bleiben.[2] In den letzten fünfzehn Jahren sind zahlreiche deutsche Aktiengesellschaften Vorbildern aus den USA gefolgt und haben durch ihre Hauptversammlung die Ermächtigung von Vorstand und Aufsichtsrat zur Ausgabe von Aktienoptionen beschlossen. Von den 30 DAX-Unternehmen haben inzwischen die folgenden Aktienoptionsprogramme aufgelegt: Adidas-Salomon, Allianz, BASF, Bayer, Daimler Chrysler, Degussa, Deutsche Bank, Deutsche Lufthansa, Deutsche Post, Deutsche Telekom, E.on, Epcos, Fresenius Medical Care, Henkel, HypoVereinsbank, Infineon Technologien, Linde, MAN, Metro, MLP, Münchener Rück, Tui, RWE, SAP, Schering, Siemens, Thyssen Krupp und Volkswagen. 135

Aktienoptionen sind in Deutschland wegen zahlreicher Probleme, u.a. auch steuerrechtlicher Art, rechtlich komplex. Das Gesetz zur Kontrolle und Transparenz im Unternehmensbereich (*KonTraG*), das am 1. Mai 1998 in Kraft trat, hat darüberhinaus zu Änderungen geführt. 136

Die (isolierte) Übertragung US-amerikanischer Aktienoptionsmodelle in die deutsche Rechtsordnung und Geschäftskultur ist nicht unproblematisch. In Deutschland fehlt es – trotz einiger bemerkenswerter Fortschritte bei den rechtlichen Rahmenbedingungen (vor allem durch das Wertpapierhandelsgesetz, WpHG) – immer noch an einer den amerikanischen Verhältnissen vergleichbaren Offenheit und Transparenz im Unternehmens- und Kapitalmarktbereich.[3]

Die Motivation vom Mitarbeitern durch eine mittel- oder unmittelbare Beteiligung an dem Unternehmen ihres Arbeitgebers ist keine vollkommen neue 137

---

[1] Vgl. *Lutter,* ZIP 1997, 1; *Schwarz/Michel,* BB 1998, 489.
[2] Vgl. *Wirtschaftswoche* Nr. 22 vom 21.5.1998, Seite 103 sowie *Claussen,* WM 1997, 1825, 1826; vgl. auch *Handelsblatt* Nr. 27 vom 9.2.1998, Seite 37: *„Die Befürworter einer Beteiligung der Mitarbeiter haben Rückenwind"* und die *Börsenzeitung* vom 20.6.1996: *„Gehaltserhöhung via Stock-Options".*
[3] Vgl. *Fuchs,* DB 1997, 661, 662 (Fn. 15).

oder – in Form von Aktienoptionen – gar typisch amerikanische Entwicklung. Die Mitarbeiterbeteiligung ist vielmehr ein klassischer und traditioneller Gedanke, der in Deutschland bereits seit langer Zeit in verschiedenen Formen Gestalt angenommen hat. In Hamburger Handelsfirmen war es im vergangenen Jahrhundert z.B. üblich, Prokuristen das Recht einzuräumen, ihre Jahrestantieme ganz oder teilweise als Kommanditeinlage in „ihre Firma" einzubringen.[4] In Deutschland beteiligten 1996 etwa 2100 Unternehmen ihre Mitarbeiter mit ca. DM 15 Mrd. an ihrem Kapital. Dies geschieht je nach Gesellschaftsform unterschiedlich, etwa in Form von Aktien-, von GmbH- oder KG-Anteilen; unabhängig von der Gesellschaftsform werden auch stille Beteiligungen und Genussscheine eingesetzt. Der weitaus größte Anteil der Mitarbeiterbeteiligungen in Deutschland entfällt auf Aktiengesellschaften, so dass 1996 ohne Telekom ca. DM 1,6 Mio. (Grundkapitalanteil) Belegschaftsaktionäre knapp DM 14 Mrd. Beteiligungskapital (Kurswert) in Deutschland hielten (Vgl. Infratest-Umfrage des Deutschen Aktieninstituts e.V. aus dem Jahr 1996 sowie *Peltzer,* AG 1996, 307, 308). Hinzukommen die ca. 156.000 Belegschaftsaktionäre, die sich anlässlich des Börsengangs der Telekom im November 1996 mit 23,7 Mio. Stück am Grundkapital ihres Unternehmens beteiligen, was einem Beteiligungskapital von ca. DM 760 Mio. entspricht.

138 Durch Begriffe wie *„shareholder value"* oder *„corporate governance"* in der gegenwärtigen öffentlichen Diskussion rückte die Beteiligung von Mitarbeitern an dem Unternehmen ihres Arbeitgebers, insbesondere in Form von Aktienoptionen, wieder mehr in den Vordergrund (s. auch Rz. 164).[5]

2. Formen der Mitarbeiterbeteiligung

139 Neben der Einräumung von Aktienoptionen bestehen eine Reihe von Beteiligungsmodellen. Stichpunktartig können die „klassischen" Beteiligungsmodelle für Mitarbeiter, ungeachtet der Rechtsform des Arbeitgebers, wie folgt zusammengefasst werden:

a) Gewinnbeteiligung

140 Die Gewinnbeteiligung in Form einer Tantieme ist wohl der bekannteste und am meisten verbreitete Ansatz einer Form der „Mitarbeiterbeteiligung" am wirtschaftlichen Erfolg eines Unternehmens. Vorteilhaft ist, dass mit dem Mitarbeiter ohne großen rechtlichen Aufwand unmittelbar in seinem Arbeits-/Dienstvertrag eine zumindest teilweise erfolgsabhängige Vergütung nach individuell vereinbarten Parametern vereinbart werden kann. Dabei ist der Motivationsanreiz des Mitarbeiters jedoch dadurch geschmälert, dass Tantiemezahlungen progressionsbedingt einer erhöhten Steuerbelastung unterliegen. Nachteilhaft kann sich fer-

---

[4] Vgl. *Claussen,* WM 1997, 1825.
[5] Vgl. die Darstellung mit weiterführenden Nachweisen bei *Kohler,* ZHR 161 (1997), 246, 250, 251.

I. Gesellschaftsrechtliche Aspekte

ner auswirken, dass die Mitarbeiter mangels eigener unmittelbarer Beteiligung an dem Unternehmen meist keinen bzw. nur geringfügigen Einfluss auf den Umsatz und Ertrag seines Arbeitgebers hat. Im Übrigen fehlt eine Beteiligung an der Substanz des Unternehmens völlig.

b) Virtuelle Aktien

Die Mitarbeiterbeteiligung in Form so genannter *virtueller Aktien,* auch *phantom stock, blind stock* oder *shadow stock* genannt, ist eine besondere Form der Tantiemegestaltung.[6] Bei der Einräumung von virtuellen Aktien wird auf die tatsächliche Einräumung von Aktien oder Aktienoptionen verzichtet. Auf rein schuldrechtlicher Grundlage wird dem Mitarbeiter das Recht eingeräumt, am *Kursgewinnsteigerungspotential* der Aktiengesellschaft zu partizipieren. Die Tantieme orientiert sich folglich nicht am Gesamtgewinn der Gesellschaft oder dem persönlichen Ergebnis des Mitarbeiters, sondern an der *Wertentwicklung der Aktien* der Gesellschaft korrigiert um den Faktor der allgemeinen (gegebenenfalls branchendurchschnittlichen) Kursentwicklung. 141

Vorteil derartiger *phantom stock* Modelle ist die einfache Struktur, die insbesondere keine gesellschaftsrechtlichen Komponenten wie besonderes Aktienkapital mit den damit verbundenen Konsequenzen (z.B. Hauptversammlungsbeschluss, Bezugsrechtsausschluss) erfordert. Weiterhin ergeben sich keine Insiderprobleme. Zudem ist der Mitarbeiter unabhängig von etwaigen „windfall profits" unmittelbar an der konkreten Kurssteigerung der Aktien seines Unternehmens beteiligt. 142

Als Nachteil ist jedoch anzusehen, dass der Mitarbeiter im Ergebnis auch die Wertsteigerung der Aktien lohnversteuern muss, was bei Aktienoptionen in Form von schlichten Bezugsrechten (naked warrants), so weit sie handelbar sind, nicht zwingend der Fall sein muss.[7] Darüber hinaus kommt die Einräumung von virtuellen Aktien regelmäßig nur im Falle von Aktiengesellschaften in Betracht. 143

c) Mitarbeiterdarlehen

Möglich ist auch, dass Mitarbeiter ihrem Arbeitgeber ein Darlehen zur Verfügung stellen. Die Verzinsung des Darlehens sollte dabei sinnvollerweise gewinnabhängig gestaltet werden, da der Mitarbeiter nur in diesem Fall von hohen Erträgen des Unternehmens profitiert (sog. Partiarisches Darlehen). Der Vorteil dieser 144

---

[6] Besonders Aufsehen hatte seinerzeit das Aktienoptionsprogramm namens „Star" (Stock Appreciation Rights Program) der SAP AG, Walldorf, hervorgerufen. *Süddeutsche Zeitung* Nr. 71 vom 26.3.1998, S. 33: *„Das Star Programm begann am 1. Mai 1998 und läuft bis April 1999. Alle Beschäftigten, die vor dem 1.7.1996 in das Unternehmen eingetreten sind (Insgesamt rund 8000) können teilnehmen. Steigt der Kurs der SAP-Vorzugsaktie in dieser Zeit um bis zu DM 100, partizipiert der Mitarbeiter daran zu 100%, an einem weiteren Anstieg bis DM 200 zu 50%, bei einem Kurssprung über DM 200 noch zu 25%. Ausgezahlt wird eine Wertsteigerung in drei gleichen Raten, bei jeweils bestehendem Arbeitsverhältnis zum 1.7.1999, 1.1. und 1.7.2000. Die Kosten des Star-Programms erhöhen die Personalkosten und mindern damit den Gewinn je Aktie."*

[7] Vgl. *von Einem,* Arbeitsbuch der 49. Steuerrechtlichen Arbeitstagung, S. 455, 464.

B. Rechtliche Aspekte

Form der Mitarbeiterbeteiligung ist, ähnlich wie bei einer Gewinnbeteiligung, die rechtlich einfache und individuell maßgeschneiderte Gestaltung, die von der spezifischen Rechtsform des Arbeitgebers unabhängig ist.[8] Während dem Mitarbeiter somit eine Beteiligung an einer Ertragssteigerung seines Arbeitgebers eingeräumt und dadurch mittelbar die Möglichkeit einer stärkeren Identifikation mit diesem geschaffen wird, profitiert der Arbeitgeber auf der anderen Seite von einer erhöhten Liquidität durch Einräumung des Darlehens.

145 Allerdings muss der Mitarbeiter zunächst den rohen Darlehensbetrag aufbringen. Dies und der Umstand, dass in der Anfangsphase eher Verluste als Gewinne anfallen werden, bilden eine erhebliche Hemmschwelle bei diesem Beteiligungsmodell. Außerdem wird dem Mitarbeiter hier eher die Stellung eines Kreditgebers als die eines Gesellschafters eingeräumt, mit der Konsequenz einer entsprechend niedrigeren Motivation.

d) Stille Beteiligung

146 Bei der Vereinbarung einer stillen Gesellschaft handelt es sich um eine Innengesellschaft, die sich nach den weitgehend abdingbaren §§ 230–237 HGB, 705 ff. BGB richtet. Wesentliche Kennzeichen einer stillen Beteiligung sind: (i) keine vollgesellschafterliche Beteiligung, d.h. insbesondere kein Einfluss des stillen Gesellschafters auf die Geschäftsführung; (ii) mit jedem einzelnen stillen Gesellschafter besteht ein Gesellschafterverhältnis, das von anderen stillen Gesellschafterverhältnissen grundsätzlich unabhängig ist und (iii) der stille Gesellschafter nimmt am Verlust nur bis zum Betrag seiner eingezahlten bzw. rückständigen Einlage teil (§ 232 Abs. 2 HGB). Darüber hinaus stehen einer Mitarbeiterbeteiligung in Form der stillen Gesellschaft viele Gestaltungsmöglichkeiten offen. So können z.B. die Wahrnehmung von Kontrollrechten, Verlustbeteiligung oder Beteiligung am Vermögen des Inhabers vertraglich frei gestaltet werden.

147 Die Vorteile einer stillen Beteiligung bestehen vor allem darin, dass sie für alle Rechtsformen geeignet ist und den Parteien einen großen Gestaltungsspielraum lässt.[9] Wenn Mitarbeiter in größerem Umfang am Unternehmen beteiligt werden sollen, ist die Form der Mitarbeiterbeteiligung wegen der Vielzahl der Verträge und dem damit verbundenen Abwicklungs- und Verwaltungsaufwand jedoch nicht mehr sinnvoll. Darüber hinaus sind seitens der Mitarbeiter Einlagen in Geld zu leisten, was gerade bei jungen Wachstumsunternehmen regelmäßig nicht in Betracht kommen wird.

e) Genussrechte/Genussscheine

148 Genussrechte werden vom Arbeitgeber an Mitarbeiter gegen Entgelt ausgegeben und gewähren einen Anspruch auf eine bestimmte Ergebnisbeteiligung.[10] Genussrechte sind daher Vermögensrechte an einer Gesellschaft, die keine gesell-

---

[8] Vgl. *Handelsblatt* Nr. 27 vom 9.2.1998, S. 37.
[9] Vgl. *Reuter*, NJW 1984, 1849, 1850.
[10] Vgl. *Ziebe*, DStR 1991, 1594; *Reuter*, NJW 1984, 1849, 1851.

I. Gesellschaftsrechtliche Aspekte

schaftsrechtliche Beteiligung, aber *schuldrechtliche* Ansprüche auf Beteiligung am Gewinn des Unternehmens vermitteln.[11] Eine gesetzliche Grundlage für die Einräumung von Genussrechten existiert nicht (vgl. aber § 221 AktG). Sie können deshalb weitgehend individuell ausgestaltet werden (z.B. mit oder ohne Verlustbeteiligung). Ob Genussrechte auch eigenkapitalähnlich ausgestaltet und dann in der Bilanz entsprechend ausgewiesen werden können, ist umstritten.[12]

Nach herrschender Meinung ist das auf Begründung von Genussrechten gerichtete Rechtsgeschäft ein Vertrag sui generis,[13] der ein Dauerschuldverhältnis entstehen lässt. Sind sie verbrieft, handelt es sich um Genussscheine (echte Wertpapiere). Genussscheine sind i.ü. grundsätzlich rechtsformunabhängig und für alle Mitarbeiter bzw. Mitarbeitergruppen geeignet.[14]

149

Der Genussschein ist jedoch regelmäßig nicht an die *Entwicklung des Unternehmenswertes* gebunden. Ein gesteigertes Interesse des Mitarbeiters an der Wertentwicklung seines Unternehmen wird deshalb durch die Ausgabe von Genussrechten meist nicht erreicht.[15]

150

f) GmbH- und Kommanditbeteiligung

Die Gewährung von GmbH-Geschäftsanteilen bietet sich grundsätzlich für alle Mitarbeiter an. Um die Entscheidungsfindung trotz der erhöhten Anzahl von Gesellschaftern praktikabel zu halten, können stimmrechtslose Geschäftsanteile ausgegeben werden.[16] Auch dann haben die Minderheitsgesellschafter aber immer noch die Informationsrechte aus § 51a GmbHG, was unerwünscht sein kann. Als GmbH-Gesellschafter oder Kommanditist sind die Mitarbeiter unmittelbar an dem Unternehmen beteiligt, was je nach Höhe der Beteiligung die gewünschte Motivation und ein „wir"-Gefühl zur Folge haben kann. Bei einer GmbH-Beteiligung kommt hinzu, dass der fremdfinanzierte Aufwand zum Erwerb des GmbH-Anteils grundsätzlich steuerlich abzugsfähig ist und die an den Mitarbeiter gezahlte Dividende mit Körperschaftssteueranrechnung ausgezahlt werden kann.[17] Eine Kommanditbeteiligung bringt allerdings noch mehr Teilhaberechte und auch Risiken mit sich als ein GmbH-Geschäftsanteil. Diese Beteiligungsform dürfte daher nur für einen engen Kreis leitender Mitarbeiter in Frage kommen.

151

Allerdings sind selbst kleine GmbH- oder Kommanditanteile für die Masse der Mitarbeiter meist zu teuer, wenn der Verkehrswert des Unternehmens schon

152

---

[11] *Ziebe*, DStR 1991, 1594.
[12] Vgl. zum Streitstand: *Hüffer*, AktG, 5. Aufl., Rdnr. 31 ff. Zu § 221.
[13] *Ziebe*, DStR 1991, 1594 sowie *Hüffer*, AktG, 5. Aufl., § 221 Rz. 23 m.w.N.
[14] Vgl. *Handelsblatt* Nr. 27 vom 9.2.1998, S. 37: Bertelsmann ist das Paradebeispiel für diese Form der Mitarbeiterbeteiligung. Mittlerweile hat das Modell dort 25-jähriges Jubiläum gefeiert und Mitarbeiter, die von Anfang an dabei waren, sind um knapp DM 200.000 reicher. Dem Unternehmen stehen dadurch rund DM 2 Mrd. vergleichsweise preiswertes Genussscheinkapital zur Verfügung, was etwa 40% des Konzerneigenkapitals entspricht.
[15] Vgl. *v. Einem*, FS Haarmann, Hemmelrath & Partner, S. 389, 393.
[16] Vgl. *Kau/Leverenz*, BB 1998, 2269, 2275.
[17] Vgl. *von Einem*, Arbeitsbuch der 49. Steuerrechtlichen Arbeitstagung, S. 455, 462.

zu wachsen begonnen hat. Darüber hinaus führt eine Beteiligung der Mitarbeiter zu einer Verwässerung der Beteiligung der übrigen Gesellschafter. Schließlich fallen wegen der Formbedürftigkeit der Abtretung von GmbH-Geschäftsanteilen nicht unerhebliche Beurkundungskosten an.[18]

g) Belegschaftsaktien

153 Bei dem Kauf von (Belegschafts)-Aktien handelt es sich um eine *unmittelbare* Beteiligung des Mitarbeiters an seinem Arbeitgeber. Wie schon der Name zum Ausdruck bringt, zielt die Belegschaftsaktie nicht auf die Geschäftsleitungen der Unternehmen. Im Rahmen sog. *Aktienkaufpläne* hat der Mitarbeiter die Möglichkeit, über einen bestimmten Zeitraum in regelmäßigen Abständen Aktien des Arbeitgebers zu erwerben. Dem Mitarbeiter soll dadurch die Möglichkeit geboten werden, Vermögenssubstanz zu bilden, die er mit seinem Arbeitsentgelt nicht oder nur unzureichend erwirtschaften kann. Zudem soll er durch den Erwerb von Aktien seines Arbeitgebers veranlasst werden, sein Zugehörigkeitsgefühl zu verstärken und sein Arbeitsverhältnis dauerhaft fortzusetzen. Belegschaftsaktien sind somit in erster Linie ein Instrument der Mitarbeiter-Motivation.

154 Die Ausgabe von Belegschaftsaktien kann grundsätzlich im Rahmen einer *ordentlichen* Bar-Kapitalerhöhung durchgeführt werden.[19] In der Praxis wird eine derartige Mitarbeiter-Beteiligung jedoch meistens mittels *genehmigten* Kapitals durchgeführt. Nach § 202 Abs. 4 AktG kann die Satzung vorsehen, dass neue Aktien aus einem genehmigten Kapital an Mitarbeiter ausgegeben werden. Der Vorstand ist zur Überlassung von Aktien an Mitarbeiter dann befugt, wenn die von der Hauptversammlung dem Vorstand erteilte Ermächtigung zur Inanspruchnahme des genehmigten Kapitals *auch* die Entscheidung über den Ausschluss des Bezugsrechts umfasst. Der *Ausschluss des Bezugsrechts* zum Zwecke der Ausgabe von Aktien an Mitarbeiter der Gesellschaft ist grundsätzlich zulässig.[20] Das gleiche gilt für die Ausgabe von Aktien an Mitarbeiter anderer Konzerngesellschaften.[21]

155 Der Mitarbeiter muss bei einer derartigen Gestaltung grundsätzlich *sofort* die Einlage für die gezeichneten Aktien leisten, wobei der Ausgabekurs der Aktien regelmäßig so günstig wie möglich festgesetzt werden sollte.[22] In der Praxis läuft dies meist auf eine Bewertung des Unternehmens nach dem sog. Stuttgarter Verfahren (falls keine Börsennotierung/Referenzverkäufe!) hinaus. Wenn der Ausgabekurs der Aktien *unter* dem nach dem Stuttgarter Verfahren ermittelten

---

[18] § 15 Abs. 3 GmbHG; vgl. auch *Handelsblatt* Nr. 27 vom 9.2.1998, Seite 37.
[19] *Hüffer*, AktG, 5. Auflage, § 186 Rz. 29 m.w.N.
[20] *Lutter*, in: Kölner Kommentar zum AktG, § 202 Rz. 28.
[21] *Hüffer*, a.a.O., § 202 Rz. 24 m.w.N.
[22] Bei der Festsetzung des *Ausgabekurses* für Belegschaftsaktien ist der Vorstand grundsätzlich frei, günstigere Konditionen zu gewähren und einen niedrigeren Betrag als den vollen Wert festzusetzen (*Lutter*, in: Kölner Kommentar zum AktG, § 202 Rz. 29). Ein unangemessen niedriger Betrag ist allerdings auch in diesen Fällen im Hinblick auf § 255 Abs. 2 AktG nicht statthaft (*Krieger*, a.a.O., § 58 Rz. 58).

I. Gesellschaftsrechtliche Aspekte

Wert (bzw. dem Börsenkurs) liegt, müsste der Mitarbeiter darüber hinaus den ihm zugewandten vermögenswerten Vorteil voll versteuern. § 19a EStG statuiert in diesem Zusammenhang eine Steuerfreiheit unentgeltlicher oder verbilligter Sachbezüge in Form von Kapitalbeteiligungen oder Vermögensbeteiligungen an Mitarbeiter, die diesen im Rahmen ihres gegenwärtigen Arbeitsverhältnisses gewährt werden, nur, so weit der vermögenswerte Vorteil nicht höher als der halbe Wert der Vermögensbeteiligung ist und insgesamt € 154 im Kalenderjahr nicht übersteigt. Des weiteren muss sich der *Umfang der Aktienausgabe* für jeden Arbeitnehmer im Rahmen des Angemessenen halten. Die Grenze wird in Anlehnung an die sparzulagefähigen Aufwendungen nach dem 5. VermBG bei etwa € 510 pro Kalenderjahr gezogen.[23] Steuerfrei ist der Vorteil unter den weiteren Voraussetzungen des § 19a EStG bis zu € 154/Jahr.

156 Die Ausgabe von Belegschaftsaktien kann ausnahmsweise auch *ohne* unmittelbare Einlageleistung durch die begünstigten Mitarbeiter erfolgen. Gemäß § 204 Abs. 3 AktG besteht die Möglichkeit, dass der Vorstand die Ausgabe von Belegschaftsaktien nicht gegen Einlagen der Mitarbeiter beschließt, sondern dass diese Einlagen aus dem *Jahresüberschuss* gedeckt werden.

157 Der Sache nach handelt es sich hierbei um eine Kapitalerhöhung aus Gesellschaftsmitteln, wozu der Vorstand nur aufgrund einer ausdrücklichen Ermächtigung, neue Aktien an Mitarbeiter auszugeben (§ 202 Abs. 4 AktG), befugt ist. Erforderlich ist in diesem Fall, dass ein uneingeschränkt testierter Jahresabschluss vorliegt, der einen Jahresüberschuss ausweist. Die Kapitalerhöhung wird in diesem Fall nach den Vorschriften der §§ 185 bis 191 AktG wie eine Kapitalerhöhung mit Bareinlagen durchgeführt (§ 204 Abs. 3 Satz 2 AktG). Die Mitarbeiter müssen die neuen Aktien zeichnen. Die Einlageleistung entfällt. Wirtschaftlich betrachtet handelt es sich hierbei um eine besondere Art der Gewinnbeteiligung, bei der die Auszahlung des Gewinnanteils gegen die Einlagenschuld „verrechnet" wird.[24] Von der (seltenen) Ausnahme des § 204 Abs. 3 AktG abgesehen, geht der Mitarbeiter jedoch in der Regel durch den Kauf von Aktien in voller Höhe das Kursrisiko ein. Darüber hinaus muss sich ein Mitarbeiter unter Umständen sogar verschulden, um die Aktien erwerben zu können. Er hat es schließlich auch nicht mehr in der Hand, wie z.B. bei einer Option, das „Ob" und das „Wann" des Aktienerwerbes selbst zu bestimmen.

Sein Risiko ist daher nicht auf den Wert der von ihm gegebenenfalls nicht ausgeübten Option beschränkt. An dieser Stelle wird daher die Einräumung von Aktienoptionen attraktiv.

---

[23] *Krieger*, in: Münchner Handbuch des Gesellschaftsrechts, Bd. 4, § 58 Rz. 58.
[24] Vgl. *Hüffer*, AktG, 5. Aufl., § 204 Rz. 12.

B. Rechtliche Aspekte

3. Aktienoptionen

a) Definition

158 Aktienoptionen sind Bezugsrechte auf Aktien, die Organen und Mitarbeitern von Aktiengesellschaften gewährt werden und bei Fälligkeit i.d.R. aus *bedingtem Kapital* bedient werden.[25] Der Bezugsberechtigte hat die Möglichkeit, innerhalb einer vorgegebenen Ausübungsfrist eine bestimmte Zahl von Aktien zu einem fest vereinbarten Preis (Ausübungspreis, sog. *strike price*) zu erwerben. Dieser Preis entspricht aus steuerlichen Gründen regelmäßig in Anlehnung an die Regelung des Bewertungsgesetzes einem auf der Basis der letzten Kapitalerhöhung oder des letzten Aktienverkaufs an Dritte ermittelten Verkehrswert der Aktien im Zeitpunkt der Einräumung der Aktienoptionen. Eine Verpflichtung zur Ausübung des Bezugsrechts besteht nicht. Der Bezugsberechtigte kann sein Bezugsrecht ohne weitere Konsequenzen verfallen lassen.

159 Aktienoptionen bieten sich vor allem denjenigen Unternehmen an, die ihre Mitarbeiter[26] auf gesellschaftsrechtlicher Basis am Unternehmen beteiligen wollen, um eine starke Identifikation mit dem Unternehmen und eine zusätzliche Motivation zu schaffen, ohne sie mit Finanzierungsproblemen und Zins- oder Kursrisiken zu belasten (insbesondere keine sofortige Liquiditätsbelastung und kein finanzielles Risiko für den Mitarbeiter).

160 Die individuellen Bezugsrechte der Mitarbeiter sollten dabei der Größe nach so substantiell sein, dass sie für den einzelnen Mitarbeiter einen realen Anreiz zu einem fortwährend starken Engagement für das Unternehmen darstellen und auf der anderen Seite in der Summe begrenzt bleiben, um keine Verschiebung der jeweiligen Beteiligungs- und Stimmrechtsverhältnisse herbeizuführen.

b) Zielsetzungen

aa) Mitarbeitermotivation im weiteren Sinn

161 *„Mitarbeitermotivation", „Leistungssteigerung", „Identifikation mit dem Unternehmen"* und *„Imagegewinn"* sind die Schlagworte im Zusammenhang mit der Einräumung von Aktienoptionen.[27] Die Mitarbeiter sollen neben einer (bloßen) Entlohnung in Geld zusätzlich durch Steigerung ihrer eigenen Arbeitsleistung die Möglichkeit haben, auf die Wertsteigerung ihres Unternehmens und damit mittelbar ihren finanziellen Arbeitserfolg Einfluss zu nehmen. Zielsetzung ist, dadurch bei den Mitarbeitern ein *unmittelbares Interesse* am Wohlergehen des Unternehmens und an dessen *längerfristigem* Ergebnis zu erzeugen.[28]

---

[25] Vgl. *Claussen*, WM 1997, 1825.
[26] Zur grundsätzlichen Zulässigkeit von Aktienoptionsplänen zugunsten von Vorständen im Lichte der §§ 76, 86 und 87 AktG vgl. eingehend *Hüffer*, ZHR 161 (1997), 215, 218 f.
[27] Vgl. ausführlich dazu *Baums*, FS Claussen (1997), 3 ff.; *Martens*, AG 1997, 83, 87; *Lutter*, ZIP 1997, 1; *Fuchs*, DB 1997, 661; *Hüffer*, ZHR 161 (1997), 215, 216; *Kohler*, ZHR 161 (1997) 246, 247; vgl. allg. *Hennerkes/Schröder*, DB 1995, 2153.
[28] Vgl. *von Einem*, FS Haarmann, Hemmelrath & Partner, S. 389, 390 f.

I. Gesellschaftsrechtliche Aspekte

Dieses Interesse kann z.B. durch eine Koppelung des *Umfangs* der eingeräumten Aktienoptionen an den Anstieg oder den Rückgang des Gewinns begründet werden. Eine Loyalitätsbelohnung des Mitarbeiters und dessen stärkere Bindung an das Unternehmen kann auch erreicht werden, wenn nur derjenige Aktien über Aktienoptionen beziehen darf, der seine Arbeitskraft dem Unternehmen für eine bestimme *Mindestdauer* zur Verfügung gestellt hat.

bb) Kapitalbeschaffung für das Unternehmen

Wenn die Option fällig wird, erhält die Gesellschaft entweder neues Kapital oder die Option verfällt. Aktienoptionen bedeuten daher aus Sicht der Gesellschaft die Möglichkeit, künftig neues Kapital (Grundkapital/Eigenkapital) zu erhalten. Zwar ist ein unmittelbarer finanzieller Aufwand für die Gesellschaft mit der Einräumung von Aktienoptionen nicht verbunden,[29] doch bedeutet die Einräumung von Aktienoptionen zumindest mittelbar zugunsten der Bezugsberechtigten einen „Verzicht" der Gesellschaft auf den Differenzbetrag zwischen aktuellem Verkehrswert der Aktien und Ausübungspreis.

cc) Kritik

Die Einräumung von Aktienoptionen wird auch heftig kritisiert.[30] Es bestehe die Gefahr höchst unangemessener Vergütungen. Die Zielsetzung der *Kapitalbeschaffung* könne darüber hinaus dazu verführen, Optionen auch solchen Mitarbeitern einzuräumen, die durch die Einräumung von Aktienoptionen von Börsenkurserhöhungen profitieren werden, *ohne* hierfür etwas geleistet zu haben.[31] Ebenso bestünde die Gefahr der *Selbstbedienung* der Organe der Aktiengesellschaft mittels für sich selbst gewährter Optionsrechte und die Gefahr der *Verwässerung* der Herrschafts- und Vermögensrechte der Alt-Aktionäre.[32] Gerade vor dem Hintergrund, dass in Zeiten des Börsenbooms insbesondere Vorstände weniger aufgrund ihres unternehmerischen Erfolges als vielmehr aufgrund der allgemeinen Kursentwicklung überproportional von den ihnen gewährten Aktienoptionen profitiert haben („Windfall Profits"), werden Aktienoptionsprogramme dabei mit zunehmender Skepsis betrachtet.[33] Und das durchaus mit Folgen: so hat erst jüngst die Regierungskommission Deutscher Corporate Governance Kodex eine Obergrenze für Stock Options als feste Empfehlung in den Kodex aufge-

---

[29] Vgl. *von Einem*, FS Haarmann, Hemmelrath & Partner, S. 389, 391.
[30] Vgl. *Menichetti*, DB 1996, 1688; *Claussen*, WM 1997, 1826; *Martens*, AG 1996, 337, 348; *Schneider*, ZIP 1996, 1769, 1770 sowie *Zimmerer*, Handelsblatt vom 7./8.2.1998, der eine Gewinnbeteiligung ohne Verlustbeteiligung für einen Widersinn hält.
[31] Vgl. *von Einem*, FS Haarmann, Hemmelrath & Partner, S. 389, 391.
[32] Vgl. hierzu *Menichetti*, DB 1996, 1688, 1690; *Seibert*, WM 1997, 1, 9; *Köhler*, ZHR 161 (1997) 246, 262: So weit eine Verwässerung überhaupt stattfindet, ist sie regelmäßig wirtschaftlich nicht relevant; a.A. *Knoll*, ZIP 1998, 413: Der Wert der Bezugsrechte, auf die die Alt-Aktionäre bei einem Ausschluss verzichten, stellt fraglos einen zentralen materiellen Gesichtspunkt der Entscheidung über den Ausschluss des Bezugsrechts dar.
[33] Vgl. die fundamentale und fulminante Abrechnung von *Adams*, ZIP 2002, 1325 ff. („Selbstbedienung") sowie *Binz/Sorg*, BB 2002, 1273 ff.

B. Rechtliche Aspekte

nommen.³⁴ Künftig heißt es dort: „Aktienoptionen und vergleichbare Gestaltungen sollen künftig auf anspruchsvolle, relevante Vergleichsparameter bezogen sein. Für außerordentliche, nicht vorhergesehene Entwicklungen soll der Aufsichtsrat eine Begrenzungsmöglichkeit (Cap) vereinbaren". Es hat den Anschein, als werde die Lernkurve in Deutschland hier zunehmend steiler.

c) Einzelfragen

165 Von der *schuldrechtlichen* Ausgestaltung der Vergütungsvereinbarung in den Arbeits- bzw. Dienstverträgen der Bezugsberechtigten sind zunächst die Probleme bei der *Beschaffung* der Aktien zur Erfüllung der übernommenen Verpflichtung zu unterscheiden. Die Gesellschaft muss sich die Aktien beschaffen können, um die schuldrechtlich eingeräumten Aktienoptionen bei Ausübung bedienen zu können.

aa) Gesellschaftsrechtliche Grundlagen unter Berücksichtigung des KonTraG

166 In der Vergangenheit bestand bis zum 1.5.1998 ein praktisches Problem bei der *Beschaffung* der Aktien.³⁵ Die für die Bedienung von Aktienoptionen benötigten Aktien konnten von der Gesellschaft grundsätzlich durch den *Erwerb eigener Aktien* oder durch hierfür geschaffenes *genehmigtes*³⁶ oder *bedingtes* Kapital beschafft werden. Das deutsche Aktienrecht bot für die Gewährung von Aktienoptionen früher kein angemessenes Instrumentarium, auch wenn das Gesetz an vielen Stellen (§ 71 Abs. 1 Nr. 2, § 71a Abs. 1 Satz 2, § 192 Abs. 2 Nr. 3, § 194 Abs. 3, § 202 Abs. 4, § 203 Abs. 4, § 204 Abs. 3, § 205 Abs. 5 AktG) Sondervorschriften mit dem Ziel enthielt, die Ausgabe von Aktien der Gesellschaft an Mitarbeiter der Gesellschaft oder eines mit ihr verbundenen Unternehmens zu ermöglichen.

167 Das Gesetz zur Kontrolle und Transparenz im Unternehmensbereich („*KonTraG*" vom 6.3.1998 BR-Drs. 203/98), das am 30.4.1998 verkündet wurde,³⁷ hat diesen Missstand beseitigt und mit Wirkung seit dem 1.5.1998 die Gewährung von Aktienoptionen erleichtert.³⁸ Für die Ausgabe von Aktienoptionen an Mitarbeiter sind unter Berücksichtigung des KonTraG nunmehr folgende Gestaltungsmodelle möglich:

---

³⁴ Siehe Börsen-Zeitung v. 23. Mai 2003, S. 1.
³⁵ Vgl. *Seibert*, WM 1997, 1, 9.
³⁶ Dazu *Martens*, AG 1989, 69, 75; *ders.*, AG 1996, 337, 346; der Erwerb durch einen Treuhänder und die genehmigte Kapitalerhöhung werden aus verschiedenen Gründen als kaum geeignet angesehen, vgl. auch *Wolff*, WiB 1997, 505, 507.
³⁷ BGBl. 1998 I, Nr. 24, Seite 786.
³⁸ Vgl. *Claussen*, WM 1997, 1825, 1828: „*Angesichts des Interesses der gewerblichen Wirtschaft an diesem neuen Finanzkonstrukt ist es weise und vorausshend vom BMJ, die Aktienoptionen gesetzgeberisch einzufangen und von der Einbindung in Wandelschuldverschreibungen i.S.v. § 221 AktG zu befreien.*"

I. Gesellschaftsrechtliche Aspekte

aaa) Erwerb eigener Aktien

Mit der Einräumung von Aktienoptionen ist die Gesellschaft gegenüber den Bezugsberechtigten verpflichtet, diesen (erst) bei Optionsausübung Aktien zu verschaffen. Hierzu kann die Gesellschaft *eigene Aktien* börslich oder außerbörslich erwerben, um sie an die Bezugsberechtigten abzugeben.

168

Mit dem KonTraG wurden die Voraussetzungen für den Eigenerwerb von Aktien *generell* ohne gesetzliche Zweckbindung, aber gekoppelt an einen *Hauptversammlungsbeschluss* und mit einer Höchstgrenze von *10% des Grundkapitals* sowie einer Befristung auf *18 Monate* deutlich gelockert. Gemäß der neu eingefügten Nr. 8 des § 71 Abs. 1 AktG können eigene Aktien der Gesellschaft nunmehr auch Mitgliedern der Geschäftsführung (nicht jedoch Mitgliedern des Aufsichtsrats) angeboten werden.[39]

169

Dieser Weg kann also zukünftig zur Bedienung eines Aktienoptionsplanes gegangen werden.[40] Er setzt nach § 71 AktG n.F. allerdings voraus, dass die Hauptversammlung bei ihrer Ermächtigung zum Erwerb der eigenen Aktien auch zugleich die *Zweckbestimmung* ausspricht, dass diese Aktien zur Bedienung von *Aktienoptionen* verwendet werden dürfen.

170

Die Ermächtigung zum Erwerb eigener Aktien ist nach § 71 Abs. 1 Nr. 8 AktG n.F. jedoch auf 18 Monate begrenzt (die einmal erworbenen eigenen Aktien kann die Gesellschaft dann aber unbegrenzt lange halten). Innerhalb dieses Zeitraumes muss die Gesellschaft also soviele Aktien erwerben, wie voraussichtlich für die Bedienung aller Aktienoptionen benötigt werden. Dies erfordert eine nicht ganz einfache Prognose darüber, wieviele Berechtigte ihre Optionen später ausüben werden.

171

Der Erwerb eigener Aktien kostet die Aktiengesellschaft darüber hinaus *Liquidität,* da die Aktien zum Börsenkurs aufgekauft werden müssen. Es muss also Geld eingesetzt werden.[41] Es handelt sich bei dem Eigenerwerb von Aktien zur Bedienung von Aktienoptionen auch insoweit um einen problematischen Weg, als durch den Eigenerwerb selbst – jedenfalls bei wenig liquiden Titeln – der *Kurs in die Höhe getrieben* wird, wodurch dann die Ausübung der Aktienoptionen für die Führungskräfte erst lukrativ werden könnte. Hierin liegt eine Missbrauchsquelle, der das KonTraG mit einem Trick begegnet ist. Für den Fall nämlich, dass eigene Aktien zum Zweck der Belieferung von Aktienoptionen erworben werden sollen, gelten für den Hauptversammlungsbeschluss die Regelungen über die Schaffung eines bedingten Kapitals zur Bedienung von Aktienoptionen entsprechend (§ 71 Nr. 8 verweist ausdrücklich auf § 193 Abs. 2 Nr. 4 AktG). Der (sofortige) Erwerb eigener Aktien wird daher (wohl) nicht der vorrangige Weg für die Durchführung von Aktienoptionsplänen werden, wenngleich beispielsweise in Japan vor kurzem der Eigen-

172

---

[39] Gemäß § 71 Abs. 1 Nr. 2 AktG a.F. war der Erwerb eigener Aktien zulässig, wenn die Aktien *Arbeitnehmern* zum Erwerb angeboten werden sollten. § 71 AktG a.F. ließ daher eine Übertragung von Aktien an *Vorstandsmitglieder* nicht zu.

[40] Vgl. kritisch *Martens,* AG 1997, 83, 88; *Wolf,* AG 1998, 212, 218.

[41] Siehe auch *Schneider,* ZIP 1996, 1769, 1772.

B. Rechtliche Aspekte

erwerb gerade ausdrücklich zur Bedienung von Aktienoptionen gelockert worden ist.[42]

bbb) Gewährung von Aktienoptionen aufgrund einer Kapitalerhöhung

173 Der aus der Sicht der Unternehmen nahe liegende Weg ist die Beschaffung der Bezugsaktien im Wege der *Kapitalerhöhung*. Er kostet keine Liquidität und wirkt nicht gewinnschmälernd.[43] Aus der Sicht der Aktionäre ist dies allerdings mit einer Verwässerung ihrer Beteiligung an der Gesellschaft verbunden.

174 Zur Ausgabe von Aktien oder der Einräumung von Aktienoptionen kommt daher in erster Linie eine Kapitalerhöhung in Betracht. Dabei sind die *ordentliche* (§§ 182 ff. AktG), die *genehmigte* (§§ 202 ff. AktG) und die Kapitalerhöung durch *bedingtes* Kapital (§§ 192 ff. AktG) zu unterscheiden.

(1) Ordentliche Kapitalerhöhung (§§ 182 ff. AktG)

175 Eine grundsätzlich mögliche *ordentliche* Kapitalerhöhung zur Gewährung von Aktien erweist sich in der Praxis als nicht zweckmäßig. Die Modalitäten der Kapitalerhöhung, insbesondere die eng begrenzte Zeichnungsfrist, müssen in der Hauptversammlung abschließend und hinreichend bestimmt vorgegeben werden. Im Übrigen sind die Einlagevorschriften zu beachten.

(2) Genehmigte Kapitalerhöhung (§§ 202 ff. AktG)

176 Es ist theoretisch möglich, im Rahmen von Aktienoptionsplänen Bezugsrechte aus genehmigtem Kapital zu bedienen.[44] Die *genehmigte* Kapitalerhöhung hat jedoch den Nachteil einer *fünfjährigen* Durchführungsfrist. Gemäß § 202 Abs. 1 AktG muss das genehmigte Kapital innerhalb von fünf Jahren nach Eintragung des Ermächtigungsbeschlusses durchgeführt werden, also die Kapitalerhöhung eingetragen worden sein (§ 189 AktG). Folglich müssen alle Bezugsrechte innerhalb dieser Frist ausgeübt werden. Danach verfällt die Genehmigung.

177 Neben dieser zeitlichen Begrenzung enthält das genehmigte Kapital im Vergleich zum bedingten Kapital die weitere Besonderheit, dass die Rechte aus den Aktien erst *mit der Eintragung* der durchgeführten Kapitalerhöhung entstehen (§§ 203 Abs. 1, 191 AktG). Somit wird durch die Ausübung des Bezugsrechts noch keine aktienrechtliche Mitgliedschaft erworben; dazu bedarf es noch der korrespondierenden Eintragung der Kapitalerhöhung.[45]

---

[42] Siehe Meldung der *FAZ* vom 17.5.1997, S. 22; auch in der Schweiz gibt es Pläne, die Verwendung eigener Aktien für Mitarbeiterbeteiligung zu unterstützen (steuerlich), siehe *Blick durch die Wirtschaft* vom 5.6.1997, S. 1

[43] *Lutter*, ZIP 1997, 1, 3.

[44] Vgl. *Hüffer*, ZHR 161 (1997), 215, 221; *Martens*, AG 1996, 337, 346.

[45] *Martens*, AG 1996, 337, 346.

I. Gesellschaftsrechtliche Aspekte

(3) Bedingte Kapitalerhöhung (§§ 192 ff. AktG)

Das Gesetz beschreibt die bedingte Kapitalerhöhung als Beschluss über die Erhöhung des Grundkapitals, der nur so weit durchgeführt werden soll, wie von einem Umtausch- oder Bezugsrecht Gebrauch gemacht wird, das die Gesellschaft auf die neuen Aktien (Bezugsaktien) einräumt (§ 192 Abs. 1 AktG). Die Kapitalerhöhung ist also nur insoweit bedingt, als ihre Durchführung nach Umfang und Zeitpunkt ungewiss ist, weil Bezugs- und Umtauschberechtigte zum Aktienbezug berechtigt, aber nicht verpflichtet sind.[46] **178**

Die Fünf-Jahres-Frist für die Ausübung eines genehmigten Kapitals gilt für das bedingte Kapital nicht. Das bedingte Kapital ist also grundsätzlich für langfristige Bezugsprogramme besonders geeignet. Vorteilhaft ist beim bedingten Kapital ferner, dass das Grundkapital bereits mit der Ausgabe der Aktien unmittelbar erhöht wird und die spätere Eintragung nur deklaratorische Wirkung hat (§ 200 AktG).[47] **179**

bb) Durchführung eines Aktienoptionsplanes (SOP)[48]

aaa) Der alte Weg: Optionsanleihen oder Wandelschuldverschreibungen

§ 192 Abs. 2 Nr. 3 AktG a.F. erlaubte eine bedingte Kapitalerhöhung nur „zur Gewährung von Bezugsrechten an Mitarbeiter der Gesellschaft zum Bezug neuer Aktien gegen Einlage von Geldforderungen, die den Mitarbeitern aus einer ihnen von der Gesellschaft eingeräumten Gewinnbeteiligung zustehen". Wegen der sehr engen Tatbestandsvoraussetzungen hatte diese Vorschrift in der Praxis kaum Bedeutung erlangt.[49] **180**

Ein Aktienoptionsplan nach US-amerikanischem Vorbild konnte daher in Deutschland nach alter Rechtslage nur durch die Ausgabe von *Wandel- oder Optionsschuldverschreibungen verbunden* mit einer *bedingten* Kapitalerhöhung (§ 192 Abs. 2 Nr. 1 AktG i.V.m. § 221 AktG) verwirklicht werden.[50] Eine Wandel- oder Optionsschuldverschreibung ist ein Darlehen, das dem Gläubiger (d.h. hier dem Mitarbeiter) ein Umtauschrecht *(Wandelanleihe)* oder ein Bezugsrecht *(Optionsanleihe)* auf Aktien einräumt. Die Verzinsung des zugrunde liegenden Darlehens kann frei geregelt werden, d.h. mit einer normalen Verzinsung oder partiarisch (d.h. ergebnisabhängig) ausgestaltet werden. Nach Ablauf des vereinbarten Zeitraumes haben die Mitarbeiter die Möglichkeit, entweder die Rückzahlung des **181**

---

[46] *Hüffer*, AktG, 3. Aufl., § 192 Rz. 2.
[47] *Martens*, AG 1996, 337, 346; anders jedoch beim genehmigten Kapital: §§ 203 Abs. 1, 191 AktG.
[48] SOP = Stock-Option-Plan.
[49] Vgl. etwa *Martens*, AG 1996, 337, 346; *Krieger*, Münchner Handbuch des Gesellschaftsrechts, Bd. 4 AktG (1998), § 57 Rz. 5.
[50] Vgl. *Schneider*, ZIP 1996, 1769, 1773; *Hüffer*, ZHR 161 (1997), 215, 216, 222; *Martens*, AG 1997, 83, 87, der diese Gestaltung als „Verschleierungstechnik" bezeichnet, bei der die Wandelschuldverschreibung gleichsam das „Feigenblatt" bilde, um die Vergabe von isolierten Optionsrechten zu drapieren, sowie *Claussen*, WM 1997, 1825; *Aha*, BB 1997, 2225; LG Frankfurt a.M., DB 1997, 517 f.

B. Rechtliche Aspekte

Darlehens oder die Gewährung von Aktien (bzw. Aktienoptionen) zu einem bereits festgelegten Preis zu verlangen. Im Falle einer *Wandelanleihe* geht das zugrunde liegende Darlehen mit Ausübung des Wandlungsrechts unter, d.h. dieses Darlehen ist nur rückzahlbar, wenn das Wandlungsrecht nicht ausgeübt wird. Demgegenüber ist bei einer *Optionsanleihe* das zugrunde liegende Darlehen jedenfalls zum vereinbarten Zeitpunkt zurückzuzahlen, unabhängig davon, ob das Optionsrecht ausgeübt wird oder nicht.

182 Bei diesem Modell räumt der Begünstigte seinem Arbeitgeber ein (fest oder variabel) verzinsliches Darlehen ein und erhält dafür ein Umtauschrecht (Wandelanleihe) oder Bezugsrecht (Optionsanleihe) auf Aktien, das er (erst) nach Ablauf der vereinbarten Darlehenszeit ausüben kann. Bei einer Wandelanleihe kann man nur alternativ Rückzahlung der Schuld oder Aktien – bei Ausübung des Wandlungsrechts – verlangen. Bei der Optionsanleihe ist die Ausübung der Bezugsrechte an *keine gesetzliche Frist* gebunden, so dass die Hauptversammlung über deren Laufzeit beliebig beschließen, also auch eine zeitliche Ausübungssperre sowie eine Ausübungsfrist festlegen kann. Der wesentliche Vorzug des bedingten Kapitals gegenüber dem genehmigten Kapital besteht jedoch in der Befreiung von dem Eintragungserfordernis. Nach § 200 AktG wird das Grundkapital bereits durch Ausgabe der Bezugsaktien erhöht, so dass die nachfolgende Eintragung nur *deklaratorische* Bedeutung hat. Somit erwirbt jeder Bezugs- oder Optionsberechtigte das Mitgliedschaftsrecht unmittelbar durch Erwerb der Aktienurkunde.

183 Bei der Ausgabe von Wandelschuldverschreibungen haben die Alt-Aktionäre jedoch ein vorverlagertes *Bezugsrecht,* das bei einem Aktienoptionsplan daher *ausgeschlossen* werden musste (§ 221 Abs. 4 AktG mit Verweis auf § 186 AktG). Die von der Hauptversammlung hierfür zu fassenden Beschlüsse waren wegen des erforderlichen Anleiheelements, des Umtausch- oder Bezugsrechts und des Bezugsrechtsausschlusses rechtlich komplex und wenig transparent.[51] Wegen der von der Rechtsprechung an einen Bezugsrechtsausschluss gestellten hohen Anforderungen bestand zusätzlich ein großes Anfechtungsrisiko,[52] auch wenn der BGH mit der *Siemens-Nold* Entscheidung vom 23.6.1997 die formellen und materiellen Anforderungen an den Bezugsrechtsausschluss deutlich gesenkt hatte.[53] Hinzu kam, dass die Ausgabe einer Wandelschuldverschreibung für die

---

[51] So auch kritisch Referentenentwurf zum KonTraG, Begründung, ZIP 1996, 2129, 2138.
[52] Zu den Anfechtungsgründen: *Jäger,* DStR 1999, 28, 29 f.
[53] Vgl. AG 1997, 465: Mit *Siemens-Nold* brach der BGH mit einer gefestigten Rechtsprechung. Er definierte die Voraussetzungen für die Beschlussfassung über genehmigtes Kapital mit Bezugsrechtsausschluss neu. Der BGH lässt es jetzt genügen, wenn die Maßnahme, zu deren Verwirklichung das Bezugsrecht der Aktionäre ausgeschlossen werden soll, der beschließenden Hauptversammlung *allgemein und in abstrakter Form* bekannt gegeben wird und *im wohlverstandenen Interesse* der Gesellschaft liegt. In *formeller* Hinsicht genügt es, wenn sich die Zweckbestimmung des genehmigten Kapitals nicht aus dem Beschluss über die Kapitalerhöhung mit Bezugsrechtsausschluss selbst ergibt, sondern aus dem *Bericht des Vorstandes* über den Bezugsrechtsausschluss abgeleitet werden kann. Die *materielle* Beschlusskontrolle reduziert der BGH im Hinblick auf die Verhältnisse im Zeitpunkt der Hauptversammlungsentscheidung auf das Erfordernis, dass die (allgemein und abstrakt beschriebene) Maßnahme in *„wohlver-*

I. Gesellschaftsrechtliche Aspekte

Gesellschaft eigentlich nur wirtschaftlich sinnvoll war, wenn zugleich ein *Fremdkapitalbedarf* bestand. Es geht aber bei Aktienoptionsplänen nicht um die Deckung von Kapitalbedarf zu niedrigen Zinsen, sondern um eine Vergütung mit Motivationswirkung. Der bisherige Weg war also eine – wenn auch zulässige – Krücke.[54]

184 Ungeklärt war bislang auch, ob eine Aktiengesellschaft eine bedingte Kapitalerhöhung auch dann durchführen darf, wenn die Option *nicht* mit einer Wandelschuldverschreibung (§ 192 Nr. 1 a.F. AktG) verbunden war, sondern dem Mitarbeiter unmittelbar als Aktienoption *("nackte Option")*[55] eingeräumt werden sollte[56] (§ 192 Nr. 3 a.F. AktG).

bbb) Der neue Weg: Bedingtes Kapital für Aktienoptionspläne gemäß KonTraG

185 Das KonTraG hat seit dem 1.5.1998 explizit die Mögichkeiten für die Etablierung von Aktienoptionsplänen geschaffen. In der Gesetzesbegründung heißt es hierzu:

> *„Ausländische Führungskräfte erwarten solche Vergütungskomponenten und deutsche Unternehmen können sie als Faktor im Wettbewerb um Führungskräfte einsetzen sowie diese an sich binden. Gerade junge innovative Unternehmen können dadurch geeignetes Führungspersonal gewinnen, ohne durch hohe fixe Gehaltskosten belastet zu sein."*[57]

186 Mit der Neuregelung des § 192 Abs. 2 AktG wurde in einer neuen *Ziffer 3* die Schaffung bedingten Kapitals in Form schlichter Bezugsrechte *("nackte Optionen")* für Organmitglieder und Mitarbeiter zugelassen. Die Bindung an Wandelschulddarlehen ist damit entfallen. Aktienoptionen können nach neuer Rechtslage entweder eigenständig als sog. *naked warrants* eingeräumt oder (nach wie vor) mit einem Darlehen als sog. Wandelschuldverschreibung verknüpft werden.

187 Des weiteren ist gemäß § 192 Abs. 2 Nr. 3 AktG n.F. die Gewährung von nackten Optionen nicht nur für Mitarbeiter, sondern auch für Vorstandsmitglieder und Geschäftsführer (von Tochtergesellschaften) zugelassen (nach wie vor *unzulässig* bleibt jedoch die Ausgabe von naked warrants an *Aufsichtsratsmitglieder)*. Auf das Erfordernis der Einlage von Geldforderungen aus Gewinnbeteiligungen – weswegen diese Vorschriften bislang wenig praktische Anwendung gefunden hatte – wurde verzichtet. Damit wurde der Weg für einen „flexiblen" Einsatz der bedingten Kapitalerhöhung im Rahmen von Aktienoptionsplänen frei.[58] Die be-

---

standenen Interesse" der Gesellschaft liegen muss. Dabei überträgt der BGH die Prüfung der Frage, ob die konkrete Maßnahme, für die unter Ausschluss des Bezugsrechts auf das genehmigte Kapital zurückgegriffen werden soll, im *„wohlverstandenen Interesse"* der Gesellschaft liegt, dem *Vorstand,* der im Rahmen seines unternehmerischen *Ermessens* zu prüfen habe, ob der allein ihm vollständig bekannte Sachverhalt den Bezugsrechtsausschluss im Gesellschaftsinteresse rechtfertigt.

[54] Vgl. *Seibert,* WM 1997, 1, 9; *Lutter: „ziemlich lästiger Umweg",* ZIP 1997, 1,7.
[55] Sog. naked warrants.
[56] *von Einem,* FS Haarmann, Hemmelrath & Partner, S. 389, 397; vgl. jedoch: *Portner,* DStR 1997, 786, 787; *Martens,* AG 1989, 69 ff.; *ders.,* AG 1996, 337, 347; *Claussen,* AG 1996, 481, 491; *Hüffer,* ZHR 161 (1997), 215, 223; *Steiner,* WM 1990, 1776.
[57] BT-Drs. 13/9712, S. 23.
[58] Vgl. die Reformvorschläge von *Martens,* AG 1996, 337, 348 sowie *Portner,* DStR 1997, 786, 787.

B. Rechtliche Aspekte

dingte Kapitalerhöhung dürfte daher die bevorzugte Rechtsgrundlage zur Einräumung von Aktienoptionen werden.

ccc) Inhalt des Hauptversammlungsbeschlusses (§ 193 Abs. 2 AktG n.F.)

188 Bei der Nutzung bedingten Kapitals zur Ausgabe von schlichten Bezugsrechten ist zu beachten, dass die wesentlichen Eckdaten des Bezugsrechts im Hauptversammlungsbeschluss (3/4 Mehrheit erforderlich) geregelt sein müssen. Der Beschluss umfasst nach den bisherigen Nummern 1 bis 3 des § 193 Abs. 2 AktG

- (1) den **Zweck** der bedingten Kapitalerhöhung (also vor allem die Bedienung von Aktienoptionen für Führungskräfte)
- (2) den **Nennbetrag** und die **Aktienart,**
- (3) den **Kreis der Bezugsberechtigten**,[59]
- (4) **und den** Ausgabebetrag oder die Grundlagen, nach denen dieser Betrag errechnet wird,

sowie nach der neuen Nummer 4 des § 193 Abs. 2 AktG ferner

- (5) die **Aufteilung der Bezugsrechte** auf Mitglieder der Geschäftsführung und Arbeitnehmer,[60]
- (6) die **Erfolgsziele**,[61]
- (7) die **Erwerbs- und Ausübungszeiträume** für die Bezugsrechte und
- (8) die **Wartezeit** für die erstmalige Ausübung (mindestens zwei Jahre).

189 Der *Ausgabebetrag* ist identisch mit dem Ausübungspreis, zu dem die Bezugsberechtigten ihre Aktienoptionen ausüben können. Als Ausübungspreis wird üblicherweise der Kurs der Aktie zum Zeitpunkt der Einräumung der Option gewählt. Es kann aber auch ein höherer Betrag angesetzt werden. Niedrigere Beträge führen zu negativen steuerlichen Folgen.

190 Die *Aufteilung der Bezugsrechte* auf die Mitglieder der Geschäftsführung und die Arbeitnehmer bedeutet die Aufteilung auf die Gruppen *Vorstand* der Gesellschaft und *Geschäftsführung* der Tochtergesellschaften sowie *Führungskräfte* der Gesellschaft und *Führungskräfte* bei Tochtergesellschaften sowie andere *Arbeitnehmer*. Die Gruppenaufteilung kann nach Prozentsätzen vom Geamtvolumen angegeben werden. Dabei ist darauf zu achten, dass Doppelbezüge von Vorständen, die zugleich gesetzliche Vertreter in Tochtergesellschaften sind, vermieden werden. Bei Tochtergesellschaften, die sich nicht im 100%igen Besitz der Gesell-

---

[59] Vgl. hierzu *Claussen*, WM 1997, 1825, 1829, der ein Plädoyer für die Einbeziehung von Aufsichtsratsmitgliedern und Aktionären als legitimen Bezieherkreis für Aktienoptionen hält, vgl. auch *Hüffer*, ZHR 161 (1997), 215, 244 sowie *Fischer*, ZIP 2003, 282 f.

[60] Dies gilt auch hinsichtlich der Bezugsberechtigten von Tochtergesellschaften. Die Aufteilung kann in Gruppen vorgenommen und nach Vom-100-Sätzen vom Gesamtvolumen angegeben werden.

[61] Die Formulierung „*Erfolgsziel*" anstelle des ursprünglich vorgesehenen Wortes „*Kursziel*" soll die Vielgestaltigkeit von Aktienoptionsprogrammen berücksichtigen, die nicht notwendig auf absolute Kursziele, sondern u.U. auch auf die relative Performance oder Renditeziele abstellen, vgl. ZIP 1998, 478, 488.

I. Gesellschaftsrechtliche Aspekte

schaften befinden, ist wegen der außenstehenden Aktionäre zu prüfen, ob eine einseitige Motivation von deren Organen und Führungskräften auf die Weiterentwicklung bei der Muttergesellschaft zu rechtfertigen ist. Unproblematisch ist jedoch die Einbeziehung im Vertragskonzern. Eine Bezugsberechtigung von Organen der Muttergesellschaft auf Aktien der Tochtergesellschaft sieht das KonTraG nicht vor. Eine hierarchische Ebene, die *nicht unterschritten* werden darf, sieht das Aktiengesetz in seiner neuen Fassung ebenfalls nicht vor, da es allgemein von „Arbeitnehmern" spricht.

Als weiterer bedeutsamer Eckpunkt sind von der Hauptversammlung die *Erfolgsziele* zu beschließen. Es handelt sich dabei um *Ausübungsbeschränkungen,* meist orientiert an der absoluten Aktienkursentwicklung der Gesellschaft. 191

Alternativ ist auch die zusätzliche Anbindung an einen Aktienindex, also die Ausrichtung an der relativen Performance (z.B. Branchenindex, auch unter Einbeziehung ausländischer Branchen und Unternehmen) möglich. Solche relevanten Erfolgsziele helfen, eine Ausübung bei haussierender Börse, aber gleichzeitiger Underperformance der konkreten Gesellschaft zu vermeiden. Es ist vielfach kritisiert worden, dass eine solche relative Hürde bei den Aktienoptionsplänen aus dem Jahre 1996 der Deutsche Bank AG[62] und der Daimler-Benz AG[63] nicht vorgesehen war. Die Aktienoptionspläne des Jahres 1997 der Henkel KGaA und der Schwarz Pharma AG sind unter diesem Gesichtspunkt zwischenzeitlich sehr viel entwickelter. 192

Zu beschließen ist ferner der *Ausübungszeitraum* für die Bezugsrechte, d.h. der Beginn und das Ende der Möglichkeit, das angebotene Bezugsrecht auszuüben, also Aktien zu zeichnen. Um die Ausnutzung kurzfristiger Effekte zu vermeiden, sollte festgelegt werden, dass die Optionen nur während bestimmter Zeitfenster ausgeübt werden dürfen, so z.B. binnen drei Wochen nach der Vorlage eines Geschäfts- oder Zwischenberichts, einer Bilanzpressekonferenz o.ä., zu einem Zeitpunkt also, in dem auch die übrigen Marktteilnehmer aktuelle Unternehmenszahlen erhalten. 193

Dies ist auch für die *Veräußerung* der bezogenen *jungen Aktien* empfehlenswert, für die das Insiderrecht[64] gilt. Da die Bezugsrechte selbst wegen der mit ihnen verbundenen langfristigen Anreizwirkungen regelmäßig nicht handelbar sind, ist insoweit Insiderrecht nicht einschlägig. 194

Von besonderer Bedeutung ist ferner die *Erstausübungsfrist,* also die Wartezeit zwischen Einräumung des Bezugsrechts und erstmaliger *Ausübungs*möglichkeit für die jeweilige Tranche. Diese Frist sollte aus Gründen der Verhaltenssteuerung nicht zu kurz angesetzt werden. Die Bundesregierung ging dabei nach Anhörungen zunächst von einer sinnvollen Regel-Erstausübung nach drei Jahren aus,[65] verkürzte diese schließlich jedoch auf Drängen der Verbände auf zwei Jahre. 195

---

[62] Dazu LG Frankfurt am Main, Urteil vom 10.2.1997, ZIP 1997, 1030; Hauptversammlungsbeschluss abgedruckt bei *Lutter,* ZIP 1997, 1, 4 (Fn. 26).
[63] Vgl. etwa *Menichetti,* DB 1996, 1688, 1692.
[64] Vgl. *Schneider,* ZIP 1996, 1769, 1774; *Assmann,* AG 1997, 50, 58; *Peltzer, AG 1996, 307 ff.*
[65] In Übereinstimmung mit gewichtigen Literaturstimmen, siehe *Lutter,* ZIP 1997, 1, 6.

B. Rechtliche Aspekte

ddd) Die weiteren Voraussetzungen des Aktienoptionsplanes

196   Alle weiteren Voraussetzungen des Aktienoptionsplanes sind von den für die Vergütung zuständigen Kompetenzebenen im Einzelnen festzusetzen (d.h. Aufsichtsrat für den Vorstand der Gesellschaft, Vorstand für die Mitarbeiter[66]). Die Mitglieder des Aufsichtsrats können nach dem KonTraG nicht Begünstigte sein, da sie dann die weiteren Voraussetzungen für sich selbst festsetzen müssten.

197   Zu den weiteren Kriterien gehören etwa:

- Mindesthaltefristen *(Verkaufssperren)*,
- Bindungsfristen für Mitarbeiter,
- Fragen der technischen Abwicklung, das Verfahren der Zeichnung und Ausübung,
- die Fragen der Einrichtung eines „Stock-Option"-Kontos mit Depot,
- die Bankenprovisionen,
- die Anpassungen bei zwischenzeitlichen Kapitalerhöhungen,
- die Unübertragbarkeit der Aktienoptionen, die insbesondere im Hinblick auf die steuerliche Behandlung von Aktienoptionen von Bedeutung ist,
- die Verpfändbarkeit,
- die Dividendenberechtigung,
- die Möglichkeiten einer Kreditfinanzierung,
- die Einzelfragen bei Ausscheiden, Eintritt in den Ruhestand und Todesfall des Bezugsberechtigten, etc. sowie
- die Kündbarkeit durch die Gesellschaft (ggf. Rückzahlbarkeit der mit dem Aktienoptionsplan verbundenen finanziellen Vorteile).

eee) Ermächtigungsbeschluss der Hauptversammlung (§ 192 Abs. 2 Nr. 3 AktG n.F.)

198   § 192 Abs. 2 Nr. 3 AktG sieht nunmehr *alternativ* zur Möglichkeit des Zustimmungsbeschlusses der Hauptversammlung auch einen *Ermächtigungsbeschluss* vor.[67] Der Ermächtigungsbeschluss gibt dem Vorstand mehr Flexibilität zum „Ob" und zur Bestimmung des konkreten Zeitpunkts der Auflegung eines Aktienoptionsplanes. Im Falle eines Ermächtigungsbeschlusses sind folglich zu den oben genannten Eckdaten eines Aktienoptionsplanes nicht kalendermäßig bestimmte Angaben erforderlich, sondern bestimmbare Zeitangaben ausreichend.[68]

fff) Bezugsrecht der Aktionäre

199   Der Ausschluss des allgemeinen Bezugsrechts der Alt-Aktionäre[69] liegt in der Natur einer bedingten Kapitalerhöhung, die ja der Bereitstellung eines beding-

---

[66] Die Auflegung eines Aktienoptionsplanes ist im Übrigen keine Grundlagenentscheidung nach § 119 Abs. 1 AktG.
[67] Vgl. ZIP 1997, 2059, 2068.
[68] Vgl. ZIP 1997, 2059, 2068.
[69] Das Gesetz bestimmt in den §§ 186, 221 Abs. 4 Satz 2 AktG und im Einklang mit den Regeln der 2. gesellschaftsrechtlichen EG-Richtlinie von 1976 (Art. 29 RL 77/191/EWG) für den Fall der Ausgabe neuer Aktien (Kapitalerhöhung), sei es direkt bei der Kapitaler-

I. Gesellschaftsrechtliche Aspekte

ten Kapitals zur Bedienung der Bezugsberechtigten dient.[70] Ein ausdrücklicher Beschluss über den Bezugsrechtsausschluss ist daher nicht erforderlich.[71] Auch das Bezugsrecht der Alt-Aktionäre gemäß § 221 AktG mit seiner Verweisung auf § 186 AktG gilt hier nicht.[72] Damit entfällt insbesondere auch der anfechtungsträchtige förmliche Vorstandsbericht gemäß § 186 Abs. 4 Satz 2 AktG.[73]

Alt-Aktionäre werden Aktienoptionspläne daher nur bewilligen, wenn sie erwarten können, dass die erzielte Unternehmenswertsteigerung den negativen Kapitalverwässerungseffekt übersteigt.[74] Dies setzt eine funktionierende Eigentümerkontrolle über die Hauptversammlung voraus und eine angemessene Transparenz des Vergütungsinstruments.[75] **200**

ggg) Fixgehalt und Aktienoptionen

Bei der Gewährung von gewinnabhängigen Vergütungsbestandteilen sind die fixen Vergütungskomponenten entsprechend anzupassen. Mehr Flexibilität bei der Gestaltung der Vergütung erfordert im Gegenzug mehr Transparenz[76] bei der **201**

---

höhung, sei es auf dem Weg über die Ausgabe von Wandelschuldverschreibungen, dass den Aktionären im Zeitpunkt der Beschlussfassung proportional zu ihrem bisherigen Besitz an Aktien ein Vorrecht (Bezugsrecht) auf die Zeichnung der jungen Aktien bzw. Wandelschuldverschreibungen zukommt. Dieses Recht kann von der Hauptversammlung im gleichen Beschluss und mit der gleichen Mehrheit wie beim Beschluss über die Ausgabe selbst ausgeschlossen werden, § 186 Abs. 3, § 221 Abs. 4 Satz 2 AktG. Nach Auffassung des BGH (BGHZ 71, 40 – Kali & Salz; BGHZ 83, 319 – Holzmann; BGHZ 125, 239 – Deutsche Bank) und nach heute kaum mehr umstrittener Lehre (vgl. *Lutter,* ZIP 1997, 1, 2 m.w.N.) ist der Ausschluss jedoch nur rechtmäßig, wenn ein *vorrangiges Interesse* der Gesellschaft an diesem Ausschluss besteht, er zur Verwirklichung dieses Interesses *erforderlich* und schließlich bei Abwägung der Interessen von Gesellschaft und Aktionären insgesamt *angemessen* ist.

[70] Vgl. ZIP 1997, 2059, 2068 so insbesondere auch die bisher einhellige Meinung: siehe nur *Bungeroth* in Geßler/Hefermehl, AktG, § 192 Rz. 1 m.w.N.; *Fuchs,* DB 1997, 661, 664; a.A. jedoch *Lutter,* der bereits den Entwurf des nunmehr verabschiedeten § 192 Abs. 2 Nr. 3 AktG für EG-rechtswidrig hält, vgl. ZIP 1997, 1, 7 ff.

[71] Vgl. ZIP 1997, 2059, 2068; nach Auffassung von *Claussen,* WM 1825, 1829 gehört in diesen Hauptversammlungsbeschluss über eine bedingte Kapitalerhöhung ein deutlicher Hinweis auf den Ausschluss des Bezugsrechts. Es sei den Aktionären ihr Verzicht auf ihr gesetzliches Bezugsrecht deutlich vor Augen zu führen, wenn sie mit qualifizierter Mehrheit beschließen, dass eine bedingte Kapitalerhöhung nur zugunsten von berechtigten Optionsinhabern erfolgt – ergo keine Aktionäre, die nicht Organ oder Mitarbeiter der Aktiengesellschaft sind.

[72] Allerdings tritt *Fuchs,* DB 1997, 661, 664 dafür ein, § 221 AktG auf die jetzt wesentlich erweiterte bedingte Kapitalerhöhung nach § 192 Abs. 2 Nr. 3 AktG doch für anwendbar zu erklären.

[73] *Lutter* hält den Entwurf für EG-rechtswidrig: ZIP 197, 1, 7 ff. Ein Vorstandsbericht ist jedoch EG-gemeinschaftsrechtlich nicht geboten, da dann jedenfalls die Ausnahmeregelung des Art. 41 der zweiten gesellschaftsrechtlichen Richtlinie der EG einschlägig wäre. Es versteht sich aber von selbst, dass der Vorstand der Hauptversammlung, der er einen Beschluss über ein bedingtes Kapital vorschlägt, eine ausführliche Begründung und nähere Erläuterungen gibt und Rede und Antwort zu stehen hat. Dies bedarf ausweislich der amtlichen Begründung jedoch *keiner gesonderten gesetzlichen Regelung,* vgl. ZIP 1997, 2059, 2068.

[74] *Menichetti,* DB 1996, 1688, 1690; *ders.,* ZIP 1997, 2059, 2068 sowie *Martens,* AG 1997, 83, 89; *Hüffer,* ZHR 161 (1997), 215, 239: Dagegen kann nicht eingewandt werden, dass der Regelungsvorschlag am höherrangigen Gemeinschaftsrecht scheitern müsse.

[75] Dies zu erreichen, war gerade das Ziel des KonTraG. Siehe hierzu ausführlich *Seibert,* WM 1997, 1 ff. sowie *Hüffer,* ZHR 161 (1997), 215, 240.

[76] Vgl. *Martens,* AG 1996, 337, 348.

B. Rechtliche Aspekte

Zusammensetzung der Vergütungsbestandteile. Auskünfte über die *Gesamtvergütung* der Organe der Gesellschaft sind daher gem. § 285 Nr. 9a HGB im Anhang zum Jahresabschluss zu geben, wobei sich die Angaben im Anhang nach wie vor auf die „Gesamtvergütung" des Vorstandes beschränken und nicht die Vergütung der einzelnen Vorstandsmitglieder gesondert auszuweisen sind (Wie es allerdings jetzt der Corporate Governance Kodex fordert). Die Transparenz in Bezug auf das *bedingte* Kapital sowie auf die tatsächliche *Inanspruchnahme* der Bezugsrechte und die *Gesamtvergütung* des Vorstandes[77] wurde durch die Neufassung des § 160 Abs. 1 Nr. 3 und Nr. 5, § 285 Nr. 9a HGB sowie die Änderung der Börsenzulassungs-Verordnung (Art. 7) erhöht. § 160 Abs. 1 Nr. 3 AktG verpflichtet bereits zur Offenlegung von Aktien, die aus einer bedingten Kapitalerhöhung bezogen worden sind. Damit sind die Aktionäre darüber unterrichtet, in welchem Umfang Bezugsrechte aus einem Aktienoptionsplan gem. § 192 Abs. 2 Nr. 3 AktG ausgeübt worden sind. Durch die Änderung des § 160 Abs. 1 Nr. 5 AktG wird *zusätzlich* die Angabe im Anhang zum Jahresabschluss vorgeschrieben, in welchem Umfang Bezugsrechte nach § 192 Abs. 2 Nr. 3 AktG bestehen, in welchem Umfang also Bezugsrechte begeben worden sind, die noch nicht ausgeübt worden sind. Zu nennen sind die bis zum Bilanzstichtag emittierten Aktien.

cc) Sonstige rechtliche Aspekte

aaa) Begründung und inhaltliche Ausgestaltung von Aktienoptionsplänen

202 Aktienoptionspläne können in ganz unterschiedlicher Weise begründet und ausgestaltet werden. Teilweise werden schon im Einstellungsvertrag Ansprüche begründet.

Teilweise erfolgen die Zuwendungen aber auch nur im Wege der nachträglichen Vertragsänderung als einmalige Leistung, wobei der Aufsichtsrat die Größenordnung der zugewendeten Bezugsrechte „erfolgsabhängig" bestimmen kann.

203 Die inhaltlichen Grenzen für solche Vereinbarungen im Anstellungsvertrag bzw. nachträglichen Änderungen bilden dabei insbesondere § 134 und § 138 BGB. Im Hinblick auf verschiedene Stellungnahmen im Schrifttum[78] sind mittlerweile allerdings Zweifel aufgekommen, ob die „betroffenen" Gesellschaften den Plan nach *eigenem Ermessen* ausgestalten dürfen. So werden unter Hinweis auf internationale Standards Vorschläge unterbreitet, welche Bestandteile ein solcher Aktienoptionsplan idealerweise haben sollte.[79]

---

[77] Zum Auskunftsanspruch über Vorstandsbezüge zuletzt LG Köln, Beschluss vom 18.12.1996, DB 1997, S. 320.

[78] *Lutter*, ZIP 1997, 1, 6 f.; *Schneider*, ZIP 1996, 1769, 1770 ff.

[79] Vgl. *Bredow*, DStR 1998, 380 ff.; *Aha*, BB 1997, 2225 zu einzelnen Gestaltungsmöglichkeiten von Aktienoptionsplänen.

I. Gesellschaftsrechtliche Aspekte

bbb) Angemessenheit der Vergütung, §§ 86, 87 AktG

Im Rahmen der Einräumung von Aktienoptionen an *Vorstandsmitglieder* sind **204**
§§ 86, 87 AktG zu beachten.[80] Gemäß § 86 Abs. 1 Satz 1 AktG kann Vorstandsmitgliedern für ihre Tätigkeit eine Beteiligung am *Gewinn* gewährt werden. § 86 Abs. 1 Satz 2 AktG legt als Soll-Vorschrift fest, dass diese in der Regel in einem Anteil am Jahresgewinn der Gesellschaft bestehen soll. Auch Umsatz-, Ermessens- und Mindest- oder Garantietantiemen werden von der h.M. jedoch als zulässig beurteilt.[81] Aktienoptionen zugunsten von Vorstandsmitgliedern sind ebenfalls mangels abschließenden Charakters des § 86 Abs. 1 AktG nach h.M. grundsätzlich als zulässig anzusehen.[82]

Gemäß § 87 Abs. 1 AktG muss der Aufsichtsrat für ein angemessenes Verhält- **205**
nis der Gesamtbezüge (zu denen auch gewährte Aktienoptionen zählen) zu den Aufgaben des betreffenden Vorstandsmitglieds und zur Lage der Gesellschaft sorgen. Im Hinblick auf die bekanntgewordenen exorbitanten Vergütungen US-amerikanischer Manager in den letzten Jahren[83] wird hierauf besonders zu achten sein. Die US-Beispiele haben aber wohl auch die Maßstäbe verändert.

Aktienoptionspläne sind daher so zu gestalten, dass die Ermessensschranken **206**
des § 87 Abs. 1 Satz 1 AktG eingehalten werden. Sonstige Vergütungsbestandteile, besonders ein Festgehalt, sollten also individuell die Leistungs- und Funktionsbewertung zum Ausdruck bringen. Der Börsenkurs sollte durch weitere Parameter ergänzt werden, um eine hinreichende Annäherung an die Lage der Gesellschaft zu erreichen.[84]

---

[80] § 86 AktG ist im Zusammenhang mit § 87 AktG zu lesen. *Geßler,* AktG, 15. Erg. Lfg./Nov. 1994, § 86 Rz. 3.
[81] Vgl. nur *Hüffer,* AktG, 3. Aufl., § 86 Rz. 4 m.w.N.
[82] Vgl. *Baums,* FS Claussen, 1997, 3, 26f.; *Hüffer,* ZHR 161 (1997), 214, 218f.
[83] So erhöhte der Chrysler-Chef Eaton sein Privatvermögen durch die Fusion mit der Daimler Benz AG über Nacht um Millionen. Der Wert seiner Aktienoptionen stieg durch die Fusion auf EUR 90 Mio. (*Wirtschaftswoche* Nr. 22 vom 21.5.1998, S. 102). 1997 verdiente Eaton einschließlich Leistungsbonus und Aktienoptionen EUR 10,2 Mio, wohingegen Herr Schrempp auf knapp ein Siebtel dessen, nämlich ca. 1,53 Mio, kam (*Wirtschaftswoche* Nr. 22 vom 21.5.1998, S. 102). Spitzenverdiener 1997 war Sanford Weill, der in diesem Jahr in erster Linie über Aktienoptionen, die wegen der Fusion der Travelers Group mit der Citibank enorm in die Höhe gestiegen waren, auf ein Jahresgehalt von EUR 208 Mio. kam (*Wirtschaftswoche* Nr. 22 vom 21.5.1998, S. 102).
[84] Vgl. *Hüffer,* AktG, 3. Aufl., § 87 Rz. 2; weitere Einzelheiten zur Angemessenheit von Aktienoptionen bei *Hüffer,* ZHR 161 (1997), 214, 219f., 234ff. und *Baums,* FS Claussen, 1997, 3, 29ff.

II. Steuerrechtliche Aspekte: Besteuerung von Stock Options – nationale und internationale Aspekte

1. Einleitung und Problemstellung

1.1 Einleitung

207 Die Gewährung von Stock Options wirft neben gesellschafts-, kapitalmarkt-, arbeits- und allgemein zivilrechtlichen Fragen auch steuerliche und bilanzielle Fragen auf. Damit stellt sich die rechtliche Beurteilung von Stock Options als überaus komplexer Bereich dar, in dem verschiedene Rechtsgebiete ineinander greifen. Zudem stellen sich zahlreiche Fragen bei der Besteuerung international mobiler Mitarbeiter, die Stock Options in einem Staat eingeräumt erhalten, die sie regelmäßig aber erst nach einigen Jahren ausüben, zu einem Zeitpunkt, zu dem sie in einem anderen Staat unselbständige Arbeit ausüben und/oder dort ansässig geworden sind. In Anbetracht dessen, dass Stock Options in den Staaten unterschiedlich, insbesondere zu unterschiedlichen Zeitpunkten besteuert werden, drohen bei diesem Szenario steuerliche Verzerrungen in Form von Doppel- oder Mehrfach- aber auch Keinmalbesteuerung. OECD[1] und EU befassen sich derzeit mit den Fragen der Besteuerung von Stock Options im internationalen Kontext, um die Besteuerung von Stock Options innerhalb der EU und bei der Anwendung von DBA international abzustimmen.

1.2 Problemstellung

208 Bislang fehlen im Einkommensteuergesetz (EStG) Regelungen, die sich speziell mit der Besteuerung von Stock Options befassen. In Deutschland wird damit der Vorteil, der Mitarbeitern aus der Gewährung von Stock Options durch den Arbeitgeber oder dessen (ausländische) Muttergesellschaft erwächst, auf der Grundlage der allgemeinen Vorschriften des EStG besteuert.

209   Der Gesetzgeber sah sich bislang nicht veranlasst, die Besteuerung von Stock Options gesetzlich in speziellen Vorschriften zu regeln. Deutschland, wo Stock Options im internationalen Vergleich erst vergleichsweise spät Ende der 90iger Jahre weite Verbreitung gefunden haben, unterscheidet sich damit von den Staaten, in denen Stock Options als fester Bestandteil variabler Vergütungselemente

---

[1] Die OECD hatte am 11.3.2002 unter dem Titel „Cross-Border Income Tax Issues Arising from Employee Stock Option Plans" ein Diskussionspapier (OECD Diskussionspapier) veröffentlicht; im März 2003 wurde eine überarbeitete Fassung des Diskussionspapiers veröffentlicht. Die Kommission der EU veröffentlichte im Juni 2003 einen Bericht unter dem Titel „Employee Stock Options – The legal and administrative environment for Employee Stock Options in the EU".

II. Steuerrechtliche Aspekte

langjährige Tradition haben, und die über umfangreiche gesetzliche Regelungen und Verwaltungsanweisungen verfügen[2]. Aber auch Staaten wie die Schweiz und Österreich, in denen Stock Options ebenfalls erst in der zweiten Hälfte der 1990er Jahre als Element der variablen Vergütung populär wurden, verfügen inzwischen über gesetzliche Grundlagen, die speziell die Besteuerung von Stock Options regeln.

Inzwischen hat allerdings das Finanzministerium des Landes Nordrhein-Westfalen einen Erlass[3] (im folgenden „Erlass") veröffentlicht, der auf etwas mehr als einer Druckseite die Auffassung der Finanzverwaltung zu einigen Aspekten aus den zahlreichen Fragen zur Besteuerung von Stock Options darstellt.

Die Besteuerung von Stock Options knüpft an den zivilrechtlichen Begriff der Option und damit auch an die zivilrechtliche Auslegung dieses Begriffes an[4]. Allerdings ist die zivilrechtliche Vorfrage, nach der Rechtsnatur von Stock Options bislang ungeklärt und kaum erörtert[5]. Hier werden die sog. Offertentheorie, wonach die Optionsgewährung als bindendes Angebot auf den Erwerb verbilligter Aktien verstanden wird, die sog. Bedingungstheorie, wonach bei Optionsgewährung ein aufschiebend bedingter Vertrag über den Erwerb verbilligter Aktien angenommen wird, und die sog. Gestaltungstheorie erörtert, wonach in der Optionsgewährung ein selbständiger Options-Vorvertrag gesehen wird. **210**

Diese Theorien führen bezüglich des Zeitpunkts der Besteuerung und der Bestimmung des Sachbezugs zu unterschiedlicher Besteuerung. Nach der Gestaltungstheorie liegt die Erfüllung der Optionsvereinbarung in der Gewährung der Stock Options selbst, die dem Mitarbeiter ermöglicht, durch Flexibilität bei dem Erwerb von Aktien die Kursentwicklung risikolos nutzen zu können. Durch Optionsausübung kommt der von der Optionsvereinbarung zu trennende Zeichnungsvertrag über den Erwerb von Aktien zustande. Auf der Grundlage der Bedingungs- und der Offertentheorie stellen Optionsrechtsvereinbarung und späterer Erwerb der durch Optionsausübung erworbenen Aktien einen einheitlichen Vertrag dar, bei dem aber Zeitpunkt der Einräumung des Rechts zum Erwerb von Aktien und dessen Erfüllung in Form des tatsächlichen Erwerbs von Aktien bei Optionsausübung auseinanderfallen. **211**

---

[2] Optionen sind beispielsweise in den USA und den Niederlanden seit 1950, in dem Vereinigten Königreich seit Mitte der 1960er Jahre, in Frankreich seit 1970 und Belgien seit 1984 bekannt; vgl. Europäische Kommission, Employee Stock Options in the EU and the USA, Brüssel, August 2002.

[3] FinMin. NRW, Erlass vom 27.3.2003 – S 2332–109 – V B 3, DB 2003, 747; BB 2003, 1095 f. mit Anmerkung von Dietborn/Strnad, Besteuerung von Aktienoptionen nach dem Erlass des Finanzministeriums NRW vom 27.3.2003 – erste Würdigung, BB 2003, 1094 f.; Petereit/Neumann, Steuerpflichtiger Vorteil bei teilentgeltlichem Erwerb von nicht handelbaren Aktienoptionen durch Arbeitnehmer, DB 2003, 1295 ff.

[4] Grimm, Das Steuerrecht im Spannungsfeld zwischen wirtschaftlicher Betrachtungsweise und Zivilrecht, DStZ A, 1978, 283 (287).

[5] Herzig/Briesemeister, Steuerbilanzielle Abbildung von Optionsgeschäften beim Stillhalter, DB 2002, 1570 (1571–1573); Klahold, Aktienoptionen als Vergütungselement, Europäische Hochschulschriften, 1999, 101–105.

B. Rechtliche Aspekte

212 Vor diesem Hintergrund wurde in den letzten Jahren insbesondere der Zeitpunkt der Besteuerung des Vorteils aus der Gewährung von Stock Options (im folgenden verkürzt als Besteuerung von Stock Options bezeichnet) kontrovers diskutiert. Inzwischen wurde die Frage nach dem Besteuerungszeitpunkt jedoch durch die Rechtsprechung beantwortet. In den jüngsten Entscheidungen des BFH vom 23.7.1999[6], 24.1.2001[7] und 20.6.2001[8] führte dieser aus, dass der Vorteil aus der Gewährung nicht handelbarer Stock Options im Zeitpunkt der Optionsausübung zu besteuern ist.

213 Neben dem Besteuerungszeitpunkt wird auch die Ermittlung der Höhe des zu versteuernden Vorteils (Höhe des Sachbezugs) durch die zivilrechtliche Vorfrage nach der Rechtsnatur von Stock Options beeinflusst. Nach der Gestaltungstheorie liegt der Sachbezug in dem Wert der Stock Options selbst. Nach der Bedingungs- und der Offertentheorie ist der Sachbezug in dem Ausübungsgewinn zu sehen, der der Verbilligung entspricht.

214 Neben diesen grundsätzlichen Fragen stellen sich darüber hinaus ein Reihe praktischer Fragen, beispielsweise nach der konkreten Bestimmung des Zeitpunkts der Gewährung von Stock Options und der Überlassung von Aktien bei Optionsausübung[9], aber auch der Bewertung des Sachbezugs (Stock Options oder Aktien).

215 Während die aufgezeigten Fragen sich bei der Besteuerung des Mitarbeiters stellen, ergeben sich auch auf Seiten des Arbeitgebers eine Reihe bislang unbeantworteter Fragen. Hier ist zunächst die sowohl den Mitarbeiter wie auch den Arbeitgeber betreffende Frage nach dem Lohnsteuerabzug für die Fälle zu erwähnen, in denen die (ausländische) Muttergesellschaft des Arbeitgebers die Stock Options gewährt. Wird in diesen Fällen die Optionsgewährung als eine echte Lohnzahlung eines Dritten betrachtet, hat der Arbeitgeber Lohnsteuer nur unter den Voraussetzungen des § 38 Abs. 1 Satz 2 EStG (Üblichkeit der Zahlung durch einen Dritten und Kenntnis des Arbeitgebers von der Zahlung) einzubehalten[10].

216 Zudem stellen sich für den Arbeitgeber Fragen nach der steuerlichen Abzugsfähigkeit der Aufwendungen, die diesem oder dessen (ausländischer) Muttergesellschaft durch die Gewährung von Stock Options entstehen[11].

---

[6] Beschluss v. 23.7.1999, VI B 116/99, BStBl. II 1999, 684 ff.

[7] U. v. 24.1.2001, I R 100/98, BStBl. II 2001, 509 ff.; U. v. 24.1.2001, I R 119/98, BStBl. II 2001, 512 ff.

[8] U. v. 20.6.2001, VI R 105/99, BStBl. II 2001, 589 ff.

[9] BMF Schreiben v. 10.3.2003, V C 5 – S 2332–11/03, DB 2003, 748.

[10] FG Köln U. v. 21.3.2002, 15 K 5161/95 EFG 2002, 846 ff.; v. 17.12.2002, 8 K 9357/98, EFG 2003, 571 f.

[11] Fischer, Zulässigkeit und Grenzen des Betriebsausgabenabzugs der inländischen Tochtergesellschaft bei der Umsetzung internationaler Stock Option-Pläne in Deutschland, DB 2001, 1003 ff.; Neyer, Arbeitnehmer-Aktienoptionen: Betriebsausgabenabzug beim Arbeitgeber, BB 1999, 142 ff.; Ackermann/Strnad, Betriebsausgabenabzug des Arbeitgebers bei Stock Options DStR 2001, 477 f.

II. Steuerrechtliche Aspekte

2. Besteuerung von Stock Options auf der Grundlage nationalen deutschen Rechts

2.1 Einkunftsart

Arbeitsgerichte haben inzwischen mehrfach entschieden, dass Stock Options, die eine ausländische Muttergesellschaft den Mitarbeitern ihrer inländischen Tochtergesellschaft einräumt, nicht Bestandteil des Arbeitsvertrages zwischen der inländischen Arbeitgeberin und dem Mitarbeiter sind[12]. Für die Arbeitsgerichte war in diesem Zusammenhang maßgebend, dass die Stock Options auf der Grundlage eines Vertrags zwischen der ausländischen Muttergesellschaft und dem Mitarbeiter und ohne Mitwirkung des Vertragsarbeitgebers gewährt wurden. Zudem war für die Arbeitsgerichte von Bedeutung, dass die Aktionäre der die Stock Options gewährenden Muttergesellschaft wegen der mit der Optionsgewährung regelmäßig verbundenen Kapitalerhöhung den Optionsplan beschließen müssen und somit mit der Einräumung von Stock Options eigene Zwecke verfolgen können. Stock Options werden nicht, so führt das Bundesarbeitsgericht[13] weiter aus, aus altruistischen Motiven oder in Form einer Schenkung gewährt, sondern sind als Anreizsystem an das leitende Konzernpersonal ausgestaltet in der Erwartung, dass durch besondere Anstrengungen der Wert der Aktie steigt. Der Mitarbeiter, der ein solches über die arbeitsvertraglich geschuldete Vergütung hinausgehendes und mit erheblichen spekulativen Chancen verbundenes Angebot annimmt, wisse, dass er nicht mit seinem Arbeitgeber, sondern mit einem weiteren Vertragspartner kontrahiert. Er müsse seine Ansprüche im Rahmen dieses Vertragsverhältnisses verfolgen. 217

Nach ganz herrschender Meinung und inzwischen höchstrichterlich bestätigt[14], stellt der Vorteil aus der Gewährung von Stock Options für die Besteuerung jedoch Arbeitslohn dar. Arbeitslohn sind alle Einnahmen, die einem Mitarbeiter aus dem Dienstverhältnis zufließen. Der Ausdruck „Arbeitslohn" umfasst nicht nur laufende Vergütungen, sondern auch andere Bezüge und Vorteile, wenn sie um der Arbeitsleistung willen erbracht werden. Unerheblich ist, unter welcher Bezeichnung oder in welcher Form die Einnahmen gewährt werden, ob es sich um laufende oder einmalige Bezüge handelt, oder ob ein Rechtsanspruch auf sie besteht[15]. 218

Arbeitslohn zahlt in aller Regel der Arbeitgeber als derjenige, der aufgrund des bürgerlich-rechtlichen Arbeitsvertrags Anspruch auf Dienstleistungen des Mitarbeiters hat. Im Fall eines Konzerns sind die Mitarbeiter grundsätzlich nur 219

---

[12] BAG U. v. 12.2.2003, 10 AZR 299/02, BB 2003, 1068 ff.; Hessisches LAG U. v. 19.11.2001, 16 Sa 971/01, DB 2002, 794 f.; LAG Düsseldorf U. v. 3.3.1998, 3 Sa 1452/97, NZA 981 ff.

[13] U. v. 12.2.2003, 10 AZR 299/02, BB 2003, 1068 (1070, linke Spalte unten und rechte Spalte oben).

[14] BFH U. v. 24.1.2001, I R 100/98 und I R 119/98, BStBl. II 2001, S. 509 ff. und 512 ff.

[15] Z.B. BFH U. v. 5.7.1996, VI R 10/96, BStBl. II 1996, 545; U. v. 24.10.1990, X R 161/88, BStBl. II 1991, 337 (338).

B. Rechtliche Aspekte

im Verhältnis zu dem Konzernunternehmen vertraglich gebunden, mit dem ihr Arbeitsvertrag besteht. Im Konzern ist die (ausländische) Muttergesellschaft nach diesen Grundsätzen nicht Arbeitgeberin.

220 Nach Auffassung des BFH[16] ist Arbeitslohn aber auch dann anzunehmen, wenn die (ausländische) Muttergesellschaft der Arbeitgeberin deren Mitarbeitern Stock Options einräumt. Denn Einkünfte aus nichtselbständiger Arbeit im Sinne des § 19 EStG (§ 2 LStDV) setzen nicht unbedingt eine Leistung des Arbeitgebers selbst voraus[17]. Arbeitslohn kann auch dann angenommen werden, wenn ein Dritter dem Mitarbeiter einen Vorteil zuwendet und dieser Vorteil ein Entgelt für eine Leistung darstellt, die der Mitarbeiter im Rahmen seines Dienstverhältnisses für seinen Arbeitgeber erbringt[18]. Ein Veranlassungszusammenhang zwischen Vorteil und Dienstverhältnis ist nach Auffassung des BFH[19] dann anzunehmen, wenn der Mitarbeiter einen erhaltenen Vorteil wirtschaftlich als Frucht seiner Dienstleistung für den Arbeitgeber betrachtet. Dabei kommt es auf die Sicht des Mitarbeiters an. Mithin ist die Zuwendung eines Dritten dann durch das Dienstverhältnis veranlasst, wenn der Mitarbeiter sie vernünftigerweise als Frucht seiner Leistung für den Arbeitgeber ansehen muss. Ein Zusammenhang mit dem Dienstverhältnis ist nach Auffassung des BFH[20] erst dann auszuschließen, wenn zwischen der Konzernobergesellschaft und dem Mitarbeiter unmittelbare, eigene rechtliche oder wirtschaftliche Beziehungen bestehen[21], die der BFH in den beiden Urteilen vom 24.1.2001[22] verneinte.

221 In der Literatur[23] wurde argumentiert, dass bei Erwerb der Aktien im Rahmen einer Kapitalerhöhung kein Arbeitslohn anzunehmen sei. Denn die Ausgabe junger Aktien bewirke, dass bei einem insoweit unveränderten Gesellschaftsvermögen das Gesamtvermögen auf die Gesellschafter in der Weise neu verteilt wird, dass sich die Mehrwerte der Anteile der Anteilseigner nach Ausübung der Stock Options durch die Mitarbeiter auf alle Gesellschafter einschließlich der neuen Mitarbeiter-Anteilseigner verteilen. Aus der Verschiebung der Beteiligungsverhältnisse ergibt sich ein neuer Mittelwert. Die Wertminderung bei dem Anteilseigner gleicht in der Summe dem Wertzuwachs bei den neuen Mitarbeiter-Anteilseignern, wenn die Aktien nicht zum bestmöglichen Kurs, sondern

---

[16] BFH U. v. 24.1.2001, I R 100/98 und I R 119/98, BStBl. II 2001, S. 509 ff. unter II 3a und 512 ff. unter II 4b.
[17] BFH U. v. 27.2.1962, VI 255/60 U, BStBl. III 1962, 214 (216).
[18] H7H/R, EStG/KStG, § 19 EStG Anm. 69.
[19] U. v. 5.7.1996, VI R 10/96, BStBl. II 1996, 545.
[20] BFH U. v. 24.1.2001, I R 100/98 und I R 119/98, BStBl. II 2001, S. 509 ff. und 512 ff.
[21] BFH U. v. 24.1.2001, I R 100/98, BStBl. II 2001, 509 ff. u. I R 119/98, BStBl. II 2001, 512 ff.
[22] Sofern im folgenden die Urteile v. 24.1.2001 erwähnt werden, handelt es sich um die U. d. BFH I R 100/98, BStBl. II 2001, 509 ff. u. I R 119/98, BStBl. II 2001, 512 ff.
[23] Janberg, Einkommensteuerfragen bei Belegschaftsaktien, DB 1958, 1080 ff.; Dempewolf, Einkommensteuer und Schenkungsteuer bei Belegschaftsaktien, DB 1959, 268 ff.; Woeste, Belegschaftsaktien anläßlich einer Kapitalerhöhung, BB 1961, 1316 ff.; Portner, Mitarbeiter-Aktienoptionen (Stock Options): Gesellschaftsrechtliche Grundlagen und Besteuerung, DStR 1997, 786 ff.

II. Steuerrechtliche Aspekte

einem darunter liegenden Preis an die Mitarbeiter ausgegeben werden (Verwässerungseffekt). Für den BFH war in den Urteilen vom 24.1.2001 jedoch nicht von Bedeutung, wie die (ausländische) Muttergesellschaft sich die Aktien beschaffte, die sie bei Optionsausübung zu dem vereinbarten Ausübungspreis auf die Mitarbeiter zu übertragen hatte. Die Rechtsprechung[24] folgt damit der von der Finanzverwaltung vertretenen Auffassung, dass auch eine bloß gesellschaftliche Vermögensverschiebung zugunsten der Mitarbeiter Arbeitslohn darstellt.

Auf der Grundlage der finanzgerichtlichen Rechtsprechung problematisiert die Finanzverwaltung – verständlicherweise – nicht die Einordnung des Vorteils aus der Gewährung von Stock Options durch die (ausländische) Muttergesellschaft des Arbeitgebers als Arbeitslohn. **222**

2.2 Zeitpunkt der Besteuerung

2.2.1 Zeitpunkt der Besteuerung nicht handelbarer Stock Options

Mangels spezieller Vorschriften, die den Zeitpunkt der Besteuerung von Stock Options regeln, finden die allgemeinen Vorschriften über die Besteuerung von Arbeitslohn Anwendung. Arbeitslohn wird bei Zufluss besteuert (§ 38 Abs. 2 Satz 2 i.V.m. § 11 EStG). Ein Zufluss von Einnahmen wird zu dem Zeitpunkt angenommen, zu dem der Mitarbeiter die wirtschaftliche Verfügungsmacht über den Vorteil aus der Gewährung von Stock Options erhält. Verfügungsmacht wird in der Regel in dem Zeitpunkt erlangt, in dem der Leistungserfolg eintritt oder der Mitarbeiter die Möglichkeit hat, den Leistungserfolg herbeizuführen[25]. **223**

Vor diesem Hintergrund wurde in Deutschland diskutiert, ob der Zeitpunkt der Optionseinräumung, der Zeitpunkt der erstmaligen Verfügungsmöglichkeit, oder der Zeitpunkt der Optionsausübung den Zuflusszeitpunkt darstellt. In einem Beschluss vom 23.7.1999[26] sowie den beiden Urteilen vom 24.1.2001 und dem Urteil vom 20.6.2001[27] hat der BFH zu dem Zeitpunkt des Zuflusses des Vorteils aus einer Optionsgewährung entschieden. **224**

Der BFH führt in den Urteilen vom 24.1.2001 zunächst aus, dass sich der Zeitpunkt des Zuflusses bei Einräumung eines Rechts im Allgemeinen mit dem Zeitpunkt der Erfüllung deckt. Fallen Einräumung und Erfüllung des Rechts auseinander, stellt die bloße Zusage des Arbeitgebers, dem Mitarbeiter künftig Leistungen zu erbringen, regelmäßig noch keinen Zufluss eines geldwerten (Wirtschafts)Gutes dar. Dies gilt nach Auffassung des BFH unabhängig davon, ob der Anspruch des Mitarbeiters gegen den Arbeitgeber ein Wirtschaftsgut (oder eine bloße Chance[28]) darstellt. Erst bei Erfüllung des Anspruchs auf Übertragung **225**

---

[24] BFH U. v. 24.9.1974, VIII R 61/69, BStBl. II 1975, 230 (232); U. v. 27.2.1962, I 140/61 U, BStBl. III 1962, 214 (216).
[25] EStR H 116.
[26] VI B 116/99, BStBl. II 1999, 684 ff.
[27] VI R 105/99, BStBl. II 2001, 689.
[28] Anders BFH im U. v. 10.3.1972, VI R 278/68, BStBl. II 1972, 596; Deutschmann, Anm. 1 zu den Urteilen I R 100/98 und I R 119/98, DStR 2001, 938, der von der Chancenrechtsprechung spricht.

B. Rechtliche Aspekte

der Aktien durch Optionsausübung fließt nach Auffassung des BFH der Vorteil aus der Optionsgewährung zu.

226 Vermittelt die Optionsgewährung dagegen dem Mitarbeiter einen unmittelbaren und unentziehbaren Anspruch gegen einen Dritten anstelle des Arbeitgebers, wird ein Zufluss bereits im Zeitpunkt der Optionsgewährung angenommen[29].

227 Die (ausländische) Konzernobergesellschaft, die den Mitarbeitern der inländischen Tochtergesellschaft Stock Options einräumt, scheint für den BFH (in diesem Zusammenhang) nicht die Voraussetzungen eines Dritten zu erfüllen, denn in den entschiedenen Fällen hatte jeweils die ausländische Muttergesellschaft den Mitarbeitern der inländischen Tochtergesellschaften Stock Options eingeräumt. Mit dieser Fragestellung setzt sich der BFH in dem Beschluss vom 23.7.1999 und in den Urteilen vom 24.1.2001 jedoch nicht ausdrücklich auseinander.

228 Die beiden Entscheidungen des BFH vom 24.1.2001 ließen Spekulationen darüber zu, ob eine Besteuerung nach Wegfall der Verwertungsbeschränkungen (Ablauf der Sperrfrist) anstelle einer Endbesteuerung in Betracht kommt. Unter Hinweis auf ein Urteil des FG Baden-Württemberg vom 24.6.1999[30] ließ der BFH diese Frage dahinstehen. Der BFH konnte die Frage offen lassen, weil Ende der Sperrfrist und Optionsausübung in den am 24.1.2001 entschiedenen Fällen (nach Auffassung des BFH[31]) in beiden Fällen zusammenfielen.

229 In dem Urteil vom 20.6.2001[32] entschied der BFH jedoch ohne weitere Begründung: „Ein Zufluss wird auch nicht bereits zu dem Zeitpunkt bewirkt, zu dem der Arbeitnehmer das ihm eingeräumte Optionsrecht erstmals ausüben darf".

230 Dies bedeutet, dass auf der Grundlage der geltenden Gesetze und der jüngsten Rechtsprechung des BFH der Vorteil aus der Gewährung nicht handelbarer Stock Options im Zeitpunkt der Optionsausübung zu besteuern ist.

231 Allerdings bleibt unklar, wie der Zeitpunkt der Optionsausübung zu präzisieren ist. Der Erlass bestimmt, dass Zeitpunkt des Zuflusses des Vorteils aus der Gewährung nicht handelbarer Stock Options der Tag ist, an dem dem Mitarbeiter die verbilligt erworbenen Aktien überlassen werden. Die Optionsausübung aufgrund derer der Mitarbeiter die Aktien verbilligt erwirbt ist nicht als die Besteuerung auslösendes Ereignis erwähnt. Dies bedeutet, dass der Erlass die

---

[29] Beschluss vom 23.7.1999, VI B 116/99, BStBl. II 1999, 684.
[30] 10 K 464/96, EFG 2000, 64.
[31] In dem Urteil I R 119/98 widersprechen sich Sachverhaltsdarstellung und Urteilsbegründung. In der Urteilsbegründung ist unter II.4.d) ausgeführt: „Ob eine hiervon abweichende rechtliche Einschätzung nach Wegfall der Verwertungshindernisse geboten wäre (so FG Baden Württemberg, in EFG 2000, 64, 65, gegen BFH in BFHE 105, 348, BStBl. II 1972, 596), kann im Streitfall dahinstehen; hier fallen das Ende der Sperrfrist und die Optionsausübung im Streitjahr zusammen". Nach der Sachverhaltsdarstellung erhielt der Mitarbeiter 1986 Stock Options eingeräumt, die er frühestens nach drei Jahren, mithin im Jahr 1989 erstmals hätte ausüben können, und die er 1990 ausübte.
[32] VI R 105/99, BStBl. II 2001, 689.

II. Steuerrechtliche Aspekte

Optionsgewährung auf den verbilligten Erwerb von Aktien „verkürzt" und die Einräumung eines Rechts zu einem früheren Zeitpunkt mit allen sich draus ergebenden Fragestellungen ignoriert. Der Sachbezug Stock Options wandelt sich in den Sachbezug verbilligter Aktien. Das BMF-Schreiben vom 10.2.2003[33] folgte dagegen der herkömmlichen Betrachtungsweise, wonach auf die Optionsausübung als steuerliches Ereignis abgestellt wird. Der Zufluss des aus der Optionsausübung sich ergebenden Vorteils in Form des Erwerbs verbilligter Aktien wird in beiden Verwaltungsanweisungen im Zeitpunkt der Ausbuchung der Aktien bei dem Überlassenden angenommen.

2.2.2 Zeitpunkt der Besteuerung handelbarer Stock Options

Der BFH hatte in den Urteilen vom 24.1.2001[34] und 20.6.2001[35] nicht zu entscheiden, wie „handelbare" Stock Options zu besteuern sind und ließ daher diese Frage ausdrücklich offen. **232**

In der Literatur[36], aber auch von einigen Finanzgerichten[37], wird in einer Art Umkehrschluss zu dem Zeitpunkt der Besteuerung nicht handelbarer Stock Options angenommen, „handelbare" Stock Options seien im Zeitpunkt der Einräumung zu besteuern. **233**

Auch für die Finanzverwaltung ist die Unterscheidung zwischen handelbaren und nicht handelbaren Stock Options für den Besteuerungszeitpunkt von Bedeutung. Entsprechend unterscheidet der Erlass zwischen der Besteuerung handelbarer und nicht handelbarer Stock Options. Zu den handelbaren Stock Options ist in dem Erlass ausgeführt, als Arbeitslohn sei der Unterschiedsbetrag zwischen dem Geldwert der Stock Options und einem gegebenenfalls von dem Mitarbeiter gezahlten Entgelt zu versteuern. Damit ist Sachbezug der Wert der Stock Options. **234**

Zu welchem Zeitpunkt dieser Vorteil zu versteuern ist, bleibt unerwähnt. Der Erlass könnte diesbezüglich in dem Sinn zu verstehen sein, dass der Vorteil aus der Gewährung handelbarer Stock Options im Zeitpunkt der Einräumung zu besteuern ist. Dies ist jedoch nicht zwingend. In der Literatur[38] wird die Auffassung vertreten, dass sich die Bemessungsgrundlage nicht notwendigerweise aus den Wertverhältnissen im Zeitpunkt des Zuflusses ergibt. Aus dem EStG ergibt sich nicht, zu welchem Zeitpunkt der Wert eines Vermögensvorteils zu ermitteln ist, wenn Einräumung und Zufluss auseinanderfallen. Weder aus § 38 Abs. 2 Satz 2 EStG, der den Zeitpunkt der Fälligkeit der vom Arbeitslohn abzuziehen- **235**

---

[33] V C 5 – S 2332–11/03, DB 2003, 748.
[34] I R 100/98, BStBl. II 2001, 509 ff. und I R 119/98, BStBl. II 2001, 512 ff.
[35] VI R 105/99, BStBl. II 2001, 589 ff.
[36] Vater, Der Besteuerungszeitpunkt von Stock Options, Finanz Betrieb 7–8, 2000, 440 (442) mit weiteren Nachweisen.
[37] FG Köln U. v. 9.9.1998, 11 K 5153/97, EFG 1998, 1664 und 21.10.1998, 11 K 1662/97, EFG 1999, 116.
[38] Portner, Besteuerung von Stock Options – Zeitpunkt der Bewertung des Sachbezugs, DB 2002, 235 ff. und Replik auf die Anmerkung von Simons/Knoll, Die Steuerbemessungsgrundlage bei der Überlassung von Stock Options, DB 2002, 2070 (2071, 2072).

B. Rechtliche Aspekte

den Lohnsteuer bestimmt, noch aus der Vorschrift zur Besteuerung von Sachbezügen (§ 8 Abs. 2 EStG) ergibt sich, dass sich die Bemessungsgrundlage des zu versteuernden Vorteils aus dessen Wert im Zeitpunkt des Zuflusses ergibt.

236 Aus dem auf die sog. Belegschaftsaktien anwendbaren § 19a EStG ergeben sich stattdessen Argumente dafür, dass der Geldwert nicht zwingend am Tag des Zuflusses zu ermitteln ist. Nach dieser Vorschrift ist der Wert von Belegschaftsaktien unabhängig von dem Zeitpunkt des Zuflusses mit dem niedrigsten Kurs am Tag der Beschlussfassung über die Gewährung von Belegschaftsaktien zu bewerten, wenn die Aktien an bestimmten Börsen gehandelt werden und die Aktien innerhalb von neun Monaten nach Beschlussfassung auf den Mitarbeiter übertragen werden. Auf diese Weise bleiben Wertveränderungen der Aktien zwischen dem Tag der Beschlussfassung und dem Tag der Überlassung der Aktien als dem Tag des Zuflusses unberücksichtigt, gleich ob der Kurs der Aktien steigt oder fällt. Grund hierfür ist, dass der Mitarbeiter in diesem Zeitraum keinen Einfluss auf den Abwicklungszeitraum und der Arbeitgeber keinen Einfluss auf die Wertveränderungen hat[39]. Angesichts dessen, so wird in der Literatur von dem BFH-Richter Thomas ausgeführt[40], erscheint es gerechtfertigt, dass der Gesetzgeber Wertsteigerungen in dem fraglichen Zeitraum nicht als Ertrag der Arbeit und damit nicht als Arbeitslohn behandelt.

237 In der Literatur wird von dem BFH-Richter Thomas[41] zu der Bedeutung des Merkmals der Handelbarkeit die Auffassung vertreten, dass die Übertragbarkeit von Stock Options grundsätzlich keine Auswirkungen auf den Zufluss habe, ebenso wenig wie die Nichtübertragbarkeit. Maßgeblich für den Zeitpunkt der Besteuerung sei allein, ob dem Mitarbeiter unmittelbar ein unentziehbares Recht gegenüber einem Dritten eingeräumt wird. Damit nimmt Thomas auch bei handelbaren Stock Options eine sog. Endbesteuerung an, wenn die (handelbaren) Stock Options (nur) einen Anspruch gegen den Arbeitgeber (oder wohl auch die Muttergesellschaft des Arbeitgebers), nicht aber gegen einen Dritten vermitteln. Ob die Verwaltungsmeinung zur Bemessungsgrundlage bei der Besteuerung handelbarer Stock Options von dem BFH bestätigt wird, bleibt somit ungewiss.

238 In diesem Zusammenhang ist auch das Urteil des FG Münster vom 9.5.2003 von Interesse[42]. Darin hatte das Gericht über den Zeitpunkt der Besteuerung des Vorteils aus der Gewährung handelbarer Stock Options zu entscheiden. In Kenntnis des Erlasses, der von dem Gericht als „wohl" andere Meinung zitiert wird, führte das Gericht aus, dass der Vorteil aus der Gewährung handelbarer Stock Options nicht anders als der aus der Gewährung nicht handelbarer Stock Options zu besteuern ist. In beiden Fällen sei ein Lohnzufluss erst im Zeitpunkt der Optionsausübung anzunehmen. Überzeugende Gründe für eine abweichen-

---

[39] Thomas, Einige Anmerkungen zu § 19a EStG und zum BFH Beschluss v. 8. August 1991, VI B 109/90, DStR 1991, 1405 (1407).
[40] Einige Anmerkungen zu § 19a EStG und zum BFH Beschluss v. 8. August 1991, VI B 109/90, DStR 1991, 1405 (1407).
[41] Thomas, Lohnsteuerliche Aspekte bei Aktienoptionen, DStZ 1999, 710 (713).
[42] 11 K 6754/01 L.

II. Steuerrechtliche Aspekte

de Behandlung handelbarer Stock Options waren dem Gericht nicht ersichtlich. In beiden Fällen sei auf der Grundlage der jüngsten BFH-Rechtsprechung allein die Erfüllung des Anspruchs aus dem Optionsrecht maßgeblich. Die Möglichkeit, über die Stock Options verfügen zu können rechtfertige keine unterschiedliche steuerliche Behandlung des Vorteils aus der Gewährung handelbarer Stock Options. Das Merkmal der Übertragbarkeit der Option hat nach Auffassung des Gerichts „mit dem Zuflusszeitpunkt ersichtlich nichts zu tun".

2.2.3 Handelbarkeit

Offen ist auch, ob sich der BFH der Bestimmung des Ausdrucks der Handelbarkeit im Sinn des Erlasses anschließen wird. Während die Oberfinanzdirektion[43] Berlin zur Bestimmung des Ausdrucks „Handelbarkeit" auf „Marktgängigkeit" im Sinn uneingeschränkter Veräußerbarkeit abgestellt hatte, ist nach dem Erlass eine Option handelbar, wenn sie an einer Wertpapierbörse gehandelt wird. **239**

Entgegen dieser Verwaltungsauffassung wird in der Literatur von dem BFH-Richter Thomas[44] die Auffassung vertreten, dass „Marktgängigkeit" in dem Sinn zu verstehen ist, dass damit Leistungen des Arbeitgebers gemeint sind, die dem Mitarbeiter Ansprüche gegen Dritte verschaffen. Dass der Dritte dabei Teil eines vorhandenen und für alle offenen Markts sein müsse werde bislang nicht gefordert. Gleiches dürfte nach dieser Literaturmeinung für die Bestimmung des Ausdrucks der „Handelbarkeit" im Sinn des Erlasses gelten. **240**

In der Praxis dürften beide Auffassungen jedoch für die Mehrzahl der Fälle zu einer Besteuerung im Zeitpunkt der Optionsausübung führen, da die Stock Options regelmäßig weder an einem für alle zugänglichen Markt gehandelt werden noch einen Anspruch gegen einen Dritten anstelle der Arbeitgeberin oder deren Konzernobergesellschaft[45] vermitteln. **241**

2.2.4 Tausch nicht handelbarer Stock Options vor Optionsausübung

Eine anderweitige, auch entgeltliche Übertragung von Stock Options wird nicht von dem Ausdruck der Handelbarkeit in dem von der Finanzverwaltung verstandenen Sinn umfasst. Hier gelten mithin die Regelungen über die Besteuerung nicht handelbarer Stock Options; der Vorteil ist im Zeitpunkt der Optionsausübung zu besteuern. **242**

Zwar ist regelmäßig eine Übertragung von Stock Options auf der Grundlage des Options-Plans – und damit schuldrechtlich – ausgeschlossen. Gleichwohl **243**

---

[43] Verf. v. 25.3.1999, St 423 – S 2347–1/99, DB 1999, 1241 „Marktgängigkeit" setzt danach die uneingeschränkte Veräußerbarkeit der Optionen an einem vorhandenen und für alle offenen Markt voraus. Keine uneingeschränkte Veräußerbarkeit sei anzunehmen, wenn der Arbeitgeber (oder für ihn ein Dritter) Stillhalter der Optionen ist und ein Vorkaufsrecht für sich (oder den Dritten) vereinbart.

[44] Lohnsteuerliche Aspekte bei Aktienoptionen, DStZ 1999, 710 (713).

[45] Aus den Urteilen v. 24.1.2001 ergibt sich, dass der BFH – wenn auch nicht ausdrücklich – die (ausländische) Muttergesellschaft der Arbeitgeberin nicht als Dritten betrachtet; vgl. Portner, Neueste Rechtsprechung des BFH zur Besteuerung von Arbeitnehmer-Aktienoptionen – sind damit die steuerlichen Fragen beantwortet?, DStR 2001, 1331 (1332).

B. Rechtliche Aspekte

werden Stock Options unter bestimmten Umständen bereits vor Optionsausübung „verwertet".

244 Dies ist der Fall, wenn Mitarbeiter anlässlich einer Unternehmensübernahme im Tausch gegen Rückgabe der eingeräumten Stock Options neue Stock Options auf Aktien des übernehmenden Unternehmens erhalten, oder wenn der Verlust von Stock Options durch Einräumung neuer Stock Options ausgeglichen wird. Bei einem „Squeeze-out" verlieren Mitarbeiter die ihnen eingeräumten Stock Options gegen einen Barausgleich. In diesen Fällen stellt sich die Frage, ob dem Mitarbeiter der Vorteil aus der Gewährung von Stock Options bereits vor deren Ausübung zufließt.

245 In dem Urteil vom 20.6.2001[46] ließ der BFH offen, „wie zu entscheiden ist, wenn der Arbeitnehmer den Wert der Option vor deren Einlösung beim Arbeitgeber durch „Glattstellung" oder in anderer Weise realisiert, ... „da ein diesbezüglicher Sacherhalt nicht zu beurteilen war." Auch in der Literatur ist zu dieser Frage kaum Stellung genommen[47].

246 Auch der Erlass behandelt die Besteuerung des Optionstausches nicht. Aus der allgemeinen Unterscheidung zwischen der Besteuerung handelbarer und nicht handelbarer Stock Options kann jedoch der Schluss gezogen werden, dass der Optionstausch keinen steuererheblichen Sachverhalt darstellt und damit erst bei Ausübung der neuen Stock Options der Vorteil aus dem Erwerb verbilligter Aktien besteuert wird.

2.3 Bewertung des Sachbezugs

2.3.1 Handelbare Stock Options

247 Nach dem Erlass ist die Bewertungsregelung nach § 19a Abs. 2 EStG, die auf die sog. Belegschaftsaktien anwendbar ist, auf handelbare Stock Options nicht anwendbar, weil es sich dabei nicht um Vermögensbeteiligungen i.S. des § 2 Abs. 1 Nr. 1 und Abs. 2 bis 5 des Fünften Vermögensbildungsgesetzes handelt. In der Literatur48 wird von einigen Autoren die Meinung vertreten, § 19a EStG sei auch auf Stock Options anwendbar, weil die unter die Vorschrift des § 19a EStG fallendenden Vermögensbeteiligungen auch Wandelschuldverschreibungen umfas-

---

[46] VI R 105/99, BStBl. II 2001, 589 (690).
[47] Thomas, Lohnsteuerliche Aspekte bei Aktienoptionen, DStZ 1999, 710 (713); Herzig/Lochmann, Der Besteuerungszeitpunkt von Stock Options, DB 2001, 1436 (1440, 1441); Haas/Pötschan, Lohnsteuerliche Behandlung verschiedener Formen der Mitarbeiterbeteiligung, DStR 2000, 2018 (2020).
[48] Herzig, Steuerliche und bilanzielle Probleme bei Stock-Options und Stock Appreciation Rights, DB 1999, 1 (5); derselbe, gemeinsam mit Lochmann, Der Besteuerungszeitpunkt von Stock Options, DB 2001, 1436 (1437); Dietborn/Strnad, Besteuerung von Aktienoptionen nach dem Erlass des Finanzministeriums NRW vom 27.3.2003 – erste Würdigung, BB 2003, 1094 (1094); a.A. Haas/Pötschan, Ausgabe von Aktienoptionen an Arbeitnehmer und deren lohnsteuerliche Behandlung, DB 1998, 2138 (2139); Eberhartinger/Engelsing, Zur steuerrechtlichen Behandlung von Aktienoptionen bei den optionsberechtigten Führungskräften, WPg 2001, 99 (109,110); Vater, Der Besteuerungszeitpunkt von Stock Options, Finanz Betrieb 2000, 440 (443).

II. Steuerrechtliche Aspekte

sen und deren Legaldefinition nach § 221 Abs. 1 Satz 1 AktG auch Optionsanleihen mit selbständig handelbaren Optionsscheinen umfasst.

Damit findet nach h.M. die allgemeine Regelung (§ 8 Abs. 2 EStG) zur Bewertung von Sachbezügen Anwendung. Handelbare Stock Options sind danach auf der Grundlage der allgemeinen Vorschrift zur Bewertung von Sachbezügen (§ 8 Abs. 2 EStG) mit dem um übliche Preisnachlässe geminderten Endpreis am Abgabeort anzusetzen. **248**

Nach dem Erlass ist dabei zur Ermittlung des Endpreises am Abgabeort – aus Vereinfachungsgründen – der niedrigste Kurs der Stock Options maßgeblich, mit dem sie an einer deutschen Börse angesetzt sind, oder an einer ausländischen Börse, wenn die Stock Options nur dort gehandelt werden. Diese Regelung des Erlasses ist zu begrüßen und trägt zur Rechtssicherheit bei. **249**

Als der für die Besteuerung handelbarer Stock Options maßgeblichen Zeitpunkt des Erwerbs der Stock Options ist in dem Erlass der Bestelltag im Sinn von Kauftag bestimmt. Fallen Bestelltag und Liefertag auseinander, soll der Bestelltag maßgeblich sein. **250**

Der Mitarbeiter trägt mithin das Risiko eines Kursverfalls der Aktien, deren Wertentwicklung auch den Wert der Stock Options beeinflusst.

Der Erlass bestätigt nicht ausdrücklich, dass der Abgebende (Arbeitgeber oder die ausländische Muttergesellschaft) fremden Letztverbrauchern im allgemeinen Geschäftsverkehr einen Preisnachlass auf Stock Options gewähren würde, so dass aus Vereinfachungsgründen nach den Lohnsteuerrichtlinien[49] der um übliche Preisnachlässe geminderte Endpreis am Abgabeort mit 96 % des Endpreises bewertet werden kann. Der Erlass knüpft jedoch bezüglich der Bewertung handelbarer Stock Options als Sachbezug an den Wortlaut des § 8 Abs. 2 EStG an, wo auf den um übliche Preisnachlässe geminderten Endpreis am Abgabeort abgestellt ist. **251**

2.3.2 Nicht handelbare Stock Options

Exkurs: Ermittlung der Bemessungsgrundlage

Nach herrschender Meinung wird die steuerliche Bemessungsgrundlage aus dem Unterschied zwischen dem Wert der Aktien im Zeitpunkt der Optionsausübung und dem Bezugspreis, den der Arbeitnehmer zum Erwerb der Aktien zu zahlen hat, ermittelt. Besteuert wird damit der Ausübungsgewinn. Der Ausübungsgewinn stellt den inneren Wert der Stock Options dar, der die Wertsteigerung der Stock Options in Abhängigkeit von der Wertsteigerung der den Stock Options zugrundeliegenden Aktien widerspiegelt. **252**

Im Gegensatz zu der herrschenden Meinung wird in der Literatur[50] die Auffassung vertreten, Bemessungsgrundlage sei – im Zeitpunkt des Zuflusses des Vorteils aus der Optionsgewährung – der Wert der Stock Options, der diesen im **253**

---

[49] R 31 Abs. 2.
[50] Portner, Besteuerung von Stock Options – Zeitpunkt der Bewertung des Sachbezugs, DB 2002, 235 ff.

B. Rechtliche Aspekte

Zeitpunkt der Einräumung zukam. Zur Begründung wird angeführt, dass im deutschen Steuerrecht bei den außerbetrieblichen Einkünften, wozu auch die Einkünfte aus nichtselbständiger Arbeit gehören, realisierte Wertzuwächse grundsätzlich nicht besteuert werden[51,52]. Damit unterscheidet sich das deutsche Steuersystem von zahlreichen Steuersystemen anderer Staaten, beispielsweise denen der angloamerikanischen Staaten, die zwar Kapitalgewinne und -verluste (capital gains and losses) regelmäßig anders behandeln als laufende Einkünfte, aber nicht zwischen einer Einkunftserzielung im betrieblichen Bereich einerseits und dem außerbetrieblichen oder privaten Bereich andererseits unterscheiden[53].

254 Für die Besteuerung des Vorteils aus der Gewährung von Stock Options wird daher gegen die herrschende Meinung argumentiert, dass – unabhängig von dem Zeitpunkt des Zuflusses – positive und negative Wertveränderungen außer Betracht zu bleiben haben. Wertveränderungen, denen Stock Options zwischen Einräumung und Ausübung unterliegen, seien der nicht steuerbaren Privatsphäre zuzuordnen. Daher sei als Vorteil aus der Optionsgewährung bei Zufluss des Vorteils im Zeitpunkt der Optionsausübung der Wert der Stock Options zu besteuern, den die dem Arbeitnehmer unentgeltlich gewährten Stock Options im Zeitpunkt der Gewährung hatten[54].

255 Werden die Stock Options nicht (an der Börse) gehandelt, sollte ein auf mathematischer Grundlage ermittelter Wert, beispielsweise ein auf der Grundlage der Black-Scholes-Formel[55] oder des Binomial-Modells[56] ermittelter Optionswert, maßgeblich sein.

256 In der Theorie, und bezogen auf den Durchschnitt aller Optionsfälle, entspricht der Wert von Stock Options im Zeitpunkt der Einräumung dem erwarteten und mathematisch berechneten Ausübungsgewinn[57]. Auf dieser Grundlage werden im Terminhandel die Prämien berechnet, die der Käufer einer Option an den Stillhalter zu zahlen hat. Bei dieser Annahme entsprechen sich der Wert der Stock Options im Zeitpunkt der Einräumung und der Ausübungsgewinn (von

---

[51] Ausnahmen bestehen für Einkünfte aus privaten Veräußerungsgeschäften i.S.d. § 22 Nr. 2 i.V.m. § 23 EStG sowie Veräußerungen von Anteilen Kapitalgesellschaften i.S.d. § 17 EStG und bestimmte Tatbestände des § 20 Abs. 2 EStG.

[52] Herrmann/Heuer/Raupach, EStG/KStG, Kommentar, Einf. EStG, Anm. 60.

[53] Herrmann/Heuer/Raupach, EStG/KStG, Kommentar, Einf. EStG, Anm. 32.

[54] Ähnlich wird in der Schweiz argumentiert, wo ebenfalls private Veräußernsgewinne unbesteuert bleiben, vgl. Vorschläge einer Arbeitsgruppe der Wirtschaft unter dem Titel „Besteuerung von Mitarbeiteroptionen: Überlegungen zur künftigen Besteuerung in der Schweiz" wo ausgeführt ist: „Angesichts der Steuerfreiheit der privaten Kapitalgewinne in der Schweiz erscheint eine Beibehaltung des Systems der Besteuerung und Bewertung bei Erwerb des Anspruchs als sachgerecht (bei grant, allenfalls Besteuerungsaufschub bis Vesting).

[55] So die Verwaltungsangehörigen Haas/Pötschan, Ausgabe von Aktienoptionen an Arbeitnehmer und deren lohnsteuerliche Behandlung, DB 1998, 2138 (2140) bezüglich handelbarer Stock Options.

[56] Eschbach, Stock Options – Irrelevanz des Besteuerungszeitpunkts?, DStR 1999, 1869 (1870).

[57] Eschbach, Stock Options – Irrelevanz des Besteuerungszeitpunkts?, DStR 1999, 1869 ff.; Knoll, Besteuerung von Stock Options – Anmerkungen zu einer juristischen Frontlinie im ökonomischen Niemandsland, StuW 1998, 133 ff.

II. Steuerrechtliche Aspekte

Zinsfaktoren abgesehen), der sich aus dem Unterschiedsbetrag zwischen dem Bezugskurs und dem Kurs der Aktien im Zeitpunkt der Optionsausübung ermittelt.

Im konkreten Einzelfall kann sich der Aktienkurs aber unvorhergesehen positiv oder negativ entwickeln. Der mathematisch im Zeitpunkt der Optionseinräumung errechnete Wert der Stock Options bleibt bei positiver Kursentwicklung hinter dem tatsächlich erzielten Ausübungsgewinn zurück[58]. 257

Im deutschen Steuersystem ist aber ein über den Wert der Stock Options hinausgehender „Übergewinn", der sich aus einer unvorhergesehen positiven und durch vielerlei Ereignisse beeinflussten Entwicklung des Aktienkurses ergibt, nicht den Einkünften aus nichtselbständiger Arbeit hinzuzurechnen. Andernfalls würde eine Wertsteigerung besteuert, die nach dem deutschen Steuersystem bei den außerbetrieblichen Erwerbseinkünften nicht besteuert werden soll. 258

Der Erlass, stellt zur Ermittlung der Bemessungsgrundlage nicht handelbarer Stock Options auf den verbilligten Erwerb von Aktien ab. Wie bereits oben (unter B.II.1.) ausgeführt, wandelt sich damit der Sachbezug Stock Options in den Sachbezug verbilligte Aktien, mit der Folge, dass die Fragen, die sich aus dem zeitlichen Auseinanderfallen der Einräumung des Optionsrechts und dessen Erfüllung im Zeitpunkt der Optionsausübung ergeben, umgangen werden. 259

Nach dem Erlass soll konsequenterweise die für die sog. Belegschaftsaktien geltende besondere Bewertungsvorschrift des § 19a Abs. 2 Satz 2 ff. EStG grundsätzlich anwendbar sein. Konkret soll diese Bewertungsvorschrift jedoch deshalb nicht in Betracht kommen, weil die Optionsgewährung nach dem Erlass als Beschlussfassung über den verbilligten Erwerb der Aktien betrachtet wird und die Stock Options mehr als neun Monate vor der Aktienüberlassung eingeräumt werden. 260

Der Mitarbeiter trägt damit, ebenso wie bei den handelbaren Stock Options, das Risiko eines Wertverfalls der Aktien in dem Zeitraum zwischen Ausbuchung der Aktien bei dem die Aktien Überlassenden und Einbuchung der Aktien auf dem Depot des Mitarbeiters. Hier wäre eine Regelung zu begrüßen, die dem Mitarbeiter bei Nachweis eines Kursverfalls erlaubte, den niedrigeren Wert der Ermittlung des Sachbezugs zugrunde zu legen, um zu vermeiden, dass der Mitarbeiter aufgrund der Zuflussfiktion einen höheren Wert versteuern muss, als er tatsächlich vereinnahmt. 261

2.3.3 Schlussfolgerungen aus der Bewertungsregelung des Erlasses

Nach dem Erlass gewährt der Arbeitgeber oder dessen (ausländische) Muttergesellschaft den Mitarbeitern einen unterschiedlichen Sachbezug, je nachdem ob handelbare oder nicht handelbare Stock Options gewährt werden. Sind die Stock Options handelbar, ist Sachbezug die Option. Sind die Stock Options 262

---

[58] Eschbach, Stock Options – Irrelevanz des Besteuerungszeitpunkts? DStR 1999, 1869 ff. (1871).

nicht handelbar liegt nach dem Erlass der Sachbezug in dem verbilligten Erwerb von Aktien; die Optionsgewährung wird hier als Beschlussfassung über den verbilligten Aktienerwerb betrachtet.

263 Die jüngsten Entscheidungen des BFH vom 23.7.1999[59], 24.1.2001[60] und 20.6.2001[61] verdeutlichen dagegen, dass der BFH nicht handelbare Stock Options (nur zu diesen hatte der BFH zu entscheiden) ein Recht darstellen, das „ein im Grundsatz bewertbarer Vermögensgegenstand sein kann"[62]. Der BFH nahm einen Zufluss im Zeitpunkt der Optionsausübung an, weil der Mitarbeiter aufgrund der Unübertragbarkeit der Stock Options und der Verwertungshindernisse erst mit Optionsausübung einen für ihn messbaren Vorteile realisiere. Entsprechend führte der BFH aus[63], es sei ungeklärt, ob § 19a EStG [64], der ausdrücklich auf (eigene) Aktien des Unternehmens abstellt, überhaupt auf Stock Options (Aktienbezugsrechte) einer Konzernobergesellschaft anwendbar ist. Der Erlass wählt mithin einen neuen Ansatzpunkt zur Besteuerung nicht handelbarer Stock Options, indem der Sachezug auf den verbilligten Erwerb von Aktien verkürzt wird. Aus dem Erlass ist rückzuschließen, dass bei handelbaren Stock Options ein Vorvertrag im Sinn eines selbständigen Optionsvertrags, bei nicht handelbaren Stock Options ein aufschiebend bedingter Erwerb verbilligter Aktien oder ein bindendes Angebot auf den verbilligten Erwerb von Aktien angenommen wird.

264 Der Erlass schweigt zu den Gründen, aus denen bei handelbaren Stock Options der Wert der Stock Options, bei nicht handelbaren Stock Options dagegen der verbilligte Erwerb von Aktien den Sachbezug darstellen soll.

2.4 Anwendbarkeit der Tarifermäßigung nach § 34 EStG

265 Erfreulicherweise erkennt der Erlass an, dass der Vorteil aus der Gewährung – nicht handelbarer Stock Options – eine Vergütung für mehrjährige Tätigkeit (§ 34 Abs. 2 Nr. 4 EStG) darstellt, für die eine Tarifermäßigung nach § 34 EStG gewährt wird[65], wenn auch die übrigen Tatbestandsvoraussetzungen dieser Vorschrift erfüllt sind. Nach dem Erlass ist die Voraussetzung einer mehrjährigen Tätigkeit erfüllt, wenn der Zeitraum zwischen Einräumung und Ausübung der Stock Options mehr als 12 Monate beträgt (in diesem Zusammenhang stellt der Wortlaut des Erlasses auf die Optionsausübung, nicht auf den verbilligten Erwerb der Aktien ab).

---

[59] Beschluss v. 23.7.1999, VI B 116/99, BStBl. II 1999, 684 ff.
[60] U. v. 24.1.2001, I R 100/98, BStBl. II 2001, 509 ff.; U. v. 24.1.2001, I R 119/98, BStBl. II 2001, 512 ff.
[61] U. v. 20.6.2001, VI R 105/99, BStBl. II 2001, 589 ff.
[62] U. v. 24.1.2001, I R 100/98, BStBl. II 2001, 509 (511).; U. v. 24.1.2001, I R 119/98, BStBl. II 2001, 512 (515).
[63] I R 119/98, BStBl. 2001, 512 (514).
[64] In dem Streitjahr war § 19a Abs. 6 Satz 5 EStG 1984 maßgeblich.
[65] FG München U. v. 24.10.2001, 1 K 5201/99, EFG 2002, 276; Herzig, Der Besteuerungszeitpunkt von Stock Options, DB 2001, 1436 (1437); Kroschel, Zum Zeitpunkt der Besteuerung von Arbeitnehmer-Aktienoptionen, BB 2000, 176 (181).

II. Steuerrechtliche Aspekte

Das Hessische FG[66] führte aus, dass die laufende jährliche Einräumung von Stock Options die Annahme einer Zusammenballung von Arbeitslohn in einem Veranlagungszeitraum verbiete. Das FG München[67] ließ dagegen unter Bezug auf die Entscheidung des Hessischen FG dahinstehen, ob eine jährliche Gewährung von Stock Options das Tatbestandsmerkmal einer mehrjährigen Tätigkeit ausschließt. Nach dem Erlass – dies ist zu begrüßen – schließt eine sich jährlich wiederholende Gewährung von Stock Options nicht per se die Annahme einer Zusammenballung von Arbeitslohn aus. Die Tarifermäßigung soll auch dann anwendbar sein, wenn ein Mitarbeiter jährlich Stock Options eingeräumt erhält. 266

Die Lohnsteuer ist für Vergütungen für mehrjährige Tätigkeit nach der sogenannten Fünftelungs-Methode zu ermäßigen, wenn eine Zusammenballung von Einkünften im Sinne von § 34 Abs. 1 EStG vorliegt (§ 39b Abs. 3 Satz 9 EStG). Ob das Tatbestandsmerkmal des zusammengeballten Zuflusses von Einnahmen erfüllt ist, bleibt einer Einzelfallprüfung vorbehalten. Unter Bezug auf die Rechtsprechung ist in dem Erlass ausgeführt, dass die Tarifermäßigung nur dann zu gewähren ist, wenn die Vergütung für eine mehrjährige Tätigkeit dem Mitarbeiter in einem Veranlagungszeitraum zufließt[68]. Fließt dagegen die Vergütung für mehrjährige Tätigkeit in mehr als einem Veranlagungszeitraum zu, wird ein Zusammenballung der Einkünfte verneint[69]. Dies sollte auch dann gelten, wenn der Mitarbeiter aufgrund des Options-Plans die Stock Options nur zeitlich gestaffelt in mehreren Tranchen ausüben darf, weil sich daraus tatsächlich bereits eine Progressionsentlastung ergibt[70]. 267

2.5 Lohnsteuerabzug

2.5.1 Inländischer Arbeitgeber

Gewährt die inländische Gesellschaft Stock Options ist nach § 38 Abs. 1 Satz 1 EStG bei Zufluss von Arbeitslohn durch Optionsausübung Lohnsteuer einzubehalten. 268

2.5.2 Entsandtes Personal

Überlässt eine im Ausland ansässige Gesellschaft von ihr eingestellte Arbeitnehmer an eine inländische Tochtergesellschaft gegen Erstattung der von ihr gezahlten Lohnkosten (entsandtes Personal), ist die inländische Gesellschaft nicht Arbeitgeber i.S.d. deutschen Einkommensteuerrechts (§ 38 Abs. 1 S. 1 Nr. 1 269

---

[66] U. v. 21.12.2000, 10 K 2270/00, EFG 2001, 503 (504).
[67] U. v. 24.10.2001, 1 K 5201/99, EFG 2002, 276.
[68] BFH U. v. 5.12.1963, IV 296/62 U, BStBl. III 1964, 130 (131); FG München U. v. 18.9.2001, 12 K 2996/01, EFG 135 f.
[69] BFH U. v. 21.3.1975, VI R 55/73, BStBl. II 1975, 690 (692); FG Berlin U. v. 12.11.2001, 9 K 9111/00, EFG 2002, 538 ff.; FG München U. v. 18.9.2001, 12 K 2996/01, EFG 135 f.; FG München U. v. 24.10. 2001, 1 K 5201/99, EFG 2002, 276 ff.
[70] FG München U. v. 24.10.2001, 1 K 5201/99, EFG 2002, 276 (277).

B. Rechtliche Aspekte

EStG)[71]. Im Falle der Personalentsendung durch die ausländische Muttergesellschaft besteht daher keine Verpflichtung der inländischen Tochtergesellschaft zum Lohnsteuereinbehalt.

Allerdings können sich Streitfragen darüber ergeben, ob im konkreten Fall von einer Entsendung auszugehen ist. Hier ist entscheidend, ob

— das Arbeitsverhältnis zwischen den entsandten Arbeitnehmern und der entsendenden Gesellschaft fortbesteht; dies ist der Fall, wenn das Arbeitsverhältnis mit der entsendenden Gesellschaft lediglich ruht;

— die entsendende Gesellschaft die Vergütung an den Arbeitnehmer auszahlt und die entsendende Gesellschaft die Kosten der Entsendung an die aufnehmende Gesellschaft weiter belastet.

2.5.3 Optionsgewährung durch die ausländische Muttergesellschaft

270 Bei Optionsgewährung durch die (ausländische) Muttergesellschaft ist folgendes zu berücksichtigen:

Die (ausländische) Muttergesellschaft ist nicht Arbeitgeberin im Verhältnis zu den Mitarbeitern der inländischen Tochtergesellschaft[72].

271 Eine Verpflichtung zum Lohnsteuerabzug ergibt sich aus § 38 Abs. 1 Satz 2 EStG aber auch dann, wenn Lohn „üblicherweise von einem Dritten für eine Arbeitsleistung" gezahlt wird. Ob Stock Options „üblicherweise" von der ausländischen Muttergesellschaft den Arbeitnehmern der inländischen Tochtergesellschaft gewährt werden, ist fraglich[73].

Nach der Rechtsprechung – dem sog. Trinkgeld-Urteil vom 24.10.1997[74] – ist der Arbeitgeber außerdem nur dann zum Lohnsteuereinbehalt verpflichtet, wenn sich der Lohnzufluss in der Herrschaftssphäre des Arbeitgebers ereignet hat und damit den Arbeitgeber in die Lage versetzt, Lohnsteuer einzubehalten. Nur wenn der Arbeitgeber in irgendeiner Form tatsächlich oder rechtlich in die Zahlung des Arbeitslohns eingeschaltet ist, soll er zum Abzug verpflichtet sein.

Danach kann keine Verpflichtung der inländischen Tochtergesellschaft zum Lohnsteuereinbehalt angenommen werden, wenn diese weder in das Auswahlverfahren noch die Durchführung des Optionsplans einbezogen ist und keine Kenntnis darüber hat, welche Arbeitnehmer in welchem Umfang von der ausländischen Muttergesellschaft Stock Options erhalten und ausgeübt haben.

---

[71] BFH U. v. 24.3.1999, I R 64/98, GmbHR 2000, 154 f.; In gleicher Weise entschied das FG Nürnberg mit U. v. 6.6.2000, I 280/97, EFG 2000, 939.

[72] Portner, Lohnsteuerliche Behandlung der Gewährung von Stock Options durch die ausländische Muttergesellschaft, DStR 1997, 1876 ff. mit weiteren Fundstellen.

[73] Thomas, der Verfasser des Beschlusses des BFH vom 24.7.1999 führt in seinem Aufsatz Lohnsteuerliche Aspekte bei Aktienoptionen, DStZ 1999, 710 ff. aus, dass Optionen nicht „üblicherweise" durch die ausländische Muttergesellschaft eingeräumt werden. Allerdings weist er auf eine Reihe bislang unbeantworteter Fragen hin, beispielsweise, ob bei der Beurteilung der „Üblichkeit" auf die jeweilige Unternehmensbranche abzustellen ist.

[74] BFH U. v. 24.10.1997, DStR 1997, 216.

II. Steuerrechtliche Aspekte

In dem „Trinkgeld-Urteil"[75] ist darüber hinaus ausgeführt, dass der Arbeitgeber nicht befugt ist, Besteuerungsgrundlagen zu Lasten Dritter – hier der Arbeitnehmer – zu schätzen, da das Gesetz eine derartige Befugnis zur Schätzung, wie sie dem Finanzamt nach § 162 AO eingeräumt wird, nicht eröffnet. 272

Aus dem Einkommensteuergesetz ergibt sich keine Verpflichtung der Arbeitnehmer, den Arbeitgeber über den Erhalt von Zahlungen Dritter zu unterrichten, wohl aber aus den Lohnsteuerrichtlinien[76]. Der BFH hatte in dem Trinkgeld-Urteil ausgeführt, dass das arbeitgebende Unternehmen eine entsprechende Verpflichtung gegenüber dem Arbeitnehmer nicht durchsetzen könne[77]. 273

Der BFH bestätigte das Trinkgeldurteil in den beiden Urteilen zur Besteuerung von Stock Options vom 24.1.2001 und verneinte in den beiden entschiedenen Fällen eine Verpflichtung der inländischen arbeitgebenden Tochtergesellschaft zum Abzug von Lohnsteuer auf den Vorteil aus der Gewährung von Stock Options. 274

Dies bedeutet, dass, je nach Sachverhalt im Einzelfall die inländische Arbeitgeberin/Tochtergesellschaft nicht zum Lohnsteuerabzug verpflichtet ist. 275

2.6 Stock Appreciation Rights/Phantom Stock

Einige Mitarbeiter-Beteiligungsmodelle sehen vor, dass der Mitarbeiter bei Optionsausübung die Aktien nicht tatsächlich erwirbt, sondern dass er so gestellt wird, als habe er Aktien durch Optionsausübung erworben und ihm der Ausübungsgewinn in bar ausgezahlt wird. Diese Variante wird als virtuelle Kapitalbeteiligung in Form eines Aktienwertsteigerungsrechts (Stock Appreciation Right) oder Phantom Stock[78] bezeichnet. 276

Stock Appreciation Rights stellen eine Barlohnzahlung dar, wobei während einer vorbestimmten Zeitspanne ein Ausübungsrecht durch den Arbeitnehmer besteht. Ein Dividendenanspruch besteht nicht[79]. 277

Bei Phantom Stocks besteht ein Anspruch auf die Kursdifferenz zum vereinbarten Bezugskurs zuzüglich etwaiger Dividenden für einen bestimmten Zeitraum. Ein Ausübungsrecht besteht dagegen nicht[80]. 278

---

[75] BFH U. v. 24.10.1997, DStR 1997, 216.

[76] R 106 Abs. 2 Satz 3.

[77] So auch FG Köln U. v. 21.10.1998 11 K 1662/97, EFG 1999, 116 a.A.; nach Haas/Pötschan, Lohnsteuerliche Behandlung verschiedener Formen der Mitarbeiterbeteiligung, DStR 2000, 2018 (2022), ist eine Verpflichtung zur Information des arbeitgebenden Unternehmens (nur) dann nicht durchsetzbar, wenn der Mitarbeiter nicht mehr in dem Unternehmen beschäftigt ist.

[78] Bredow, Aktienwertsteigerungsrechte (stock appreciation rights): Virtuelle Kapitalbeteiligung für Führungskräfte und Mitarbeiter, Finanz Betrieb 1999, 232 ff. beschreibt weitere Formen als Abwandlungen des Grundmodells.

[79] Zinser, Schimpfky, Stock Options – eine innovative Form der Beteiligung von Managern und Mitarbeitern in Guski/Schneider, Mitarbeiterbeteiligung, Luchterhand Verlag.

[80] Zinser, Schimpfky, Stock Options – eine innovative Form der Beteiligung von Managern und Mitarbeitern in Guski/Schneider, Mitarbeiterbeteiligung, Luchterhand Verlag; Oldenburg, bilanzielle Behandlung und finanzwirtschaftliche Wirkung von Aktienoptionen im Vergleich mit ähnlichen Mitarbeiterbeteiligungsinstrumenten, in Guski/Schneider, Mitarbeiterbeteiligung, Luchterhand Verlag.

279 Stock Appreciation Rights kommen insbesondere zur Ausgabe an Mitglieder des Aufsichtsrats[81] oder den Kreis der sogenannten „Friends & Family" in Betracht, an die Stock Options nach dem Aktiengesetz nicht ausgegeben werden dürfen[82]. Stock Appreciation Rights kommen aber auch dann in Betracht, wenn die Voraussetzungen nicht erfüllt sind, unter denen das Aktiegesetz die Ausgabe von Stock Options an Arbeitnehmer und Organmitglieder zulässt. Ein weiterer Anwendungsbereich ergibt sich auch dann, wenn Aktien auf im Ausland ansässige Arbeitnehmer ausländischer Tochtergesellschaften nach den Vorschriften ausländischen Kapitalmarktrechts nicht oder nur unter Schwierigkeiten übertragen werden können.

280 Phantom Stock Plans werden insbesondere von Gesellschaften aufgelegt, die nicht die Rechtsform einer Aktiengesellschaft tragen, beispielsweise einer GmbH.

281 Stock Appreciation Rights und Phantom Stock werden wie laufender Arbeitslohn in dem Zeitpunkt besteuert, zu dem der Mitarbeiter die wirtschaftliche Verfügungsmacht erhält. Steuerlich ergeben sich damit keine Besonderheiten.

3. Besteuerung von Stock Options bei grenzüberschreitenden Sachverhalten

282 Mit zunehmender Globalität von Unternehmen nimmt auch die Mobilität der Mitarbeiter zu. Für international agierende Unternehmen stellen sich daher in diesem Zusammenhang zahlreiche Fragen insbesondere zu der Besteuerung, der Sozialversicherung und der Altersvorsorge international mobiler Mitarbeiter (Expatriates/Impatriates, im folgenden Expatriates). Den Fragen zur Besteuerung des Vorteils aus der Gewährung von Stock Options an Expatriates kommt in diesem Zusammenhang besondere Bedeutung zu, weil, wie bereits in der Einleitung erläutert wurde, Stock Options inzwischen weit verbreitet einen festen Bestandteil variabler Vergütungskomponenten darstellen[83].

3.1 Szenario

283 Als international mobil werden Mitarbeiter in diesem Zusammenhang betrachtet, wenn sie Stock Options zu einem Zeitpunkt eingeräumt erhalten, zu dem sie in einem Staat A ansässig sind und dort nichtselbständige Arbeit ausüben, sie diese Stock Options aber zu einem Zeitpunkt ausüben, zu dem sie in einem anderen Staat B ansässig sind und dort nichtselbständige Arbeit ausüben. In der Zeit

---

[81] Bredow, Aktienwertsteigerungsrechte (stock appreciation rights): Virtuelle Kapitalbeteiligungen für Führungskräfte und Mitarbeiter, Finanz Betrieb 1999, 232 (237).

[82] Stock Options können Aufsichtsräten über den Erwerb eigener Aktien durch die Gesellschaft eingeräumt werden; vgl. Thümmel, Auch Aufsichtsräte dürfen Aktienoptionen bekommen, in Frankfurter Allgemeine Zeitung vom 24.1.01, S. 29.

[83] Für Vorstände enthält der Corporate Governance Kodex eine Empfehlung („soll"), neben dem fixen Teil der Vergütung eine variable Vergütungskomponente vorzusehen; zu den variablen Vergütungsbestandteilen, die am langfristigen Unternehmenserfolg ausgerichtet sind, gehören nach dem Corporate Governance Kodex Stock Options.

II. Steuerrechtliche Aspekte

zwischen Einräumung der Stock Options und deren Ausübung mag der Mitarbeiter in mehreren anderen Staaten (C, D) Wohnsitz genommen und nichtselbständige Arbeit ausgeübt haben. Hier besteuert jeder Staat (A, B, C, D) den Mitarbeiter als eine in diesem Staat ansässige Person nach den Regeln der unbeschränkten Steuerpflicht.

Ein ähnliches Szenario ist gegeben, wenn der Mitarbeiter in einem Staat A **284** ansässig ist, aber in einem anderen Staat B nichtselbständige Arbeit ausübt. Hier treffen unbeschränkte Steuerpflicht im Ansässigkeitsstaat A und beschränkte Steuerpflicht im anderen (Tätigkeits-)Staat B aufeinander.

Aber auch eine Kombination der beiden Szenarien ist möglich: während der Ansässigkeit in Staat A ist der Mitarbeiter in den Staaten C und D tätig. Anschließend verlegt er seinen Wohnsitz nach Staat B.

Bei diesen Szenarien droht Doppel- und gar Mehrfachbesteuerung, in Einzelfällen können sie auch zu Keinmalbesteuerung führen.

Aus diesem Grund, und mit dem Ziel, steuerliche Verzerrungen zu vermei- **285** den, befassen sich inzwischen OECD und EU[84] mit der Besteuerung von Stock Options im internationalen Kontext. Die OECD hatte bereits am 11.3.2002 unter dem Titel „Cross-Border Income Tax Issues Arising from Employee Stock Option Plans" ein Diskussionspapier (OECD-Diskussionspapier) veröffentlicht. Dieses Diskussionspapier wurde von der OECD auf der Grundlage der Stellungnahmen, die sie zu diesem Papier erhalten hatte, überarbeitet. Das überarbeitete Diskussionspapier wurde im März 2003 veröffentlicht. In dem Diskussionspapier zeigt die OECD auf, dass sich steuerliche Verzerrungen in Form von Doppel- oder gar Mehrfachbesteuerung, aber auch Keinmalbesteuerung daraus ergeben können, dass

- der Vorteil aus der Gewährung von Stock Options nach dem nationalen Recht der Staaten zu unterschiedlichen Zeitpunkten besteuert wird:
  - bei Einräumung
  - bei erstmaliger Ausübungsmöglichkeit
  - bei Ausübung oder
  - bei Verkauf der durch Optionsausübung erworbenen Aktien;
- der Vorteil aus der Gewährung von Stock Options unterschiedlichen Leistungszeiträumen zugeordnet wird, als:
  - Belohnung für eine Tätigkeit, die bereits vor Optionsgewährung ausgeübt wurde oder
  - Anreiz-Lohn für nach Optionseinräumung noch zu erbringende Tätigkeit;
- der Aufteilung des Besteuerungsrechts zwischen den Fiski unterschiedliche Leistungszeiträume zugrunde liegen als Zeitraum zwischen:
  - Optionsgewährung und Optionsausübung oder
  - Optionsgewährung und erstmaliger Ausübungsmöglichkeit;

---

[84] Kommission der EU, Employee Stock Options – the legal and administrative environment for Employee Stock Options in the EU, Juni 2003.

B. Rechtliche Aspekte

- der Vorteil aus der Optionsgewährung in den Staaten unterschiedlich qualifiziert und damit unterschiedlichen Einkunftsarten zugeordnet wird als
  - Einkünfte aus unselbständiger Arbeit oder
  - Gewinne aus der Veräußerung der durch Optionsausübung erworbenen Aktien;
- die Vermeidung einer Doppelbesteuerung Lücken aufweist, wenn der Mitarbeiter nacheinander in zwei Staaten ansässig und während der Ansässigkeit in einem Staat gleichzeitig in weiteren Staaten unselbständig tätig ist.

286 Über die Problemanalyse hinaus bietet die OECD Lösungsansätze durch Ergänzungen oder Klarstellungen in dem Kommentar zu dem Abkommensmuster der OECD (OECD-MA). Die Lösungsansätze bezwecken, eine internationale Übereinkunft zur Besteuerung von Stock Options bei der Anwendung eines Doppelbesteuerungsabkommens (DBA) zu erzielen. Das nationale Steuerrecht der Staaten bleibt hiervon unbeeinflusst.

287 In dem Diskussionspapier befasst sich die OECD weder mit Verrechnungspreis- noch anderen Fragen, die sich bei der Besteuerung der Arbeitgeber stellen. Mit den Verrechnungspreisfragen, die sich bei der Gewährung von Stock Options stellen, befasst sich eine andere Arbeitsgruppe des Steuerausschusses der OECD (Arbeitsgruppe 6), als die für Abkommensfragen zuständige Arbeitsgruppe 1, die das Diskussionspapier entwarf. Hier gehts beispielsweise um die Frage, ob die Kosten, die durch Stock Options veranlasst sind, Bestandteil umlagefähiger Kosten im Rahmen einer Kostenumlagevereinbarung sein können.

288 Aus Unternehmenssicht dürfte erstrebenswert sein, einen einheitlichen Stock Option Plan weltweit aufzulegen, um auf diese Weise den Mitarbeitern weltweit gleiche Vorteile zu gewährleisten und damit die Bereitschaft zur Entsendung von Mitarbeitern zu steigern. Außerdem ließe sich bei einem weltweit einheitlichen Plan der administrative Aufwand senken. Ein weltweit einheitlicher Plan setzt jedoch vergleichbare Rahmenbedingungen in den Staaten voraus. Dies gilt insbesondere für die Besteuerung, die daher gleichen Prinzipien folgen sollte.

289 Die Realität entspricht derzeit nicht den Wunschvorstellungen. Die Besteuerung von Stock Options weist deutliche Unterschiede in den Staaten auf, die zum Teil in den unterschiedlichen Steuersystemen der Staaten begründet sind[85]. Daher befasst sich die Arbeitsgruppe 2 des Steuerausschusses der OECD mit einer Bestandsaufnahme der derzeit geltenden Vorschriften zur Besteuerung von Stock Options in den verschiedenen Staaten, verbunden mit einer Analyse der Wirkungen der steuerlichen Vorschriften im Sinne von Steuerneutralität. Mit einer solchen Studie soll den (Mitglieds)Staaten eine Grundlage zur Überarbei-

---

[85] Einige Staaten, die Einkünfte aus privaten Veräußerungsgeschäften nicht besteuern, beispielsweise Belgien und die Schweiz, besteuern Stock Options bereits bei Gewährung. Eine Wertsteigerung, die nach Optionseinräumung eintritt fällt in die private, nicht steuerbare Vermögenssphäre. Bei Staaten, die jedes Einkommen besteuern, ist der Zeitpunkt der Besteuerung – vom „time-value-of-money" abgesehen, ohne Bedeutung.

II. Steuerrechtliche Aspekte

tung der geltenden oder Einführung neuer Vorschriften zur Besteuerung von Stock Options gegeben werden.

In Anbetracht der Aktualität des Themas der Besteuerung von Stock Options im internationalen Kontext wurde dieses Thema auch bei dem Kongress der International Fiscal Association (IFA) 2002 in Oslo im Rahmen eines Seminars auf der Grundlage des Diskussionspapiers der OECD erörtert. 290

Im folgenden sollen die Ursachen, die zu Doppel- und Mehrfachbesteuerung führen können, ebenso wie die dazu von der OECD in ihrem Diskussionspapier aufgezeigten Lösungsansätze erläutert werden. 291

3.2 Besteuerung des Vorteils aus der Optionsgewährung zu unterschiedlichen Zeitpunkten

Der Vorteil aus der Gewährung von Stock Options wird in den Staaten zu unterschiedlichen Zeitpunkten besteuert. Als Besteuerungszeitpunkte kommen der Zeitpunkt der Optionseinräumung (z.B. Belgien und die Schweiz), der Zeitpunkt der freien Verfügungsmöglichkeit (z.B. Niederlande), der Zeitpunkt der Optionsausübung (Mehrzahl der Staaten, u.a. Deutschland) und der Zeitpunkt der Veräußerung der Aktien (unter bestimmten Voraussetzungen z.B. USA, UK, Frankreich) in Betracht. 292

Daneben gibt es in einigen Staaten Regelungen zur steuerlichen Behandlung von Stock Options bei Zuzug in oder Wegzug aus diesen Staaten. 293

Beispiel: 294
Ein Arbeitnehmer erhält Stock Options eingeräumt, als er in Belgien ansässig und nichtselbständig tätig ist. Bevor er die Stock Options erstmalig ausüben kann, verlegt er Wohnsitz und Tätigkeitsort nach Schweden. Nachdem er in Deutschland Wohnsitz genommen hat, übt er die Aktien dort aus. Die durch Optionsausübung erworbenen Aktien veräußert er, nachdem er seinen Wohnsitz nach Frankreich verlegt hat. In diesem Fall droht dem Mitarbeiter Besteuerung des Vorteils aus der Optionsgewährung in Belgien bei Einräumung, in Schweden bei Verlassen des Landes, in Deutschland bei Optionsausübung und in Frankreich bei Verkauf der Aktien.

Die Vermeidung einer Doppelbesteuerung des Vorteils aus der Optionsgewährung auf der Grundlage unterschiedlichen nationalen Rechts, die sich aus einer Besteuerung zu unterschiedlichen Zeitpunkten ergeben kann, setzt voraus, dass der spätere Wohnsitzstaat des Optionsberechtigten die Anrechnung von Steuern zulässt, die der Optionsinhaber zuvor in einem anderen Tätigkeitsstaat auf den Vorteil aus der Optionsgewährung bereits gezahlt hat. Daher schlägt die OECD in ihrem Diskussionspapier[86] vor, in dem Kommentar zu dem OECD-MA zu erläutern, dass Steuern, die ein Arbeitnehmer auf Vergütungen gezahlt hat, die er für eine in einem anderen Staat ausgeübte Tätigkeit erhielt, im Wohnsitzstaat unabhängig davon angerechnet werden sollten, zu welchem Zeitpunkt und für welchen Veranlagungszeitraum die Steuern im Ausland gezahlt wurden. 295

Die deutschen DBA nehmen regelmäßig in dem Methodenartikel (Art. 23 OECD-MA), der die Vermeidung einer Doppelbesteuerung durch den jeweili- 296

---

[86] OECD Diskussionspapier, Abschn. 17.

B. Rechtliche Aspekte

gen Wohnsitzstaat regelt, auf § 34c EStG als die nationale Vorschrift zur Vermeidung einer Doppelbesteuerung durch Anrechnung Bezug, soweit Deutschland die Doppelbesteuerung nicht durch Freistellung der aus dem Ausland bezogenen Einkünfte vermeidet. Im deutschen Recht scheint nach h.M. eine Identität des Veranlagungszeitraums für eine Anrechung im Ausland gezahlter Steuern nicht vorausgesetzt zu werden[87]. Dies bedeutet, dass für die Anrechnung nach § 34c EStG Abs. 1 Satz 3 EStG die Steuerperiode des ausländischen Staates, dessen Steuer auf die deutsche Einkommensteuer angerechnet werden soll, mit der inländischen Steuerperiode nicht übereinstimmen muss. Die gesetzliche Regelung enthält ein solches Erfordernis nicht, weil die zeitraummäßige Erfassung der Einkünfte in den Steuergesetzen der einzelnen Staaten unterschiedlich geregelt ist[88].

297 Die OECD hält in ihrem Diskussionspapier eine Klarstellung auch dahingehend für angezeigt[89], dass der Tätigkeitsstaat nach Art. 15 OECD-MA Vergütungen in Form des Vorteils aus der Gewährung von Stock Options, die der in diesem Staat ausgeübten Tätigkeit zuzuordnen sind, als Vergütungen für in diesem Staat ausgeübte Tätigkeit auch dann besteuern darf, wenn der Arbeitnehmer im Zeitpunkt der Zahlung nicht mehr in diesem Staat tätig ist. Entsprechend soll der Wohnsitzstaat verpflichtet sein, eine Doppelbesteuerung zu vermeiden.

298 Dies entspricht dem allgemein anerkannten Grundsatz, dass Vergütungen für eine in einem Staat ausgeübte unselbständige Arbeit in diesem Staat besteuert werden können, unabhängig davon, wann diese Vergütungen gezahlt werden[90]. Voraussetzung ist allerdings, dass die Vertragsstaaten übereinstimmend den Vorteil aus der Optionsgewährung zeitraumbezogen, entsprechend der in den jeweiligen Staaten im Erdienungszeitraum ausgeübten Tätigkeit zuordnen.

3.3 Zuordnung des Vorteils aus der Optionsgewährung zu einer Tätigkeit, die vor oder nach Optionseinräumung ausgeübt wurde

299 Der Vorteil aus der Gewährung von Stock Options kann als

- Belohnung für unselbständige Arbeit betrachtet werden, die der Mitarbeiter vor Optionsgewährung bereits geleistet hatte, oder
- Anreiz-Lohn, mit dem der Mitarbeiter motiviert werden soll, seine Leistungen in der Zeit nach Optionsgewährung zu steigern.

---

[87] Tillmanns, in Mössner, Steuerrecht international tätiger Unternehmen, 2. Aufl. 1998, Kapitel IV, B 247, Schaumburg, Internationales Steuerrecht, 2. Aufl. 1998, R 1554, Heinicke, Einkommensteuergesetz, Kommentar, § 34c Rndnr. 7.

[88] Vogel, DBA Kommentar, Art. 23, Rndnr. 160, Tillmanns, in Mössner, Steuerrecht international tätiger Unternehmen, 2. Aufl. 1998, Kapitel IV, B 247, Schaumburg, Internationales Steuerrecht, 2. Aufl. 1998, R 1554, Heinicke, Einkommensteuergesetz, Kommentar, § 34c Rndnr. 7.

[89] OECD Diskussionspapier, Abschn. 12 und 17.

[90] Vogel, DBA Kommentar, Art. 23, Rndnr. 160, Tillmanns, in Mössner, Steuerrecht international tätiger Unternehmen, 2. Aufl. 1998, Kapitel IV, B 247, Schaumburg, Internationales Steuerrecht, 2. Aufl. 1998, R 1554, Heinicke, Einkommensteuergesetz, Kommentar, § 34c Rndnr. 7; Vogelgesang, Art. 15 OECD-MA Anm. 88.

II. Steuerrechtliche Aspekte

Im ersten Sinne hatte das Finanzgericht Köln[91], im letzteren Sinne der BFH[92] entschieden. Allerdings hält der BFH für vorstellbar, dass Stock Options im Einzelfall auf der Grundlage des konkreten Stock Option Plans Belohnungscharakter zukommen kann[93]. 300

Wenn die Staaten Stock Option Pläne unterschiedlich interpretieren, kann es zu Konflikten bei der Zuordnung des Vorteils aus der Optionsgewährung in der Weise kommen, dass zwei Staaten den Vorteil aus der Optionsgewährung der Tätigkeit zuordnen, die in ihrem Territorium ausgeübt wurde. Die Staaten gehen von unterschiedlichen Sachverhalten oder legen den Ausdruck „Vergütungen für unselbständige Arbeit" unterschiedlich aus. Die OECD schlägt daher in ihrem Diskussionspapier vor, in dem Kommentar zu dem Abkommensmuster Kriterien für die Einordnung des Vorteils aus der Optionsgewährung als Belohnung oder Anreizlohn aufzuzeigen[94]. Im Zweifel misst die OECD den Stock Options den Charakter von Anreiz-Lohn bei[95]. 301

Sollten gleichwohl die Staaten von unterschiedlichen Sachverhalten bezüglich der Zuordnung des Vorteils aus der Gewährung von Stock Options zu einer in dem einen oder dem anderen Staat ausgeübten Tätigkeit und damit von unterschiedlichen Sachverhalten ausgehen, sollten sich die zuständigen Behörden der Vertragsstaaten bemühen, die Meinungsverschiedenheiten im Rahmen eines Verständigungsverfahrens zu beseitigen, denn für diesen Fall sieht das Abkommensmuster keine Lösung vor[96]. 302

3.4 Aufteilung des Besteuerungsrechts zwischen den Fisken

Hier stellen sich zwei Fragen: 303

(a) auf welcher Grundlage ist das Recht der Fisken für Vergütungen in Form von Stock Options zwischen Wohnsitz- und Tätigkeitsstaaten aufzuteilen, die ein Expatriate für eine in einem (oder mehreren) Tätigkeitsstaat(en) ausgeübte unselbständige Arbeit erzielt?

Zu dieser Frage besteht Übereinstimmung, dass der als Arbeitslohn zu versteuernde Vorteil aus der Optionsgewährung in funktionaler Zuordnung zu der im Tätigkeitsstaat (oder in mehreren Tätigkeitsstaaten) ausgeübten Tätig-

---

[91] U. v. 9.9.1998, 11 K 5153/97, EFG 1998, 1634 ff.; U. v. 21.10.1998, 11 K 1662/97, EFG 1999, 116 ff.
[92] U. v. 24.1.2001, I R 100/98, BStBl. II, 2001, 509 ff. und I R 119/98, BStBl. II 2001 512 unter 4a); 516 unter 5a).
[93] In gleicher Weise führte der Deutsche Standardisierungsrat in dem Entwurf eines Standards Nr. 11 zur Bilanzierung von Stock Options und ähnlichen Vergütungsinstrumenten vom 21.6.2001 aus, dass Stock Options grundsätzlich als Entgelt für Arbeitsleistungen künftiger Perioden anzusehen sind. Von einem Entgelt für bereits erbrachte Arbeitsleistung könne nur dann ausgegangen werden, wenn dies vertraglich explizit geregelt ist und das Ausscheiden des Mitarbeiters aus dem Arbeitsverhältnis nicht zum Verfall der Stock Options führt (Abschn. B 14).
[94] OECD Diskussionspapier, Abschn. 27–30.
[95] OECD Diskussionspapier, Abschn. 30.
[96] OECD Diskussionspapier, Abschn. 37–46.

B. Rechtliche Aspekte

keit zeitraumbezogen, auf der Grundlage der in dem jeweiligen Staat verbrachten Arbeitstage aufzuteilen ist. Diese Auffassung entspricht den Entscheidungen des BFH in den Urteilen vom 24.1.2001[97], wonach der Vorteil aus der Optionsgewährung zeitraumbezogen gewährt und unabhängig von dem Zuflusszeitpunkt zeitanteilig in jenem Umfang aufzuteilen ist, in dem der Vorteil auf die Zeit der Auslandsentsendung entfällt.

Übereinkunft besteht auch, dass Tätigkeitsstaaten den Vorteil, der einer von dem Expatriate in diesen Staaten ausgeübten Tätigkeit zuzuordnen ist, unabhängig von dem Zahlungszeitpunkt und damit auch dann besteuern dürfen, wenn der Expatriate in den früheren Tätigkeitsstaaten nicht mehr tätig ist[98].

(b) Wie wird der Zeitraum bestimmt, für den ein Expatriate Arbeitslohn in Form von Stock Options für eine in einem (oder in mehreren) Tätigkeitsstaat(en) ausgeübte unselbständige Arbeit erhält?

Hier geht es um die Frage, innerhalb welchen Zeitraums ein Mitarbeiter den Vorteil aus der Gewährung von Stock Options erdient. Diese Frage schließt die Frage ein, bis zu welchem Zeitpunkt ein Bezug zwischen der Optionsgewährung und dem Dienstverhältnis anzunehmen ist. Ist der Bezug zu dem Dienstverhältnis beendet, kann der Vorteil nicht länger als Vergütung für eine während des Zeitraums nach Beendigung des Bezugs zu dem Dienstverhältnis ausgeübten Tätigkeit betrachtet werden. Dies ergibt sich aus Art. 15 OECD-MA, der als Tatbestandsmerkmale

(1) unselbständige Arbeit voraussetzt,
(2) für die ein Mitarbeiter eine Vergütung erzielt.

Das Besteuerungsrecht des Tätigkeitsstaats verlangt darüber hinaus,

(3) dass der Mitarbeiter in diesem (Tätigkeits-)Staat unselbständige Arbeit ausübt.

Zwei Meinungen stehen sich gegenüber:

(1) Nach einer Meinung wird der Zeitraum zwischen Optionsgewährung und Optionsausübung,
(2) nach anderer Meinung der Zeitraum zwischen Optionsgewährung und erstmaliger Ausübungsmöglichkeit (vesting)

als Leistungszeitraum betrachtet.

In diesem Zusammenhang wurde bei dem IFA-Kongress 2002 angeregt, für Zwecke der Besteuerung von Stock Options den Ausdruck „vesting", der im Englischen mehrere Bedeutungen hat, im Zusammenhang mit der Besteuerung von Stock Options dahingehend zu bestimmen, dass darunter der Zeitpunkt zu verstehen ist, zu dem Stock Options erstmalig ausgeübt werden können.

Zu der Frage, wann ein Mitarbeiter den Vorteil aus der Optionsgewährung erdient, führt die OECD in ihrem Diskussionspapier aus, Grundregel sei, dass

---

[97] I R 100/98, 509 ff., 512 unter 4b und I R 119/81, 512 ff., 516, unter 5b.
[98] OECD Diskussionspapier, Abschn. 12.

II. Steuerrechtliche Aspekte

der Zeitraum nach dem unverfallbaren Erwerb von Stock Options bis zu deren Ausübung nicht mehr als Leistungszeitraum betrachtet werden könne[99]. In diesem Zusammenhang unterscheidet die OECD verschiedene Fallgruppen, unter anderem:

(1) einen aufschiebenden bedingten Erwerb von Stock Options – in diesem Fall ist die Zeit bis zu dem Bedingungseintritt, beispielsweise einer bestimmten Dauer des Dienstverhältnisses, als Leistungszeitraum zu betrachten;

(2) eine auflösend bedingte Berechtigung zur Optionsausübung. Werden Stock Options bedingungslos gewährt oder unterliegen sie keinen Verfügungsbeschränkungen mehr, dürfen sie aber nur bei einem fortbestehenden Dienstverhältnis ausgeübt werden, ist diese Bedingung für die Bestimmung des Leistungszeitraums unbeachtlich; bei Verlust der Stock Options durch Beendigung des Dienstverhältnisses handelt es sich um eine auflösende Bedingung.

304 Damit wählt die OECD einen anderen Ansatz als die UNICE[100], die in ihrem Diskussionspapier vom Juni 2002[101] die Vorteile für eine Aufteilung des Besteuerungsrechts zwischen den Fiski zugunsten des Staates beschreibt, in dem der Mitarbeiter bei Einräumung der Stock Options mit seinen Vergütungen aus unselbständiger Arbeit besteuert wurde[102].

Allerdings sollen nach Auffassung der OECD die Vertragspartner eines Abkommens unter Berücksichtigung ihrer nationalen Vorschriften zur Besteuerung von Stock Options frei sein zu vereinbaren, dass beispielsweise der Zeitraum zwischen Optionsgewährung und Optionsausübung als Leistungszeitraum betrachtet wird[103].

Auffassung des Bundesfinanzhofs?

305 Der BFH hat sich in den Urteilen vom 24.1.2001[104] nicht ausdrücklich dazu geäußert, welcher Zeitraum für die Aufteilung des Besteuerungsrechts maßgeblich ist[105]. Auch aus dem Sachverhalt, der den Urteilen zugrunde lag, ergeben sich keine Anhaltspunkte dafür, wie der BFH den Leistungszeitraum bestimmt. Zwar führt der BFH in den Urteilsgründen zu den beiden Urteilen vom 24.1.2001 aus, Zeitpunkt der erstmaligen Ausübungsmöglichkeit

---

[99] OECD Diskussionspapier, Abschn. 30.
[100] Union of Industrial and Employers' Confederations of Europe, Brüssel.
[101] Stock Options in the EU – Tax obstacles to cross-border mobility of employees in the Single Market.
[102] Union of Industrial and Employers' Confederations of Europe, Brüssel, Rdnr. 3.1.
[103] OECD Diskussionspapier Abschn. 36.
[104] I R 100/98, BStBl. II, 2001, 509 ff. (512 unter 4b) und I R 119/81, BStBl. II 2001.
[105] Portner, Neueste Rechtsprechung des BFH zur Besteuerung von Arbeitnehmer-Aktienoptionen – sind damit die steuerlichen Fragen beantwortet?, DStR 2001, 1331 (1336); Pätzler, Zum Seminar F: Das OECD-Diskussionspapier zur Beseitigung der Doppelbesteuerung von Stock Options beim Arbeitnehmer, IStR 2002, 555 (557), geht davon aus, dass nach Auffassung des BFH der Zeitraum zwischen Optionsgewährung und Optionsausübung maßgeblich sei.

B. Rechtliche Aspekte

und tatsächliche Ausübung seien zusammen gefallen. Aus der Sachverhaltsdarstellung zu einem der beiden Verfahren (I R 119/98) ergibt sich jedoch, dass Zeitpunkt der erstmaligen Verfügungsmöglichkeit und tatsächliche Ausübung auseinander fielen[106].

Praktikabilität

306 Der Zeitpunkt der erstmaligen Ausübungsmöglichkeit ist im Optionsplan bestimmt, während der Zeitpunkt der Optionsausübung von dem Mitarbeiter bestimmt wird. Unter dem Gesichtspunkt der Praktikabilität scheint daher eine Begrenzung des Leistungszeitraums auf den Zeitraum zwischen Optionseinräumung und freier Verfügungsmöglichkeit praktikabler als der Zeitraum bis zur Optionsausübung[107]. Dieser Ansatz wird auch von dem deutschen Standardisierungsrat bei der Bilanzierung von Stock Options gewählt. Der Standardisierungsrat führt in dem Entwurf eines Standards zur Bilanzierung von Aktienoptionsplänen und ähnlichen Entgeltformen aus, dass dann, wenn Stock Options als Entgelt für Arbeitsleistungen künftiger Perioden anzusehen sind, die Dotierung der Kapitalrücklage in Höhe des Werts der Stock Options zeitanteilig über den Leistungszeitraum, i.d.R. die Sperrfrist, zu verteilen ist[108].

Besteuerung des Vorteils aus der Optionsgewährung bei Ausübung im Ruhestand?

307 Bislang ist ungeklärt, wie das Besteuerungsrecht der Fiski aufzuteilen ist, wenn ein Mitarbeiter die Stock Options uneingeschränkt in Zeiten des Ruhestands ausüben darf, und er Stock Options während des im Ausland verbrachten Ruhestands ausübt. Die OECD hat aber in dem revidierten Diskussionspapier nunmehr ausgeführt, dass Stock Options nicht unter die Vorschrift fallen, die die Besteuerung von Ruhegehältern regelt[109].

3.5 Vermeidung der Doppelbesteuerung bei Mehrfachansässigkeit

308 Die DBA regeln, wie eine Doppelbesteuerung der Vergütungen zu vermeiden ist, wenn eine in einem Staat ansässige Person Einkünfte aus dem anderen Staat erzielt. Sie bieten jedoch keine Lösung zur Vermeidung einer Doppelbesteuerung, wenn ein Expatriate zunächst in einem Staat A, danach in einem Staat D ansässig ist, und er während der Zeit der Ansässigkeit in A in einem oder mehreren Staaten B und C im Rahmen beschränkter Steuerpflicht unselbständige Arbeit ausübte. Eine Doppelbesteuerung droht in diesem Fall insbesondere, wenn nicht Tätigkeitsstaat C, sondern die Wohnsitzstaaten A und D die Vergütungen für die in Staat C ausgeübte Tätigkeit auf der Grundlage von Art. 15

---

[106] Die Stock Options wurden 1986 eingeräumt und waren erst nach Ablauf von 1 bis 3 Jahren ausübbar. Die Stock Options wurden 1990 ausgeübt; vgl. auch BFH U. v. 20.6.2001, VI R 105/99, BStBl. II 2001, 589 (590 unter 1).
[107] OECD Diskussionspapier, Abschn. 27.
[108] E-DRS 11 v. 21.6.2001, Abschn. B 15.
[109] OECD Diskussionspapier, Abschn. 24, 26 und 30.

II. Steuerrechtliche Aspekte

Abs. 2 OECD-MA (183-Tage-Klausel) besteuern[110]. Bezüglich der Besteuerung der Vergütungen für eine in Staat B ausgeübte Tätigkeit werden zwar die Wohnsitzstaaten A und D eine Doppelbesteuerung vermeiden, indem sie das Recht des Staates B zur Besteuerung der Vergütungen anerkennen, die der Mitarbeiter für eine in Staat B ausgeübte Tätigkeit bezieht. Eine Doppelbesteuerung kann sich jedoch auch dann ergeben, wenn die Anrechung der in Staat B gezahlten Steuern in den Staaten A und D auf die Steuern begrenzt ist, die in den Wohnsitzstaaten A und D auf die ausländischen Einkünfte aus B festgesetzt werden und sich ein Überhang nicht anrechenbarer ausländischer Steuern aus B ergibt, wenn die Steuern in B höher sind als in A und D.

Die OECD schlägt zur Vermeidung einer Doppelbesteuerung bei Mehrfachansässigkeit vor, dass die beiden Wohnsitzstaaten A und D im Rahmen eines Verständigungsverfahrens eine Doppelbesteuerung zu vermeiden suchen, indem sie Steuern auf Vergütungen anrechnen oder Vergütungen von der Besteuerung freistellen, die für Tätigkeit des Mitarbeiters in den (Tätigkeits-)Staaten B und C gezahlt wurden, und die der Mitarbeiter dort ausübte, als er im jeweils anderen Wohnsitzstaat A oder D ansässig war[111]. Dies bedeutet, dass jeder Wohnsitzstaat den jeweils anderen Wohnsitzstaat insofern als Tätigkeitsstaat behandelt, als der Mitarbeiter den Vorteil aus der Optionsgewährung während seiner Ansässigkeit in dem anderen Wohnsitzstaat durch Tätigkeit in den Tätigkeitsstaaten B und C erdiente. **309**

3.6 Qualifikation von Einkünften als Einkünfte aus unselbständiger Arbeit oder Veräußerungsgewinne

Mit den unterschiedlichen Besteuerungszeitpunkten geht einher, dass die Staaten einen unterschiedlich lagen Bezug zu dem Dienstverhältnis annehmen. Daraus ergeben sich folgende Konfliktsituationen: **310**

(1) die Staaten legen das Ereignis der Optionsausübung unterschiedlich aus. Staaten, die den Vorteil aus der Optionsgewährung bereits im Zeitpunkt der Einräumung besteuern werden bei Optionsausübung die Veräußerung eines Vermögenswertes annehmen. Nur der Wert der Stock Options im Zeitpunkt der Optionseinräumung wird als Arbeitslohn betrachtet. Die Staaten, die den Vorteil aus der Optionsgewährung im Zeitpunkt der Optionsausübung besteuern, nehmen bis zu diesem Zeitpunkt einen Bezug zu dem Dienstverhältnis an. Der Ausübungsgewinn wird als Arbeitslohn betrachtet.

(2) die Staaten berechnen die Anschaffungskosten bei Veräußerung der durch Optionsausübung erworbenen Aktien unterschiedlich:

   (a) als Bezugspreis (Ausübungspreis) zuzüglich des versteuerten Vorteils in Höhe des Wertes der Stock Options bei Optionsgewährung

---

[110] OECD Diskussionspapier, Abschn. 37–46.
[111] OECD Diskussionspapier, Abschn. 46.

B. Rechtliche Aspekte

(b) als Wert der Aktien im Zeitpunkt der Optionsausübung (Bezugspreis und Vorteil als Unterschied zwischen Bezugspreis und Kurs der Aktien)

Hieraus ergibt sich ein Qualifikationskonflikt bezüglich der Qualifizierung eines Teils des Veräußerungsgewinns als Arbeitslohn einerseits und Gewinn aus Veräußerung der Aktien andererseits.

311 In diesen Fällen sollte sich eine Doppelbesteuerung vermeiden lassen, indem der Staat, der den Vorteil aus der Gewährung von Stock Options bereits bei Einräumung besteuerte, die Qualifikation des anderen Staats bezüglich des Teils des Vorteils, der sich im Zeitpunkt der Optionsausübung ergibt, als Arbeitslohn anerkennt[112].

(3) die Staaten besteuern bei Veräußerung der durch Optionsausübung erworbenen Aktien den gesamten Gewinn als Arbeitslohn.

312 Im letzteren Fall schlägt die OECD in dem Diskussionspapier[113] vor, in dem Kommentar zu dem Abkommensmuster – für die Abkommensanwendung und ohne Wirkung auf das nationale Recht – klarzustellen, dass der Vorteil aus der Gewährung von Stock Options (längstens) bis zur Optionsausübung einen Bezug zu dem Dienstverhältnis aufweist und damit Arbeitslohn darstellt. Ein Gewinn aus der Veräußerung der durch Optionsausübung erworbenen Aktien sollte als Veräußerungsgewinn betrachtet werden, auf den Art. 13 OECD-MA und nicht Art. 15 OECD-MA anwendbar ist. Damit ändert sich auch das Recht der Staaten zur Besteuerung. Nach Art. 13 OECD-MA steht ausschließlich dem Wohnsitzstaat des Veräußerers das Recht zu, den Gewinn aus der Veräußerung von Aktien an einem im anderen Staat ansässigen Unternehmen zu besteuern. Der Tätigkeitsstaat, darf den Veräußerungsgewinn nicht besteuern.

313 Einige Staaten, beispielsweise Deutschland, besteuern Einkünfte aus privaten Veräußerungsgeschäften nur unter bestimmten Voraussetzungen, so dass diese Einkünfte grundsätzlich unbesteuert bleiben. Wenn diese Staaten bei Einräumung der Stock Options den Wert der Stock Options als Arbeitslohn besteuern und den Veräußerungsgewinn nicht besteuern, beispielsweise in der Schweiz, stellt sich die Frage, ob ein Wohnsitzstaat, der zur Vermeidung einer Doppelbesteuerung die Freistellungsmethode anwendet, die ausländischen Einkünfte, die im Tätigkeitsstaat durch das Zusammenspiel von Einräumungsbesteuerung und Steuerbefreiung für Veräußerungsgewinne teilweise nicht besteuert wurden, von der Besteuerung freizustellen hat, oder ob Art. 23 A Abs. 4 OECD-MA Anwendung findet. Art. 23 A Abs. 4 OECD-MA dient der Vermeidung einer Keinmalbesteuerung, die sich bei Anwendung der Freistellungsmethode zur Vermeidung der Doppelbesteuerung ergeben kann, wenn der andere (Quellen)Staat Einkünfte ebenfalls nicht besteuert. Voraussetzung für die Anwendung dieser Vorschrift ist, dass der Quellenstaat in Anwendung eines DBA Einkünfte nicht besteuert. Besteuert der Quellenstaat Einkünfte mangels einer nationalen Vorschrift

---

[112] OECD Diskussionspapier, Abschn. 19.
[113] OECD Diskussionspapier, Abschn. 26.

II. Steuerrechtliche Aspekte

bestimmte Einkünfte nicht, findet Art. 23 A Abs. 4 OECD-MA keine Anwendung. Hier erscheint fraglich, eine Steuerbefreiung auf Grund der Anwendung eines DBA annehmen zu können. Dies bedeutet, dass der Wohnsitzstaat den Teil des Ausübungsgewinns, der in dem Tätigkeitsstaat erdient wurde, unabhängig davon, dass dieser Teil dort nicht voll besteuert wurde, nicht besteuern darf.

3.7 Veräußerung und Tausch von Stock Options bei Unternehmensübernahme und -fusionen

In dem überarbeiteten Diskussionspapier widmet sich die OECD auch der Frage, wie Stock Options zu behandeln sind, die im Zusammenhang mit Unternehmensübernahmen und -fusionen gegen Stock Options an der übernehmenden Gesellschaft getauscht werden[114]. Nach Auffassung der OECD sollte bei der Besteuerung der „eingetauschten" Stock Options zur Vermeidung einer Doppelbesteuerung auch eine Besteuerung aus dem Tauschvorgang berücksichtigt werden, sofern dieser besteuert wurde.

314

3.8 Zusammenfassung

Mangels gesetzlicher Vorschriften, die sich ausdrücklich mit der Besteuerung von Stock Options befassen, sind die allgemeinen Vorschriften anwendbar. Auf dieser Grundlage stellen sich eine Reihe von Fragen zur Besteuerung von Stock Options. Einige Fragen wurden inzwischen durch die Finanzgerichte beantwortet. Auch der Erlass trägt bezüglich einiger Aspekte zur Klärung offener Fragen bei. Der Erlass lässt eine umfassende und systematische Aufbereitung dieser Fragen jedoch vermissen. Fragen zur Besteuerung des Arbeitgebers bleiben in dem Erlass gänzlich unbeantwortet. Somit besteht in Teilbereichen nach wie vor Unsicherheit bei der Besteuerung von Stock Options.

OECD und EU befassen sich mit der Problemanalyse und den Lösungsansätzen bei der Gewährung von Stock Options an international mobile Mitarbeiter, um Doppelbesteuerung oder Keinmalbesteuerung zu vermeiden. Die internationale Abstimmung und insbesondere Umsetzung in den jeweiligen Staaten wird jedoch noch einige Zeit in Anspruch nehmen.

---

[114] OECD Diskussionspapier, Abschn. 51–53.

III. Bilanzrechtliche Aspekte

1. Einführung

315 Aus Sicht der Unternehmen hat das Thema der Bilanzierung von aktienbasierten Mitarbeiterbeteiligungsinstrumenten in der jüngeren Vergangenheit stark an Bedeutung gewonnen. Insbesondere durch die intensive Behandlung des Themas in der Fachliteratur und nicht zuletzt in der täglichen Presse kommt ein Unternehmen, das seine Mitarbeiter am Wertzuwachs des Eigenkapitals beteiligen will, an dem Thema nicht vorbei. Dabei steht die Abbildung gewährter Aktienoptionen in der Gewinn- und Verlustrechnung, also die Frage des Ausweises von Personalaufwand, im Vordergrund. Bis Mitte letzten Jahres war es unter US-amerikanischen Unternehmen üblich, für gewährte Aktienoptionen keinen Personalaufwand auszuweisen.[1] Diese Möglichkeit lassen die US-amerikanischen Rechnungslegungsvorschriften (US-GAAP) unter bestimmten Voraussetzungen zu. Auch Unternehmen, die nach IAS oder nach HGB bilanzieren, müssen aufgrund fehlender Regelungen die Ausgabe von Eigenkapitalinstrumenten an Mitarbeiter nicht als Aufwand verbuchen.

316 Nachdem Bilanzierungsskandale nicht nur die amerikanische (Enron, Worldcom u.a.), sondern auch die deutsche (Phenomedia, Comroad u.a.) Finanzwelt erschütterten, wird im Zusammenhang mit der Forderung nach erhöhter Transparenz in der Rechnungslegung auch wieder über die Pflicht zur Abbildung des Werts der ausgegebenen Mitarbeiter-Aktienoptionen als Personalaufwand diskutiert. Die Frage, ob Personalaufwand für Aktienoptionspläne berücksichtigt wird, beeinflusst das gesamte Image eines Unternehmens.[2]

317 Um einer negativen Einordnung zu entgehen, entschieden sich einige bedeutende US-amerikanische Unternehmen (z.B. General Electric, Amazon, General Motors, Coca-Cola) zu einem freiwilligen Ausweis von Personalaufwand für die gewährten Aktienoptionen. Mehr als 100 Unternehmen des S&P 500[3] haben diesen Weg für das Jahr 2003 bereits eingeschlagen.[4]

---

[1] Eine Untersuchung der NASDAQ 100-Unternehmen zum Stichtag 1.9.2000 ergab, dass von 100 Unternehmen lediglich ein Unternehmen nicht von dem Wahlrecht nach SFAS 123 Gebrauch machte und die fair value-Bewertungsmethode wählte. Vgl. Hess/Lüders, Mitarbeiteroptionen, 2001, S. 15. Mittlerweile weisen mehr Unternehmen freiwillig Personalaufwand für aktienbasierte Vergütungen aus, die Mehrheit der Unternehmen vermeidet jedoch weiterhin den Personalaufwandsausweis.

[2] So wurde Arthur Lewitt, der ehemalige Chef der US-amerikanischen Börsenaufsicht SEC, mit der Bemerkung zitiert, die „Bilanzierung der Optionen als Kosten wird zeigen, welche Unternehmen anlegerfreundlich sind und welche nicht. Unternehmen, die das machen, sind gute Unternehmen, die nichts zu verstecken haben." (o.V., Streit, 22.8.2002)

[3] Im S&P 500 Index befinden sich die 500 bedeutendsten börsennotierten Unternehmen der USA.

[4] Vgl. o.V., Internetwerte, 8.5.2003.

III. Bilanzrechtliche Aspekte

318 Vor diesem Hintergrund soll im folgenden die bilanzielle Abbildung aktienbasierter Mitarbeiterbeteiligungsmodelle diskutiert werden. Die Ausführungen behandeln die Bilanzierungsfragen in Konzernabschlüssen. In den Einzelabschlüssen sowie in den Steuerbilanzen der Unternehmen ist in Deutschland ein Personalaufwand für gewährte Aktienoptionen nicht anzusetzen.

319 In den folgenden Abschnitten 2. und 3. wird die Bilanzierung nach den gegenwärtig gültigen Vorschriften sowie der Stand der jeweiligen Reformbemühungen nach IAS und US-GAAP dargestellt. Dabei liegt das Hauptaugenmerk auf der Behandlung von Aktienoptionen (equity-settled Transaktionen) und so genannten Stock Appreciation Rights (cash-settled Transaktionen), die Mitarbeitern gewährt wurden. Abschnitt 4. widmet sich kurz der Behandlung nach deutscher Rechnungslegung. Ein Überblick über die für alle drei behandelten Rechnungslegungssysteme bedeutende fair value-Bewertung von Optionsrechten wird in Abschnitt 5. gegeben. Abschließend fasst Abschnitt 6. die wesentlichen Inhalte der Ausführungen nochmals zusammen.

2. Bilanzierung nach IAS/IFRS

2.1 Überblick

320 Bislang existieren im Regelwerk des International Accounting Standards Board (IASB)[5] keine umfassenden Vorschriften zur Bilanzierung aktienbasierter Vergütungen. Die bilanzielle Abbildung dieser Transaktionen ist unter IAS-Rechnungslegung nach dem gegenwärtigen Stand nicht vorgeschrieben.[6] Durch diese Regelungslücke können Mitarbeiter-Optionspläne und deren Inhalte und Auswirkungen in IAS/IFRS-Abschlüssen bislang weitgehend unsichtbar bleiben.

321 Die Notwendigkeit der Erarbeitung einer umfassenden Regelung in diesem Bereich ist dem IASB seit längerem bewusst. Nach jahrelanger Vorbereitungsarbeit wurde der Standard-Entwurf zur Bilanzierung aktienbasierter Vergütungen (ED 2, Share-based Payment) am 7. November 2002 veröffentlicht.[7] Mit der Veröffentlichung des Entwurfs kommen die kontroversen Diskussionen der letz-

---

[5] Das IASB ist ein unabhängiger Standardsetter mit Sitz in London, dessen Verantwortlichkeit einzig in der Erarbeitung und Veröffentlichung internationaler Rechnungslegungsstandards liegt. Das IASB entstand mit Wirkung zum 1. April 2001 aus dem International Accounting Standards Committee (IASC) als Vorgängerorganisation. Träger des IASB ist die IASC Foundation, eine non-profit Organisation mit Sitz in den USA. Die vom IASB zu erarbeitenden und zu veröffentlichenden Rechnungslegungsstandards heißen International Financial Reporting Standards (IFRS). Das IASB übernahm auch die vom IASC erarbeiteten International Accounting Standards (IAS). Diese werden weiterhin IAS genannt und behalten ihre Gültigkeit. (Quelle: http://www.iasc.org.uk, About Us, Stand: 5.5.2003)

[6] Vgl. IAS 19.145.

[7] Dem Standard-Entwurf ging ein vom IASC im Juli 2000 veröffentlichtes Diskussionspapier (Accounting for Share-based Payment) der G4+1 Gruppe voraus. Die zu diesem Diskussionspapier eingegangenen Stellungnahmen wurden bei der Erarbeitung des Standard-Entwurfs berücksichtigt. Der Standard-Entwurf ist verfügbar unter: http://www.iasc.org.uk, Standards, Current Projects, Exposure Drafts, Stand: 5.5.2003.

B. Rechtliche Aspekte

ten Jahre zur bilanziellen Behandlung aktienbasierter Vergütungsmodelle vorläufig zum Ende. Nach der Absicht des IASB soll der Entwurf bzw. der daraus entstehende neue Standard den Ausgangspunkt für die internationale Harmonisierung der Bilanzierung aktienbasierter Vergütungen bilden.[8]

322   Die Verabschiedung des endgültigen Standards ist für das erste Quartal 2004 angesetzt.[9] Die geplanten Regelungen sehen vor, dass bei Mitarbeiterbeteiligungsprogrammen Personalaufwand in Höhe des „tatsächlichen Werts" (fair value) der Optionen erfasst werden muss. Damit wird ein weiterer wichtiger Schritt in Richtung fair value-Bilanzierung im IAS/IFRS-Abschluss getan.

323   Jedoch muss das IASB mit Widerstand gegen seinen Standard-Entwurf rechnen. Sir David Tweedie, der Vorsitzende des IASB, berichtete von amerikanischen Industriellen, die offen damit drohten, die mit $ 70 Mio. bezifferte Lobbyarbeit gegen den SFAS 123 Mitte der neunziger Jahre auch gegen einen vergleichbaren IAS-Standard zu wiederholen.[10]

2.2 Gegenwärtige Behandlung

324   Wie bereits erwähnt, sehen die gegenwärtig gültigen IAS-Regelungen die bilanzielle Abbildung aktienbasierter Mitarbeiterbeteiligungspläne, insbesondere Mitarbeiter-Aktienoptionen, nicht vor.[11] Lediglich sind Anhangsangaben gem. IAS 19.146–152 zu an Mitarbeiter gewährten Kapitalbeteiligungsleistungen gefordert.

325   Erst im Zeitpunkt der Ausübung der gewährten Optionsrechte durch den begünstigten Mitarbeiter wird die Transaktion bilanzwirksam. Dem Unternehmen fließen Mittel aus der Zahlung des Ausübungspreises zu. Das gezeichnete Kapital sowie ggf. die Kapitalrücklage erhöhen sich entsprechend.

326   Erhält der Mitarbeiter statt realer Optionsrechte virtuelle Optionsrechte, sog. Stock Appreciation Rights (SARs), besteht beim Unternehmen eine Leistungsverpflichtung gegenüber dem begünstigten Arbeitnehmer zur Zahlung des Differenzbetrags zwischen Ausübungskurs und dem bei Ausübung gegebenen Kurs (innerer Wert des Optionsrechts). Diese der Höhe nach ungewisse Verbindlichkeit erfüllt die Ansatzkriterien einer Rückstellung nach IAS 37.[12] Somit besteht eine Ansatzpflicht für diese Leistungsverpflichtung. Die Gegenbuchung zur Rückstellung erfolgt im Personalaufwand.

327   Die Bewertung der ungewissen Verpflichtung erfolgt mit dem besten Schätzwert am Bewertungsstichtag.[13] Der beste Schätzwert entspricht dem Betrag, den das Unternehmen am Bewertungsstichtag für die Erfüllung der Verpflichtung aufwenden bzw. für die Transferierung der Verpflichtung an einen Dritten zah-

---

[8] Vgl. Basis for Conclusions ED 2, BC5.
[9] Der aktuelle Zeitplan zur Verabschiedung des Standards ist der IASB-Homepage zu entnehmen. (Quelle: http://www.iasb.org.uk, Projects in Progress, Stand 5.11.2003)
[10] Vgl. o.V.: Examination of Witness, 2.7.2002, question 327.
[11] Die Regelungslücke kann beispielsweise durch die Anwendung der entsprechenden US-GAAP-Regelungen geschlossen werden.
[12] Vgl. IAS 37.14.
[13] Vgl. IAS 37.36.

III. Bilanzrechtliche Aspekte

len müsste. Wird dabei auf den Transfer an einen Dritten abgestellt, ist die Verpflichtung mit dem fair value, d.h. der Summe aus dem inneren Wert und dem Zeitwert,[14] zu bewerten. Ein Dritter würde nämlich die Verpflichtung nur dann übernehmen, wenn ihm der tatsächliche Wert des Optionsrechts, also der fair value, vergütet würde.[15] Dagegen wird wegen fehlenden Konsenses über die Berechnungsmethodik explizit nicht die Angabe eines fair value im Zusammenhang mit an Mitarbeiter gewährten Kapitalbeteiligungsleistungen verlangt.[16] Dies kann auch für aktienbasierte Mitarbeiterbeteiligungspläne in Form von SARs gelten. Darüber hinaus entspricht der über die Totalperiode erfasste Aufwand letztlich dem inneren Wert der Optionsrechte im Zeitpunkt der Ausübung, da das Unternehmen faktisch diesen Betrag an den Arbeitnehmer zahlt. Zuvor erfasster Mehr- oder Minderaufwand wird im Ausübungszeitpunkt korrigiert. Daher ist es u.E. ebenfalls gerechtfertigt, die anzusetzende Rückstellung während der Laufzeit mit dem inneren Wert der gewährten Optionsrechte am jeweiligen Stichtag zu bewerten.

Der Rückstellungsbetrag bzw. der resultierende Personalaufwand ist über den Erdienungszeitraum (vesting period) linear zu verteilen.[17] Am Ende der vesting period muss das Unternehmen den gesamten Betrag aufwandswirksam zurückgestellt haben. Im Zeitpunkt der Ausübung wird der Auszahlungsbetrag gegen die Rückstellung gebucht, ein verbleibender Differenzbetrag wird erfolgswirksam erfasst. **328**

2.3 Aktuelle Entwicklungen – Exposure Draft ED 2

2.3.1 Anwendungsbereich

Der Anwendungsbereich des Standard-Entwurfs erstreckt sich auf alle aktienorientierten Entgeltformen. Dies beinhaltet sowohl Transaktionen mit Dritten (z.B. Lieferanten) als auch aktienbasierte Vergütungen von Mitarbeitern. Entscheidend ist allein, dass dem berichtenden Unternehmen Güter geliefert oder Leistungen erbracht wurden. Auch Transaktionen, bei denen aktienbasierte Vergütungen direkt von den Anteilseignern des Unternehmens oder von anderen Konzernunternehmen gewährt werden, fallen in den Anwendungsbereich des ED 2, es sei denn, der Transfer der Eigenkapitalinstrumente erfolgte klar erkennbar nicht zum Zwecke der Vergütung gelieferter Güter oder erbrachter Leistungen.[18] **329**

Im einzelnen wird zwischen folgenden Transaktionsarten unterschieden:[19] **330**

---

[14] Der innere Wert einer Option ist die Differenz zwischen dem aktuellen Marktwert der zugrundeliegenden Aktie und dem durch die Option festgelegten Bezugskurs für diese Aktie. Darüber hinaus besitzt der Inhaber einer Option weitere Gewinnchancen bei entsprechendem Aktienkursverlauf. Die Chancen sind umso größer, je länger die Option läuft. Daraus resultiert der so genannte Zeitwert einer Option.
[15] Vgl. Schmidbauer, Virtuelle Aktienoptionsprogramme, 2000, S. 1489.
[16] Vgl. IAS 19.152.
[17] So auch Schmidbauer, Virtuelle Aktienoptionsprogramme, 2000, S. 1490.
[18] Vgl. ED 2.2.
[19] Vgl. ED 2.1.

B. Rechtliche Aspekte

- Transaktionen, in denen das Unternehmen als Gegenleistung für empfangene Güter oder Leistungen Eigenkapitalinstrumente, z.B. Aktienoptionen, gewährt (equity-settled Transaktionen);
- Transaktionen mit Barvergütung der empfangenen Güter oder Leistungen, wobei sich die Höhe der Vergütung am Preis der Aktien (oder anderer Eigenkapitalinstrumente) des Unternehmens orientiert (cash-settled Transaktionen);
- Transaktionen mit Wahlmöglichkeit zwischen Barvergütung und Vergütung durch Gewährung von Eigenkapitalinstrumenten (Kombinationsmodelle).

331 Nicht erfasst werden vom ED 2 der Austausch von Gütern gegen Eigenkapitalinstrumente im Rahmen von Unternehmenszusammenschlüssen, auf die IAS 22 Anwendung findet sowie spezielle Transaktionen, die in den Anwendungsbereich des IAS 32 bzw. IAS 39 fallen.[20]

332 Nachfolgende Ausführungen beschränken sich auf die Darstellung der bilanziellen Behandlung aktienbasierter Vergütungen, die an Mitarbeiter gewährt werden.

2.3.2 Ansatz

(a) Equity-settled Transaktionen

333 Die zentrale Frage im Zusammenhang mit der Bilanzierung von Aktienoptionsplänen, die mit Eigenkapitalinstrumenten, insbesondere Aktienoptionen, des berichtenden Unternehmens bedient werden, ist, ob diese Art der Entlohnung der Mitarbeiter als Personalaufwand zu erfassen ist.[21] Eines der Argumente gegen den Ausweis von Personalaufwand bei der Ausgabe von Optionen an Mitarbeiter ist, dass dem Unternehmen keine Kosten entstehen, die den Ansatz von Aufwand rechtfertigen würden.[22] Der Standard-Entwurf schreibt jedoch die Erfassung von Personalaufwand auch bei dieser Art der aktienbasierten Vergütung vor.

334 Dies wird mit dem dem Entwurf zugrundeliegenden Grundprinzip begründet. Danach wird angenommen, dass das Unternehmen auch im Falle aktienbasierter Vergütungen (genauso wie bei allen anderen Eigenkapitaltransaktionen) Güter oder Leistungen als Gegenleistung für die Ausgabe der Eigenkapitalinstrumente empfängt, und zwar unabhängig davon, wer die Güter liefert bzw. die Leistungen erbringt. Folgerichtig muss das Unternehmen den Zugang der empfangenen Güter bzw. Leistungen und die korrespondierende Eigenkapitalmehrung bilanziell abbilden.[23] Für den Fall der Gewährung von Aktienoptionen an Mitarbeiter bedeutet das, dass die empfangenen Mitarbeiterleistungen als Personalaufwand in der Gewinn- und Verlustrechnung verbucht werden, während die korrespondierende Eigenkapitalmehrung in der Kapitalrücklage erfasst wird.[24]

---

[20] Vgl. ED 2.3 und Basis for Conclusions ED 2, BC20–24.
[21] Vgl. Schmidt, Bilanzierung von Aktienoptionen, 2002, S. 2658.
[22] Zur weiteren Diskussion bezüglich der Erfassung von Personalaufwand vgl. Basis for Conclusions ED 2, BC25–55.
[23] Vgl. Basis for Conclusions ED 2, BC27.
[24] Vgl. ED 2.4–5.

III. Bilanzrechtliche Aspekte

Einmal erfasster Aufwand bzw. die Einstellung in die Kapitalrücklage werden nicht mehr rückgängig gemacht, selbst wenn die ausgegebenen Optionen später verfallen oder auslaufen. Lediglich eine Umbuchung innerhalb des Eigenkapitals, beispielsweise in eine Kapitalrücklage für verfallene Optionen, kann erfolgen.[25] Diese Behandlung ist konsequent, da bei der Bilanzierung nicht auf die ausübbaren bzw. ausgeübten Optionen abgestellt wird, sondern auf die empfangenen Leistungen. Durch den Verfall oder Auslauf der Option wird die tatsächliche Inanspruchnahme der Mitarbeiterleistungen nicht tangiert.[26]

335

(b) Cash-settled Transaktionen

Im Falle von cash-settled Transaktionen (z.B. in Form von Stock Appreciation Rights) ist auch gemäß den vor dem ED 2 geltenden IAS-Regelungen Personalaufwand zu erfassen (vgl. Rdnr. 326).[27] Auch ED 2 schreibt entsprechend die Erfassung von Personalaufwand vor. Die Gegenbuchung erfolgt hier im Gegensatz zu equity-settled Transaktionen gegen Rückstellungen.[28]

336

Der Aufwand sowie die korrespondierende Rückstellung sollen entsprechend der Leistungserbringung der begünstigten Mitarbeiter erfasst werden.[29] Wurden keine Bedingungen für die Erdienung der Optionsrechte (vesting conditions) vereinbart, wird sofort der gesamte Aufwand bei Gewährung erfasst. Liegen jedoch solche Bedingungen vor, sind der Aufwand sowie die Rückstellung zeitanteilig während der vesting period zu erfassen. Die Rückstellung wird also bereits während der vesting period angesetzt, nicht erst nach dem Ende der vesting period (vesting date).[30]

337

(c) Kombinationsmodelle

Kombinationsmodelle sehen ein Wahlrecht für die Bedienung des Anspruchs des Optionsinhabers in Form einer Barvergütung oder durch Ausgabe von Eigenkapitalinstrumenten, insbesondere Aktien, vor.

338

Bei dieser Form aktienbasierter Vergütung richtet sich die Bilanzierung gemäß ED 2 danach, welche Partei die Wahlmöglichkeit über die Form der Bedienung der Optionsrechte hat.[31]

339

Gewährt das Unternehmen dem Mitarbeiter das Recht, bei der Bedienung seines Anspruchs zwischen einer Barvergütung und Aktien zu wählen, entsteht

340

---

[25] Vgl. ED 2.16.
[26] Vgl. Basis for Conclusions ED 2, BC204–207 und Schmidt, Bilanzierung von Aktienoptionen, 2002, S. 2658.
[27] In Bezug auf die Bewertung ergeben sich nach ED 2 Änderungen, s. Rdnr. 365.
[28] Vgl. ED 2.4.
[29] Vgl. ED 2.33.
[30] Zur Problematik des Vorliegens einer gegenwärtigen Verpflichtung als Ansatzvoraussetzung für eine Rückstellung bereits vor dem vesting date vgl. Basis for Conclusions ED 2, BC227–229.
[31] Nach der Veröffentlichung des ED 2 hat das IASB die vorläufige Entscheidung getroffen, bei der Bilanzierung von Kombinationsmodellen nicht danach zu differenzieren, welche Partei die Wahlmöglichkeit hat. Stattdessen soll grundsätzlich ein zusammengesetztes Finanzinstrument erfasst werden. Vgl. IASB Update September 2003, S. 8. Zur Vollständigkeit wird die im ED 2 enthaltene Vorgehensweise dargestellt, s. Rdnr. 345–348.

B. Rechtliche Aspekte

dadurch aus Sicht des Unternehmens ein zusammengesetztes (compound) Finanzinstrument.[32]

341 Dieses besteht aus einer Fremdkapitalkomponente (das Recht des Mitarbeiters, eine Barvergütung zu verlangen) und einer Eigenkapitalkomponente (das Recht des Mitarbeiters, eine Vergütung mit Aktien zu verlangen). Es handelt sich demnach um ein Instrument mit zwei unterschiedlich abzubildenden Komponenten.

342 Das Unternehmen muss für die Fremdkapitalkomponente entsprechend den Vorschriften zu cash-settled Transaktionen die erbrachten Mitarbeiterleistungen erfassen und eine korrespondierende Rückstellung ansetzen. Für die Eigenkapitalkomponente soll gemäß den Regelungen zu equity-settled Transaktionen eine Kapitalrücklage gebildet werden.

343 Wählt der Mitarbeiter bei Ausübung des Optionsrechts die Barvergütung, wird die Rückstellung vollständig gegen die Zahlung ausgebucht. Die für die Eigenkapitalkomponente eventuell erfasste Kapitalrücklage bleibt hiervon unberührt. Durch die Wahl der Barvergütung verwirkt der Mitarbeiter das Recht auf den Erhalt der Aktien. Der Verbleib der für die Eigenkapitalkomponente erfassten Beträge im Eigenkapital ist konsistent mit der Bilanzierung bei Verfall der Optionsrechte[33] (s. auch Rdnr. 335).

344 Entscheidet sich der Mitarbeiter bei Ausübung für die Vergütung mit Aktien, wird die zuvor erfasste Rückstellung ins Eigenkapital umgebucht.[34]

345 Hat hingegen das Unternehmen das Recht, den Anspruch des Mitarbeiters entweder durch Barvergütung oder Aktien zu bedienen, muss festgelegt werden, ob eine Verpflichtung (present obligation) zur Bedienung der Option durch eine Barvergütung vorliegt. Dies ist insbesondere dann der Fall, wenn die Bedienung der Option mittels Aktien unwahrscheinlich ist oder wenn eine Barvergütung im Unternehmen gängige Praxis ist.[35]

346 Liegt eine derartige Verpflichtung vor, ist entsprechend den Vorschriften zu cash-settled Transaktionen zu verfahren. Falls eine solche Verpflichtung nicht existiert, sind grundsätzlich die Regelungen zu equity-settled Transaktionen anzuwenden.[36] Bei Ausübung bzw. der Ausgabe der Eigenkapitalinstrumente ist in diesem Fall keine weitere Buchung erforderlich.[37]

347 Wird bei Ausübung dann doch die Barzahlungsalternative gewählt, obwohl eine Kapitalrücklage gebildet wurde, ist der Zahlungsbetrag als Rückkauf von Eigenkapital anzusehen und entsprechend als Abzug vom Eigenkapital zu bilanzieren.[38] Damit wird also die zuvor gemäß den Vorschriften für equity-settled Transaktionen gebildete Kapitalrücklage gemindert. Ein über die gebildete Ka-

---

[32] Vgl. ED 2.36.
[33] Vgl. ED 2.41 und Basis for Conclusions ED 2, BC246.
[34] Vgl. ED 2.40.
[35] Vgl. ED 2.42.
[36] Vgl. ED 2.44.
[37] Vgl. ED 2.44 b).
[38] Vgl. ED 2.44 a).

III. Bilanzrechtliche Aspekte

pitalrücklage hinausgehender Zahlungsbetrag führt zu einer negativen Kapitalrücklage. Es kommt also nicht zu einer erfolgswirksamen Buchung im Personalaufwand, wenn die tatsächliche Zahlung die zuvor gebildete Kapitalrücklage übersteigt.[39]

Zusätzlicher Personalaufwand wird hingegen erfasst, wenn das Unternehmen die Bedienungsalternative mit dem höheren fair value, gemessen im Zeitpunkt der Bedienung, wählt.[40] In der Regel entsprechen sich die fair values beider Bedienungsalternativen im Zeitpunkt der Ausübung, da kein Zeitwert mehr besteht. Unterschiedliche fair values können nur bei asymmetrisch ausgestalteten Bedienungsalternativen auftreten. Die zusätzliche Erfassung von Personalaufwand wird damit begründet, dass das Unternehmen zusätzliche Leistung von den begünstigten Mitarbeitern erwartet bzw. bereits empfangen hat, wenn es bereit ist, freiwillig eine höhere Vergütung zu gewähren.[41] 348

2.3.3 Bewertung

Der Entwurf verfolgt das Ziel, grundsätzlich sämtliche aktienbasierten Vergütungsinstrumente mit ihrem fair value bilanziell abzubilden. Es ergeben sich allerdings Bewertungsunterschiede je nach Art des Vergütungsmodells. 349

(a) Equity-settled Transaktionen

Grundsätzlich bildet der fair value der vom Unternehmen empfangenen Leistungen die Grundlage der Bewertung von equity-settled Transaktionen.[42] 350

Bei Transaktionen mit Mitarbeitern ist es in der Regel nicht möglich, den Wert der von den Mitarbeitern empfangenen Leistungen direkt zu messen.[43] Daher schreibt der ED 2 die Bewertung über den fair value der gewährten Eigenkapitalinstrumente als Surrogat für den Wert der erbrachten Mitarbeiterleistungen vor.[44] 351

Die Bewertung erfolgt im Zeitpunkt der Gewährung der Eigenkapitalinstrumente, am so genannten grant date.[45] Nach Ansicht des IASB stellt dies den sachgerechten Bewertungszeitpunkt dar, da angenommen werden kann, dass sich in diesem Zeitpunkt der Wert der zu erbringenden Mitarbeiterleistungen und der Wert der gewährten Vergütungsinstrumente im wesentlichen entsprechen.[46] 352

Die am grant date vorgenommene Bewertung wird nicht mehr angepasst. Die spätere Wertentwicklung der gewährten Aktien oder Aktienoptionen wirkt sich nicht mehr auf die Bilanzierung der Transaktion aus.[47] 353

---

[39] Vgl. Basis for Conclusions ED 2, BC248.
[40] Vgl. ED 2.44 c).
[41] Vgl. Basis for Conclusions ED 2, BC249.
[42] Vgl. ED 2.7
[43] Vgl. ED 2.12.
[44] Vgl. ED 2.11.
[45] Vgl. ED 2.8.
[46] Vgl. Basis for Conclusions ED 2, BC90 und ED 2.15 a).
[47] Vgl. die Diskussion in Basis for Conclusions ED 2, BC82–BC104.

B. Rechtliche Aspekte

353a Die Vorschläge im ED 2 zur Bewertung und Verteilung des zu erfassenden Personalaufwandes werden seit der Veröffentlichung des Standard-Entwurfs von der interessierten Öffentlichkeit und vom IASB kontrovers diskutiert. Als Ergebnis dieser Diskussion, die in den Verlautbarungen (Updates) des IASB verfolgt werden kann, zeichnet sich ab, dass die im ED 2 vorgeschlagene Methode zur Verteilung des Personalaufwandes, die sogenannte units of service-Methode, in den endgültigen Standard wahrscheinlich keinen Eingang finden wird.[48] Diese Verlautbarungen des IASB nach der Veröffentlichung des ED 2 haben allerdings keinen offiziellen Charakter, sie dienen lediglich der Information der Öffentlichkeit über den Fortschritt der Diskussionen und den Stand der Erarbeitung des endgültigen Standards. Die nach Veröffentlichung des ED 2 bekannt gemachten Entscheidungen des IASB sind ausdrücklich vorläufiger Natur. Somit lässt sich nicht mit Sicherheit vorhersagen, welche Vorschriften letztlich der endgültige Standard enthalten wird. Daher erscheint es ratsam, zunächst die im ED 2 vorgeschlagenen Vorschriften darzustellen. An diese Darstellung schließt sich eine Zusammenfassung des Diskussionsstandes bezüglich der Methodik der Bewertung und Verteilung des zu erfassenden Personalaufwandes an (vgl. Rdnr. 364a).

Bestimmung des fair value der gewährten Vergütungsinstrumente

354 Der fair value der gewährten Eigenkapitalinstrumente ist grundsätzlich, sofern verfügbar, auf Basis des Marktpreises der jeweiligen Instrumente, z.B. Aktien oder Aktienoptionen, zu bestimmen. Dabei sind die Modalitäten des jeweiligen Mitarbeiterbeteiligungsplans zu berücksichtigen.[49]

355 Werden Aktien eines börsennotierten Unternehmens als Vergütung gewährt, bereitet die Bestimmung des Marktpreises keine Schwierigkeiten. Im Falle nicht-börsennotierter Aktien muss der Marktpreis geschätzt werden.[50]

356 Größere Probleme stellen sich bei der Bestimmung des fair value von Aktienoptionen. An Mitarbeiter gewährte Optionen sind in aller Regel nicht handelbar und mit vesting conditions belegt. Daher scheidet eine Marktwertbewertung aus. Der Standard-Entwurf schreibt für solche Fälle die Ermittlung des fair value der Optionen mit Hilfe finanzmathematischer Optionspreismodelle vor.[51] In Betracht kommen insbesondere das Black & Scholes-Modell sowie Binomialmodelle. Über die fair value-Bewertung von Aktienoptionen gibt Abschnitt 5. einen Überblick.

357 Der am grant date ermittelte fair value aller gewährten Eigenkapitalinstrumente stellt die Ausgangsgröße für den gesamten zu erfassenden Aufwand[52] bzw. die entsprechende Erhöhung der Kapitalrücklage dar. Die Ausgangsgröße ist gegebenenfalls zur Berücksichtigung eines erwarteten vorzeitigen Ausscheidens von Mitarbeitern sowie von Erfolgszielen zu modifizieren.

---

[48] Vgl. IASB Update May 2003, S. 6.
[49] Vgl. ED 2.17.
[50] Vgl. ED 2.19.
[51] Vgl. ED 2.20.
[52] D.h., den während der Totalperiode zu erfassenden Aufwand.

III. Bilanzrechtliche Aspekte

Verteilung des Personalaufwandes

Wenn die Erdienung der Vergütungsinstrumente an keinerlei Voraussetzungen geknüpft ist, kann angenommen werden, dass sie für bereits erbrachte Leistungen gewährt wurden. Daher muss in diesem Fall bei Gewährung der ermittelte fair value aller gewährten Vergütungsinstrumente als Personalaufwand und Eigenkapitalmehrung erfasst werden.[53]

358

Ist hingegen die Erdienung der Vergütungsinstrumente von bestimmten Voraussetzungen abhängig, die in der Zukunft (während der vesting period) erfüllt werden müssen, bedeutet das, dass die Gewährung als Gegenleistung für künftige Leistungen, die während der vesting period erbracht werden, erfolgt. Die Erfassung des Personalaufwandes bzw. der entsprechenden Erhöhung der Kapitalrücklage muss dieser Leistungserbringung folgen. Das heißt, der bei Gewährung ermittelte gesamte zu erfassende Wert (nach Korrektur der Effekte Mitarbeiterfluktuation und Erfolgsziele) ist entsprechend der Leistungserbringung der begünstigten Mitarbeiter auf die Rechnungsperioden des Erdienungszeitraumes zu verteilen.[54] Diese Verteilung wird mittels so genannter Service-Einheiten (units of service) vorgenommen. Service-Einheiten stellen die Maßeinheit für die Leistung dar, die das Unternehmen von den begünstigten Mitarbeitern empfangen hat oder zu empfangen erwartet. Service-Einheiten werden auf Grundlage von Zeiträumen, z.B. in Mannjahren oder Mannmonaten ausgedrückt.[55]

359

Zur Verteilung des gesamten zu erfassenden Personalaufwandes und der korrespondierenden Erhöhung der Kapitalrücklage ist zunächst der Wert zu bestimmen, der einer Service-Einheit zuzuordnen ist. Hierzu ist der Betrag des gesamten zu erfassenden Personalaufwandes durch die Summe der Service-Einheiten zu teilen, die das Unternehmen während des Erdienungszeitraumes von den Mitarbeitern zu empfangen erwartet. Dieser Betrag gilt als fair value einer künftig zu empfangenden Service-Einheit (Personalaufwand pro Service-Einheit).[56] Bei der Schätzung der erwarteten zu empfangenden Service-Einheiten ist die erwartete Wahrscheinlichkeit des Ausscheidens begünstigter Mitarbeiter zu berücksichtigen.

360

Während der vesting period hat das Unternehmen dann in der jeweiligen Rechnungsperiode den Personalaufwand auf Basis der tatsächlich empfangenen Service-Einheiten zu erfassen. Hierzu wird der am grant date für die gesamte Laufzeit der Optionen ermittelte fair value pro Service-Einheit mit der Anzahl der erhaltenen Service-Einheiten multipliziert.

361

Abbildung 1 fasst die grundsätzliche Vorgehensweise bei der Verteilung des Personalaufwandes zusammen.

362

Der für die Vergütungsinstrumente insgesamt erfasste Aufwand wird somit nur dann dem am grant date ermittelten gesamten zu erfassenden Personalaufwand entsprechen, wenn sich die Erwartungen des Unternehmens bezüglich der Mitarbeiterfluktuation als zutreffend erweisen.

363

---

[53] Vgl. ED 2.13.
[54] Vgl. ED 2.14.
[55] Vgl. ED 2, Glossary.
[56] Vgl. ED 2.15 b) und c).

B. Rechtliche Aspekte

Abbildung 1: Methodik der Verteilung des Personalaufwands nach ED 2

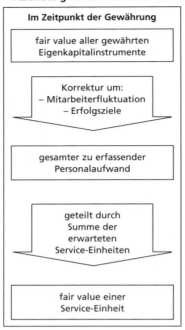
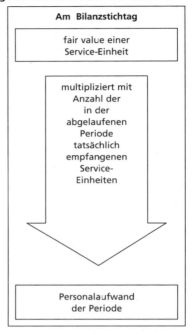

364 Durch die Einbeziehung der geschätzten Mitarbeiterfluktuation in die Berechnung ist eine bewusste Steuerung bzw. Gestaltung der Höhe des tatsächlich erfassten Personalaufwandes möglich. Wird nämlich die Mitarbeiterfluktuation hoch geschätzt, bewirkt dies durch die vorgegebene Berechnungsmethodik, dass einer Service-Einheit ein niedrigerer Wert bei gegebener Anzahl und fair value der gewährten Vergütungsinstrumente beigemessen wird. Der im Zeitpunkt der Gewährung ermittelte fair value einer Service-Einheit wird später nicht mehr angepasst, selbst wenn sich die in die Berechnung eingegangenen Schätzungen als unzutreffend erweisen. Die im Zeitpunkt der Gewährung getroffenen Schätzungen beeinflussen somit nachhaltig die Höhe des insgesamt erfassten Aufwandes.[57]

Stand der Diskussion bezüglich der Bewertung und Verteilung des Personalaufwandes nach der Veröffentlichung des ED 2[58]

364a Wie bereits erwähnt, hat die im ED 2 enthaltene Methode zur Verteilung des Personalaufwandes mit Hilfe von Service-Einheiten nach der Veröffentlichung des Standard-Entwurfs besonders heftige Kritik ausgelöst.[59] Vor allem wurde bemängelt, dass die geplante Berechnungsweise kompliziert und subjektiv sei

---

[57] Vgl. Schmidt, Bilanzierung von Aktienoptionen, 2002, S. 2661.
[58] Stand: 12. November 2003.
[59] Vgl. z.B. IASB Update May 2003, S. 6.

III. Bilanzrechtliche Aspekte

und die für die zur Aufwendung der Methode erforderlichen Informationen nur schwierig zu beschaffen seien. Die von den Kommentatoren des Standard-Entwurfs hervorgebrachte Kritik hat das IASB zu der vorläufigen Entscheidung bewogen, von der oben beschriebenen units of service-Methode Abstand zu nehmen und stattdessen eine an die entsprechende US-GAAP-Vorschrift des SFAS 123 angelehnte Regelung zu präferieren.[60]

Im Gegensatz zu ED 2 ist nach der Regelung in SFAS 123 die Möglichkeit des Verfalls der gewährten Vergütungsinstrumente (z.B. wegen des Ausscheidens des Begünstigten oder Nichterfüllung der Erfolgsziele) bei der Bestimmung ihres fair value am grant date nicht zu berücksichtigen[61]. Hingegen wird für gewährte Vergütungsinstrumente, die während des Erdienungszeitraumes verfallen, kein Aufwand erfasst. Dies bedeutet gegebenenfalls eine nachträgliche Anpassung des bereits erfassten Personalaufwandes während der vesting period. Insgesamt wird am Ende der vesting period nur für die erdienten Rechte ein entsprechender Aufwand, gemessen mit dem am grant date ermittelten fair value, erfasst. Die Verteilung des gesamten zu erfassenden Aufwandes erfolgt linear über den Erdienungszeitraum. Diese Regelungen sollen auch in den endgültigen IFRS aufgenommen werden.

Bei der Berücksichtigung des Verfalls gewährter Vergütungsinstrumente bietet SFAS 123 zwei Möglichkeiten.[62] Die erste besteht darin, die Anzahl der Vergütungsinstrumente, die bis zum vesting date voraussichtlich erdient werden, im Gewährungszeitpunkt zu schätzen. Diese geschätzte Anzahl wird an darauffolgenden Bilanzstichtagen dem tatsächlichen Verfall entsprechend korrigiert. Alternativ kann zunächst davon ausgegangen werden, dass alle gewährten Vergütungsinstrumente erdient werden. An darauffolgenden Stichtagen erfolgt hier ebenfalls eine Korrektur, um die verfallenen Vergütungsinstrumente aus der Berechnung des zu erfassenden Aufwandes zu eliminieren. Die Wahl der einen oder der anderen Alternative hat keine Auswirkung auf die am Ende der vesting period insgesamt erfassten Aufwand. In den endgültigen IFRS will das IASB allerdings nur die erstgenannte Alternative aufnehmen.[63]

Darüber hinaus hat das IASB vorläufig entschieden, eine Ausnahme von der grundsätzlichen fair value-Bewertung gewährter Eigenkapitalinstrumente zuzulassen.[64] Kann ein Unternehmen den fair value der gewährten Eigenkapitalinstrumente nicht zuverlässig bestimmen (da beispielsweise einer der für das angewendete Optionsbewertungsmodell notwendigen Parameter, z.B. Volatilität der Aktien, nicht ermittelt werden kann), soll die Bewertung zum inneren Wert der gewährten Eigenkapitalinstrumente vorgenommen werden. Bis zum Ausübungszeitpunkt soll an jedem Stichtag eine Neubewertung zum aktuellen inneren Wert erfolgen.

---

[60] Vgl. IASB Update May 2003, S. 6.
[61] Vgl. SFAS 123, Par. 17.
[62] Vgl. SFAS 123, Par. 28.
[63] Vgl. IASB Update May 2003, S. 6
[64] Vgl. IASB Update September 2003, S. 9.

B. Rechtliche Aspekte

(b) Cash-settled Transaktionen

365 Der bei cash-settled Transaktionen, z.B. SARs, insgesamt zu erfassende Aufwand ergibt sich als Differenz zwischen dem Ausübungspreis und dem aktuellen Kurs des zugrundeliegenden Eigenkapitalinstruments bei Ausübung (innerer Wert des gewährten Vergütungsinstruments). Dieser Betrag entspricht der Zahlungsverpflichtung des Unternehmens gegenüber den begünstigten Mitarbeitern im Zeitpunkt der Ausübung. Die Bewertung dieser Zahlungsverpflichtung, d.h. der anzusetzenden Rückstellung, zum jeweiligen Stichtag vor Ausübung während der Laufzeit des Plans war umstritten.[65] Zur Diskussion stand die Bewertung mit dem fair value der SARs sowie mit dem inneren Wert zum jeweiligen Stichtag (rechnerischer Vorteil der Begünstigten bei einer fiktiven Ausübung zum Bewertungsstichtag).

366 Mit dem grundsätzlichen fair value-Ansatz des ED 2 ist allerdings nur die fair value-Bewertung konsistent.[66] Konsequenterweise schreibt der Entwurf die Bewertung der anzusetzenden Rückstellung mit dem fair value der SARs zum Bewertungsstichtag vor.[67] Dieser ist, wie bei realen Optionen, mit Hilfe finanzmathematischer Optionspreismodelle zu bestimmen. Wertveränderungen sind zu den jeweiligen Stichtagen erfolgswirksam zu erfassen.

(c) Kombinationsmodelle

367 Bei Modellen, bei denen die begünstigten Mitarbeiter ein Wahlrecht zwischen einer Bedienung in Form von Aktien oder einer Barvergütung haben, ist das zusammengesetzte (compound) Finanzinstrument (s. hierzu Rdnr. 338–348) mit seinem fair value zu bewerten.[68] Bewertungsstichtag ist hier, wie auch bei equity-settled Transaktionen, der Zeitpunkt der Gewährung.

368 Um den fair value des zusammengesetzten Finanzinstruments zu erlangen, wird zunächst der fair value der Fremdkapitalkomponente und dann der fair value der Eigenkapitalkomponente[69] ermittelt. Der fair value des zusammengesetzten Finanzinstruments ist dann die Summe der fair values beider Komponenten. Der Eigenkapitalkomponente kommt aber in der Regel kein zusätzlicher Wert zu. Dies liegt daran, dass sich die fair values beider Bedienungsalternativen bei gleicher Ausgestaltung entsprechen. Da stets nur eine Alternative gewählt werden kann, entspricht in solchen Fällen der fair value des zusammengesetzten Finanzinstruments dem fair value der Fremdkapitalkomponente. Bei unterschiedlicher Ausgestaltung der Bedienungsalternativen hat der Begünstigte eine wirtschaftlich sinnvolle, zusätzliche Handlungsalternative. Dieser kommt ein zusätzlicher Wert zu, der zu erfassen ist. In diesem Fall ist der zusätzliche Wert

---

[65] Vgl. Schmidt, Bilanzierung von Aktienoptionen, 2002, S. 2661 m.w.N. sowie Basis for Conclusions ED 2, BC230–234.
[66] Vgl. Basis for Conclusions ED 2, BC234.
[67] Vgl. ED 2.34.
[68] Vgl. ED 2.37.
[69] Der Wert der Eigenkapitalkomponente ist nicht gleich dem Wert der gewährten Optionsrechte.

III. Bilanzrechtliche Aspekte

der Eigenkapitalkomponente stets größer Null und entsprechend der fair value des zusammengesetzten Instruments größer als der fair value der Fremdkapitalkomponente.[70]

Bei Modellen, die ein Wahlrecht des Unternehmens zur Bedienung des Anspruchs der begünstigten Mitarbeiter vorsehen, richtet sich die Bewertung danach, welche Entscheidung bezüglich des Ansatzes getroffen wurde (s. hierzu Rdnr. 338–348). Entsprechend sind die Bewertungsvorschriften für equity-settled oder cash-settled Transaktionen anzuwenden.[71] **369**

2.3.4 Anhangsangaben

Hauptzielsetzung der vom Standard-Entwurf vorgeschriebenen umfangreichen Anhangsangaben ist es, den Bilanzadressaten das Verständnis folgender wesentlicher Aspekte aktienbasierter Vergütungen im Unternehmen zu ermöglichen: **370**

- die Beschaffenheit und das Ausmaß aktienbasierter Vergütungsvereinbarungen im Unternehmen, die während der Berichtsperiode bestanden;[72]
- die Methode, nach der der fair value der empfangenen Güter bzw. Leistungen oder der fair value der gewährten Eigenkapitalinstrumente bestimmt wurde;[73] und
- die Auswirkung des aus aktienbasierter Vergütung resultierenden Aufwandes auf das Periodenergebnis.[74]

Der Standard-Entwurf enthält einen ausführlichen Katalog von Mindestangaben, die notwendig sind, um die obigen Erfordernisse zu erfüllen.[75] **371**

2.3.5 Inkrafttreten und Übergangsvorschriften

Der endgültige Standard soll für Berichtsperioden verbindlich sein, die nach dem 31. Dezember 2004 beginnen, vorausgesetzt, der Standard wird bis zu diesem Zeitpunkt verabschiedet.[76] **372**

Für aktienbasierte Vergütungspläne in Form einer equity-settled Transaktion, die nach der Veröffentlichung des Entwurfs am 7. November 2002 aufgelegt wurden und deren vesting period im Zeitpunkt des Inkrafttretens des endgültigen Standards noch läuft, soll eine retrospektive Anwendung des Standards vorgeschrieben werden.[77] **373**

Für die Bilanzierung von Rückstellungen bei cash-settled Transaktionen sowie Kombinationsmodellen sollen die Vorschriften des Standards retrospektiv **374**

---

[70] Vgl. ED 2.38. Für die Berechnung der Aufteilung des gesamten fair value auf die beiden Komponenten s. Draft Implementation Guidance ED 2, IG43.
[71] Vgl. ED 2.43–44.
[72] Vgl. ED 2.45.
[73] Vgl. ED 2.47.
[74] Vgl. ED 2.51.
[75] Vgl. ED 2.46 ff.
[76] Vgl. IASB Update September 2003, S. 9. ED 2 geht noch von einem früheren Inkrafttreten zum 1. Januar 2004 aus, vgl. ED 2.56.
[77] Vgl. ED 2.54.

B. Rechtliche Aspekte

angewendet werden, sofern die Verpflichtung des Unternehmens im Zeitpunkt des Inkrafttretens des Standards bereits bestanden hat. Die verpflichtende retrospektive Anwendung soll auf Abschlüsse mit Stichtag nach dem 7. November 2002 begrenzt werden.[78]

375 Die sich aus den neuen Regeln ergebenden Änderungen betreffen zunächst zwar nur Unternehmen, die bereits nach IAS/IFRS bilanzieren. Gemäß der Verordnung des Europäischen Parlaments und des Rates[79] sind alle kapitalmarktorientierten Unternehmen der EU verpflichtet, für am oder nach dem 1. Januar 2005 beginnende Geschäftsjahre ihren Konzernabschluss nach IAS/IFRS aufzustellen. Eine Übergangsfrist wird es möglicherweise für Unternehmen geben, deren Wertpapiere zum öffentlichen Handel in einem Nichtmitgliedstaat (insbesondere USA) zugelassen sind und die daher bereits vor der Veröffentlichung der EU-Verordnung einen US-GAAP-Konzernabschluss aufgestellt haben sowie für Unternehmen, die lediglich mit Schuldtiteln in einem geregelten Markt notiert sind. Diese Unternehmen werden möglicherweise erst für am oder nach dem 1. Januar 2007 beginnende Geschäftsjahre zur IAS/IFRS-Bilanzierung in ihren Konzernabschlüssen übergehen müssen.[80]

3. Bilanzierung nach US-GAAP

3.1 Überblick

376 Unter den Rechnungslegungsvorschriften der US-GAAP existiert bereits seit 1973 in Form des APB 25 eine Regelung zur Bilanzierung aktienbasierter Mitarbeiterbeteiligungsinstrumente.[81] Diese Regelung fordert den Ausweis von Personalaufwand für die an Mitarbeiter vergütungshalber gewährten Instrumente (compensatory plans), bewertet mit dem inneren Wert, dem so genannten intrinsic value. Der innere Wert einer Aktienoption ergibt sich als Differenz zwischen dem Aktienkurs der zugrundeliegenden Aktie und dem Ausübungskurs der Aktienoption. Durch entsprechende Gestaltungen, auf die im folgenden eingegangen wird, kann der Ausweis von Personalaufwand vermieden werden.

377 Aufgrund der Kritik von Börsenaufsicht, Wirtschaftsprüfungsunternehmen, Wirtschaftsvertretern u.a., wurde im Juni 1993 ein Standard-Entwurf (exposure draft) zur Bilanzierung aktienbasierter Vergütungen vorgestellt, der den Ausweis von Personalaufwand für die an Mitarbeiter gewährten aktienbasierten Eigenka-

---

[78] Vgl. IASB Update September 2003, S. 9. Die ursprüngliche Übergangsvorschrift gem. ED 2.55 wurde damit modifiziert.

[79] Verordnung (EG) Nr. 1606/2002 des Europäischen Parlaments und des Rates vom 19. Juli 2002 betreffend die Anwendung internationaler Rechnungslegungsstandards. Die Verordnung ist verfügbar unter: http://www.europa.eu.int/comm/internal_market/de/company/account/news/index.htm, Stand: 21.5.2003.

[80] Vgl. Artikel 10 obiger Verordnung. Die Einführung dieser Übergangsfrist obliegt den einzelnen Mitgliedstaaten der EU. Zu weiteren Mitgliedstaatenwahlrechten bezüglich IAS/IFRS-Bilanzierung nicht kapitalmarktorientierter Unternehmen s. Artikel 5 obiger Verordnung.

[81] Vgl. APB 25, Par. 20.

III. Bilanzrechtliche Aspekte

pitalinstrumente, bewertet mit dem fair value, forderte und keine Ausnahmen zuließ. Dieser Entwurf löste eine heftige Kontroverse aus, die das gesamte System des FASB[82] grundsätzlich in Frage stellte.[83] Nach intensiver Lobbyarbeit von Seiten der Wirtschaft einigte man sich auf eine Kompromisslösung – den gegenwärtigen Standard SFAS 123. Dieser beinhaltet ein Wahlrecht[84] zwischen der fair value-Bewertung der ausgegebenen Eigenkapitalinstrumente und einer Bewertung mit dem inneren Wert nach der bisherigen Regelung APB 25. Abbildung 2 gibt einen Überblick über die gegenwärtige Struktur der Bilanzierungsregelungen zu aktienbasierten Vergütungen nach US-GAAP.

Das FASB zeigte sich bereits 1995 mit der Verabschiedung des Standards SFAS 123 unzufrieden, weil dieser die Bewertungsmöglichkeit zum intrinsic value, entgegen der beim FASB vorherrschenden Überzeugung, weiterhin zuließ.[85] Das Board vertrat stets die Meinung, dass der Jahresabschluss aussagekräf-

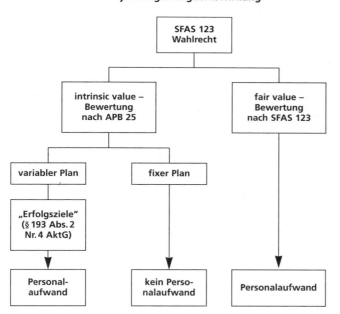

Abbildung 2: Bilanzierungsregelungen nach SFAS 123 mit der jeweiligen Ergebniswirkung[86]

---

[82] In den USA besitzt die Securities and Exchange Commission (SEC) durch das Securities Exchange Act aus dem Jahr 1934 die gesetzliche Berechtigung, Bilanzierungsstandards für öffentlich gehandelte Unternehmen zu erlassen. Diese Aufgabe wurde von der SEC stets auf den privaten Sektor übertragen. Das Financial Accounting Standards Board (FASB) hat seit 1973 als private Institution die Aufgabe der Standarderarbeitung und -verabschiedung inne. (Quelle: http://www.fasb.org/facts/index.shtml, FASB, FASB Facts, Stand: 5.5.2003)

[83] Vgl. SFAS 123, Par. 1, 5, 57, 60.

[84] Vgl. SFAS 123, Par. 11.

[85] Vgl. SFAS 148, Appendix A2.

[86] Die dargestellte Ergebniswirkung setzt eine entsprechende Ausgestaltung der Mitarbeiterbeteiligungspläne voraus, die im folgenden eingehend behandelt werden.

B. Rechtliche Aspekte

tigere und genauere Informationen vermitteln würde, wenn der fair value der Mitarbeiter-Aktienoptionen als Personalaufwand in der Gewinn- und Verlustrechnung einbezogen werden würde.[87]

379 Der Ausweis von Personalaufwand für Mitarbeiter-Aktienoptionen, bewertet mit dem fair value, hätte im Jahr 2002 bei den Unternehmen des S&P 500 Index zu einer Verminderung der Earnings per Share (EPS) um durchschnittlich 17% geführt.[88] Dies macht die Motivation der Lobby der bilanzierenden Unternehmen gegen einen Standard, der zum Ausweis von Personalaufwand für Mitarbeiter-Aktienoptionen verpflichtet, deutlich.

380 Die Anhänger der ausschließlichen fair value-Bilanzierung haben in jüngster Vergangenheit jedoch starken Zulauf erhalten. Die Bestrebungen des FASB und neue Entwicklungen zur fair value-Bilanzierung werden in Abschnitt 3.3.1 dargestellt. Zunächst soll aber die gegenwärtige bilanzielle Behandlung von an Mitarbeiter gewährten Eigenkapitalinstrumenten (insbesondere Aktienoptionen und Stock Appreciation Rights) dargestellt werden.

3.2 Gegenwärtige Behandlung

3.2.1 Ansatz

381 Im Gegensatz zum Standard-Entwurf ED 2 stützt sich die grundlegende Betrachtungsweise nach US-GAAP nicht vornehmlich auf die vom ausgebenden Unternehmen empfangene Arbeitnehmerleistung, sondern fokussiert auf den korrespondierenden finanziellen Vorteil des Mitarbeiters durch das gewährte Eigenkapitalinstrument.[89]

382 Eigenkapitalinstrumente werden nicht ohne Gegenleistung, sondern als Entgelt für erhaltene bzw. zukünftige Arbeitnehmerleistungen gewährt und sind daher im Personalaufwand zu erfassen. Bereits der seit 1973 gültige Standard APB 25 fordert den Ansatz des Werts des gewährten Eigenkapitalinstruments.[90] Sollte dem gewährten Eigenkapitalinstrument jedoch kein Wert beizumessen sein – wie nach APB 25 unter bestimmten Voraussetzungen möglich – entfällt der Ausweis von Personalaufwand. Bilanziert das Unternehmen nach SFAS 123, ist der Ausweis von Personalaufwand zwingend.

3.2.2 Bewertung

(a) Fair value-Bewertung nach SFAS 123

383 Der Standard SFAS 123 fordert die Berücksichtigung von gewährten Eigenkapitalinstrumenten, insbesondere realen Aktienoptionen und Stock Appreciation Rights, mit ihrem fair value im Personalaufwand. Der fair value umfasst neben dem inneren Wert zusätzlich den Zeitwert der Option. Die Gegenbuchung er-

---

[87] Vgl. SFAS 123, Par. 61.
[88] Vgl. Gebhardt, Konsistente Bilanzierung, 2003, S. 675.
[89] Vgl. SFAS 123, Par. 16.
[90] Vgl. SFAS 123, Par. 3.

III. Bilanzrechtliche Aspekte

folgt bei Plänen, die eine Bedienung des Mitarbeiters mit Aktien vorsehen, in der Kapitalrücklage. Gewährte Stock Appreciation Rights, die eine Vergütung in bar vorsehen, sind mit der intrinsic value-Methode zu bewerten[91] und werden im anschließenden Abschnitt näher behandelt.

Der fair value der Option ist nach finanzmathematischen Methoden (z.B. Black & Scholes-Modell oder einem Binomialmodell) zu ermitteln.[92] Als Bewertungszeitpunkt für die Optionen wird der Zeitpunkt der Einräumung (grant date) vorgeschrieben.[93] Das FASB favorisiert den Weg der fair value-Bewertung, eröffnet jedoch die Möglichkeit zur intrinsic value-Bewertung nach APB 25.[94] Entscheidet sich ein Unternehmen für die fair value-Bewertung nach SFAS 123, kann die Entscheidung in den Folgejahren nicht mehr rückgängig gemacht werden.[95] Weitere Ausführungen zur fair value-Bewertung finden sich unter 5. **384**

(b) Intrinsic value-Bewertung nach APB 25

Ein Wahlrecht[96] ermöglicht es den Unternehmen, die US-GAAP-Regelung nach APB 25 anzuwenden, die eine Bewertung der Optionsrechte und somit die Bemessung des Personalaufwands mit dem inneren Wert (intrinsic value) vorsieht.[97] Wie bereits erwähnt, berücksichtigt der intrinsic value lediglich die Differenz zwischen dem Wert der zugrundeliegenden Aktie am Tag der Bewertung und dem Ausübungskurs. **385**

In APB 25 wird zwischen variablen und fixen Aktienoptionsplänen unterschieden. Ein fixer Aktienoptionsplan liegt vor, wenn im Zeitpunkt der Einräumung der Option sowohl die Anzahl der Aktien, die bezogen werden können, als auch die Höhe des Bezugskurses bestimmt werden kann. Die Bestimmung der Anzahl der Aktien ist regelmäßig jedoch nicht möglich, wenn die Ausübung von einem Erfolgsziel abhängt.[98] In diesem Fall liegt ein variabler Plan vor. Im Einklang mit den deutschen aktienrechtlichen Vorschriften (§ 193 Abs. 2 Nr. 4 AktG) muss die Ausübung der Optionen an ein Erfolgsziel geknüpft werden. Dies führt grundsätzlich zur Qualifizierung deutscher Aktienoptionspläne als variable Pläne. Der Ausweis von Personalaufwand kann in der Regel jedoch nur vermieden werden, wenn der Aktienoptionsplan als ein fixer Plan qualifiziert wird. **386**

Um bei Anwendung der US-GAAP-Regelungen in Deutschland dem Erfordernis eines Erfolgsziels gemäß § 193 Abs. 2 Nr. 4 AktG zu entsprechen und gleichzeitig den Ausweis von Personalaufwand zu vermeiden, kommt bei der Mehrzahl der DAX-Unternehmen mit Aktienoptionsplänen das so genannte **387**

---

[91] Vgl. SFAS 123, Par. 25 i.V.m. FIN 28.
[92] Vgl. SFAS 123, Par. 19.
[93] Vgl. SFAS 123, Par. 17.
[94] Vgl. SFAS 123, Par. 11.
[95] Vgl. SFAS 123, Par. 14.
[96] Vgl. SFAS 123, Par. 11.
[97] Vgl. APB 25, Par 10.
[98] Vgl. APB 25, Par 29.

Abbildung 3: Einordnung des Premiummodells unter die Bilanzierungsregelungen nach SFAS 123

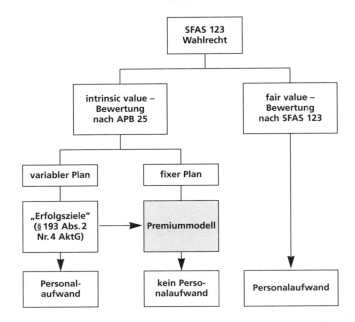

Premiummodell zur Anwendung. Abbildung 3 zeigt die Einordnung des Premiummodells in das Schema der Bilanzierungsregelungen nach US-GAAP.

388 Bei dem Premiummodell wird der Ausübungskurs höher als der bei der Ausgabe vorherrschende Aktienkurs gewählt, um somit ein indirektes Erfolgsziel zu setzen. Der Bezugsberechtigte wird aus betriebswirtschaftlichen Gründen erst ausüben, wenn der Aktienkurs mindestens den Ausübungskurs erreicht bzw. übersteigt. Er hat aber die theoretische Möglichkeit, jederzeit auszuüben. Dies erfüllt die aktienrechtlichen Forderungen an ein Erfolgsziel und ermöglicht gleichzeitig die Qualifizierung als fixer Aktienoptionsplan, da die Anzahl der Aktien, die bezogen werden können, bereits im Zeitpunkt der Gewährung feststeht. Der innere Wert wird am Tag der Gewährung gemessen, an dem der Wert sogar negativ ist. Der Ausweis von Personalaufwand wird dadurch vermieden. Anpassungen an späteren Bilanzstichtagen erfolgen nicht.

389 Der Nachteil des Modells besteht jedoch darin, dass die ausgegebenen Optionen später einen positiven inneren Wert erreichen (d.h. „in the money" sind) als bei einem Aktienoptionsplan, bei dem der Ausübungspreis dem Aktienkurs bei Gewährung entspricht. Der Vermögensvorteil für den Mitarbeiter wird auf diese Weise verringert. In der Praxis wird daher teilweise dem Mitarbeiter in Höhe des Aufschlags („premium") ein Barzuschuss gewährt.

390 Die Bilanzierung von Stock Appreciation Rights erfolgt unter Anwendung der intrinsic value-Methode nach APB 25.[99] Aufgrund des Anspruchs der be-

---

[99] Vgl. SFAS 123, Par. 25 i.V.m. FIN 28, Par. 2.

III. Bilanzrechtliche Aspekte

zugsberechtigten Mitarbeiter auf eine Barvergütung entsteht bei der Gewährung von Stock Appreciation Rights bei dem ausgebenden Unternehmen eine Verpflichtung, die in Form einer Rückstellung (accrued liability) bilanziell berücksichtigt wird. Die Gegenbuchung erfolgt im Personalaufwand. Der ermittelte Aufwand wird über die vesting period verteilt. Zu jedem Bilanzstichtag erfolgt eine Anpassung auf Basis des dann vorherrschenden Marktpreises der Aktie. Der bis dahin erfasste Aufwand wird um den jeweils neu ermittelten Aufwand korrigiert.[100]

3.2.3 Anhangsangaben

Wird von dem berichtenden Unternehmen eine Bewertung nach der intrinsic value-Methode gewählt, werden zusätzliche Anhangsangaben gefordert, die den Unterschied zur fair value-Bilanzierung aufzeigen. So müssen das pro forma-Ergebnis und die pro forma-earnings per share (EPS),[101] die sich bei einer fair value-Bilanzierung ergeben hätten, im Anhang angegeben werden. Steuereffekte, die im Falle der fair value-Bilanzierung aufgetreten wären, sollen ebenfalls gezeigt werden.[102] **391**

3.3 Aktuelle Entwicklungen

3.3.1 Übergang zur fair value-Bilanzierung nach SFAS 148

Im Dezember 2002 wurde der Standard SFAS 148 als Nachtrag (amendment) zum Standard SFAS 123 veröffentlicht. Er erweitert und verändert Ausführungen des Standards SFAS 123 sowie der APB Opinion 28. Der neue Standard soll den Wechsel zum fair value-Ansatz unterstützen, die Übergangsphase bei der Umstellung der Bilanzierungsmethodik regeln und die Offenlegungspflichten erweitern. Dies ist eine Reaktion auf die Ankündigungen zahlreicher Unternehmen, beim bilanziellen Ausweis der Aktienoptionen freiwillig auf die fair value-Methode zurückgreifen zu wollen. **392**

Die Regelungen zur Übergangsphase und zu den jährlichen Offenlegungspflichten sind für Geschäftsjahre, die nach dem 15. Dezember 2002 enden, verbindlich. Die Regelungen zu den Veröffentlichungspflichten in den Zwischenberichten gelten für Berichtsperioden, die nach dem 15. Dezember 2002 beginnen.[103] **393**

Insgesamt ergibt sich durch den neuen Standard eine Verbesserung der Aussagekraft des Jahresabschlusses im Hinblick auf die tatsächliche wirtschaftliche Lage des Unternehmens. Jedoch bleibt das Wahlrecht zwischen intrinsic value- und fair value-Bewertung weiterhin bestehen. Im wesentlichen wurden folgende Neuerungen beschlossen:[104] **394**

---

[100] Vgl. FIN 28, Par. 2–4.
[101] Falls die earnings per share gezeigt werden.
[102] Vgl. SFAS 123, Par. 45.
[103] Vgl. SFAS 148, Par 4, 5.
[104] Vgl. SFAS 148, Par. 2e, 3, Appendix A17, B7.

B. Rechtliche Aspekte

- Eine inhaltliche Erweiterung der Angabepflichten sowie deren leserfreundliche, anschauliche und tabellarische Aufbereitung im Anhang wird gefordert.
- Die Angabe- und Erläuterungspflichten für Jahresabschlüsse werden auf die unterjährige Berichterstattung ausgedehnt.
- Drei Alternativen werden als Übergangsregelung für die Umstellung der Bilanzierung von der intrinsic value-Methode auf die fair value-Methode vorgegeben.[105]

  - **prospective method**: Einzubeziehen sind Pläne, die nach Beginn des Geschäftsjahres, in dem der Wechsel der Bewertungsmethode vollzogen wird, neu aufgelegt werden (unverändert gegenüber SFAS 123).
  - **modified prospective method**: Einzubeziehen sind Pläne, die nach Beginn des Geschäftsjahres, in dem der Wechsel der Bewertungsmethode vollzogen wird, neu aufgelegt werden oder bereits bestehen.
  - **retroactive restatement method**: Einzubeziehen sind alle seit dem 15. Dezember 1994 aufgelegten Pläne. Die Zahlenwerke aller Geschäftsjahre seit diesem Zeitpunkt sollen neu ermittelt werden (restatement). Die entsprechenden Auswirkungen sollen in den jeweiligen Berichtsperioden abgebildet werden.

395 Mit dem zusätzlichen Angebot der retroactive und modified prospective method reagierte das FASB auf die Bedenken gegenüber der prospective method. Aufgrund des bei dieser Methode allein auf die Zukunft gerichteten Blickwinkels bleibt der mit zu früheren Zeitpunkten ausgegebenen Optionsrechten in Zusammenhang stehende Personalaufwand unberücksichtigt. Diese mögliche Inkonsistenz des Abbilds der tatsächlichen wirtschaftlichen Situation des betreffenden Unternehmens wird durch die neuen Möglichkeiten gemindert bzw. verhindert.[106]

3.3.2 Annäherung zwischen ED 2 und den US-GAAP-Regelungen

396 Mit dem SFAS 148 scheint die Weiterentwicklung noch nicht abgeschlossen. Die am 18. November 2002 ergangene Einladung des FASB zum Vergleich zwischen ED 2 und SFAS 148 kritisch Stellung zu nehmen, soll zu einer Annäherung der weltweiten Bilanzierungsvorschriften beitragen. Das Board weist ausdrücklich darauf hin, dass langfristig international einheitliche Regelungen zur Bilanzierung von Mitarbeiter-Aktienoptionen erreicht werden müssen, um die Funktionsfähigkeit der weltweiten Kapitalmärkte zu gewährleisten.[107] Gemeinsam abgehaltene Sitzungen von FASB und IASB bringen die Ernsthaftigkeit dieses Vorhabens zum Ausdruck.[108]

397 Der Ruf nach dem Ansatz von Personalaufwand für Mitarbeiter-Aktienoptionen, bewertet mit dem fair value und ohne Ansatzwahlrechte, wird immer

---

[105] Vgl. SFAS 148, Par. 2a.
[106] Vgl. SFAS 148, Summary; vgl. auch FASB, News Release, 31.12.02.
[107] Vgl. FASB, News Release, 12.3.2003.
[108] Vgl. z.B. das Treffen von AcSB, IASB und FASB am 22.10.2003.

III. Bilanzrechtliche Aspekte

lauter. Das FASB nimmt dies zum Anlass, die Diskussion zu dieser Thematik wieder aufzugreifen. Im März 2003 hat das FASB zur Verbesserung der Bilanzierung von Aktienoptionen ein Projekt in seine Agenda aufgenommen, das sich dem Thema „Behandlung der Aktienoptionen als Aufwand" widmet. Dabei ist ein Standard-Entwurf für das erste Quartal 2004 vorgesehen. Der endgültige Standard soll ab dem vierten Quartal 2004 Gültigkeit erlangen.

Der chairman des FASB, Robert Herz, drängt auf eine ausnahmslose Berücksichtigung von Mitarbeiter-Aktienoptionen als Personalaufwand. Damit wäre auch die Konvergenz zwischen amerikanischen und internationalen Rechnungslegungsvorschriften ein Stück näher gerückt – ein offizielles Ziel des FASB.[109] **398**

4. Bilanzierung nach deutschen Rechnungslegungsvorschriften

Unter den HGB-Rechnungslegungsvorschriften gibt es gegenwärtig keine explizite Regelung für die Bilanzierung von Aktienoptionen. Der Deutsche Standardisierungsrat (DSR)[110] hat im Juni 2001 den Entwurf E-DRS 11 „Bilanzierung von Aktienoptionsplänen und ähnlichen Entgeltformen" veröffentlicht. Dieser Standard-Entwurf sollte nach seiner Verabschiedung die bilanzielle Behandlung von Aktienoptionen in Konzernabschlüssen nach HGB regeln. **399**

Nach der Veröffentlichung der Verordnung des Europäischen Parlaments und des Rates,[111] wodurch die Anwendung der IAS/IFRS für kapitalmarktorientierte Unternehmen in der EU gesetzlich verankert wurde, verliert die standardsetzende Tätigkeit des DSR, die auf eine internationale Harmonisierung von Rechnungslegungsvorschriften abzielte, weitgehend an Bedeutung. Dies hat der DSR zum Anlass genommen, seine Tätigkeit neu auszurichten. Als Folge der strategischen Neuausrichtung wurden sämtliche Projekte des DSR, die die Erarbeitung neuer Rechnungslegungsstandards zum Ziel hatten, gestoppt. So wird auch E-DRS 11 nicht weiter verfolgt. Somit bleibt die bilanzielle Behandlung von Aktienoptionen im HGB weiterhin ungeregelt. **400**

5. Fair value-Bewertung von Optionsrechten

Wendet man zur Ermittlung des Werts der gewährten Eigenkapitalinstrumente nicht die intrinsic value-Methode an, sondern stützt man sich auf die fair value-Methode, so setzt sich der Gesamtwert der Option (fair value) aus dem inneren **401**

---

[109] Vgl. FASB, News Release, 12.3.2003.
[110] Der Deutsche Standardisierungsrat (DSR) als privates Rechnungslegungsgremium i.S. von § 342 HGB hat den Auftrag, Grundsätze für eine ordnungsmäßige Konzernrechnungslegung zu entwickeln, den Gesetzgeber bei der Fortentwicklung der Rechnungslegung zu beraten und die Bundesrepublik Deutschland in internationalen Rechnungslegungsgremien zu vertreten. Der DSR veröffentlicht die Deutschen Rechnungslegungsstandards (DRS). Träger des DSR ist das Deutsche Rechnungslegungs Standards Committee (DRSC).
[111] Verordnung (EG) Nr. 1606/2002 des Europäischen Parlaments und des Rates vom 19. Juli 2002 betreffend die Anwendung internationaler Rechnungslegungsstandards.

B. Rechtliche Aspekte

Wert und dem Zeitwert der Option zusammen. Die Berechnung ist höchst umstritten; eines der Argumente der Gegner der fair value-Bilanzierung.

402 Nach den US-GAAP-Regelungen sollen die für die vom Mitarbeiter erhaltene Leistung gewährten Aktienoptionen in Höhe des fair value der Optionen anhand eines Optionspreismodells, z.B. dem Black & Scholes-Modell oder einem Binomialmodell ermittelt werden und als Personalaufwand abgebildet werden.[112] Einen etwas anderen Ansatz verfolgt der Standard-Entwurf ED 2. Hiernach ist als Personalaufwand die vom Unternehmen erhaltene Arbeitsleistung abzubilden. Da die Arbeitsleistung der Mitarbeiter direkt jedoch schwer zu ermitteln ist, soll sie mittelbar durch den fair value der hingegebenen Eigenkapitalinstrumente ermittelt werden.[113]

403 Im Ergebnis fordern die Vorschriften der IAS/IFRS und der US-GAAP die Abbildung des Personalaufwands in Höhe des fair value der gewährten Option, ermittelt durch ein anerkanntes finanzmathematisches Optionspreismodell.[114] Im folgenden wird auf das in der Praxis gängigste Berechnungsmodell von Black und Scholes näher eingegangen.

404 Mit dem von Fisher Black und Myron Scholes entwickelten Modell zur Ermittlung von Optionswerten, (dem so genannten Black & Scholes-Modell), konnte im Jahr 1973 erstmalig ein Optionspreis errechnet werden, ohne eine individuelle Risikopräferenz festlegen zu müssen. Nach der Auszeichnung mit dem Nobelpreis im Jahr 1997 wurde das Modell auch einer breiteren Öffentlichkeit bekannt.[115] Das Berechnungsschema für den Preis einer Call-Option ist in folgender Abbildung dargestellt.

Abbildung 4: Berechnung eines Call-Preises nach dem Black & Scholes-Modell

$$C = K * N_1(d_1) - X * e^{Rf*t} * N(d_2)$$

$$d_1 = \frac{\ln\left(\frac{K}{X}\right) + \left(Rf + \frac{\sigma^2}{2}\right) * t}{\sigma * \sqrt{t}}$$

$$d_2 = d_1 - \sigma * \sqrt{t}$$

C	Callpreis
K	Aktienkurs
X	Ausübungspreis
Rf	risikofreier Zinssatz
t	Restlaufzeit
σ	Aktienkursvolatilität
N(d_1)	kumulative Standardnormalverteilung
N(d_2)	$N(d_1) - \sigma*\sqrt{t}$

405 Einen Überblick über die in das Black & Scholes-Modell einbezogenen Parameter zur Berechnung des Optionswerts liefert Abbildung 5. Die Tabelle zeigt darüber hinaus, welche Auswirkungen ein Anstieg eines Einflussfaktors auf den Wert einer Call-Option hat. Steigt beispielsweise die Volatilität, so steigt auch der Call-Preis.

406 Das Modell setzt unter anderem einen im Gleichgewicht befindlichen Kapitalmarkt und einen Aktienkursverlauf voraus, der einem stochastischen Prozess

---

[112] Vgl. SFAS 123, Par. 16, 19.
[113] Vgl. ED 2.11.
[114] Vgl. ED 2.20, vgl. auch SFAS 123, Par. 19.
[115] Vgl. Kramarsch, Bilanzierung, S. 53.

III. Bilanzrechtliche Aspekte

Abbildung 5: Auswirkung einer Parameterveränderung auf den Optionspreis[116]

Parameter steigend	Effekt auf den Optionspreis (Call)
Aktienkurs	↑
Ausübungskurs	↓
Restlaufzeit	↑
Volatilität	↑
Risikofreier Zinssatz	↑
Dividende	↓

folgt. Da diese Voraussetzungen in der Praxis oftmals nicht erfüllt sind, kann der ermittelte Optionspreis frei handelbarer Optionsrechte von dem Marktpreis abweichen.

Das Modell ist für die Bewertung für am Kapitalmarkt frei handelbarer europäischer[117] Optionen entwickelt worden. Spezielle Merkmale von Mitarbeiter-Aktienoptionen wie beispielsweise Sperrfristen, Erfolgsziele, Ausübungsbeschränkungen, Ausübungsverhalten der Bezugsberechtigten u.a. beeinflussen den Wert einer Option, werden aber im Black & Scholes-Modell nicht abgebildet. Aus diesem Grund sind entsprechende Modifikationen bei den in das Modell einfließenden Parametern vorzunehmen. 407

Während der Ausübungskurs der Option und der Kurs der zugrundeliegenden Aktie am Bewertungsstichtag leicht zu ermitteln sind, bedarf es für die Festlegung der anderen Parameter näherer Bestimmungen und Anpassungen. Unter IAS/IFRS sind diese in den Anwendungshilfen (Implementation Guidance[118]) zum ED 2 für die restlichen Parameter vorgegeben. Unter US-GAAP befassen sich der SFAS 123, Par. 169–172 mit Modifikationen der einfließenden Parameter. 408

Die Ermittlung und Modifikationsmöglichkeiten der Parameter des Black & Scholes-Modells nach IAS/IFRS bzw. US-GAAP für Mitarbeiter-Aktienoptionen werden im folgenden dargestellt. 409

– Erwartete Volatilität der zugrundeliegenden Aktie 410
Die in das Black & Scholes-Modell einfließende Volatilität stellt vereinfacht die annualisierte Standardabweichung von der durchschnittlichen Rendite einer Aktie dar. Zugrunde zulegen ist die historische Volatilität; diese kann aber wegen verschiedener Sonderfaktoren anzupassen sein. Darunter fallen Sondereffekte wie beispielsweise ein Unternehmenskauf. Die grundsätzliche Herangehensweise ist nach IAS/IFRS und US-GAAP vergleichbar.[119]

---

[116] Vgl. Gaschnik/Hoffjan/Siemes, Prognosefähigkeit, S. 96.
[117] Bei europäischen Optionen handelt es sich um Optionen, die nur am Verfallstag ausgeübt werden können.
[118] Die Implementation Guidance wurde zusammen mit dem Entwurf vom IASB veröffentlicht und stellt eine Anleitung zur Umsetzung des Standards dar.
[119] Vgl. Draft Implementation Guidance ED 2, IG14, 16, 18 und SFAS 123, Par. 284f.

B. Rechtliche Aspekte

411 – Erwartete Laufzeit der Optionen
Maßgeblich für die Bestimmung der erwarteten Laufzeit der Optionen nach IAS/IFRS ist nicht die rechtliche Laufzeit, sondern der erwartete Zeitraum zwischen Gewährung und voraussichtlicher Ausübung. Bei der Bestimmung der erwarteten Laufzeit der Optionen sind u.a. die Länge des Erdienungszeitraums, evtl. Erfahrungen aus anderen Optionsplänen in der Vergangenheit und die erwartete Volatilität der zugrundeliegenden Aktien zu berücksichtigen. Im Falle einer hohen Volatilität werden Arbeitnehmer dazu neigen, die Optionen früher auszuüben. Wenn über das Ausübungsverhalten einzelner Untergruppen der begünstigten Arbeitnehmer detaillierte Informationen vorliegen, kann die Ermittlung der gewichteten durchschnittlichen Laufzeit auch auf Ebene dieser Untergruppen erfolgen.[120]

412 Da Mitarbeiter-Aktienoptionen im Gegensatz zu frei gehandelten Optionen nach dem Erdienungszeitraum nicht veräußerbar sind, geht auch nach US-GAAP die erwartete Laufzeit der Optionen anstatt der maximalen Laufzeit in das Black & Scholes-Modell ein.[121] Bei der Abschätzung der erwarteten Laufzeit sind der Erdienungszeitraum, der einen Minimumwert darstellt, die durchschnittliche Laufzeit vergleichbarer, in der Vergangenheit gewährter Optionen und die erwartete Volatilität einzubeziehen. Auch eine Einteilung der Arbeitnehmer in Gruppen, wie gemäß ED 2, wird vorgeschlagen.[122]

413 – Erwarteter risikofreier Zinssatz
Der risikofreie Zinssatz entspricht nach der IAS/IFRS-Rechnungslegung, wie auch nach US-GAAP, in der Regel dem aktuellen Zinssatz von Null-Kupon-Staatsanleihen des Landes, in dem die Aktien des Unternehmens gehandelt werden bzw. in dem das Unternehmen hauptsächlich operativ tätig ist. Dabei muss die Restlaufzeit der Anleihe der erwarteten Laufzeit der Optionen entsprechen.[123]

414 – Erwartete Dividenden
Erwartete Dividenden sind nach IAS/IFRS zu berücksichtigen, wenn die begünstigten Mitarbeiter an den ausgeschütteten Dividenden über die Optionsbedingungen, z.B. über Anpassungen des Ausübungspreises, nicht partizipieren. In diesem Fall soll der Barwert der erwarteten Dividendenzahlungen den fair value mindern.[124]

415 Den Rechnungslegungsvorschriften nach IAS/IFRS und nach US-GAAP ist die Basis zur Ermittlung der zukünftigen Dividenden gemeinsam. Grundsätzlich sollen öffentlich zugängliche Informationen die Grundlage bilden. Bei regelmäßigen Dividendenzahlungen in der Vergangenheit sollen diese auch für die zukünftigen Dividenden angenommen werden. Bei in der Vergangenheit stetig steigenden Dividenden soll die Dividende anhand einer Steige-

---

[120] Vgl. Draft Implementation Guidance ED 2, IG10–13.
[121] Vgl. SFAS 123, Par. 169–172.
[122] Vgl. SFAS 123, Par. 280f.
[123] Vgl. Draft Implementation Guidance ED 2, IG30; vgl. auch SFAS 123, Par. 273.
[124] Vgl. Draft Implementation Guidance ED 2, IG24–27.

III. Bilanzrechtliche Aspekte

rungsrate fortgeschrieben werden. Wurde bisher noch keine Dividende bezahlt, wird aber während der Optionslaufzeit erstmals eine Dividende erwartet, so soll der Durchschnittswert der Dividendenzahlungen einer Gruppe vergleichbarer Unternehmen herangezogen werden.[125]

Wie in den Abschnitten 2.2 und 2.3.2 beschrieben, sind nach IAS/IFRS SARs wie Aktienoptionen mit der fair value-Methode zu bewerten, während nach US-GAAP lediglich der innere Wert der virtuellen Optionen (SARs) als Personalaufwand abzubilden ist.

6. Fazit

Das IASB hat mit seinem Entwurf ED 2 einen wesentlichen Schritt in Richtung true and fair view bei der bilanziellen Abbildung von vergütungshalber gewährten Eigenkapitalinstrumenten getan. Die Gewährung von Aktienoptionen an Mitarbeiter soll ohne Ausnahmen als Personalaufwand zu erfassen sein. Dies dürfte erhebliche Auswirkungen auf die Unternehmensergebnisse haben. Wird der ED 2 in der hier beschriebenen Form verabschiedet, wird er von der gegenwärtigen US-GAAP-Regelung, wonach der Ausweis von Personalaufwand weiterhin vermieden werden kann, stark abweichen. Eine internationale Vereinheitlichung der Bilanzierung aktienbasierter Vergütungen nach Muster des neuen IFRS-Standards wird allerdings angestrebt. Mit Blick auf eine globalisierte Wirtschaft ist diese Vereinheitlichung aus Gründen der Vergleichbarkeit der Zahlenwerke unverzichtbar.

416

Naturgemäß bleiben zum ED 2 zahlreiche Auslegungsfragen offen, weitere dürften sich nach der Verabschiedung im Rahmen der tatsächlichen Anwendung ergeben. Des weiteren dürfte auch die Ermittlung des fair value einer Option weiterhin für umfangreiche Diskussionen sorgen.

Weiterführende Literatur:

Accounting Principles Board (Hrsg.):	Accounting Principles Board Opinion No. 25 (**APB 25**) – Accounting for Stock Issued to Employees, in: Financial Accounting Standards Board (Hrsg.): Original Pronouncements, Accounting Standards as of June 1, 2002, Vol. III, New York u.a. 2002.
Deutscher Standardisierungsrat (Hrsg.):	Entwurf Deutscher Rechnungslegungs Standard Nr. 11, **E-DRS 11** – Bilanzierung von Aktienoptionsplänen und ähnlichen Entgeltformen, Berlin 2001.
Financial Accounting Standards Board (Hrsg.):	**News Release**, FASB Adds Projects to Its Agenda on Employee Stock Options and Pensions, **12.3.2003**, Quelle: http://www.fasb.org/news/nr031203.shtml, Stand: 17.3.2003.
Financial Accounting Standards Board (Hrsg.):	**News Release**, FASB Amends Transition Guidance for Stock Options and Provides Improved Disclosures, **31.12.2002**, Quelle: http://www.fasb.org/news/nr123102.shtml, Stand: 17.3.2003.

---

[125] Vgl. Draft Implementation Guidance ED 2, IG29; vgl. auch SFAS 123, Par. 286 f.

B. Rechtliche Aspekte

Financial Accounting Standards Board (Hrsg.):	FASB Interpretation No. 28 (**FIN 28**) – Accounting for Stock Appreciation Rights and Other Variable Stock Option or Award Plans – an Interpretation of APB Opinions No. 15 and 25, in: Financial Accounting Standards Board (Hrsg.): Original Pronouncements, Accounting Standards as of June 1, 2002, Vol. III, New York u.a. 2002.
Financial Accounting Standards Board (Hrsg.):	Statement of Financial Accounting Standards No. 123 (**SFAS 123**) – Accounting for Stock-Based Compensation, in: Financial Accounting Standards Board (Hrsg.): Original Pronouncements, Accounting Standards as of June 1, 2002, Vol. II, New York u.a. 2002.
Financial Accounting Standards Board (Hrsg.):	Statement of Financial Accounting Standards No. 148 (**SFAS 148**) – Accounting for Stock-Based Compensation – Transition and Disclosure – an amendment of Statement No. 123, in: Financial Accounting Standards Board (Hrsg.): Financial Accounting Series December 2002, Norwalk 2002.
Gaschnik, David / Hoffjan, Andreas / Siemes, Andreas:	**Prognosefähigkeit** des Black & Scholes Modells, in: Finanz Betrieb, 2003, S. 96–103.
Gebhardt, Günther:	**Konsistente Bilanzierung** von Aktienoptionen und Stock Appreciation Rights – eine konzeptionelle Auseinandersetzung mit E-DRS 11 und IFRS ED 2, in: Betriebs-Berater, 2003, S. 675–681.
Hess, Dieter / Lüders, Erik:	**Mitarbeiteroptionen** steigern den ausgewiesenen Gewinn: Eine Studie des NASDAQ 100, in: Finanz Betrieb, 2001, Beilage KoR 1/2001, S. 12–17.
International Accounting Standards Board (Hrsg.):	**Basis for Conclusions** on Exposure Draft International Financial Reporting Standard **ED 2** – Share-based Payment, London 2002.
International Accounting Standards Board (Hrsg.):	**Draft Implementation Guidance** Exposure Draft International Financial Reporting Standard **ED 2** – Share-based Payment, London 2002.
International Accounting Standards Board (Hrsg.):	Exposure Draft International Financial Reporting Standard **ED 2** – Share-based Payment, London 2002.
International Accounting Standards Board (Hrsg.):	**IASB Update May 2003,** London.
International Accounting Standards Board (Hrsg.):	**IASB Update September 2003,** London.
International Accounting Standards Board (Hrsg.):	International Accounting Standards 2002, London 2002.
Kramarsch, Michael:	**Bilanzierung** von vergütungshalber gewährten Aktienoptionen, in: Finanz Betrieb, 2001, Beilage KoR 2/2001, S. 49–55.
o.V.:	**Examination of Witness,** 2.7.2002, Quelle: http://www.publications.parliament.uk/pa/cm200102/cmselect/cmtreasy/758/2070210.htm, Stand: 16.9.2002.
o.V.:	**Internetwerte** in luftigen Höhen, in: Frankfurter Allgemeine Zeitung vom 8.5.2003.
o.V.:	**Streit** um Bilanzierung spitzt sich zu, in: Frankfurter Allgemeine Zeitung vom 22.8.2002.
o.V.:	Verordnung (EG) Nr. 1606/2002 des Europäischen Parlaments und des Rates vom 19. Juli 2002 betreffend die Anwendung internationaler Rechnungslegungsstandards, in: Amtsblatt der Europäischen Gemeinschaften, L 243/1–4 v. 11.9.2002.
Schmidbauer, Dr. Rainer:	**Virtuelle Aktienoptionsprogramme** im deutschen Handels- und Steuerrecht sowie nach US-GAAP und IAS, in: Deutsches Steuerrecht, 2000, S. 1487–1492.
Schmidt, Lars:	**Bilanzierung von Aktienoptionen** nach IAS/IFRS, in: Der Betrieb, 2002, S. 2657–2663.

IV. Arbeitsrechtliche Aspekte

1. Einleitung

Die Gewährung von Bezugsrechten auf Aktien des Unternehmens (Aktienoptionen) an Mitarbeiter und die Einführung und Ausgestaltung der betreffenden Aktienoptionspläne werfen vielfältige rechtliche Fragestellungen auf. Das Gesetz zur Kontrolle und Transparenz im Unternehmensbereich[1] vom 6. März 1998 hat in aktienrechtlicher Hinsicht die Schaffung von Aktienoptionen erleichtert.[2] Eine ausdrückliche gesetzliche Regelung der arbeitsrechtlichen Fragen fehlt hingegen. 417

Aktienoptionen und Aktienoptionspläne berühren sowohl das kollektive als auch das individuelle Arbeitsrecht. Kollektiv-arbeitsrechtlich steht vor allem der Umfang der Beteiligungsrechte von Betriebsrat und Sprecherausschuss im Mittelpunkt des Interesses. Individual-arbeitsrechtlich haben zum einen das Gebot der Gleichbehandlung bei der Begründung der Bezugsrechte und zum anderen Regelungen über den Verlust von gewährten Optionen bei Beendigung des Arbeitsverhältnisses praktische Relevanz. *Zudem hat die Frage, ob ein Betriebserwerber im Rahmen eines Betriebsüberganges in die Rechte und Pflichten aus Aktienoptionsvereinbarungen eintritt, eine erhebliche Bedeutung für die Praxis.* Da auch die Rechtsprechung bislang wenig Anlass und Gelegenheit hatte, sich zu arbeitsrechtlichen Fragestellungen im Zusammenhang mit Aktienoptionen für Mitarbeiter zu äußern, bewegt sich die Praxis *in vielen Fragen noch* auf neuem Gelände.[3] 418

2. Anspruchsgrundlagen für Aktienoptionen

Eine gesetzliche Verpflichtung des Arbeitgebers zur Gewährung von Aktienoptionen an Mitarbeiter besteht nicht. Auch die Tarifverbände haben bislang keine flächentarifvertraglichen Verpflichtungen zur Gewährung von Aktien- oder anderen Beteiligungsoptionen an Mitarbeiter begründet; ob sie dies wirksam können, ist streitig.[4] Aktienoptionen für Mitarbeiter werden von den begebenden Unternehmen vielmehr *zumeist als freiwillige Leistungen* gewährt.[5] Der Gewäh- 419

---

[1] „KonTraG", BGBl. 1998 I S. 786.
[2] *Roschmann/Erwe*, Beitrag in diesem Band, Rdnr. 205 ff.
[3] Zur arbeitsrechtlichen Problematik von Aktienoptionsplänen siehe insbesondere *Baeck/Diller*, DB 1998, 1405 ff., und *Legerlotz/Laber*, DStR 1999, 1658 ff., einen guten Überblick bietet Pulz, Personalbindung durch aktienorientierte Vergütung, Diss. 2003, Heidelberg.
[4] Siehe *Loritz*, FS Kissel, 1994, S. 691 ff.; eine zwangsweise Beteiligung von Arbeitnehmern am Unternehmen durch Flächen- oder Haustarifvertrag ist aber in jedem Fall unzulässig, vgl. *Legerlotz/Laber*, DStR 1999, 1658 ff.
[5] Denkbar ist allerdings auch, dass Aktienoptionen als fester Gehaltsbestandteil vereinbart werden. Eine derartige Vertragsgestaltung war in der New Economy vor einiger Zeit noch

B. Rechtliche Aspekte

rung von Aktienoptionen geht jedoch ausdrücklich oder stillschweigend die Zusage des Arbeitgebers an die betreffenden Arbeitnehmer voraus, Aktienoptionen zu gewähren. Diese Zusage erfolgt durch die klassischen arbeitsrechtlichen Instrumentarien. Ein Rechtsanspruch auf Aktienoptionen kann mithin nur aufgrund eines besonderen Tatbestandes bestehen.

a) Arbeitgeberseitig gewollte Ansprüche auf Aktienoptionen

420 Als Anspruchsgrundlagen für die Gewährung von Aktienoptionen kommen vor allem Vereinbarungen des Unternehmens mit dem Betriebsrat und dem Sprecherausschuss sowie arbeitgeberseitige Gesamtzusagen, Einheitsregelungen und individuelle Zusagen in Betracht. Ihnen ist gemein, dass der Arbeitgeber den fraglichen Aktienoptionsplan gewollt eingeführt und den begünstigten Personenkreis ebenso gewollt festgelegt hat.

aa) Betriebsvereinbarungen, Sprecherausschußvereinbarungen

aaa) Betriebsvereinbarungen mit dem Betriebsrat

421 Betriebsvereinbarungen sind das klassische Instrument zur Einführung und Ausgestaltung von freiwilligen und (teilweise) der Mitbestimmung unterliegenden Leistungen im Unternehmen und Betrieb. Dies gilt, wie die Praxis zeigt, auch für Aktienoptionsmodelle.[6] Voraussetzung für den Abschluss einer Betriebsvereinbarung ist naturgemäß, dass im Betrieb oder Unternehmen ein Betriebsrat oder ein Gesamtbetriebsrat besteht; ohne Betriebsrat oder Gesamtbetriebsrat kann eine Betriebsvereinbarung nicht geschlossen werden.[7] Durch Betriebsvereinbarungen können Aktienoptionspläne nur insoweit eingeführt werden, als die Optionen nicht-leitenden Arbeitnehmern gewährt werden.

422 Soweit durch eine Betriebsvereinbarung Rechte oder Pflichten der Arbeitnehmer festgelegt werden, gelten diese unmittelbar und zwingend. Es bedarf weder einer individualvertraglichen Umsetzung noch werden in der Betriebsver-

---

durchaus üblich, um liquiditätsschonend hoch qualifizierte Mitarbeiter gewinnen zu können, vgl. hierzu Röder/Göpfert BB 2001, S. 2002 ff.

[6] Hierauf weisen *Baeck/Diller,* DB 1998, 1405, 1406, zu Recht hin. § 88 Nr. 3 BetrVG sieht ausdrücklich vor, dass durch Betriebsvereinbarungen insbesondere Maßnahmen zur Förderung der Vermögensbildung geregelt werden können, s.a. *Fitting/Kaiser/Heither/Engels,* BetrVG, 19. Aufl., § 88 Rdnr. 20; *Peltzer,* AG 1996, 307, 309, wirft die Frage auf, ob Betriebsvereinbarungen über Aktienoptionspläne wegen des Tarifvorrangs und der Sperrvorschrift des § 77 Abs. 3 BetrVG angesichts der üblichen tarifvertraglichen Regelungen über vermögenswirksame Leistungen noch zulässig sind. Abgesehen davon, dass nach überwiegender Meinung trotz des Tarifvorrangs Betriebsvereinbarungen über vermögenswirksame Leistungen zulässig sind (siehe nur *Buschmann,* in: Däubler/Kittner/Klebe, BetrVG, 6. Aufl., § 88 Rdnr. 13, m.w.N.), greift der Einwand in Bezug auf Aktienoptionen nicht durch: Aktienoptionsmodelle sind tarifvertraglich nicht geregelt und mit den herkömmlichen Vermögensbildungsmaßnahmen nicht vergleichbar, s. Kau/Kukat, BB 1999, S. 2505 ff.

[7] Betriebsräte können in Betrieben mit mindestens fünf Arbeitnehmern gewählt werden, § 1 BetrVG. Bestehen in einem Unternehmen mehrere Betriebsräte, ist ein Gesamtbetriebsrat zu errichten, § 47 I BetrVG. Für einen Konzern kann durch Beschlüsse der einzelnen Gesamtbetriebsräte ein Konzernbetriebsrat errichtet werden, § 54 I BetrVG.

IV. Arbeitsrechtliche Aspekte

einbarung begründete Rechte und Pflichten Inhalt der Einzelarbeitsverträge.[8] Die Betriebsvereinbarung ist somit selbst Rechtsgrundlage für den Anspruch auf die Aktienoption. Eine Verpflichtung, angebotene Optionen anzunehmen oder auszuüben, kann durch Betriebsvereinbarung indessen nicht begründet werden: Kein Arbeitnehmer kann gegen seinen Willen gezwungen werden, Aktionär zu werden.

bbb) Sprecherausschußvereinbarungen mit dem Sprecherausschuss

So weit leitenden Angestellten Aktienoptionen gewährt werden sollen, kommt als Rechtsgrundlage nicht eine Betriebsvereinbarung, sondern eine Vereinbarung mit dem Sprecherausschuss in Betracht. Voraussetzung ist wiederum, dass ein Sprecherausschuss gebildet ist.[9] Unmittelbare und zwingende Wirkungen haben Vereinbarungen mit dem Sprecherausschuss nur, so weit dies zwischen Arbeitgeber und Sprecherausschuss vereinbart ist. Einer Sprecherausschußvereinbarung über die Begründung von Aktienbezugsrechten sollte eine solche Wirkung beigelegt werden, es sei denn, der Arbeitgeber beabsichtigt, mit den begünstigten Angestellten zusätzlich separate individuelle Optionsvereinbarungen zu treffen oder diesbezüglich eine Gesamtzusage zu machen.   **423**

bb) Gesamtzusage, Einheitsregelung

Denkbar ist auch, Aktienoptionen durch eine Gesamtzusage oder einzelvertragliche Einheitsregelungen einzuführen. Eine Gesamtzusage ist eine einseitige schriftliche oder formlose Erklärung des Arbeitgebers an die Belegschaft oder bestimmte Arbeitnehmergruppen, dem Adressatenkreis zukünftig die in der Erklärung bestimmten Leistungen zu gewähren; einer ausdrücklichen Annahmeerklärung durch die begünstigten Arbeitnehmer bedarf es nicht. Bei der Einheitsregelung wendet sich der Arbeitgeber mit einem Vertragsdokument an jeden einzelnen der begünstigten Mitarbeiter.[10] Gesamtzusage und Einheitsregelung bieten sich als Instrument für die Einführung und Gewährung von Aktienoptionen an, wenn in dem Unternehmen der die Aktienoptionen begebenden Gesellschaft kein Betriebsrat oder, soweit leitende Angestellte betroffen sind, kein Sprecherausschuss gebildet ist.[11]   **424**

---

[8] *Fitting/Kaiser/Heither/Engels*, BetrVG, 19. Aufl., § 77 Rdnr. 110; *Richardi*, BetrVG, 7. Aufl., § 77 Rdnr. 125.

[9] Sprecherausschüsse sind in Betrieben mit mindestens zehn leitenden Angestellten zu wählen, § 1 I SprAuG. Bestehen in einem Unternehmen mehrere Sprecherausschüsse, ist ein Gesamtsprecherausschuss zu errichten, § 16 I SprAuG. Auf Verlangen der Mehrheit der leitenden Angestellten kann anstelle eines oder mehrerer Sprecherausschüsse ein Unternehmenssprecherausschuss gewählt werden, § 20 I SprAuG. Für einen Konzern kann durch Beschlüsse der einzelnen Gesamtsprecherausschüsse ein Konzernsprecherausschuss errichtet werden, § 21 I SprAuG.

[10] Siehe *Schumann* in: Tschöpe (Hrsg.), Anwalts-Handbuch Arbeitsrecht, 3. Aufl., S. 742 Rdnr. 136, 137.

[11] *Schumann* in: Tschöpe (Hrsg.), Anwalts-Handbuch Arbeitsrecht, 3. Aufl., S. 742 Rdnr. 137.

cc) Einzelzusagen

425 Sollen Aktienoptionen lediglich einzelnen Mitarbeitern zugesagt werden, so erfolgt dies zweckmäßigerweise durch Einzelzusagen, entweder im Arbeitsvertrag oder in einer ergänzenden Regelung.

b) Potentielle Leistungserweiterung: Gleichbehandlungsgebot und betriebliche Übung

426 Ansprüche auf Gewährung von Aktienoptionen können grundsätzlich auch aus dem Gleichbehandlungsgrundsatz und aus betrieblicher Übung entstehen. Ansprüche aufgrund dieser Rechtsgrundlagen können den ursprünglich arbeitgeberseitig festgelegten Umfang der Leistungen erheblich ausdehnen, und zwar durch Erweiterung des Kreises der berechtigten Personen (Gleichbehandlungsgebot) und durch die Verpflichtung zur wiederholten Gewährung der Leistung (betriebliche Übung).

aa) Gleichbehandlungsgrundsatz

427 Der Gleichbehandlungsgrundsatz verbietet die willkürliche, das heißt sachfremde Schlechterstellung einzelner Arbeitnehmer gegenüber anderen, in vergleichbarer Lage befindlichen.[12] Verboten ist nicht nur die willkürliche Schlechterstellung einzelner Arbeitnehmer innerhalb einer Gruppe, sondern vor allem auch eine sachfremde Gruppenbildung.[13] Sachfremd ist eine Differenzierung bei freiwilligen Leistungen dann, wenn es für die unterschiedliche Behandlung im Hinblick auf den Zweck der Leistung keine billigenswerten Gründe gibt.[14] Es ist dabei regelmäßig zu fragen, ob die von der Leistung ausgeschlossenen Arbeitnehmer dieselben Gründe für sich in Anspruch nehmen können, die für die Leistung an die begünstigten Arbeitnehmer maßgeblich sind. Liegt ein die unterschiedliche Behandlung rechtfertigender Grund nicht vor, kann der übergangene Arbeitnehmer verlangen, nach Maßgabe der allgemeinen Regelung behandelt zu werden.[15] Bei der Bestimmung des von einem Aktienoptionsplan begünstigten Personenkreises muss der Arbeitgeber, will er unvorhergesehene Mehrbelastungen vermeiden, daher von vornherein sicherstellen, dass er den Gleichbehandlungsgrundsatz beachtet. Nicht anwendbar ist der Gleichbehandlungsgrundsatz auf individuell ausgehandelte Vergütungsregelungen, die in der Praxis allerdings nur dann vorkommen dürften, wenn die Aktienoptionen als fester Gehaltsbestandteil vereinbart worden sind.[16]

---

[12] *Schaub*, Arbeitsrechtshandbuch, 8. Aufl., S. 969 f.
[13] BAG, DB 1998, 2372, 2373.
[14] BAG AP Nr. 44 zu § 242 BGB Gleichbehandlung; BAG AP Nr. 76 zu § 242 BGB Gleichbehandlung.
[15] BAG DB 1998, 2372, 2373; *Schaub*, Arbeitsrechtshandbuch, 8. Aufl., S. 977.
[16] Busch, BB 2000, S. 1294 (1295).

IV. Arbeitsrechtliche Aspekte

aaa) Differenzierung nach Hierarchiegruppen

Oft werden Aktienoptionen nur Mitarbeitern bestimmter Hierarchieebenen angeboten. Der Zweck der Leistung ist dann, diesem beschränkten Personenkreis wegen seiner Erfahrungen, seines Fachwissens und seiner generellen Bedeutung für das Unternehmen in besonderem Maße zu entlohnen und an das Unternehmen zu binden. So kann der Arbeitgeber beispielsweise den Kreis der Optionsempfänger auf obere Führungsebene oder generell auf außertarifliche Angestellte beschränken.[17]

428

Innerhalb einer Hierarchiegruppe sollte dann auch eine weitere Differenzierung nach Leistungsgesichtspunkten zulässig sein.[18]

bbb) Differenzierung nach Geschäftsbereichen, Betrieben und Unternehmen

Da der Gleichbehandlungsgrundsatz nach vordringender Ansicht unternehmensweit gilt, bedarf es für den Ausschluss einzelner Betriebe von Aktienoptionsplänen oder für die Beschränkung des Planes auf bestimmte Betriebe eines billigenswerten Grundes.[19] Das gleiche gilt für die Beschränkung auf Geschäftsbereiche, gleich ob die Beschränkung sich überbetrieblich oder lediglich in einem Betrieb auswirkt. So kann es beispielsweise gerechtfertigt sein, wenn in einer Bank nur den in den Bereichen Investment oder Assetmanagement tätigen Führungskräften Aktienoptionen angeboten werden, wenn die Gewährung von Aktienoptionen bei der in diesen Geschäftsfeldern tätigen Konkurrenz üblich ist.

429

Der Gleichbehandlungsgrundsatz gilt nicht konzernweit.[20] Folglich kann der Aktienoptionsplan auf Mitarbeitergruppen ausgewählter Unternehmen beschränkt werden.

ccc) Differenzierung nach Vollzeit- und Teilzeitarbeitnehmern, geringfügig oder befristet beschäftigte Arbeitnehmer

Teilzeitbeschäftigte Arbeitnehmer dürfen gemäß des Diskriminierungsverbotes des § 4 I Satz 1 TzBfG nicht per se von Leistungen ausgeschlossen werden, die in Vollzeit tätige Mitarbeiter erhalten. Eine unterschiedliche Behandlung muss vielmehr durch einen sachlichen Grund gerechtfertigt sein. In der Praxis werden solche sachlichen Gründe in aller Regel nicht vorliegen. Damit dürfte eine Beschränkung der Aktienoptionen auf Vollzeitarbeitnehmer *bzw. der* Ausschluss von in Teilzeit tätigen Arbeitnehmern *unzulässig sein.* Allerdings kann der Arbeitgeber den unterschiedlichen Arbeitszeiten entsprechende Anpassungen des Leistungsumfangs vorsehen.[21]

430

---

[17] Vgl. *Baeck/Diller,* NZA 1998, 1405, 1409; s.a. BAG NZA 1987, 449; BAG Nr. 37 zu § 1 BetrAVG Gleichbehandlung, *Lembke,* BB 2001, S. 1469 ff. (1471).

[18] *Lingemann/Diller/Mengel,* NZA 2000, S. 1192 (1196).

[19] Zum folgenden *Baeck/Diller,* NZA 1998, 1405, 1409 f.; *Lingemann/Diller/Mengel,* NZA 2000, S. 1192 (1196).

[20] *Schaub,* Arbeitsrechtshandbuch, 8. Aufl., S. 971;. *Lingemann/Diller/Mengel,* NZA 2000, S. 1192 (1196).

[21] Hinsichtlich der Vergütung ist durch § 4 I Satz 2 TzBfG nun ausdrücklich bestimmt, dass einem Teilzeitbeschäftigten Arbeitsentgelt oder eine andere teilbare geldwerte Leistung mindestens in dem Umfang zu gewähren ist, der dem Umfang seiner Arbeitszeit an der Arbeitszeit eines vergleichbaren vollzeitbeschäftigten Arbeitnehmers entspricht. Der Vergütungscha-

431 Der „*per-se-Ausschluß*" von geringfügig Beschäftigten von Aktienoptionsplänen ist in der Regel ebenfalls wegen Verstoßes gegen das Diskriminierungsverbotes des § 4 I Satz 2 TzBfG unzulässig. Ein *Ausschluss* der geringfügig Beschäftigten aus dem Aktienoptionsplan dürfte ohne Verstoß gegen das Diskriminierungsverbot aber insoweit zulässig sein, als bei einer dem Verhältnis der Arbeitszeit der geringfügig Beschäftigten zum Vollzeitarbeitnehmer entsprechenden Kürzung nicht einmal eine Option auf eine Aktie beansprucht werden könnte, denn Aktien können nicht geteilt werden.[22]

432 Dem Ausschluss von befristet Beschäftigten von der Teilnahme an Aktienoptionsprogrammen steht das Diskriminierungsverbot gemäß § 4 II Satz 2 TzBfG entgegen, dass eine im Vergleich zu unbefristet Beschäftigten unterschiedliche Behandlung ebenfalls nur bei Vorliegen eines sachlichen Grundes erlaubt. Sachlich begründet dürfte allerdings ein Ausschluss von befristet Beschäftigten sein, deren Arbeitsverhältnis eine gegenüber der im Aktienoptionsplan vorgesehenen Wartefrist (zumindest zwei Jahre) geringere Laufzeit hat. Diese Beschäftigten können die maßgebliche Wartefrist von vornherein nicht erfüllen. Nachträglich unzulässig würde eine solche Regelung aber in den Fällen, in denen wegen einer Anschlussbefristung oder einer Übernahme in ein unbefristetes Arbeitsverhältnis eine Beschäftigung über die Dauer der maßgeblichen Wartefrist hinaus erfolgt. Es dürfte daher sinnvoller sein, befristungsneutral zu regeln, dass die Option verfällt oder nicht gewährt wird, wenn das Arbeitsverhältnis vor Ablauf der im Aktienoptionsplan festgelegten Wartezeit für die erstmalige Ausübung der Option endet.[23]

ddd) Ausschluss von Erziehungsurlaubern, etc.

433 Für Zeiten des Erziehungsurlaubes kann der Aktienoptionsplan eine zeitentsprechende Kürzung des Leistungsumfanges vorsehen, da keine Arbeitsleistung erbracht wird.[24] Dies sollte entsprechend für Zeiten gelten, in denen kein Anspruch auf Lohnfortzahlung besteht. Voraussetzung hierfür ist eine ausdrückliche Kürzungsregelung.[25] Stellen Aktienoptionen ausnahmsweise einen festen Gehaltsbestandteil dar, ergibt sich eine entsprechende Kürzung des Leistungsumfanges auch ohne besondere Regelung aus dem Grundsatz „ohne Arbeit kein Lohn".

bb) Betriebliche Übung

434 Gewährt der Arbeitgeber wiederholt und vorbehaltlos Aktienoptionen, so können hieraus aufgrund betrieblicher Übung auch für die Zukunft entsprechende Ansprüche begründet werden. Unter einer betrieblichen Übung versteht man die regelmäßige Wiederholung bestimmter Verhaltensweisen des Arbeitgebers, aus denen die Arbeitnehmer schließen können, ihnen solle eine Leistung oder eine

---

rakter von Aktienoptionen ist zumindest bei Gewährung der Optionen durch den Arbeitgeber unstreitig.

[22] Hierauf weisen, allerdings mit anderer Konsequenz, *Baeck/Diller*, DB 1998, 1405, 1408 hin. A. A: *Legerlotz/Laber*, DStR 1999, S. 1658 ff.

[23] Siehe auch die Ausführungen zu IV, Verfallsregelungen.

[24] Siehe für die betriebliche Altersversorgung BAG AP Nr. 12 zu § 1 BetrAVG Gleichberechtigung.

[25] *Lembke*, BB 2001, S. 1469 (1472).

IV. Arbeitsrechtliche Aspekte

Vergünstigung auf Dauer eingeräumt werden.[26] Den Arbeitnehmern erwachsen so vertragliche Ansprüche auf die üblich gewordenen Leistungen, die nicht mehr ohne weiteres beseitigt werden können. Will der Arbeitgeber verhindern, dass aus der Stetigkeit seines Verhaltens eine in die Zukunft wirkende Bindung entsteht, muss er einen entsprechenden Vorbehalt erklären. Somit sollte in jedem Aktienoptionsplan ein Vorbehalt aufgenommen werden, dass die Optionen freiwillig gewährt werden und selbst bei wiederholter Leistung kein Rechtsanspruch auf die Gewährung von Optionen für die Zukunft begründet wird.[27]

Sind die vergangenen Aktienoptionspläne hingegen durch Betriebsvereinbarungen eingeführt worden, scheidet eine betriebliche Übung aus.[28]   435

3. Mitwirkung der Arbeitnehmervertretungen bei Einführung und Ausgestaltung von Aktienoptionsplänen

Betriebsrat und Sprecherausschuss haben bei der Einführung und Ausgestaltung   436
von Aktienoptionsplänen für Mitarbeiter Mitbestimmungs- und Mitwirkungsrechte.[29] Das Mitbestimmungsrecht des Betriebsrates ist zu beachten, wenn der Arbeitgeber beabsichtigt, Aktienoptionen für nicht-leitende Arbeitnehmer einzuführen. Der Sprecherausschuss hat Mitwirkungsrechte, so weit Aktienoptionen an leitende Angestellte vergeben werden sollen. Keine Mitbestimmungsrechte der Arbeitnehmervertretungen bestehen in bezug auf Aktienoptionen für Mitglieder des gesetzlichen Vertretungsorgans (Vorstände).

Die Beteiligungsrechte von Betriebsrat und Sprecherausschuss erstrecken sich   437
allerdings nur auf allgemeine Regelungsfragen und nicht auf die Regelung von Einzelfällen. Die individuelle Lohn- und Vergütungsgestaltung unterliegt nicht der Mitbestimmung. Aktienoptionspläne sind in diesem Sinne allgemeine Regelungsfragen, da sie generelle Regelungen für einen Kreis von Bezugsberechtigten festlegen. Für die Mitwirkungsrechte der Arbeitnehmervertretungen ist nicht entscheidend, auf welcher Rechtsgrundlage der Arbeitgeber Aktienoptionen gewährt. So bestehen die Mitwirkungsrechte von Betriebsrat und Sprecherausschuss auch, wenn Aktienoptionen durch im wesentlichen gleiche einzelvertragliche Zusagen (Einheitsregelungen) oder aufgrund einer Gesamtzusage für alle Arbeitnehmer oder bestimmte Arbeitnehmergruppen eingeführt werden sollen; auch in diesen Fällen liegen kollektive Tatbestände vor.[30]

---

[26] *Schaub*, Arbeitsrechtshandbuch, 8. Aufl., S. 961; BAG Nr. 43 zu § 242 BGB Betriebliche Übung. Nach neuerer Rechtsprechung scheidet eine betriebliche Übung jedoch aus, wenn die wiederholten Leistungen in unterschiedlicher Höhe erfolgen, vgl. BAG in DB 1996, S. 1242 ff. In der Praxis wird deshalb die Entstehung einer betrieblichen Übung wohl in vielen Fällen nicht virulent werden, weil die Zahl der zugeteilten Aktienoptionen ebenso wie der Zuteilungszeitpunkt in der Regel schwankt bzw. uneinheitlich erfolgt.
[27] Hierauf weisen zu Recht *Baeck/Diller*, DB 1998, 1405, 1407, und *Kau/Leverenz*, BB 1998, 2269 f., hin.
[28] Vgl. BAG, 5 AZR 598/97 (juris).
[29] Ausführlich hierzu *Kau/Kukat*, BB 1999, S. 2505 ff.
[30] *Fitting/Kaiser/Heither/Engels*, BetrVG, 19. Aufl., § 87 Rdnr. 18, 411; *Wiese*, GK, BetrVG, 6. Aufl., § 87 Rdnr. 120.

B. Rechtliche Aspekte

a) Mitbestimmung des Betriebsrates

aa) Bestehen eines Mitbestimmungsrechtes

438 Die Mitbestimmungsrechte des Betriebsrates bei der Einführung und Ausgestaltung von Aktienoptionsplänen ergeben sich aus § 87 I Nr. 10 BetrVG. Hiernach hat der Betriebsrat in Fragen der betrieblichen Lohngestaltung einschließlich der Aufstellung von Entlohnungsgrundsätzen und der Einführung und Anwendung von neuen Entlohnungsmethoden sowie deren Änderung mitzubestimmen. Die Beteiligung des Betriebsrats soll die Arbeitnehmer vor einer einseitig an den Interessen des Unternehmens orientierten Lohngestaltung schützen und so die innerbetriebliche Lohngerechtigkeit gewährleisten.[31]

439 Der Begriff Lohn umfasst alle einmaligen und alle regelmäßig oder unregelmäßig wiederkehrenden vermögenswerten Arbeitgeberleistungen.[32] Unerheblich ist, wenn der Arbeitgeber die Leistung freiwillig, also ohne gesetzliche oder tarifvertragliche Verpflichtung, erbringt.[33] Lohn in diesem Sinne ist auch der so genannte Investivlohn in Form von Mitarbeiterbeteiligungen am Unternehmen.[34] Damit sind auch die Einführung und die Ausgestaltung von Aktienoptionsplänen betriebsverfassungsrechtlich grundsätzlich mitbestimmungspflichtig.

440 Die Mitbestimmungsrechte des Betriebsrates erstrecken sich nicht auf leitende Angestellte und Mitglieder des gesetzlichen Vertretungsorgans (Vorstandsmitglieder), § 5 II und III BetrVG. Der Betriebsrat hat also keine Mitbestimmungsrechte, soweit Aktienoptionen für Vorstände und leitende Angestellte eingeführt werden.[35]

bb) Umfang des Mitbestimmungsrechts

aaa) Mitbestimmungsfreie Vorgaben des Arbeitgebers

441 Für den Umfang des Mitbestimmungsrechts des Betriebsrats ist wesentlich, dass die arbeitgeberseitige Gewährung von Aktienoptionen keine gesetzlich oder tarifvertraglich geforderte, sondern eine freiwillige Leistung ist. Bei freiwilligen Leistungen kann der Arbeitgeber, bevor das Mitbestimmungsrecht des Betriebsrates einsetzt, mitbestimmungsfrei entscheiden, (i) ob und wann er eine freiwillige Leistung einführen und (ii) in welchem Umfang er dafür Mittel zur Verfügung stellen will, (iii) welchen Zweck die freiwillige Leistung haben soll, (iv) an

---

[31] Vgl. BAG AP Nr. 33 zu § 87 BetrVG 1972 Lohngestaltung, m.w.N.
[32] *Richardi*, BetrVG, 7. Aufl., § 87 Rdnr. 798; *Fitting/Kaiser/Heither/Engels*, BetrVG, § 19. Aufl., § 87 Rdnr. 405, 407 f.; *Klebe* in: Däubler/Kittner/Klebe, BetrVG, 6. Aufl., § 87 Rdnr. 243.
[33] *Richardi*, BetrVG, 7. Aufl., § 87 Rdnr. 809 f.; *Fitting/Kaiser/Heither/Engels*, BetrVG, § 19. Aufl., § 87 Rdnr. 407 f.; *Klebe* in: Däubler/Kittner/Klebe, BetrVG, 6. Aufl., § 87 Rdnr. 243.
[34] *Baeck/Diller*, DB 1998, 1405, 1410; *Klebe* in: Däubler/Kittner/Klebe, BetrVG, 6. Aufl., § 87 Rdnr. 243; *Wiese* in: GK BetrVG, 6. Aufl., § 87 Rdnr. 830; a.A. *Loritz* in: FS Kissel, 1994, S. 687 (704 f.).
[35] *Baeck/Diller*, DB 1998, S. 1405, 1410.

IV. Arbeitsrechtliche Aspekte

welchen Personenkreis er die freiwillige Leistung erbringen und (v) ob er die freiwillige Leistung widerrufen will.[36]

Die tatsächliche Einführung der freiwilligen Leistung in Betrieb und Unternehmen unterliegt jedoch der Zustimmung des Betriebsrates (Zustimmungsrecht).[37] Bei Widerstand des Betriebsrates kann der Arbeitgeber die freiwillige Leistung also nicht einseitig, sondern nur nach Einigung mit dem Betriebsrat oder nach einem die Einigung ersetzenden positiven Spruch der Einigungsstelle einführen.[38] Ein Initiativrecht im Hinblick auf freiwillige Leistungen hat der Betriebsrat allerdings nicht; er kann gegen den Willen des Arbeitgebers keine freiwilligen Leistungen erzwingen. **442**

Im Hinblick auf die Einführung und Ausgestaltung von Aktienoptionsplänen bedeutet dies, dass der Arbeitgeber ohne Mitbestimmungsrechte des Betriebsrates entscheiden kann:[39] **443**

– ob er seinen Mitarbeitern Aktienoptionen gewähren will. Widerspricht der Betriebsrat der Einführung von Aktienoptionen, bedarf die Einführung von Aktienoptionsplänen allerdings eines positiven Spruchs der Einigungsstelle;

– für welchen Mitarbeiterkreis der Aktienoptionsplan eingeführt und Optionen ausgegeben werden;

– die Anzahl der Aktienoptionen sowie der Preis, zu dem die Option ausgeübt und die Aktie erworben werden kann (Ausübungspreis). Beide Faktoren bestimmen direkt den finanziellen Umfang der Leistung und sind aus diesem Grunde mitbestimmungsfrei;

– die Festlegung sowohl des Zeitraumes, in dem gewährte Optionen ausgeübt und Aktien erworben werden können (Ausübungszeitraum), als auch der Wartezeit für die erstmalige Ausübung der Optionen (Sperrfrist), die gemäß § 193 II Nr. 4 AktG mindestens zwei Jahre betragen muss. Wenn das „ob" der Leistung mitbestimmungsfrei ist, so muss auch die Festlegung des Zeitraums, für den die Leistung gewährt wird und in dem sie abgerufen werden kann, die freie Entscheidung des Arbeitgebers sein.[40] Hinsichtlich der Sperrfrist wird auch darauf verwiesen, dass sie für den Wert der Option so ausschlaggebend sei wie die Festlegung des Ausgabekurs, weswegen eine Mitbestimmung des Betriebsrates ausscheide;[41]

---

[36] *Fitting/Kaiser/Heither/Engels,* BetrVG, 19. Aufl., § 87 Rdnr. 437–442; *Richardi,* BetrVG, 7. Aufl., § 87 Rdnr. 47, 835; *Wiese,* GK, BetrVG, 6. Aufl., § 87 Rdnr. 837–839; BAG AP Nr. 22 zu § 87 BetrVG 1982 Lohngestaltung.

[37] *Wiese,* GK, BetrVG, 6. Aufl., § 87 Rdnr. 838, 864; *Matthes,* NZA 1987, 289, 293.

[38] *Wiese,* GK, BetrVG, 6. Aufl., § 87 Rdnr. 838, 864; *Matthes,* NZA 1987, 289, 293. Bei Meinungsverschiedenheiten zwischen Arbeitgeber und Betriebsrat ist bei Bedarf eine Einigungsstelle zu bilden, § 76 I BetrVG. Die Einigungsstelle besteht aus einer gleichen Anzahl von Beisitzern, die vom Arbeitgeber und Betriebsrat bestellt werden, und einem unparteiischen Vorsitzenden, auf den sich beide Seiten einigen müssen; kommt eine Einigung über die Person des Vorsitzenden nicht zustande, so bestellt ihn das Arbeitsgericht, § 76 II BetrVG.

[39] Siehe insbesondere *Baeck/Diller,* DB 1998, 1405, 1410f.

[40] So zutreffend *Baeck/Diller,* DB 1998, 1405, 1410.

[41] Siehe *Baeck/Diller,* DB 1998, 1405, 1411.

B. Rechtliche Aspekte

— an welche Bedingungen die Ausübung der Optionen gebunden ist, also die Festlegung von Erfolgszielen wie beispielsweise ein bestimmter Mindestkurs der Unternehmensaktie oder eine bestimmte Mindeststeigerung des Aktienwertes im Vergleich zu Wettbewerbern oder Aktienindexen. Die Mitbestimmungsfreiheit resultiert hier aus den Gesichtspunkten der mitbestimmungsfreien Einrichtung und Zweckbestimmung der Leistung.

444 Neben diesen Vorgaben ist mitbestimmungsfrei, wie aktienrechtlich die Bedienung der Bezugsrechte erfolgen soll. So kann das Unternehmen mitbestimmungsfrei entscheiden, ob es eigene Aktien zum Zwecke der Bedienung von Aktienoptionen erwerben oder ob es den Weg der ordentlichen, der genehmigten oder der bedingten Kapitalerhöhung gehen möchte.[42]

bbb) Insbesondere: der Hauptversammlungsbeschluss über die bedingte Kapitalerhöhung, § 192 ff. AktG

445 Die bedingte Kapitalerhöhung gemäß §§ 192 ff. AktG wird wohl *zukünftig* der bevorzugte Weg zur Gewährung von Aktienoptionen für Mitarbeiter werden.[43] Voraussetzung ist ein Beschluss der Hauptversammlung, das Grundkapital der Gesellschaft bedingt auf die Ausübung von Aktienoptionsrechten zu erhöhen; der Beschluss kann sowohl in Form eines Zustimmungs- als auch eines Ermächtigungsbeschlusses gefasst werden, § 192 AktG. Der Beschluss muss nach der ausdrücklichen Regelung in § 193 II Nr. 4 AktG auch die Aufteilung der Aktienoptionen auf die Vorstände und die Arbeitnehmer, die Erfolgsziele, die Erwerbs- und Ausübungszeiträume und die Wartezeit für die erstmalige Ausübung feststellen. Alle weiteren Bedingungen des Aktienoptionsplans sind von den für die Vergütung zuständigen Unternehmensorganen festzusetzen, also vom Aufsichtsrat für die Mitglieder des gesetzlichen Vertretungsorgans Vorstand und vom Vorstand für die Arbeitnehmer des Unternehmens, einschließlich der Führungskräfte.

446 Der Beschluss der Hauptversammlung zur bedingten Kapitalerhöhung zur Bedienung von Aktienoptionen für Vorstände und Mitarbeiter berührt mit den genannten Festlegungen gemäß § 193 II Nr. 4 AktG keine mitbestimmungspflichtigen Tatbestände. Er unterliegt damit auch nicht dem Mitbestimmungsrecht des Betriebsrates, so dass der Beschluss einschließlich der Feststellungen nach § 193 II Nr. 4 AktG ohne vorherige Einigung mit dem Betriebsrat gefasst werden kann. Allerdings ist der Betriebsrat rechtzeitig, das heißt vor der Beschlussfassung über die bedingte Kapitalerhöhung, umfassend zu unterrichten und ihm sind auf sein Verlangen erforderliche Unterlagen zur Verfügung zu stellen, § 80 II BetrVG. Mitbestimmungspflichtig im Sinne eines Zustimmungsrechtes ist dann wiederum die betriebliche Einführung des Aktienoptionsplans durch den Vorstand, unter Beachtung der nachfolgend dargestellten Mitbestimmungsrechte hinsichtlich der Ausgestaltung des Aktienoptionsplans.

---

[42] Vgl. hierzu *Roschmann/Erwe,* Beitrag in diesem Band, Rdnr. 195 ff.
[43] Siehe *Roschmann/Erwe,* Beitrag in diesem Band, Rdnr. 207.

IV. Arbeitsrechtliche Aspekte

ccc) Mitbestimmungspflichtige Ausgestaltungsregelungen

Mit Ausnahme der mitbestimmungsfreien Regelungsteile unterliegen alle anderen regelungsbedürftigen Sachverhalte der Mitbestimmung des Betriebsrates, einschließlich von Verfallklauseln und -fristen sowie Veräußerungsbeschränkungen bezüglich Option und Aktie. Im Mittelpunkt der Mitbestimmung steht die Verteilungsgerechtigkeit, das heißt, wie die vom Arbeitgeber zur Verfügung gestellten Optionen zahlenmäßig auf den vom Arbeitgeber bestimmten Begünstigtenkreis verteilt werden (zum Beispiel nach Funktionsebenen, Vergütungsgruppen, Köpfen, Dienstzugehörigkeit). Der Arbeitgeber kann also nicht alleine entscheiden, welcher zahlenmäßige Anteil der zur Verfügung stehenden Optionen auf welche Arbeitnehmergruppen verteilt werden. Insofern bedarf er der Zustimmung des Betriebsrates.[44]

447

cc) Sanktionen

Führt der Arbeitgeber eine freiwillige Leistung ohne Zustimmung des Betriebsrates oder einen die Zustimmung ersetzenden Spruch der Einigungsstelle ein, stehen dem Betriebsrat Unterlassungsansprüche zu, die er nötigenfalls im Wege der einstweiligen Verfügung durchsetzen kann.[45] Dies gilt auch in bezug auf die Einführung von Aktienoptionsplänen.[46] Konkret heißt das, dass der Betriebsrat dem Arbeitgeber im Wege der einstweiligen Verfügung zum einen untersagen kann, ein Aktienoptionsmodell einzuführen, und zum anderen aufgeben kann, ein bereits eingeführtes Modell rückgängig zu machen.

448

Eine Geldbuße wegen unterlassener Beachtung des Mitbestimmungsrechts des Betriebsrates kommt nicht in Betracht. Eine strafrechtliche Verfolgung wegen Behinderung oder Störung der Tätigkeit des Betriebsrates (§ 119 I Nr. 3 BetrVG) ist theoretisch möglich, jedoch auf *Ausnahmefälle* beschränkt und bedarf des Antrags eines Betriebsrates.

449

b) Mitwirkung des Sprecherausschusses bei Aktienoptionsplänen

aa) Intensität des Mitwirkungsrechts

Die Rechte des Sprecherausschusses bezüglich der Einführung und Änderung von Aktienoptionsplänen für leitende Angestellte sind auf Unterrichtungs- und Beratungsrechte beschränkt. So hat der Arbeitgeber den Sprecherausschuss lediglich rechtzeitig über die Änderung der Gehaltsgestaltung und sonstiger allgemeiner Arbeitsbedingungen der leitenden Angestellten zu unterrichten und die vorgesehenen Maßnahmen mit dem Sprecherausschuss zu beraten, § 30 SprAuG. Der Begriff der Gehaltsgestaltung ist im wesentlichen identisch mit dem der

450

---

[44] Siehe *Baeck/Diller*, DB 1998, 1405, 1411.
[45] BAG AP Nr. 23 zu § 23 BetrVG 1972; *Fitting/Kaiser/Heither/Engels*, BetrVG, § 19. Aufl., § 87 Rdnr. 566, 567.
[46] *Baeck/Diller*, DB 1998, 1405, 1412.

B. Rechtliche Aspekte

Lohngestaltung in § 87 I Nr. 10 BetrVG und umfasst somit auch Beteiligungsmodelle wie Aktienoptionspläne für leitende Angestellte.[47]

451 Eine Einigung zwischen Arbeitgeber und Sprecherausschuss über die Einführung oder die Ausgestaltung eines Aktienoptionsplans für leitende Angestellte ist hingegen nicht erforderlich. Der Arbeitgeber kann den von ihm ausgestalteten Aktienoptionsplan für leitende Angestellte nach Unterrichtung und Beratung mit dem Sprecherausschuss auch ohne dessen Zustimmung oder auch gegen dessen Willen einführen; ein Einigungsstellenverfahren kennt das Sprecherausschussgesetz nicht.

452 Unterrichtung und Beratung erfolgen rechtzeitig, wenn die Vorschläge und Bedenken des Sprecherausschusses noch berücksichtigt werden können.[48] Da im Falle der bedingten Kapitalerhöhung zur Bedienung von Aktienoptionen nach § 192 AktG wegen der zwingenden Feststellungen des § 193 II Nr. 4 AktG bereits die Hauptversammlung wesentliche Daten der Gestaltung des zukünftigen Aktienoptionsplans festlegt, müssen Unterrichtung und Beratung mit dem Sprecherausschuss vor der Beschlussfassung der Hauptversammlung erfolgen.

453 Sollen Aktienoptionen sowohl leitenden als auch nicht-leitenden Arbeitnehmern angeboten werden, hat der Arbeitgeber den Sprecherausschuss anzuhören, bevor er mit dem Betriebsrat eine Betriebs- oder sonstige Vereinbarung über ein Aktienoptionsmodell abschließt: Es soll vermieden werden, dass Regelungen ohne Gehör des Sprecherausschusses geschaffen werden, die wenn auch nicht rechtlich so doch faktisch für die Gruppe der leitenden Angestellten verbindlich sind, zum Beispiel weil eine für alle Arbeitnehmer einheitliche Regelung geschaffen werden soll.[49]

bb) Sanktionen

454 Die Rechte des Sprecherausschusses auf Unterrichtung und Beratung können auch im Wege der einstweiligen Verfügung durchgesetzt werden.[50] Ob dem Sprecherausschuss wie dem Betriebsrat bei Nichtbeachtung seiner Unterrichtungs- und Beratungsrechte ein im Wege der einstweiligen Verfügung durchsetzbarer Anspruch auf Unterlassung der Einführung des Aktienoptionsplans oder dessen Rücknahme zusteht, ist umstritten.[51] Bejaht man den Unterlassungsanspruch, wird man dem Sprecherausschuss auch den Anspruch einräumen müssen, dass die Hauptversammlung bis zur Unterrichtung und Beratung mit dem Sprecherausschuss keinen Beschluss über die bedingte Kapitalerhöhung einschließlich der zwingenden Feststellungen nach § 193 II Nr. 4 AktG fasst.

455 Unterlässt der Arbeitgeber die Unterrichtung des Sprecherausschusses oder führt er die Unterrichtung unvollständig, wahrheitswidrig oder verspätet durch,

---

[47] *Richardi/Wlotzke* in: Münch. Hdb. ArbR, Bd. 3, § 316 Rdnr. 66.
[48] *Hromadka,* SprAuG, § 30 Rdnr. 24; *Löwisch,* SprAuG, 2. Aufl., § 30 Rdnr. 12.
[49] Vgl. *Löwisch,* SprAuG, 2. Aufl., § 2 Rdnr. 7; *Hromadka,* SprAuG, § 2 Rdnr. 13.
[50] *Hromadka,* SprAuG, § 30 Rdnr. 29; *Löwisch,* SprAuG, 2. Aufl., § 30 Rdnr. 16.
[51] Dafür *Löwisch,* SprAuG, 2. Aufl., § 30 Rdnr. 16; dagegen *Hromadka,* SprAuG, § 30 Rdnr. 31.

IV. Arbeitsrechtliche Aspekte

so kann dies mit einer Geldbuße geahndet werden, § 36 SprAuG. Eine strafrechtliche Verfolgung wegen Behinderung oder Störung der Tätigkeit des Sprecherausschusses (§ 34 I Nr. 2 SprAuG) ist allenfalls in Ausnahmefällen und dann nur auf Antrag des Sprecherausschusses möglich.

c) Zuständigkeit auf Seiten der Arbeitnehmervertretungen

Auf Seiten der Arbeitnehmervertretungen ist grundsätzlich der örtliche Betriebsrat und der örtliche Sprecherausschuss zuständig.[52] Wenn der Arbeitgeber jedoch eine freiwillige Leistung für das gesamte Unternehmen einheitlich regeln will, und er nur auf überbetrieblicher Ebene zu einer Regelung bereit ist, liegt die Zuständigkeit beim Gesamtbetriebsrat und beim Gesamtsprecherausschuss.[53] Entsprechendes gilt für den Konzernbetriebsrat und den Konzernsprecherausschuss.[54] Will also der Arbeitgeber einen unternehmenseinheitlichen Aktienoptionsplan einführen und ist er nur unternehmensweit zu einer Regelung bereit, hat er den Gesamtbetriebsrat und den Gesamtsprecherausschuss zu beteiligen. Die örtlichen Betriebsräte und Sprecherausschüsse sind dann nicht zuständig.

456

4. Regelungen über den Verlust der Aktienoptionen bei Ausscheiden aus dem Unternehmen

In der Praxis enthalten nahezu alle Aktienoptionspläne Regelungen über den Verlust von gewährten Optionen bei Beendigung des Arbeitsverhältnisses. Die Regelungen sind vielfältig. So hat in einigen Optionsplänen die Kündigung oder Aufhebung des Arbeitsverhältnisses den sofortigen Verlust aller noch nicht ausgeübten Optionsrechte zur Folge, so dass dem gekündigten oder kündigenden Arbeitnehmer keine Ausübungsmöglichkeit mehr verbleibt; ergänzend wird bei Ausscheiden innerhalb eines bestimmten Zeitraumes nach Ausübung der Option eine Verpflichtung zur Rückzahlung eines im voraus festgelegten Teils des realisierten Kursgewinns normiert.[55] Andere Optionspläne regeln, dass bei Kündigung oder Beendigung des Arbeitsverhältnisses bereits ausübungsfähige Optionen von in gekündigten Arbeitsverhältnissen stehende Arbeitnehmer für einen bestimmten Zeitraum nach Beendigung des Arbeitsverhältnisses noch ausgeübt werden können.[56] Für Aktienoptionen, die noch in der Wartefrist sind und nicht ausgeübt werden können, ist bei Kündigung oder sonstiger Beendigung des Arbeitsverhältnisses überwiegend der Verfall der Optionen vorgesehen.

457

---

[52] *Richardi*, BetrVG, 7. Aufl., § 87 Rdnr. 82; *Fitting/Kaiser/Heither/Engels*, BetrVG, § 19. Aufl., § 50 Rdnr. 9.

[53] Im Hinblick auf den Gesamtbetriebsrat: BAG AP Nr. 37 zu § 87 BetrVG 1972 Lohngestaltung; *Richardi*, BetrVG, 7. Aufl., § 87 Rdnr. 83; *Trittin* in: Däubler/Kittner/Klebe, BetrVG, 6. Aufl., § 50 Rdnr. 41; im Hinblick auf den Gesamtsprecherausschuss: MünchArbR/Joost § 315 Rdnr. 139; *Löwisch*, SprAuG, 2. Aufl., § 18 Rdnr. 4; ähnlich auch *Hromadka*, SprAuG, § 18 Rdnr. 8; *Schaub*, ArbRHdb, 8. Aufl., § 248, 4. b).

[54] *Richardi*, BetrVG, 7. Aufl., § 87 Rdnr. 84, 83.

[55] So der 1996 beschlossene Stock-Option-Plan im Daimler-Benz-Konzern.

[56] So der Optionsplan der Schwarz Pharma AG aus dem Jahre 1997.

B. Rechtliche Aspekte

458 In der Literatur wird erörtert, ob solche Verfallsklauseln und -fristen sittenwidrig im Sinne von §§ 138, 242 BGB sind oder unzulässige unbillige Kündigungserschwerungen nach § 622 VI BGB darstellen.[57] Einigkeit besteht mittlerweile darüber, dass derartige Verfallsklauseln grundsätzlich rechtswirksam, jedoch durch die genannten Vorschriften eingeschränkt, vereinbart werden können. Überwiegend wird dies als Abwägungsproblem gesehen, bei dem die besonderen Umstände der zumeist freiwilligen Leistung von Aktienoptionen, also auch der erhebliche spekulative Charakter dieser Vergütungsform, zu berücksichtigen seien. Aus diesem Grund verbiete sich auch die Anwendung der durch die Rechtsprechung entwickelten Höchstbindungsfristen bei Gratifikationen. Maßgebliches Abwägungs- bzw. Beurteilungskriterium sei der mit der Option verfolgte Zweck, nämlich zum einen die Betriebstreue zu honorieren[58] und zum anderen Mitarbeiter am Erfolg des Unternehmens zu beteiligen. Die wohl herrschende Meinung sieht in Anlehnung an § 624 BGB Verfallsfristen von bis zu fünf Jahren als zulässig an.[59] Demnach würden Aktienoptionen bei Kündigung oder Beendigung des Arbeitsverhältnisses verfallen, wenn die Kündigung oder Beendigung innerhalb einer Frist von fünf Jahren seit Optionsgewährung erfolgt. Unzulässig wären hiernach Verfallsklauseln, die diesen Zeitraum überschreiten.

459 Die pauschale Zulässigkeit einer Verfallsfrist von fünf Jahren überzeugt nicht. Richtig ist allerdings, dass für die Beurteilung der Zulässigkeit von Verfallsklauseln oder Verfallsfristen für den Fall der Beendigung des Arbeitsverhältnisses auf den mit der Option verfolgten Zweck abzustellen ist. In zeitlicher Hinsicht hat die die Optionen begebende Gesellschaft den Zweck der Option jedoch bereits durch die Festlegung der Wartezeit für die erstmalige Ausübung bestimmt. Diese muss nach § 193 II Nr. 4 AktG mindestens zwei Jahre betragen, kann aber von der Gesellschaft auch auf einen längeren Zeitraum festgelegt werden. Die Wartezeit für die erstmalige Ausübung der Optionen ist damit unseres Erachtens identisch mit der Frist, nach der die Optionen unverfallbar werden. Das heißt, dass bei Beendigung des Arbeitsverhältnisses innerhalb der Wartezeit für die erstmalige Optionsausübung ein Verfall der Optionen vorgesehen werden kann.[60] Weitergehende Verfallsklauseln und -fristen sind vom Zweck der Aktienoption allerdings nicht mehr gedeckt und damit unwirksam. Bei Beendigung des Arbeitsverhältnisses jenseits der Wartefrist bleiben die so unverfallbar gewordenen Optionen –

---

[57] Lembke, BB 2001, S. 1469 (1474); *Lingemann/Diller/Mengel*, NZA 2000, S. 1192 (1195); *Mechlem/Melms*, DB 2000, S. 1614 ff.

[58] Lingemann/Diller/Mengel, aaO, bezeichnen Aktienoptionen als eine so wörtlich „Sonderleistung für Betriebstreue".

[59] MünchArbR/*Hanau* § 68 Rdnr. 24; *Baeck/Diller*, NZA 1998, 1405, 1408. Pulz, siehe Fußn. 2a, S. 109 ff. Nach § 624 BGB kann der Arbeitnehmer, dessen Arbeitsverhältnis für einen befristeten Zeitraum von mehr als fünf Jahren geschlossen ist, dieses nach Ablauf von fünf Jahren mit einer Frist von sechs Monaten kündigen.

[60] Auch *Lembke* (BB 2001, S. 1469 (1473/74)) weist darauf hin, dass eine Bestimmung, die den Verfall der Optionen nach Erfüllung der wesentlichen Voraussetzungen, zu denen Lembke auch den Ablauf der Wartefrist zählt, unwirksam sind. Ebenso *Mechlem/Melms*, DB 2000, S. 1614 (1615).

IV. Arbeitsrechtliche Aspekte

im Englischen „vested options" – folglich erhalten. Sofern Aktienoptionspläne neben der Wartefrist noch andere Ausübungshürden vorsehen, wie zum Beispiel die Erreichung konkreter Kursziele, kann die Option natürlich nur nach Ablauf der Wartefrist und Eintritt der Ausübungshürden ausgeübt werden. Erst zu diesem Zeitpunkt tritt dann die Unverfallbarkeit der Optionen ein. Für wegen Nicht-Erreichens der Ausübungshürden noch nicht unverfallbare Optionen kann der Aktienoptionsplan bei Beendigung des Arbeitsverhältnisses somit selbst dann einen Verfall der Optionen vorsehen, wenn die Wartefrist erfüllt ist. Zulässig bleiben Abwicklungsregelungen, nach denen bei Beendigung oder Kündigung des Arbeitsverhältnisses die ausübungsfähigen Optionen nur noch innerhalb eines bestimmten Zeitraumes ausgeübt werden können, zum Beispiel innerhalb von sechs oder zwölf Monaten nach Beendigung des Arbeitsverhältnisses.

Abhängig vom Zweck der Aktienoption kann Unverfallbarkeit der Optionen auch bereits mit Optionsgewährung eintreten, unabhängig von der Erfüllung der Wartezeit für die erstmalige Optionsausübung. So werden Optionen in der Praxis auch als „Equity Incentive Compensation" angeboten. Hierbei wird entweder ein bestimmter Anteil zumeist der variablen Vergütung nicht bar, sondern in Optionen ausgezahlt, oder es werden Optionen als Bonus für das Erreichen bestimmter, definierter persönlicher oder unternehmensseitiger Ziele gewährt.[61] Für Erfolgsbeteiligungen und Leistungsprämien hat die Rechtsprechung seit langem anerkannt, dass diese nicht an den Fortbestand des Arbeitsverhältnisses über den Bemessungszeitraum hinaus gekoppelt werden können.[62] Nichts anderes kann für nicht bare Erfolgsbeteiligungen oder Prämien gelten.[63] Diese Optionen können also bei Gewährung wegen und nach Zielerreichung nicht mehr verfallen, auch wenn das Arbeitsverhältnis arbeitnehmer- oder arbeitgeberseitig veranlasst vor Ablauf der Wartefrist für die erstmalige Optionsausübung beendet wird.[64]

460

5. Aktienoptionen und Betriebsübergang

Ob die Verpflichtungen aus Aktienoptionsvereinbarungen im Falle eines Betriebsüberganges auf den Erwerber übergehen, ist umstritten.[65] Die dieser Problematik zugrundeliegende Frage ist, ob die Rechte und Pflichten aus den Aktienoptionsvereinbarungen zu den Rechten und Pflichten aus dem Arbeitsverhältnis gehören.

461

---

[61] Dies ist insbesondere bei amerikanischen oder englischen Aktienoptionsmodellen nicht unüblich, vor allem bei Wertpapierdienstleistern und Investmentbanken.

[62] BAG AP Nr. 4 zu § 87a HGB; BAG DB 1982, 2406 f.; BAG, 3 AZR 98/90 (juris); BAG, 10 AZR 24/91 (juris).

[63] A.A. offenbar *Baeck/Diller*, DB 1998, 1405, 1408.

[64] Im Ergebnis wohl auch *Lembke*, BB 2001, S. 1469 (1473/74).

[65] Lembke, BB 2001, S. 1469 (1474); *Lipinski/Melms*, BB 2003, S. 150 ff.; *Schnitker/Grau*, BB 2002, S. 2497 ff.; *Nehls/Sudmeyer*, ZIP 2002, S. 201 ff.; *Bauer/Göpfert/von Steinau-Steinrück*, ZIP 2001, S. 1129 ff.

B. Rechtliche Aspekte

a) Gewährung der Aktienoptionen durch ein vom Arbeitgeber verschiedenes Unternehmen

462 Das BAG hat in seinem Urteil vom 12. Februar 2003[66] entschieden, dass § 613a BGB nur arbeitsvertragliche Beziehungen zum früheren Betriebsinhaber, nicht jedoch vertragliche Beziehungen des Arbeitnehmers zu Dritten erfasst. Soweit also ein Arbeitnehmer eine Aktienoptionsvereinbarung nicht mit der Arbeitgebergesellschaft sondern mit einem anderen konzernangehörigen Unternehmen – zumeist der Konzernmutter – geschlossen hat, scheidet ein Übergang der Verpflichtungen aus dem Aktienoptionsplan aus. Das BAG hat in diesem Zusammenhang auch der Auffassung eine klare Absage erteilt, die in der Gewährung von Aktienoptionen durch eine Konzernmutter von Dritten geleistetes Arbeitsentgelt erblickt. Letzteres ist aber dann nicht ausgeschlossen, wenn eine Vereinbarung mit der Arbeitgebergesellschaft besteht, nach der ein Arbeitnehmer berechtigt ist, am Aktienoptionsplan der Konzernmutter teilzunehmen.

463 Noch nicht geklärt ist, ob dem Betriebsrat oder Sprecherausschuss Beteiligungsrechte zustehen, wenn ein konzernangehöriges Unternehmen Mitarbeitern eines verbundenen Unternehmens Aktienoptionen gewährt. Das LAG Nürnberg[67] hat Mitbestimmungsrechte des Betriebsrates in einer jüngeren Entscheidung für möglich gehalten, die Frage aber im Ergebnis unentschieden gelassen. Unter Zugrundelegung der Rechtsprechung des BAG zur Gewährung von Aktienoptionen durch ein Nicht-Arbeitgeber-Unternehmen wäre es folgerichtig, Mitbestimmungs- und Mitwirkungsrechte von vornherein abzulehnen, weil die Aktienoptionen in diesem Fall keine Ansprüche aus dem Arbeitsverhältnis zur Arbeitgebergesellschaft darstellen.[68]

b) Gewährung der Aktienoptionen durch das Arbeitgeber-Unternehmen

464 Mit der vorerwähnten Entscheidung des BAG ist keine Aussage darüber getroffen, ob die Rechte und Pflichten aus durch das Arbeitgeberunternehmen gewährten oder infolge einer arbeitsvertraglichen Zusage zu gewährenden Aktienoptionen im Falle eines Betriebsüberganges auf den Erwerber übergehen. Die in Konzernsachverhalten regelmäßig fehlende Identität von Vertragspartner und Arbeitgeber liegt hier gerade vor.

465 Die Bandbreite der Stellungnahmen in der Literatur reicht von der grundsätzlichen Bejahung eines Überganges der Rechte und Pflichten aus Aktienoptionsvereinbarungen nach § 613a BGB bis hin zu einer grundsätzlichen Ablehnung der Übergangsfähigkeit im Rahmen eines Betriebsüberganges.[69]

---

[66] Abgedruckt BB 2003, S. 1068 ff.
[67] LAG Nürnberg, 6 TaBV 19/01, DB 2002, S. 488. Die gegen die Entscheidung eingelegte Revision ist zurückgenommen worden.
[68] *Lembke*, BB 2003, S. 1071 ff.
[69] Einen Betriebsübergang bejahend: *Tappert*, NZA 2000, S. 1193 ff.; dagegen: *Bauer/Göpfert/von Steinau-Steinrück*, ZIP 2001, S. 1129 ff.

IV. Arbeitsrechtliche Aspekte

Unseres Erachtens ist hierbei zunächst zwischen dem Optionsgewährungsvertrag und der diesem zugrundeliegenden Arbeitgeberzusage zu differenzieren. Mit der überwiegenden Meinung[70] ist davon auszugehen, dass der Abschluss des Gewährungsvertrages (hierbei handelt es sich um die tatsächliche Begebung der Optionen, also das Erfüllungsgeschäft) sowie die spätere Begebung der Aktien nicht mehr in den Anwendungsbereich des § 613a BGB fällt. Soweit der Arbeitgeber seine zumeist freiwillige Zusage bereits durch einen Optionsgewährungsvertrag erfüllt hat, reduzieren sich die Beziehungen in aller Regel auf einen rein kaufrechtlich zu beurteilenden Vorgang. Dies gilt insbesondere in den Fällen, in denen die gewährten Aktienoptionen bereits ausübungsreif sind. Hier stehen sich Arbeitgeber und Arbeitnehmer nur noch als Käufer und Verkäufer gegenüber. Ein Übergang bereits ausübungsreifer Aktienoptionen scheidet daher aus.[71] Aber auch im Hinblick auf noch nicht ausübungsreife Optionen ist ein Übergang der Aktienoptionsvereinbarung in den Fällen abzulehnen, in denen die Erreichung der Ausübungshürden im Aktienoptionsplan vom Arbeitnehmer nicht direkt beeinflussbar ist, wie zum Beispiel bei vorgegebenen Kurszielen.

466 Soweit aber die Ausübung der Aktienoptionen von der Erreichung persönlicher Ziele durch den Arbeitnehmer abhängig ist, oder soweit die Aktienoptionen einen wesentlichen Vergütungsbestandteil darstellen, wird man arbeitsrechtliche Bindungen nicht verneinen können. Erfüllt der Arbeitgeber seine Vergütungspflicht also durch Zusage und Gewährung von Aktienoptionen, stellen die Aktienoptionen Arbeitsentgelt dar, so dass auch § 613a BGB eingreift. Das gleiche sollte gelten, wenn die Arbeitsleistung des Arbeitnehmers direkten Einfluss auf die Ausübbarkeit von Aktienoptionen hat.

467 In jedem Fall scheidet aber eine Verpflichtung des Erwerbers, ein eigenes Aktienoptionsprogramm aufzulegen oder gar, sich Aktien des Veräußerers am Kapitalmarkt zu besorgen, um die Ansprüche aus einem übergehenden Optionsgewährungsvertrag zu erfüllen, aus. Der Erwerber ist aber verpflichtet, eine Anpassung der Vertragsbedingungen nach den Grundsätzen des Wegfalls der Geschäftsgrundlage vorzunehmen – z. B. durch Aufnahme in beim Erwerber bestehende Mitarbeiterbeteiligungsprogramme oder vergleichbare variable Vergütungsmodelle oder aber durch eine finanzielle Abfindung.[72]

c) Konsequenzen für die Praxis

468 In der Praxis ist dem Erwerber daher in jedem Fall anzuraten, Rechte aus den beim Veräußerer geltenden Aktienoptionsplänen zum Gegenstand der unternehmenskaufvertraglichen Regelungen zu machen, insbesondere den Veräußerer zu verpflichten, Ansprüche aus Aktienoptionsplänen noch vor Betriebsübergang zu

---

[70] *Nehls/Sudmeyer*, ZIP 2002, S. 201 ff.; *Bauer/Göpfert/von Steinau-Steinrück*, ZIP 2001, S. 1129 ff.
[71] *Schnitker/Grau*, BB 2002, S. 2497 ff.
[72] *Schnitker/Grau*, BB 2002, S. 2497 ff.

erfüllen oder den Käufer insoweit freizustellen. Im Hinblick auf eine spätere Veräußerung eines Betriebes ist dem optionsgewährenden Unternehmen zu empfehlen, Verfallsklauseln für den Fall eines Betriebsüberganges in den Aktienoptionsplan aufzunehmen. Gegen derartige Verfallsklauseln bestehen keine Bedenken soweit die Verfallsklauseln nur verfallbare Optionen erfassen (vgl. Ziffer 4).

V. Wertpapier- und kapitalmarktrechtliche Aspekte

1. Einführung

Bei der Einführung von Mitarbeiterbeteiligungsprogrammen und Stock-Option-Plänen sind auch einige börsen- und kapitalmarktrechtliche Aspekte zu berücksichtigen.[1] **469**

Im Folgenden wird auf die Prospektpflichtigkeit sowie die Darstellung von Mitarbeiterbeteiligungsprogrammen in Verkaufs- und Börsenzulassungsprospekten eingegangen. Schließlich wird die insiderrechtliche Behandlung von Stock-Option-Plänen untersucht und die Pflicht zur Mitteilung von Geschäften (sog. Directors' Dealings) dargestellt.

2. Prospektpflichtigkeit nach Wertpapier-Verkaufsprospektgesetz

Für Wertpapiere, die im Inland öffentlich angeboten werden und nicht zum **470**
Handel an einer inländischen Börse zugelassen sind, muss der Anbieter gemäß § 1 VerkProspG einen Prospekt (Verkaufsprospekt) veröffentlichen, sofern sich aus den §§ 2 bis 4 VerkProspG nichts anderes ergibt.[2] Sowohl die Aktienoptionen, als auch die ihnen zugrunde liegenden Aktien stellen Wertpapiere i.S.d. VerkProspG dar.

§§ 2 ff. VerkProspG sehen Ausnahmen von der Prospektpflicht im Hinblick **471**
auf die Art des Angebotes (§ 2 VerkProspG), auf bestimmte Emittenten (§ 3 VerkProspG) und auf bestimmte Wertpapiere (§ 4 VerkProspG) vor. So muss ein Verkaufsprospekt nach § 2 VerkProspG nicht veröffentlicht werden, wenn die Wertpapiere (1) nur Personen angeboten werden, die beruflich oder gewerblich für eigene oder fremde Rechnung Wertpapiere erwerben oder veräußern (§ 2 Nr. 1 VerkProspG); (2) einem begrenzten Personenkreis angeboten werden (§ 2 Nr. 2 VerkProspG); oder (3) nur den Arbeitnehmern von ihrem Arbeitgeber oder von einem mit seinem Unternehmen verbundenen Unternehmen angeboten werden (§ 2 Nr. 3 VerkProspG).

Bei Mitarbeiterbeteiligungsprogrammen oder Stock-Option-Plänen für **472**
Führungskräfte besteht in der Regel keine Prospektpflichtigkeit der Wertpapiere nach Verkaufsprospektgesetz.

Grundsätzlich liegt bei Stock-Option-Plänen bzw. bei Mitarbeiterbeteili- **473**
gungsprogrammen der Befreiungstatbestand nach § 2 Nr. 3 VerkProspG (vgl. oben) vor. Es könnte auch ein prospektfreies Angebot an einen begrenzten Personenkreis gemäß § 2 Nr. 2 VerkProspG gegeben sein. Ein begrenzter Personen-

---

[1] Dazu allgemein *Schneider*, ZIP 1996, 1769; *Claussen*, WM 1997, 1825.
[2] Vgl. § 1 des Wertpapier-Verkaufsprospektgesetzes (nachfolgend „VerkProspG").

B. Rechtliche Aspekte

kreis liegt vor, wenn die betreffenden Personen dem Anbieter im einzelnen bekannt sind, von ihm aufgrund einer gezielten Auswahl nach individuellen Gesichtspunkten angesprochen werden und eine Aufklärung durch einen Verkaufsprospekt im Hinblick auf das Informationsbedürfnis des Anlegers nicht erforderlich ist.[3] Dies ist jedoch im Einzelfall zu prüfen.

474 In der Praxis wird im Verkaufsprospekt in der Regel im Rahmen der Darstellung der Gesellschaft auch auf ein bestehendes Mitarbeiterbeteiligungsprogramm oder einen Stock-Option-Plan mit seinen Eckdaten eingegangen. Bei der Darstellung der Kapitalverhältnisse werden die zugrundeliegenden Kapitalmaßnahmen, insbesondere der Schaffung bedingten Kapitals, dargestellt.

3. Prospektpflichtigkeit bei Zulassung in verschiedenen Marktsegmenten

a) Marktsegmente

475 An den sieben Wertpapierbörsen in Deutschland gibt es drei Marktsegmente. Der sog. „amtliche Markt" ist das angesehenste Börsensegment mit den strengsten Zulassungsvoraussetzungen, in dem die meisten der großen deutschen Aktiengesellschaften notiert sind. Seit 1987 gibt es den sog. „Geregelten Markt", an dem vorrangig kleine und mittlere Unternehmen notiert sind. Das dritte Marktsegment ist der sog. „Freiverkehr", der sehr geringe Anforderungen an die Unternehmen stellt.

476 Seit einigen Jahren gibt es an einigen deutschen Wertpapierbörsen sog. Neue Märkte, die jedoch inzwischen stark an Bedeutung verloren haben. So wurde z.B. der im März 1997 bei der Frankfurter Wertpapierbörse geschaffene „Neue Markt" im Jahre 2002 wieder eingestellt.

477 Hinsichtlich der Prospektpflichtigkeit ist hier zu beachten, dass die Aktienoptionen bzw. im Falle einer vorgeschalteten Begebung einer Wandel- oder Optionsanleihe die Schuldverschreibungen typischerweise nicht oder nur eingeschränkt übertragbar sind und weder zum amtlichen Markt oder zum Geregelten Markt zugelassen noch in den Freiverkehr einbezogen sind. Die nachfolgenden Ausführungen beschränken sich also weitgehend auf die zugrundeliegenden Aktien.

b) Amtlicher Markt

478 Wertpapiere, die im amtlichen Markt an der Börse gehandelt werden sollen, bedürfen gemäß § 30 (1) BörsG der Zulassung, so weit nicht in § 36 BörsG oder in anderen Gesetzen etwas anderes bestimmt ist. An der Frankfurter Wertpapier-

---

[3] Vgl. dazu Bekanntmachung des Bundesaufsichtsamts für den Wertpapierhandel zum Wertpapier-Verkaufsprospektgesetz vom 6. September 1999. Dazu ausführlich: *Dittrich*, Die Privatplatzierung im deutschen Kapitalmarktrecht, 1998, S. 80 ff. Das BAWe ist seit dem Jahr 2002 in der Bundesanstalt für Finanzdienstleistungsaufsicht aufgegangen.

V. Wertpapier- und kapitalmarktrechtliche Aspekte

börse kann die Zulassung zum amtlichen Markt (General Standard)[4] oder zum Teilbereich des amtlichen Markts mit weiteren Zulassungsfolgepflichten (Prime Standard)[5] beantragt werden.

479 Wertpapiere sind gemäß § 30 (3) BörsG zuzulassen, wenn (1) der Emittent und die Wertpapiere den Bestimmungen entsprechen, die zum Schutz des Publikums und für einen ordnungsgemäßen Börsenhandel gemäß § 32 BörsG erlassen worden sind, (2) dem Antrag ein Prospekt zur Veröffentlichung beigefügt ist, der gemäß § 32 BörsG die erforderlichen Angaben enthält, um dem Publikum ein zutreffendes Urteil über den Emittenten und die Wertpapiere zu ermöglichen, so weit nicht gemäß § 32 (2) BörsG von der Veröffentlichung eines Prospekts abgesehen werden kann, und (3) keine Umstände bekannt sind, die bei Zulassung der Wertpapiere zu einer Übervorteilung des Publikums oder einer Schädigung erheblicher allgemeiner Interessen führen.[6]

480 Um im amtlichen Markt[7] einer deutschen Wertpapierbörse zugelassen zu werden, muss das Unternehmen seit drei Jahren bestehen und einen voraussichtlichen Kurswert von mindestens € 1.250.000 haben. Es ist in der Regel ein Zulassungsprospekt in deutscher Sprache erforderlich sowie eine Streuung der Aktien von mindestens 25%.

481 Eine gemäß § 32 (2) BörsG zulässige Befreiung von der Prospektpflicht ist in der BörsZulV erfolgt. Die Zulassungsstelle kann gemäß § 45 BörsZulV von der Pflicht, einen Prospekt zu veröffentlichen, u.a. ganz oder teilweise insbesondere dann befreien, wenn die zuzulassenden Wertpapiere Gegenstand einer öffentlichen ersten Ausgabe waren und innerhalb von zwölf Monaten von ihrer Zulassung in Deutschlandd eine schriftliche Darstellung veröffentlicht wurde, die am Sitz des Emittenten und seinen Zahlstellen dem Publikum zur Verfügung steht, den für den Prospekt vorgeschriebenen Angaben entspricht und alle seit ihrer Erstellung wesentlichen Änderungen veröffentlicht werden.[8] Eine vollständige oder teilweise Befreiung ist weiterhin zulässig, wenn die zuzulassenden Wertpapiere (1) Aktien sind, deren Zahl, geschätzter Kurswert oder Nennbetrag, bei nennwertlosen Aktien deren rechnerischer Wert, niedriger ist als zehn vom Hundert des entsprechenden Wertes der Aktien derselben Gattung, die an derselben Börse amtlich notiert werden, und der Emittent die mit der Zulassung verbundenen Veröffentlichungspflichten erfüllt;[9] oder (2) an Arbeitnehmer überlassene Aktien sind und Aktien derselben Gattung an derselben Börse amtlich notiert werden.[10]

---

[4] Vgl. § 56 ff. der Börsenordnung für die Frankfurter Wertpapierbörse (nachfolgend „BörsO FWB").
[5] Vgl. § 66 ff. BörsO FWB.
[6] § 30 (2) Nr. 1–3 des Börsengesetzes (nachfolgend „BörsG").
[7] Vgl. § 45 ff. Börsenzulassungs-Verordnung (nachfolgend „BörsZulV"), § 24 ff. BörsO FWB.
[8] § 45 Nr. 1a BörsZulV.
[9] § 45 Nr. 3b BörsZul. Aktien, die sich nur in bezug auf den Beginn der Dividendenberechtigung unterscheiden, gelten als Aktien derselben Gattung.
[10] § 45 Nr. 3c BörsZulV. Aktien, die sich nur in bezug auf den Beginn der Dividendenberechtigung unterscheiden, gelten als Aktien derselben Gattung.

B. Rechtliche Aspekte

482 Aufgrund bestehender Befreiungsgrundlagen können Aktien für Mitarbeiterbeteiligungsprogramme oder Stock-Option-Pläne in der Regel bei im amtlichen Markt notierten Aktien prospektfrei zugelassen werden.

c) Geregelter Markt

483 Neben dem amtlichen Markt können Wertpapiere auch zum Geregelten Markt zugelassen oder in den Geregelten Markt einbezogen werden.[11]

484 Die Börsenordnung der Frankfurter Wertpapierbörse[12] sieht seit dem 1. Januar 2003 für den Geregelten Markt an den amtlichen Markt weitgehend angepasste Zulassungsvoraussetzungen vor. Für die Zulassungsvoraussetzungen, den Inhalt des Unternehmensberichts, die Veröffentlichung des Unternehmensberichts, die Befreiung von der Pflicht, einen Unternehmensbericht zu veröffentlichen und das Zulassungsverfahren gelten die Vorschriften den amtlichen Markt (General Standard) entsprechend, sofern sich aus dem Börsengesetz und § 69 Abs. 2 BörsO FWB nichts anderes ergibt.[13]

485 Neben der Zulassung zum Geregelten Markt (General Standard) kann auch die Zulassung zum Teilbereich des Geregelten Marktes mit weiteren Zulassungsfolgepflichten (Prime Standard) beantragt werden.[14]

486 Gemäß § 69 (1) BörsO FWB gelten für die Befreiung von der Pflicht, einen Unternehmensbericht zu veröffentlichen, die Vorschriften für den amtlichen Markt (General Standard) entsprechend. § 72 BörsO FWB gewährt weitere Möglichkeiten zur Befreiung von der Veröffentlichungs- und Einreichungspflicht beim Unternehmensbericht.

487 Somit können Aktien für Mitarbeiterbeteiligungsprogramme und Stock-Option-Pläne auch im Geregelten Markt in der Regel prospektfrei zugelassen werden.[15]

d) Darstellung in Prospekten

488 Obwohl die Begebung von Aktien im Rahmen von Mitarbeiterbeteiligungsprogrammen oder Stock-Option-Plänen im Regelfall keine eigenständige Prospektpflicht begründet, werden in Börsenzulassungsprospekten bzw. Unternehmensberichten ebenso wie in Verkaufsprospekten die Grundzüge eines Mitarbeiterbeteiligungsprogramms oder Stock-Option-Plans dargestellt, da sie in der Regel für die Darstellung des Emittenten wesentlich sind und der Prospekt über die tatsächlichen und rechtlichen Verhältnisse, die für die Beurteilung der angebotenen bzw. auszugebenden Wertpapiere notwendig bzw. wesentlich sind, Auskunft geben und richtig und vollständig sein muss.[16]

---

[11] Vgl. § 49 BörsG.
[12] Vgl. § 68 ff. BörsO FWB.
[13] Vgl. § 69 Abs. 1 BörsO FWB.
[14] Vgl. § 75 ff. BörsO FWB.
[15] Vgl. oben B.IV.3.b).
[16] Vgl. nur § 13 (1) Satz 1 BörsZulV, § 2 VerkProspG.

V. Wertpapier- und kapitalmarktrechtliche Aspekte

4. Erstellung eines Informationsmemorandums

Neben der Darstellung des Mitarbeiterbeteiligungsprogramms oder Stock-Option-Plans im gegebenenfalls erstellten Börsenzulassungs- oder Verkaufsprospekt wird zur Information und Aufklärung der Berechtigten über die Regelungen des Mitarbeiterbeteiligungsprograms bzw. Stock-Option-Plans ein sog. Informationsmemorandum erstellt. **489**

Dieses Dokument basiert auf den anzuwendenden Vertragsbedingungen, wie z.B. den Optionsrechtsbedingungen, und stellt das Mitarbeiterbeteiligungsprogramm bzw. den Stock-Option-Plan hinsichtlich Funktionsweise, Zielen sowie seiner konkreten Ausgestaltung und bestehenden Risiken in verständlicher Weise dar. Insbesondere wird auf die Eckdaten wie Bezugsberechtigung, gesellschaftsrechtliche Ausgestaltung (z.B. Schaffung von Wandel- oder Optionsanleihen), Wartefrist, Ausübungszeiträume, Übertragbarkeit, Kündigung und Verfall sowie Besteuerung eingegangen. Häufig enthält das Informationsmemorandum auch eine übersichtliche Zusammenfassung in Form einer Tabelle. **490**

5. Prospekthaftung

Der Erwerber von Wertpapieren, die auf Grund eines Prospekts zum Börsenhandel zugelassen sind, in dem für die Beurteilung der Wertpapiere wesentliche Angaben unrichtig oder unvollständig sind, kann nach § 44 (1) BörsG von denjenigen, die für den Prospekt die Verantwortung übernommen haben und von denjenigen, von denen der Erlass des Prospekts ausgeht, als Gesamtschuldnern die Übernahme der Wertpapiere gegen Erstattung des Erwerbspreises, soweit dieser den ersten Ausgabepreis der Wertpapiere nicht überschreitet, und der mit dem Erwerb verbundenen üblichen Kosten verlangen, sofern das Erwerbsgeschäft nach Veröffentlichung des Prospekts und innerhalb von sechs Monaten nach erstmaliger Einführung der Wertpapiere abgeschlossen wurde und bestimmte weitere Voraussetzungen erfüllt sind. §§ 44 bis 47 BörsG regeln die Voraussetzungen und Rechtsfolgen eines börsenrechtlichen Prospekthaftungsanspruchs und enthalten insbesondere Regelungen hinsichtlich der Erforderlichkeit der Inhaberschaft der Wertpapiere, der Kausalität, des Verschuldensmaßstabes sowie der Verjährungsfristen.[17] **491**

Neben der in §§ 44 ff. BörsG spezialgesetzlich geregelten Prospekthaftung können unter bestimmten Voraussetzungen Ansprüche auch aus den Vorschriften des bürgerlichen Rechts aufgrund von Verträgen, culpa in contrahendo oder vorsätzlicher unerlaubter Handlungen erhoben werden.[18] **492**

---

[17] Vgl. dazu *Kümpel*, Bank- und Kapitalmarktrecht, Ziff. 11.171 f.; vgl. § 30 (3), (4) BörsG, für amtlichen Markt, § 49 BörsG für den Geregelten Markt und §§ 13 VerkProspG für den Verkaufsprospekt.
[18] Vgl. § 47 (2) BörsG.

B. Rechtliche Aspekte

6. Insiderrecht

a) Allgemeines

493 In der Bundesrepublik Deutschland ist die Insiderproblematik erst seit Inkrafttreten des Wertpapierhandelsgesetzes[19] im Jahr 19994 gesetzlich geregelt. Zuvor war Insiderhandel in seinen verschiedenen Ausgestaltungen nicht gesetzlich verboten, wurde aber in der Regel durch entsprechende interne Vorkehrungen von Kreditinstituten und Finanzdienstleistungsunternehmen verhindert.

494 Im folgenden wird einführend auf die Begriffe „Insiderpapiere", „Insider" sowie „Insidertatsache" eingegangen. Anschließend folgt eine Darstellung, welche Folgen die Regelungen über das Insiderhandeln nach §§ 12 ff. WpHG auf die Ausgestaltung von Mitarbeiterbeteiligungsprogrammen und Stock-Option-Plänen haben.

b) Begriffsbestimmungen

495 Insiderpapiere sind Wertpapiere, die (1) an einer inländischen Börse zum Handel zugelassen oder in den geregelten Markt oder in den Freiverkehr einbezogen sind, oder (2) in einem anderen Mitgliedstaat der Europäischen Union oder einem anderen Vertragsstaat des Abkommens über den Europäischen Wirtschaftsraum zum Handel an einem organisierten Markt zugelassen sind. Der Zulassung zum Handel an einem organisierten Markt oder der Einbeziehung in den geregelten Markt oder in den Freiverkehr steht gleich, wenn der Antrag auf Zulassung oder Einbeziehung gestellt oder öffentlich angekündigt ist.[20]

496 Als Insiderpapiere gelten nach § 12 (2) WpHG auch (1) Rechte auf Zeichnung, Erwerb oder Veräußerung von Wertpapieren, (2) Rechte auf Zahlung eines Differenzbetrages, der sich an der Wertentwicklung von Wertpapieren bemisst, (3) Terminkontrakte auf einen Aktien- oder Rentenindex oder Zinsterminkontrakte (Finanzterminkontrakte) sowie Rechte auf Zeichnung, Erwerb oder Veräußerung von Finanzterminkontrakten, sofern die Finanzterminkontrakte Wertpapiere zum Gegenstand haben oder sich auf einen Index beziehen, in den Wertpapiere einbezogen sind, sowie (4) sonstige Terminkontrakte, die zum Erwerb oder zur Veräußerung von Wertpapieren verpflichten, wenn die Rechte oder Terminkontrakte in einem Mitgliedstaat der Europäischen Union oder einem anderen Vertragsstaat des Abkommens über den Europäischen Wirtschaftsraum zum Handel an einem organisierten Markt zugelassen oder in den geregelten Markt oder in den Freiverkehr einbezogen sind und die in den Nummern (1) bis (4) genannten Wertpapiere in einem Mitgliedstaat des Abkommens über den Europäischen Wirtschaftsraum zum Handel an einem organisierten

---

[19] Dazu allgemein *Assmann/Schneider* (Hrsg.), Wertpapierhandelsgesetz, 2. Aufl. 1999; *Immenga*, ZBB 1995, 197; *Hopt*, ZHR 159 (1995), 135; *Pananis*, WM 1997, 460; *Pfitzer/Streib*, BB 1995, 1947; *Schander/Lucas*, DB 1997, 2109; *Kiem/Kotthoff*, DB 1995, 1999; *Pellens/Fülbier*, DB 1994, 1381; *Schneider*, ZIP 1996, 1769.

[20] § 12 (1) S. 2 des Gesetzes über den Wertpapierhandel (nachfolgend „WpHG").

V. Wertpapier- und kapitalmarktrechtliche Aspekte

Markt zugelassen oder in den geregelten Markt oder in den Freiverkehr einbezogen sind. Der Zulassung der Rechte oder Terminkontrakte zum Handel an einem organisierten Markt oder ihrer Einbeziehung in den geregelten Markt oder in den Freiverkehr steht gleich, wenn der Antrag auf Zulassung oder Einbeziehung gestellt oder öffentlich angekündigt ist.[21] Virtuelle Optionen, die die Ausgabe von Wertsteigerungsrechten vorsehen, sind für die Begünstigten des Stock-Option-Plans in der Regel insiderrechtlich nicht problematisch, da sie nicht auf den Erwerb von Aktien der Gesellschaft gerichtet sind, also kein Erwerb von Insiderpapieren vorliegt.

497 Insider ist, wer (1) als Mitglied des Geschäftsführungs- oder Aufsichtsorgans oder als persönlich haftender Gesellschafter des Emittenten oder eines mit dem Emittenten verbundenen Unternehmens, (2) aufgrund seiner Beteiligung am Kapital des Emittenten oder eines mit dem Emittenten verbundenen Unternehmens oder (3) aufgrund seines Berufs oder seiner Tätigkeit oder seiner Aufgabe bestimmungsgemäß Kenntnis von einer nicht öffentlich bekannten Tatsache hat, die sich auf einen oder mehrere Emittenten von Insiderpapieren oder auf Insiderpapiere bezieht und die geeignet ist, im Falle ihres öffentlichen Bekanntwerdens den Kurs der Insiderpapiere erheblich zu beeinflussen (sog. Insidertatsache).[22]

498 Eine Bewertung, die ausschließlich aufgrund öffentlich bekannter Tatsachen erstellt wird, ist keine Insidertatsache, selbst wenn sie den Kurs von Insiderpapieren erheblich beeinflussen kann.[23]

c) Verbot des Insiderhandels

499 Einem Insider ist es verboten, (1) unter Ausnutzung seiner Kenntnis von einer Insidertatsache Insiderpapiere für eigene oder fremde Rechnung oder für einen anderen zu erwerben oder zu veräußern, (2) einem anderen eine Insidertatsache unbefugt mitzuteilen oder zugänglich zu machen, (3) einem anderen auf der Grundlage seiner Kenntnis von einer Insidertatsache den Erwerb oder die Veräußerung von Insiderpapieren zu empfehlen.[24] Einem Dritten, der Kenntnis von einer Insidertatsache hat, ist es verboten, unter Ausnutzung dieser Kenntnis Insiderpapiere für eigene oder fremde Rechnung oder für einen anderen zu erwerben oder zu veräußern.[25]

500 Verstöße gegen das Verbot des Insiderhandels stellen Straftaten bzw. Ordnungswidrigkeiten dar. So wird z.B. mit Freiheitsstrafe bis zu fünf Jahren oder mit Geldstrafe gemäß § 38 (1) WpHG bestraft, wer (1) entgegen einem Verbot nach § 14 (1) Nr. 1 oder (2) WpHG ein Insiderpapier erwirbt oder veräußert, (2) entgegen einem Verbot nach § 14 (1) Nr. 3 WpHG den Erwerb oder die Veräußerung eines Insiderpapiers empfiehlt.

---

[21] § 12 Nr. 1–4 WpHG.
[22] § 13 (1) Nr. 1–3 WpHG.
[23] § 12 (2) WpHG.
[24] § 14 (1) Nr. 1–3 WpHG (sog. Primärinsider).
[25] § 14 (2) WpHG (sog. Sekundärinsider).

B. Rechtliche Aspekte

d) Insiderhandeln bei Mitarbeiterbeteiligungsprogrammen und Stock-Option-Plänen[26]

aa) Ausgangslage

501 Angesichts der erfolgsbezogenen Ausgestaltung von Mitarbeiterbeteiligungsprogrammen und Stock-Option-Plänen stellt sich die Frage nach ihrer insiderrechtlichen Bewertung, da es sich bei den Begünstigten häufig um Personen handelt, die aufgrund ihrer Mitgliedschaft innerhalb des Geschäftsführungsorgans (Organfunktion), ihrer beruflichen Stellung bzw. ihrer Tätigkeit und Aufgabe bestimmungsgemäß Kenntnis von Insidertatsachen erlangen und gemäß § 13 (1) Nr. 1, Nr. 3 WpHG als (Primär-)Insider anzusehen sind.

502 Die inhaltliche Ausgestaltung von Stock-Option-Plänen (auch „Aktienoptionsprogramme" genannt) ist unterschiedlich. Zu ihrer Bedienung werden u.a. bedingtes Kapital gemäß § 192 (2) Nr. 3 AktG, seit Änderung des Aktiengesetzes durch das Gesetz zur Kontrolle und Transparenz in Unternehmen (KonTraG) auch der Erwerb eigener Aktien gemäß § 71 (1) AktG sowie – wie in der Vergangenheit typisch – die Begebung von Schuldverschreibungen durch das Unternehmen verwendet. Diese Schuldverschreibungen werden entweder als Wandel- oder als Optionsanleihe gemäß § 221 AktG ausgestaltet verwendet.[27] Während der begünstigte Mitarbeiter bei der Wandelanleihe sein Recht auf Rückzahlung des Nennbetrages gegen eine bestimmte Anzahl von Aktien umtauschen kann,[28] wird dem Mitarbeiter bei der Optionsanleihe als Kapitalgeber neben dem Recht auf Verzinsung und Rückzahlung des Nennbetrages zusätzlich das Recht eingeräumt, innerhalb eines bestimmten Zeitraums zu einem festgelegten Entgelt eine bestimmte Anzahl von Aktien zu erwerben.[29] In beiden Fällen spricht man von der Begründung sog. „eigener Optionen" des Unternehmens. Als alternative Gestaltungsmöglichkeiten zur Bedienung von Stock-Option-Plänen kommen darüber hinaus z.B. die Zuteilung von Optionsgenussscheinen oder von Optionsrechten bzw. -scheinen als selbständigen Bezugsrechten in Betracht, die ebenfalls „eigene Optionen" darstellen.

503 Weiterhin ist aber auch der Erwerb und die anschließende Zuteilung von dritter Seite aufgelegter Optionsrechte bzw. -scheine, welche zum Bezug von Aktien des Unternehmens berechtigen, möglich (sog. „fremde Optionen").[30] Im Falle der Begründung eigener Optionen durch das betreffende Unternehmen

---

[26] Vgl. allgemein Mitteilung des Bundesaufsichtsamts für den Wertpapierhandel (BAWe) vom 1. Oktober 1997; *Süßmann*, AG 1997, 63, 65; *Fürhoff*, AG 1998, 83 ff.; *Assmann*, AG 1997, 50, 58; *Peltzer*, AG 1996, 307 ff.; *von Rosen/Helm*, AG 1996, 424, 439; *Schneider*, ZIP 1996, 1769 ff.; *Feddersen*, ZIP 161 (1997), 269 ff.; *Casper*, WM 1999, 363.

[27] Vgl. *Assmann* in: Assmann/Schneider, Wertpapierhandelsgesetz, 2. Aufl. 1999, § 12, Rdnr. 6a; *Assmann/Cramer* in: Assmann/Schneider, § 14, Rdnr. 88i; *Feddersen*, ZHR 161 (1997), 269.

[28] Vgl. § 221 (1) Satz 1, 1. Alt. AktG.

[29] Vgl. § 221 (1) Satz 1, 2. Alt. AktG. Zu beiden genannten Arten von Schuldverschreibungen vgl. auch *Hüffer*, Aktiengesetz, 5. Aufl. 2002, § 221, Rdnr. 3 ff.

[30] Vgl. auch *Assmann/Schneider* in: Assmann/Schneider, § 12 Rdnr. 6a.

V. Wertpapier- und kapitalmarktrechtliche Aspekte

werden die Optionen mit Aktien unterlegt, die entweder im Wege der Kapitalerhöhung (z.B. über die bedingte Kapitalerhöhung nach § 192 (2) Nr. 3 AktG) geschaffen oder seit Inkrafttreten des KonTraG durch den Rückkauf eigener Aktien gemäß § 71 (1) AktG beschafft werden können.[31]

Im Hinblick auf den zeitlichen Ablauf eines Aktienoptionsprogramms lässt sich zwischen der Einführung des Programms, der Zuteilung der Aktienoptionen an die Begünstigten, der Ausübung der Optionen durch die Begünstigten sowie der Veräußerung der Aktien durch letztere differenzieren. **504**

bb) Einführung und Zuteilung

Die Einführung eines Aktienoptionsprogramms sowie die Zuteilung der Aktienoptionen sind unter insiderrechtlichen Gesichtspunkten in der Regel unproblematisch. Dies liegt insbesondere daran, dass die häufig als Wandel- oder Optionsanleihen aufgelegten Aktienoptionen bis zu der Zuteilung an die begünstigten Unternehmensangehörigen regelmäßig noch nicht an einer Börse zum Handel zugelassen oder in den Freiverkehr einbezogen sind und aus diesem Grunde keine Insiderpapiere i.S. von § 12 WpHG darstellen.[32] Die bis zum Zeitpunkt der Zuteilung der Aktienoptionen in Betracht zu ziehenden Vorgänge wie z.B. die Aufstellung des Begebungsplanes, die Beschlussfassung der Organe, der eigentliche Beschaffungsvorgang für die Optionsrechte – etwa durch Ausgabe von Wandel- oder Optionsanleihen – sowie die Zuteilung der Aktienoptionen selbst sind unter insiderrechtlichen Aspekten in aller Regel unbedenklich. **505**

Auch hier sind jedoch im Einzelfall Sonderkonstellationen denkbar, wie z.B., wenn die Optionsrechte ausnahmsweise aus bereits zugelassenen/einbezogenen Options- oder Wandelanleihen stammen und die jungen Aktien bereits mit der jeweiligen Anleihe zugelassen/einbezogen worden sind.[33] In diesem Fall ist jedoch zu berücksichtigen, dass der Erwerb eines zugelassenen bzw. einbezogenen Optionsrechts durch den Begünstigten (selbst im Falle der Kenntnis einer positiven Insidertatsache) regelmäßig nicht wie von § 14 (1) Nr. 1 WpHG vorausgesetzt, in Ausnutzung der Kenntnis einer Insidertatsache erfolgt, sondern in der Regel aufgrund der arbeitsvertraglichen Vereinbarung einer (teilweisen) Vergütung durch die Optionsrechte.[34] Problematisch könnte es sein, wenn dem Begünstigten ein Wahlrecht zwischen einer festgelegten Vergütung und dem Erhalt bereits zugelassener/einbezogener Optionsrechte eingeräumt wird, da in diesem Fall – bei Kenntnis positiver Insidertatsachen – der Entschluss des Begünstigten zum Erhalt der zugelassenen Optionsrechte jedoch u.U. als ein strafbares Ausnutzen der Kenntnis der Insidertatsachen i.S. von § 14 (1) Nr. 1 WpHG angesehen werden könnte.[35] **506**

---

[31] Vgl. *Assmann/Cramer* in: Assmann/Schneider, § 14 Rdnr. 88h.
[32] Vgl. z.B. Mitteilung des BAWe v. 1. Okt. 1997, S. 1; *Assmann*, AG 1997, 50, 58; *Fürhoff*, 1998, 83, 84.
[33] Vgl. *Fürhoff*, AG 1998, 83, 85, Fn. 20 m.w.N. sowie *Assmann/Cramer* in: Assmann/Schneider, § 14, Rdnr. 88i; *Feddersen*, ZHR 161 (1997), 269, 290.
[34] Vgl. auch Mitteilung des BAWe v. 1. Okt. 1997.
[35] [Ebenda.]

B. Rechtliche Aspekte

Diese Möglichkeit kann jedoch durch eine entsprechende Ausgestaltung der Zuwendung der zugelassenen Optionsrechte – etwa im Wege eines Automatismus ohne eigene Einflussmöglichkeit des Begünstigten – ausgeschlossen werden.

507 Ein weiterer denkbarer Ausnahmefall liegt vor, wenn die für das Aktienoptionsprogramm benötigten Aktien nicht durch eine Kapitalerhöhung, sondern durch den Rückkauf von Aktien am Sekundärmarkt beschafft werden.[36] Hier könnte das Insiderhandelsverbot des § 14 WpHG bereits beim Erwerb der Aktien durch die Gesellschaft dem Grundsatz nach Anwendung finden. Aufgrund der kurzen Haltefrist von nur einem Jahr zwischen Erwerb und Ausgabe an die Arbeitnehmer in § 71 (3) Satz 2 AktG und dem einem solchen gezielten Rückkauf eigener Aktien zu einem zuvor festgelegten Zeitpunkt immanenten erheblichen Kursbeeinflussungspotential spielt diese Möglichkeit in der Praxis wohl keine größere Rolle.[37]

cc) Ausübung

508 Auch die Ausübung der Option durch den Begünstigten ist in der Regel insiderrechtlich unbedenklich. Zwar führt sie häufig zur Zulassung der jungen Aktien zum Handel am Kapitalmarkt (oder zur Stellung eines entsprechenden Zulassungsantrages) mit der Folge, dass die zu gewährenden jungen Aktien nunmehr als Insiderpapiere i.S. von § 12 WpHG zu qualifizieren sind. Dennoch sind hier Verstöße gegen insiderrechtliche Bestimmungen überwiegend auszuschließen. Denn der Begünstigte wird seine Aktienoptionen nur ausüben, wenn diese „im Geld", d.h. wirtschaftlich rentabel, sind. Die Ausübung erfolgt dann aber, weil sie – wirtschaftlich betrachtet – vernünftig erscheint, unabhängig von der Tatsache, ob der Berechtigte Kenntnis von positiven oder negativen Insidertatsachen hat.[38] Die mögliche zusätzliche Motivation zur Ausübung der Optionen durch Kenntnis von Insidertatsachen stellt in dieser Konstellation mangels Ursächlichkeit keine „Ausnutzung" i.S. von § 14 (1) Nr. 1 WpHG dar, denn eine solche Ausnutzung ist immer dann zu verneinen, wenn das Wertpapiergeschäft auch ohne Kenntnis der Insidertatsache getätigt worden wäre.[39] Ist die Option hingegen nicht „im Geld", so wird der Begünstigte regelmäßig auf eine Ausübung verzichten, da er sich in diesem Fall am Markt günstiger eindecken kann. Sein Unterlassen erfüllt in diesem Fall jedoch weder den Tatbestand des „Erwerbens" noch den des „Veräußern" i.S. von § 14 (1) Nr. 1 WpHG.[40] Im Zusammenhang mit der Ausübung einer Option empfiehlt es sich gleichwohl, durch die Festlegung automatisierter Standards wie klarer Ausübungskriterien und limitierter Zeitvorgaben für die Ausübung den Ermessensspielraum des Be-

---

[36] Vgl. *von Rosen/Helm*, AG 1996, 434, 440; *Feddersen*, ZHR 161 (1997), 269, 289.
[37] So auch das BAWe, Mitteilung v. 1. Okt. 1997, S. 2; *Feddersen*, ZHR 161 (1997), 269, 289; *Fürhoff*, AG 1998, 83, 84.
[38] Ebenso die Mitteilung des BAWe v. 1. Okt. 1997.
[39] Vgl. *Assmann/Cramer* in: Assmann/Schneider, § 14, Rdnr. 27; *Fürhoff*, AG 1998, 84, 85; *Feddersen*, ZHR 161 (1997), 269, 291 f.
[40] Vgl. auch *Assmann/Cramer* in: Assmann/Schneider, § 14, Rdnr. 88k.

V. Wertpapier- und kapitalmarktrechtliche Aspekte

günstigten zu reduzieren. Dadurch kann bereits den Anschein eines Insiderhandels wirkungsvoll vermieden werden.

dd) Veräußerung

Die mit Abstand größte insiderrechtliche Bedeutung hat die Veräußerung der aufgrund eines Mitarbeiterbeteiligungsprogramms oder eines Stock-Option-Plans erworbenen Aktien durch den Begünstigten. Jedoch sind auch hier Differenzierungen geboten. 509

Der Tatbestand des verbotenen Insiderhandels durch Erwerb oder Veräußerung eines Insiderpapiers durch einen Insider unter Ausnutzung seiner Kenntnis von einer Insidertatsache ist im Falle der Veräußerung von Aktien in Kenntnis einer negativen Insidertatsache regelmäßig erfüllt.[41] 510

Andererseits erfüllt das bloße Unterlassen eines Geschäfts in Kenntnis positiver wie auch negativer Insidertatsachen nicht die beiden durch § 14 (1) Nr. 1 WpHG geregelten Tatbestände des „Erwerbens" bzw. des „Veräußerns".[42] Insiderrechtlich unbedenklich ist weiterhin der Fall der Veräußerung von Aktien in Kenntnis einer positiven Insidertatsache; da auch hierin kein „Ausnutzen" der Tatsache i.S. von § 14 (1) Nr. 1 WpHG zu sehen ist.[43] 511

Die Gefahr der Vornahme eines verbotenen Insidergeschäfts kann auch in den Problemfällen insbesondere auf zwei Arten vermieden werden. Einerseits kann durch die Vorgabe enger, standardisierter Veräußerungsmöglichkeiten seitens des Unternehmens, insbesondere durch Einräumung sehr kurzer Veräußerungszeiträume (sog. „Trading Windows"), die unmittelbar nach der Bilanzpressekonferenz, der Bekanngabe von Quartalszahlen etc. liegen, das Risiko einer Ausnutzung von Insiderkenntnissen stark reduziert werden.[44] Andererseits kann durch die Zwischenschaltung eines weisungsfreien Dritten bei der Verwaltung und der Veräußerung der Aktien seitens des Begünstigten, der nicht selbst Insider ist und keine Kenntnis von Insidertatsachen hat, die Gefahr eines Insidergeschäfts ausgeschlossen werden.[45] Diese beiden Maßnahmen sollten durch eine über die gesetzlichen Mindestanforderungen hinausgehende freiwillige Publizität der Gesellschaft und eine dadurch erreichte hohe Transparenz unterstützt werden. 512

Zusammenfassend lässt sich feststellen, dass sich bei der Ein- und Durchführung von Aktienoptionsprogrammen primär im Stadium der Veräußerung der zuvor durch die Ausübung der eingeräumten Bezugsrechte erworbenen Aktien insiderrechtliche Probleme ergeben können. In diesem Bereich bestehen jedoch – wie dargestellt – verschiedene Möglichkeiten präventiver Natur, das Risiko insiderrechtlicher Verstöße wirksam zu beschränken. 513

---

[41] Vgl. *Schneider*, ZIP 1996, 1769, 1775 sowie Mitteilung des BAWe v. 1. Okt. 1997.
[42] Vgl. *Fürhoff*, AG 1998, 83, 85.
[43] Vgl. *Schneider*, ZIP 1996, 1775; Mitteilung des BAWe v. 1. Okt. 1997.
[44] Vgl. *Feddersen*, ZHR 161 (1997), 269, 294.
[45] Vgl. die Mitteilung des BAWe v. 1. Okt. 1997.

e) Pflicht zur Veröffentlichung und Mitteilung kursrelevanter Tatsachen

514 Der Emittent von Wertpapieren, die zum Handel an einer inländischen Börse zugelassen sind, muss unverzüglich eine neue Tatsache veröffentlichen, die in seinem Tätigkeitsbereich eingetreten und nicht öffentlich bekannt ist, wenn sie wegen der Auswirkungen auf die Vermögens- oder Finanzlage oder auf den allgemeinen Geschäftsverlauf des Emittenten geeignet ist, den Börsenpreis der zugelassenen Wertpapiere erheblich zu beeinflussen oder im Fall zugelassener Schuldverschreibungen die Fähigkeit des Emittenten, seinen Verpflichtungen nachzukommen, beeinträchtigen kann.[46] In der Veröffentlichung genutzte Kennzahlen müssen im Geschäftsverkehr üblich[47] sein und einen Vergleich mit den zuletzt genutzten Kennzahlen ermöglichen. Sonstige Angaben, die die Voraussetzungen des § 15 (1) S. 1 WpHG offensichtlich nicht erfüllen, dürfen, auch in Verbindung mit veröffentlichungspflichtigen Tatsachen im Sinne des § 15 (1) S. 1 WpHG, nicht veröffentlicht werden. Unwahre Tatsachen, die nach § 15 (1) S. 1 WpHG veröffentlicht wurden, sind unverzüglich in einer Veröffentlichung nach § 15 (1) S. 1 WpHG zu berichtigen, auch wenn die Voraussetzungen des § 15 (1) S. 1 WpHG nicht vorliegen. Das Bundesaufsichtsamt für Finanzdienstleistungsaufsicht kann den Emittenten auf Antrag von der Veröffentlichungspflicht befreien, wenn die Veröffentlichung der Tatsache geeignet ist, den berechtigten Interessen des Emittenten zu schaden. Der Emittent hat die nach § 15 (1) WpHG in einer im Wertpapierhandelsgesetz[48] genau festgelegten Weise zu veröffentlichende Tatsache vor der Veröffentlichung (1) der Geschäftsführung der Börsen, an denen die Wertpapiere zum Handel zugelassen sind, (2) der Geschäftsführung der Börsen, an denen ausschließlich Derivate gehandelt werden, sofern die Wertpapiere Gegenstand der Derivate sind, und (3) dem Bundesaufsichtsamt mitzuteilen.[49] Die Verpflichtung zur Veröffentlichung einer Ad-hoc Mitteilung und der Zeitpunkt der Veröffentlichung hängen von der Ausgestaltung des Mitarbeiterbeteiligungsprogramms bzw. Stock-Option-Plans und der Implementierung durch die Organe der Gesellschaft ab. Die im Rahmen des 4. Finanzmarktförderungsgesetzes nun eingeführten §§ 37b, 37c WpHG begründen einen Schadensersatzanspruch für Anleger im Falle von unterlassenen, verspäteten oder unrichtigen Ad-hoc Veröffentlichungen gegenüber der Gesellschaft.[50]

515 Das Bundesaufsichtsamt überwacht das börsliche und außerbörsliche Geschäft in Insiderpapieren, um Verstößen gegen die Verbote nach § 14 WpHG entgegenzuwirken.[51] Hat das Bundesaufsichtsamt Anhaltspunkte für einen Verstoß gegen ein Verbot nach § 14 WpHG, kann es in § 16 (2) WpHG festgelegte Aus-

---

[46] § 15 (1) Satz 1 WpHG.
[47] Das BAFin hat in einem Schreiben vom 26. November 2002 den Begriff „übliche Kennzahlen" i.S.v. § 15 (1) S. 2 WpHG konkretisiert.
[48] § 15 (3) WpHG.
[49] § 15 (2) Satz 1 WpHG.
[50] Vgl. dazu Krause, ZGR 2002, 799 ff.; Groß, WM 2002, 477 ff.; Riecken, BB 2002, 1213 ff.
[51] § 16 (1) WpHG.

V. Wertpapier- und kapitalmarktrechtliche Aspekte

künfte über Geschäfte in Insiderpapieren verlangen, die sie für eigene oder fremde Rechnung abgeschlossen oder vermittelt haben.

f) Veröffentlichung und Mitteilung von Geschäften (sog. Directors' Dealings)

Durch das am 1. Juli 2002 in Kraft getretene 4. Finanzmarktförderungsgesetz[52] wurde eine Meldepflicht für Wertpapiergeschäfte von Organen börsennotierter Unternehmen in § 15 (a) WpHG[53] eingeführt. Die Regelung basiert auf den positiven Erfahrungen mit einer vergleichbaren Regelung in Ziffer 7.2 des Regelwerks Neuer Markt der Frankfurter Wertpapierbörse, die mit Inkrafttreten von § 15 (a) WpHG aufgehoben wurde. Im Rahmen der Umsetzung der EU-Richtlinie gegen Marktmissbrauch bis voraussichtlich Ende 2004 wird es wohl auch zu Änderungen des § 15 (a) WpHG kommen.

516

Wer als Mitglied des Geschäftsführungs- oder Aufsichtsorgans oder als persönlich haftender Gesellschafter eines Emittenten, dessen Wertpapiere zum Handel an einer inländischen Börse zugelassen sind, oder eines Mutterunternehmens des Emittenten (1) Aktien des Emittenten oder andere Wertpapiere, bei denen den Gläubigern ein Umtauschrecht auf Aktien des Emittenten eingeräumt wird, oder ein sonstiges Recht zum Erwerb oder der Veräußerung von Aktien des Emittenten, oder (2) ein Recht, das nicht unter Ziffer (1) WpHG fällt, und dessen Preis unmittelbar vom Börsenpreis der Aktien des Emittenten abhängt, erwirbt oder veräußert, hat gemäß § 15 (a) S. 1 WpHG dem Emittenten und der Bundesanstalt den Erwerb oder die Veräußerung unverzüglich schriftlich mitzuteilen. Unter „sonstige Rechte" i.S.v. § 15 (a) (1) Nr. 1 WpHG fallen Aktienoptionsrechte[54], unter „Rechte" i.S.v. § 15 (a) (1) Nr. 2 WpHG virtuelle Optionen, die auf Barausgleich anstelle des Erwerbs von Aktien gerichtet sind[55], wie z.B. Stock Appreciation Rights. Die Mitteilungsverpflichtung gilt auch für Ehepartner, eingetragene Lebenspartner und Verwandte 1. Grades der nach § 15 (1) S. 1 WpHG Verpflichteten.

517

Eine Mitteilungspflicht besteht jedoch nicht, wenn der Erwerb auf arbeitsvertraglicher Grundlage oder als Vergütungsbestandteil erfolgt. Damit ist beispielsweise die Einräumung von Aktienoptionen ausgenommen, nicht hingegen nach streitiger Auffassung[56] die spätere Ausübung der Optionen. Ausgenommen

518

---

[52] Dazu allgemein Möller, WM 2001, 2405 ff.; Rudolph, BB 2002, 1036 ff.; Hutter/Leppert, NZG 2002, 649 ff.

[53] Vgl. Deutsches Aktieninstitut, Directors' Dealings, Studie Oktober 2002, S. 1 ff.; Fleischer, ZIP 2002, 1217 ff.; Hutter/Leppert, NZG 2002, 649, 655; Rundschreiben des BAFin zu § 15a WpHG vom 5. September 2002.

[54] Siehe auch Bericht des Finanzausschusses, BT-Drs. 14/8601, S. 18; Deutsches Aktieninstitut, Directors' Dealings, S. 27.

[55] Siehe Bericht des Finanzausschusses BT-Drs. 14/8601, S. 19; Deutsches Aktieninstitut, Directors' Dealings, S. 27.

[56] Vgl. Bericht des Finanzausschusses BT-Drs. 14/8601, S. 18; Rundschreiben des BAFin zu § 15a WpHG vm 5. September 2002; Fleischer, ZIP 2002, 1217, 1227; a.A. Hutter/Leppert, NZG 2002, 649, 656; Schneider, BB 2002, 1817, 1820; Deutsches Aktieninstitut, Directors' Dealings, S. 48.

B. Rechtliche Aspekte

von der Mitteilungspflicht ist auch der Erwerb von Belegschaftsaktien. Dies ist gerechtfertigt, da die Teilnahme an Aktienoptionsprogrammen oder der Erwerb von Belegschaftsaktien regelmäßig nicht als Transaktionen einzuordnen sind, bei denen der Anschein des Insiderwissens immanent ist.[57] Eine Mitteilungspflicht besteht auch nicht für Geschäfte, deren Wert bezogen auf die Gesamtzahl der vom Meldepflichtigen innerhalb von 30 Tagen getätigten Geschäfte € 25.000 nicht übersteigt.

519 Die Mitteilung muss gemäß § 15 (2) WpHG für jedes Geschäft (1) die Bezeichnung des Wertpapiers oder Rechts und die Wertpapierkennnummer, (2) das Datum des Geschäftsabschlusses und (3) den Preis, die Stückzahl und den Nennbetrag der Wertpapiere oder Rechte enthalten. Der Emittent hat die Mitteilung nach § 15 (3) WpHG unverzüglich durch (1) Bekanntgabe im Internet unter der Adresse des Emittenten für die Dauer von mindestens einem Monat oder (2) Abdruck in einem überregionalen Börsenpflichtblatt, wenn die Bekanntgabe im Internet für den Emittenten mit einem unverhältnismäßigen Aufwand verbunden wäre, zu veröffentlichen. Der Emittent hat der Bundesanstalt unverzüglich einen Beleg über die Veröffentlichung zu übersenden. Die Bundesanstalt kann von den Verpflichteten sowie den beteiligten Wertpapierdienstleistungsunternehmen gemäß § 15 (4) WpHG Auskünfte und die Vorlage von Unterlagen verlangen, so weit dies zur Überwachung der Einhaltung der Pflichten erforderlich ist.

---

[57] Siehe Bericht des Finanzausschusses BT-Drs. 14/8601, S. 19.

C. Mitarbeiterbeteiligungsprogramme aus Sicht eines Unternehmens: Eigenkapitalbasierte Vergütung bei Siemens*

Aktienkurse – so sagen es die Kapitalmarkt-Theoretiker – enthalten alle verfügbaren Informationen über das betreffende Unternehmen, mehr noch: der Aktienkurs entspricht dem diskontierten Wert aller zukünftigen Zahlungsströme aus der Geschäftstätigkeit des Unternehmens. Und selbst wenn man als Beobachter des Börsengeschehens bisweilen seine Zweifel über die Mechanismen der Preisbildung hegt, so ist die Kapitalmarkt-Theorie doch bis heute nicht widerlegt. Es ist genau diese Bündelungseigenschaft ihres Wertes, welche die Aktie zu einer idealen Währung der Mitarbeitervergütung macht. Dabei ist die Bündelung nicht auf Informationen allein beschränkt: in der Wertentwicklung des Unternehmens, gemessen im Aktienkurs, vereinen sich die Interessen aller am Unternehmen beteiligten Stakeholder, neben jenen der Aktionäre auch die der Mitarbeiter, der Führungskräfte, der Kunden und Lieferanten sowie der öffentlichen Hand.[1] Sie alle haben ein unmittelbares oder zumindest mittelbares Interesse an einem wirtschaftlich gesunden und leistungsfähigen Unternehmen.

Die Siemens AG setzt im Rahmen ihrer weltweit gültigen Grundsätze zur Vergütung traditionell auf aktienbasierte Komponenten. Sie hat diese Komponenten in den letzten Jahren erweitert und verstärkt eingesetzt und sie passt diese gezielt an externe wie interne Entwicklungen an. Der vorliegende Aufsatz fasst die wesentlichen Ziele, Merkmale und Ausgestaltungsvarianten der aktienbasierten Pläne des Unternehmens zusammen.

1. Siemens

Siemens ist ein weltweit führendes Unternehmen der Elektronik und Elektrotechnik. Über 400.000 Mitarbeiter entwickeln und fertigen Produkte, projektieren und erstellen Systeme und Anlagen und erbringen maßgeschneiderte Dienstleistungen. Das vor 155 Jahren gegründete Unternehmen ist heute in mehr als 190 Ländern vertreten. Der Konzern ist auf den Gebieten Information and Communications, Automation and Control, Power, Transportation, Medical und Lighting tätig. Antriebsfeder des Unternehmenserfolgs sind und waren von jeher Innovationen. Jährlich werden rund 6 Mrd. Euro für Forschung und Ent-

---

* Die Autoren danken Andreas Rühl, Monika Schmidt, Dieter Wrba und insbesondere Peter Stuckenberger für wertvolle Hinweise und Kommentare.

[1] Bei derartigen Nennungen oder Aufzählungen sind stets Personen beiderlei Geschlechts gemeint.

wicklung aufgewendet. Das spiegelt sich in durchschnittlich 12 Patentanmeldungen pro Kalendertag wider. Im Geschäftsjahr 2003 (zum 30. September) betrug der Umsatz 74,233 Mrd. Euro und der Jahresüberschuss nach Steuern 2,445 Mrd. Euro.

2. Ziele eigenkapitalbasierter Vergütung

523 Bei Siemens dienen alle Vergütungsinstrumente einer dreigliedrigen personalstrategischen Grundaufgabe: der Gewinnung, Motivation und Bindung talentierter und qualifizierter Mitarbeiter. Wie die meisten Vergütungsinstrumente wirken auch aktienbasierte Pläne in mehr als einer dieser Kategorien,[2] allerdings legen sie ihr Gewicht – je nach Ausgestaltung – dabei entweder mehr auf die Motivation oder mehr auf die Bindung. Eine differenzierte Auseinandersetzung mit Hintergründen und Zielsetzungen, Vor- und Nachteilen der einzelnen Instrumente ist für deren optimalen Einsatz daher zwingend erforderlich. Auch die unterschiedlichen Auswirkungen der Instrumente auf die Liquidität des Unternehmens, die Personalkosten und die Entwicklung des Eigenkapitals sind wesentliche Entscheidungskriterien.

524 Aktienoptionen haben aufgrund der hohen Anreizintensität und des ersatzlosen „Verfallens" am Ende einer Zeitspanne einen stark spekulativen, an der Entwicklung des Ergebnisses des Unternehmens orientierten Charakter. Deshalb steht bei diesem Vergütungsinstrument die Motivation im Mittelpunkt. Belegschaftsaktien sorgen dagegen durch das Co-Investment des Mitarbeiters für eine starke Bindung an das Unternehmen und seinen Erfolg. Hinter einer weiteren Kategorie, den „Restricted Stock"-Plänen, steht die Erwartung erhöhter Bindung an das Unternehmen und ein größerer Hebel als bei Belegschaftsaktien bei im Vergleich zu Optionen geringerer Volatilität.[3]

525 Aktienbasierte Pläne sind mehr als bloße Vehikel zur Vergütung der Mitarbeiter und Führungskräfte: sie transportieren zugleich eine Botschaft, sowohl an die Begünstigten als auch an die Investoren. Im Falle von Aktienoptionen und Restricted Stock rückt intern die Leistungskultur und extern die Zielkongruenz zwischen Führungskraft und Aktionär in den Mittelpunkt. Bei Belegschaftsaktien geht es intern wie extern um die Entwicklung einer Eigentümerkultur und um die Identifikation der gesamten „Mannschaft" mit dem Unternehmen.

---

[2] Signing- oder Retention-Boni wären Beispiele für die Ausnahme. Bei ihnen handelt es sich um hochgradig spezialisierte Vergütungsinstrumente.

[3] Eine weitere Gruppe von Plänen, so genannte „Stock Appreciation Rights" oder „Phantom Stock Pläne" sind inhaltlich Zusagen variabler Barvergütung, deren Höhe sich nach verschiedenen Modellen an der Entwicklung des Aktienkurses orientiert. Sie führen nicht zu einer Verwässerung des Eigenkapitals, haben aber zwingend Ergebnis- und Liquiditätsbelastungen zur Folge.

C. Mitarbeiterbeteiligungsprogramme aus Sicht eines Unternehmens

3. Beteiligte Mitarbeiter

Neben den im vorherigen Abschnitt dargestellten Hauptzielen sind vor allem einige fundamentale Grundsätze der Vergütungstheorie für die Eingrenzungen der Beteiligtenkreise entscheidend. Nach dem *Controllability Principle*[4] sind zur Leistungsvergütung nur jene Größen heranzuziehen, die von der bewerteten Führungskraft beeinflusst werden können. Der Aktienkurs ist – trotz der Überlagerungen durch gesamtwirtschaftliche Einflüsse – ein stark verdichtetes aber zugleich ideales Leistungsmaß, da er unmittelbar die Wertentwicklung des Unternehmens reflektiert.

Darüber hinaus führt die Incentivierung des Börsenkurses über einen Aktienoptionsplan das „Schicksal" und die Interessen von Mitarbeitern und Aktionären zusammen. Dennoch begrenzt das *Controllability Principle* den breit angelegten Einsatz derartiger Pläne: Da nur eine beschränkte Anzahl von Führungskräften einen mittelbaren Einfluss auf die Entwicklung des Aktienkurses hat, findet der Aktienoptionsplan bei Siemens nur in der oberen Führungsebene Anwendung. Weltweit gibt es ca. 6.000 Planteilnehmer, bei insgesamt rund 400.000 Mitarbeitern (1,5 Prozent).

Ganz anders sieht es bei Belegschaftsaktienprogrammen aus: Sie haben das Ziel, eine Eigentümerkultur zu entwickeln. Motivation entfalten Belegschaftsaktien nur insofern, als die Mitarbeiter über die Kursentwicklung am Erfolg des Unternehmens partizipieren, allerdings mit einer – wegen der fehlenden Hebelwirkung – stark verminderten Anreizintensität. Zudem lässt sich Identifikation nur stiften, wenn niemand von der Teilnahme ausgeschlossen wird. Deshalb sind Belegschaftsaktienprogramme bei Siemens – dort, wo es sie gibt – allen Mitarbeitern zugänglich.

Restricted Stock Pläne, also Gratisaktien oder stark subventionierte Aktien, deren Zuteilung oder Verwertung an einen Verbleib im Unternehmen und gegebenenfalls an bestimmte Erfolgskriterien gebunden ist, eignen sich grundsätzlich für eine ähnliche Gruppe von Führungskräften wie Aktienoptionen. Auf Grund der im Vergleich zu Restricted Stock höheren Volatilität sind Optionen bei Funktionen mit hohem Einfluss auf die Kursentwicklung allerdings das bevorzugte Instrument.

4. Nationale und internationale Programme

Gut 60 Prozent der Mitarbeiter von Siemens sind außerhalb Deutschlands beschäftigt. Am Umsatz gemessen ist Deutschland nicht mehr der größte Markt für das Unternehmen. Folglich würden aktienbasierte Pläne, die sich auf Deutschland beschränken, ihren Zweck verfehlen. Die zunehmende Globalisierung und die daraus resultierende Notwendigkeit, auf lokalen Arbeitsmärkten wettbe-

---

[4] Vgl. bspw. Robert S. Kaplan und Anthony A. Atkinson (1982), *Advanced Management Accounting*, Upper Saddle River, NJ: Prentice Hall.

C. Mitarbeiterbeteiligungsprogramme aus Sicht eines Unternehmens

werbsfähig zu sein, erfordern es, internationale Programme aufzulegen, die aber landesspezifischen Erwartungen angepasst werden.

531 Dennoch gibt es zwischen den beiden Plantypen (Aktienoptionen – Belegschaftsaktien) einen gravierenden Unterschied in der „Internationalität": Während der Aktienoptionsplan wegen der notwendigen Konsistenz des Leistungsanreizes weltweit möglichst einheitlich sein muss, sind Belegschaftsaktienprogramme stärker an die lokal üblichen Praktiken anzupassen – von der administrativen Erleichterung der Implementierung ganz abgesehen.

5. Belegschaftsaktien

532 Seit 1969 bietet Siemens seinen Mitarbeitern in Deutschland jährlich die Möglichkeit, Aktien des Unternehmens zu einem Vorzugspreis zu erwerben. Der Nachlass liegt jeweils zwischen 20 und 30 Prozent und ist auf den Steuerfreibetrag von 153,39 Euro (§ 19a EStG) zugeschnitten. Die Sperrfrist beträgt fünf Jahre.[5] In den letzten Jahren lag die Teilnahmequote (Anteil der Mitarbeiter, die das Angebot wahrnehmen) bei stabilen Werten deutlich oberhalb 70 Prozent, inzwischen sogar mit kaum noch nennenswerter Differenz zwischen Arbeitern und Angestellten.[6] Siemens wertet die hohen Beteiligungsquoten sowie die Tatsache, dass die erworbenen Stücke häufig weit über den Ablauf der Sperrfrist hinaus gehalten werden, als Vertrauensbeweis der Mitarbeiter.

533 „Außertariflich bezahlten" Mitarbeitern wird eine höhere Anzahl Aktien angeboten. Die über das allgemeine Aktienangebot hinausgehende Zahl ist nicht mehr steuerbegünstigt. Trotzdem ist die Akzeptanz dieser Offerte ähnlich hoch, wie die des allgemeinen Aktienangebotes.

534 Seit 2001 werden Belegschaftsaktien verstärkt auch außerhalb Deutschlands angeboten. Initialzündung war das „Let's Share"-Programm, das aus Anlass eines historischen Ergebnisses im Geschäftsjahr 1999/2000 (siehe Kasten) durchgeführt wurde. In der Folge haben mehrere Länder unabhängige, auf lokale Bedürfnisse, Marktpraktiken und steuerrechtlichen Rahmenbedingungen zugeschnittene Pläne aufgelegt. So ist es gelungen – zusätzlich zu den ca. 170.000 in Deutschland – weiteren ca. 90.000 Mitarbeitern Belegschaftsaktien anzubieten.

---

[5] Für Siemens-Belegschaftsaktien gilt beim Plandesign ein personalstrategisches Primat. Deshalb wurde die Aufhebung der steuerlichen Sperrfrist (Steueränderungsgesetz 2001) nicht durch Wegfall der privatrechtlichen Sperre nachvollzogen.

[6] Anfangs lagen die Teilnahmequoten für Arbeiter und Angestellte bei 10, respektive 44 Prozent (gesamt ca. 23 Prozent). Im Jahr 2002 betrugen die Quoten knapp 60, respektive 80 Prozent (gesamt 76 Prozent).

C. Mitarbeiterbeteiligungsprogramme aus Sicht eines Unternehmens

Let's Share: Belegschaftsaktien weltweit – so wird's gemacht 535

Herausforderung. Das „Let's Share" Programm von Siemens betraf ca. 380.000 Mitarbeiter in 56 Ländern (Beschränkung auf die konsolidierten Konzern-Gesellschaften). Das Projekt sollte binnen eines Geschäftsjahres abgeschlossen werden. In vielen Ländern gab es keine Erfahrungen mit Belegschaftsaktienprogrammen. Das restriktive deutsche Aktienrecht, die heterogene Rechtslage in anderen Ländern, Börsenaufsicht, Devisenbeschränkungen sowie die Bereitstellung einer kostengünstigen Plan-Administration stellten zusätzliche Herausforderungen dar.

Strategie. In jedem Land wurde ein eigener Plan aufgelegt, der sechs unumstößliche Prinzipien erfüllen musste: ein Land – ein Programm; eine Formel weltweit (Budget als fester Prozentsatz der Jahres-Lohn- u. Gehaltssumme); ein Jahr Mindest-Haltefrist; zwei Aktien für den Preis von einer; gleiches Angebot für alle Mitarbeiter (innerhalb eines Landes); freiwillige Teilnahme. Jenseits dieser Prinzipien sollte eine optimale Anpassung an die lokale Steuersituation sowie an marktübliche Praktiken erfolgen.

Projektmanagement. In der Zentrale wurde ein Funktionen übergreifendes Team gebildet, welches die lokal zu bildenden Teams schulen und bei der selbständigen Implementierung unterstützen sollte. Zusätzlich wurden externe Berater-Netzwerke bereitgestellt, welche die Zentrale über einen Key-Account-Manager steuern konnte. Der Roll-Out verlief in vier Phasen: Aufstellung der Teams, Due-Diligence-Prozess in jedem Land (nach zentralen Vorgaben), Workshops zur Schulung der lokalen Projektleiter („Empowerment"), und begleitete Implementierung vor Ort.

Schulung und Betreuung durch die Zentrale. In Zusammenarbeit mit den Beratern wurden zwei regionale Workshops vorbereitet und abgehalten. Hier wurden die Projektleiter mit dem notwendigen Handwerkszeug ausgestattet, um im Anschluss weitgehend selbständig das Programm implementieren zu können. Nach den Workshops begleitete das zentrale Team proaktiv und serviceorientiert die Implementierung. Der Prozess wurde über regelmäßige Telefon-Konferenzen, Mailings und eine Intranet-Projektplattform sowie ein formales Genehmigungsverfahren gesteuert.

Projekterfolg. In 32 Ländern wurden Belegschaftsaktien angeboten (in den anderen Ländern war dies aus rechtlichen oder wirtschaftlichen Gründen nicht möglich; dort wurden alternative Programme umgesetzt, z.B. betriebliche Sozialfonds). Die Teilnahmequote lag bei 84 Prozent (das entspricht fast 240.000 Belegschaftsaktionären). Das Projekt wurde ohne Budget-Überschreitung innerhalb eines Geschäftsjahres abgeschlossen.[7]

---

[7] Für eine detaillierte Darstellung des Let's Share Projektmanagements vgl. Mike Panigel (2002), *A Global Share-Purchase Plan: Nightmare or Dream Project?*, Benefits & Compensation International, Bd. 31, Nr. 6.

C. Mitarbeiterbeteiligungsprogramme aus Sicht eines Unternehmens

5.1 Ziele

536 Im Mittelpunkt der Siemens-Belegschaftsaktienprogramme steht die Beteiligung. Die Mitarbeiter sollen teilhaben am Erfolg und der Entwicklung ihres Unternehmens. Belegschaftsaktien fördern die Eigentümer-Kultur, schaffen ein Bewusstsein für die Entwicklung des Börsenkurses und sorgen für eine zusätzliche Bindung des Mitarbeiters an das Unternehmen. Durch die Ausweitung der Programme auf das Ausland trägt Siemens außerdem in für alle Mitarbeiter sichtbarer und glaubwürdiger Weise dem Anspruch Rechnung, ein internationales Unternehmen zu sein. Ferner sichern die internationalen Pläne die Wettbewerbsfähigkeit auf den lokalen Arbeitsmärkten – auch und gerade dort, wo die Siemens-Aktie nicht am lokalen Kapitalmarkt notiert ist. Der Heimvorteil der lokalen Arbeitgeber kann so zumindest teilweise ausgeglichen werden.

537 Die Aktienangebote für alle Mitarbeiter erfüllen darüber hinaus noch weitere Zwecke: sie sind in vielen Ländern eine steuerlich vorteilhafte Möglichkeit der Vergütung, tragen zur Vermögensbildung der Mitarbeiter bei und stellen in manchen Ländern eine attraktive Investitionsmöglichkeit in harter Währung dar. Diese „Nebenvorteile" werden bei der Plangestaltung selbstverständlich berücksichtigt – sie sind jedoch nie Treiber des Designs.

538 Generell sind alle Belegschaftsaktienpläne bei Siemens „broad-based", d.h. sie gelten – gegebenenfalls ab einer bestimmten Betriebszugehörigkeit – für alle Mitarbeiter.[8] Ferner ist das Grundangebot in der Regel „egalitär" in dem Sinne, dass alle Teilnahmeberechtigten das gleiche Angebot erhalten. In manchen Ländern gibt es für bestimmte Mitarbeitergruppen zusätzliche Angebote oder für alle die Möglichkeit das eigene Investment zu erhöhen. Die Zuteilung erfolgt ausdrücklich nicht nach Leistung: es existieren genügend differenzierende Vergütungsinstrumente bei Siemens – für die zugrunde liegende Zielsetzung der Bindung und Identifikation aber ist die Gleichbehandlung bei der Zuteilung förderlich.

5.2 Design

539 Das Design der lokalen Belegschaftsaktienprogramme richtet sich stark an den marktüblichen Praktiken und den rechtlichen Gegebenheiten des jeweiligen Landes aus. Grundsätzlich lassen sich die Designalternativen anhand der folgenden Begriffspaare darstellen, die in fast allen denkbaren Kombinationen vorkommen können (so auch bei Siemens[9]):

- *Kaufplan oder Sparplan*: Werden die Aktien zum (subventionierten) Kauf angeboten oder sind sie eine mögliche Veranlagungsalternative innerhalb eines (standardisierten und steuerbegünstigten) Sparplans?[10]

---

[8] Die ca. 700 obersten Führungskräfte des so genannten „Leistungskreises weltweit" sind grundsätzlich von der Teilnahme an Belegschaftsaktienprogrammen ausgeschlossen.

[9] Vgl. Kasten: „Zwei Siemens-Belegschaftsaktienprogramme aus zwei (entfernten) Ländern".

[10] Beispiele für standardisierte und steuerbegünstigte Sparpläne sind der „401(k)" in den USA oder der „PEE" in Frankreich, unter deren „Dach" die jeweiligen Belegschaftsaktienprogramme von Siemens aufgelegt wurden.

C. Mitarbeiterbeteiligungsprogramme aus Sicht eines Unternehmens

- *Broad-based oder für einen selektierten Teilnehmerkreis*: In der Regel sind alle Belegschaftsaktienprogramme bei Siemens – wie oben erläutert – broad-based.
- *Egalitäres oder differenziertes Angebot*: Erhalten alle teilnahmeberechtigten Mitarbeiter dasselbe Angebot oder wird nach festgelegten Kriterien (bspw. nach Leistung) differenziert?
- *Arbeitgeber-Zuschuss oder voll Mitarbeiter-finanziert*: Macht die firmenseitige Subvention den Kauf attraktiv oder sind es die steuerlichen Vergünstigungen einer entsprechend gestalteten Entgeltumwandlung?
- *Steueroptimiert oder volle Versteuerung des geldwerten Vorteils*: Werden die steuerrechtlichen Gestaltungsmöglichkeiten (sofern vorhanden) ausgenutzt oder nicht?[11]
- *Verfallbarkeit oder unmittelbarer Eigentumsübergang*: Kommt der Mitarbeiter unmittelbar in den Genuss der Aktionärsrechte oder ist dieser an Bedingungen geknüpft (bspw. an seinen Verbleib im Unternehmen)?
- *Mindest-Haltefrist oder sofortige freie Verfügbarkeit*: Muss der Mitarbeiter die Aktien für eine bestimmte Frist halten oder kann er sie unmittelbar nach Erwerb veräußern oder transferieren?
- *Auszahlung oder Re-Investition der Dividenden*: Werden anfallende Dividenden an die Belegschaftsaktionäre ausgezahlt oder erfolgt – bspw. im Rahmen eines Fonds-/Trust-Modells – eine automatische Re-Investition in weitere Anteile?

Weitere Gestaltungsalternativen betreffen den Kauf- bzw. Spar-Zyklus, die Orientierung an Stückzahlen oder Beträgen, die Bereitstellung von Darlehen (explizit oder implizit über zeitlich gestaffelte Abzüge bei der Gehaltsabrechnung) und die Finanzierungsform (Kapitalerhöhung oder Rückkauf). Die zentrale Aufgabe der regional Projektverantwortlichen besteht in der optimalen Kombination dieses Instrumentariums aus personalstrategischer Sicht.

Plan-Design: Zwei Siemens-Belegschaftsaktienprogramme aus zwei (entfernten) Ländern

Entsprechend der unter 5.3 aufgeführten Begriffspaare lassen sich die Pläne der Siemens AG in Deutschland und von Siemens Ltd. Australien wie folgt charakterisieren:

Deutschland. Kaufplan – broad-based – egalitäres „allgemeines" Angebot (Zusatzangebot für „übertarifliche" Mitarbeiter) – Arbeitgeber-Zuschuss – steueroptimiert (§ 19a EStG) – unmittelbarer Eigentumsübertrag (Einbuchung in individuelle Depots) – Firmensperre (fünf Jahre) – Auszahlung der Dividenden. Den Mitarbeitern werden keine Darlehen gewährt, der Zyklus

---

[11] In gleicher Weise kann nach der Optimierung hinsichtlich etwaiger Sozialversicherungsbeiträge gefragt werden.

C. Mitarbeiterbeteiligungsprogramme aus Sicht eines Unternehmens

ist jedoch so angelegt, dass eine Verrechnung mit variablen Entgelt-Komponenten möglich ist. Das Programm wird in der Regel aus genehmigtem Kapital bedient.

Australien. Kaufplan – broad-based – egalitäres Angebot – voll Mitarbeiterfinanziert – steueroptimiert (drei Optionen: „Tax-Exempt Scheme" – steuerfrei bis maximal 1.000 Australische Dollar p.a.; „Tax-Deferred Scheme" – Nachversteuerung bei Veräußerung; „Investment Scheme" – ohne steuerliche Vorteile) – mittelbarer Eigentumsübertrag (Trust) – steuerliche Mindesthaltefristen („Tax-Exempt": drei Jahre; „Tax-Deferred": zehn Jahre; „Investment": keine Haltefrist) – Re-Investition der Dividenden optional. Der Kaufpreis kann vom Mitarbeiter über mehrere Abzüge von der monatlichen Gehaltsabrechnung „abgestottert" werden. Der Plan wird aus Aktienrückkäufen bedient.

Beide Plan-Designs orientieren sich an den landesspezifischen marktlichen und rechtlichen Gegebenheiten.

5.3 Administration

542 Analog zur Darstellung bei den Plan-Design-Alternativen (Abschnitt 5.2) lassen sich auch die Gestaltungsmöglichkeiten bei der Plan-Administration anhand einiger Begriffspaare umreißen:

– *Individuelle Depots oder Sammel-Verwahrung (Treuhänder)*: Halten die Begünstigten ihre Aktien in eigenen Depots oder wird ein Treuhänder dazwischengeschaltet?

– *Interne oder externe Planadministration*: Werden die mit dem Programm verbundenen Transaktionen von der jeweiligen Siemens-Personalorganisation oder von einem externen Dienstleister abgewickelt?

– *Zahlungsausgleich über das Bankensystem oder das unternehmensinterne Verrechnungssystem*: Sollen die mit dem Programm verbundenen Zahlungsströme konventionell über die Banken (kostenintensiv) oder über ein internes Verrechnungssystem (verwaltungsintensiv) abgewickelt werden?

543 Entscheidend sind bei der Wahl der Administrations-Alternative eher die (Transaktions-) Kosten. Diese können insbesondere in Ländern erheblich sein, in denen die Siemens-Aktie nicht an der lokalen Börse notiert und gehandelt wird. Eine Übertragung in individuelle Depots ist in diesen Fällen wegen der prohibitiven Kosten faktisch unmöglich. Ferner ist es eine Besonderheit des deutschen Bankenplatzes, dass die Geldinstitute die Überwachung von Haltefristen übernehmen. Statt der Einbuchung in individuelle Depots bieten sich Trust-Lösungen mit zentraler Sammelverwaltung (in Deutschland) an. Neben den Kostenaspekten gibt es weitere Vorteile eines derartigen Arrangements: Alle Teilnehmer können Aktien-Bruchteile halten (was insbesondere dann wichtig wird, wenn eine automatische Re-Investition der Dividenden gewünscht wird), alle Trans-

C. Mitarbeiterbeteiligungsprogramme aus Sicht eines Unternehmens

aktionen – einschließlich der Stimmabgabe bei der Hauptversammlung – lassen sich über einen zentralen Administrator abwickeln und schließlich können nur innerhalb eines Trust-Modells Auswertungen über das Halteverhalten der Belegschaftsaktionäre gemacht werden.[12]

Rein personalstrategische Überlegungen beschränken sich bei der Wahl des administrativen Arrangements auf die allerdings nicht zu unterschätzende Bedeutung eines aus Sicht des Mitarbeiters reibungslosen Ablaufs. Geht im Zuge des Prozesses etwas schief, so kann die damit verbundene Enttäuschung des Mitarbeiters den wahrgenommenen Wert des Beteiligungsangebotes übersteigen. Und da bekanntlich der „Teufel im Detail steckt", nimmt die Klärung eines „sicheren" administrativen Setup in der Regel einen erheblichen Teil der Projektzeit in Anspruch. Dennoch sind auch bei der Administration innovative Wege im Sinne eines „Employee Self-Service" gangbar – das haben nicht zuletzt die externen Provider vorgemacht. Bei Siemens gibt es bspw. für alle Mitarbeiter in Deutschland die Möglichkeit eines „Web-based Enrollment" über das unternehmensweite „Employee Portal". In Südafrika ist bspw. die Stimmabgabe bei der Hauptversammlung vollständig ins Intranet integriert.

5.4 Kommunikation

Wie bereits ausgeführt stehen bei den Belegschaftsaktienprogrammen die Teilhabe des Mitarbeiters (im weitesten Sinne), die Stärkung der Eigentümerkultur im Hause und die Sensibilisierung der Belegschaft für die Wertentwicklung des Unternehmens im Mittelpunkt. Daran richten sich die Kommunikationsmaßnahmen aus. Wegen der Heterogenität der Pläne in den unterschiedlichen Ländern gibt es jedoch keine zentralen Mediendarstellungen oder gar Kampagnen. Selbst beim weltweiten „Let's Share Programm" (vgl. Kasten oben) gab es lediglich ein einheitliches Branding, einen einheitlichen Brief des Vorstandsvorsitzenden an alle teilnahmeberechtigten Mitarbeiter und eine zentral zur Verfügung gestellte „Rumpf-Broschüre". Den lokalen Siemens-Einheiten muss hinreichend Raum gelassen werden, zusätzlich zu den konzernweiten Zielen eigene Botschaften mit ihren Belegschaftsaktienprogrammen zu kommunizieren. Sie müssen die Möglichkeit haben, auf den lokalen Wettbewerb zu reagieren, lokale Kerninitiativen zu unterstützen und landesspezifische Besonderheiten zu berücksichtigen.[13]

Die am häufigsten eingesetzten Medien bei der Kommunikation und Bewerbung von Siemens-Belegschaftsaktien-Programmen sind das Intranet, Bro-

---

[12] Trust-Modelle beinhalten ein lösbares aber nicht zu übersehendes Problem für deutsche Unternehmen. Da es die im angelsächsischen Raum übliche Unterteilung in „legal owner" (Trustee) und „beneficial owner" (Belegschaftsaktionär) in Deutschland so nicht gibt, ist ein relativ aufwendiges Vertragsnetz zwischen Konzern, ausländischer Konzerngesellschaft, Mitarbeiter, Trustee und Administrator zu knüpfen um die Bestimmungen des § 71 AktG zu erfüllen (Übergang des Eigentums an den Mitarbeiter).

[13] In manchen Ländern ist bspw. die Möglichkeit eines Investments in „harter" Währung ein wichtiges unterstützendes Argument für die Teilnahme an Siemens-Belegschaftsaktienprogrammen. Obwohl derartige Aspekte niemals im Mittelpunkt stehen, sollten sie kommuniziert werden können.

C. Mitarbeiterbeteiligungsprogramme aus Sicht eines Unternehmens

schüren, Artikel in den Mitarbeiterzeitungen, sowie Mitarbeiterversammlungen. Insbesondere bei Neueinführungen sollte es eine professionell konzipierte und gestaltete Kampagne geben. Grundsätzlich orientieren sich die eingesetzten Texte an den Botschaften und an der Vermittlung der administrativen Abläufe. Dabei wird auf alle Risiken (Kursverlust, Währungsschwankungen, Liquiditäts-Bedürfnisse während der Haltefrist, etc.) explizit hingewiesen. Dennoch finden sich die juristisch notwendigen Textbausteine eher im „Plan Document" und im „Enrollment Form", während sich die Kommunikations-Materialien auf entsprechende Verweise beschränken.

6. Stock Options

547 Bei Optionsplänen räumt zum Zeitpunkt der Zuteilung das jeweilige Siemens-Unternehmen, bei dem der Teilnehmer eines Aktienoptionsplans beschäftigt ist, diesem das Recht ein, zu einem späteren Termin unter bestimmten Bedingungen Aktien der Siemens AG zu einem bei Gewährung des Bezugsrechts festgelegten Preis zu erwerben („Call Optionen").

548 Das deutsche Aktienrecht stand und steht Aktienoptionen als Bestandteil der Vergütung von Organen und Mitarbeitern eines Unternehmens wesentlich kritischer gegenüber, als die Rechtsordnungen nahezu aller anderen Länder mit freier Marktwirtschaft. Bis zur Änderung des deutschen Aktiengesetzes durch das KontraG im Frühjahr 1998 waren direkte Aktienoptionen als Instrument einer einheitlichen Vergütungspolitik für Organe und Mitarbeiter eines Unternehmens nicht einsetzbar. Vereinzelt wurde der Umweg über Wandelanleihen gewählt. Wegen der Komplexität solcher Systeme hat Siemens davon abgesehen. Begrenzt wird die Attraktivität von Plänen deutscher Unternehmen bei Führungskräften aus anderen Ländern auch durch die seither geltenden Einschränkungen (z.B. das Erfordernis von Erfolgszielen des § 193 (2) Pkt. 4 AktG).

549 Siemens hat der ersten erreichbaren Hauptversammlung nach dieser Änderung der Rechtslage im Februar 1999 den ersten Aktienoptionsplan vorgelegt („Aktienoptionsplan 1999"). Er ist so ausgestaltet, dass er trotz unterschiedlicher Regelungen im Gesellschafts-, Devisen-, Steuer- und Arbeitsrecht der Länder international eingesetzt werden konnte. Die Möglichkeit von Anpassungen an lokale Gegebenheiten durch lokale Unterpläne im Rahmen der Eckwerte des internationalen Plans hat dabei ebenso eine Rolle gespielt wie größtmögliche Flexibilität bei der Bedienung der Optionen und ein sehr komplexer Prozess der Versteuerung des Gewinnes aus Optionen.

550 Am 1. Oktober 2000 hat Siemens seine Weltbilanz auf US GAAP umgestellt. Damit eröffnete sich auch für Siemens die damals von allen internationalen Wettbewerbern genutzte Möglichkeit, den Plan so zu gestalten, dass er nach den Regeln der Opinion 25 des APB erfolgsneutral gebucht werden kann. Dazu waren mehrere Änderungen gegenüber der Konzeption des Planes 1999 erforderlich: Vor allem der Ersatz des relativen Erfolgszieles des Plans 1999 durch ein absolutes Erfolgsziel in Form einer Mindeststeigerung des Aktienkurses nach Zu-

C. Mitarbeiterbeteiligungsprogramme aus Sicht eines Unternehmens

teilung und eine entsprechende Gestaltung des Ausübungspreises. Dieser Plan („Aktienoptionsplan 2001") wurde in der Hauptversammlung im Februar 2001 verabschiedet. Der Plan 1999 wurde gleichzeitig geschlossen (es fand keine weitere Zuteilung von Optionen unter diesem Plan mehr statt).

Konzerngesellschaften außerhalb Deutschlands können in begründeten Ausnahmefällen eigene Optionspläne auflegen, die allerdings den Grundsätzen und Eckpunkten des internationalen Siemens Optionsplanes folgen müssen. Spezielle Grundsätze für die Verabschiedung stellen sicher, dass die gleiche Zielrichtung verfolgt wird. Organe und Mitarbeiter des Hauses können nur an einem Optionsplan teilnehmen. **551**

6.1 Ziele

Die Zuteilung von Aktienoptionen ist heute ein international weit verbreiteter Bestandteil moderner Vergütungssysteme. Als global operierendes Unternehmen hat Siemens diese Möglichkeit geschaffen, um seinen Führungskräften eine attraktive Vergütung bieten zu können. **552**

Aktienoptionspläne haben für das Unternehmen zahlreiche Vorteile. Dazu gehört etwa, **553**

- dass das Interesse von Führungskräften gesteigert wird, die Performance des gesamten Unternehmens zu verbessern,
- dass die Möglichkeit zusätzlicher und langfristiger Einkommen bei Erfolg (hohe Wertsteigerung) vorhanden ist,
- dass unternehmerisches Verhalten gefördert wird,
- dass sich das Unternehmen an die internationalen Gepflogenheiten im Rahmen der Globalisierung anpasst, und somit
- seine Position am Arbeitsmarkt verbessert wird, insbesondere im Hinblick darauf, hochkarätige Fach- und Führungskräfte zu gewinnen und an das Unternehmen zu binden.

Und schließlich sind Aktienoptionspläne auch ein Signal an die Investoren, dass Unternehmenswert steigerndes Verhalten honoriert wird.

6.2 Beteiligte

Siemens hat den Kreis der Bezugsberechtigten auf das Senior Management beschränkt, also weltweit auf ca. 7.000 Mitarbeiter.[14] Weitere ausgewählte Fach- und Führungskräfte des Konzerns können einbezogen werden, wenn Aktienoptionen am jeweiligen Arbeitsmarkt auch in solchen Funktionen ein wesentlicher, erwarteter Vergütungsbestandteil sind. Ausgeschlossen sind Mitarbeiter von Konzerngesellschaften, die einen eigenen Optionsplan aufgelegt haben. **554**

Die geschäftsführenden Bereiche (einschließlich Bereichsgesellschaften) und Regionalgesellschaften (einschließlich Untergesellschaften) verteilen die Bezugs- **555**

---

[14] Von diesen 7.000 bezugsberechtigten Mitarbeitern haben bisher die unter Punkt 3 erwähnten 6.000 Mitarbeiter Aktienoptionen erhalten.

C. Mitarbeiterbeteiligungsprogramme aus Sicht eines Unternehmens

rechte auf die von ihnen für die jeweilige Tranche ausgewählten Fach- und Führungskräfte der Einheit. Die Auswahl eines Teilnehmers für eine Tranche bedeutet nicht, dass er auch in den kommenden Jahren bezugsberechtigt sein wird. Bei der Auswahl werden nicht ausschließlich Ordnungskriterien wie z.B. Funktionsstufen oder Vertragsgruppen berücksichtigt, sondern insbesondere auch die Erfordernisse des lokalen Arbeitsmarktes, die interne und externe Bedeutung der Funktion und persönliche Gesichtspunkte wie z.B. Potenzial und Arbeitsergebnisse.

6.3 Design

556 International erwarten Führungskräfte von ihren Unternehmen Optionspläne, die sehr einfach gestaltet und daher leicht verständlich sind und die mit den Zielen des Unternehmens eindeutig übereinstimmen. Die gleiche Zielrichtung variabler Barvergütung und aktienorientierter Vergütung muss klar sein.

557 Siemens-Pläne beinhalten daher nur ein Erfolgsziel – und nicht die in Deutschland verbreitete und von vereinzelten deutschen Investoren verlangte Kombination eines relativen (outperformance-) Zieles mit einem absoluten Erfolgsziel. Weitere Anforderungen an die Gestaltung der Pläne wurden an anderer Stelle bereits genannt (zum Beispiel die internationale Anwendbarkeit).

558 Bei der Ausübung der Aktienoptionen kooperiert Siemens mit einer renommierten und in Aktienoptionsplänen sehr erfahrenen US-Bank.

559 Die folgenden Einzelheiten der Plangestaltung sollen einen Überblick ermöglichen und geben deshalb nur die Grundzüge der Pläne wieder. Die Darstellung muss daher zwangsläufig an einzelnen Stellen unscharf bleiben. Die in den Richtlinien für die einzelnen Pläne festgelegten Bedingungen werden durch diese vereinfachte Darstellung nicht berührt.

560 Allen Plänen gemeinsam sind folgende Ausgestaltungen:

- Grundsätzlich nur eine Tranche pro Geschäftsjahr; weitere Tranchen für besondere Situationen sind möglich, wurden aber bisher nicht aufgelegt;
- Zuteilung der Optionen nach Ablauf eines Geschäftsjahres in engem zeitlichem und inhaltlichem Zusammenhang mit der Auszahlung variabler Barvergütung für das abgelaufene Geschäftsjahr; wir stellen klar, dass es sich um einen erfolgsabhängigen Vergütungsbestandteil handelt;
- Grundsätzlich Bedienung der Optionen bei Ausübung über Aktien aus bedingtem Kapital; die Nutzung von Aktien aus Aktienrückkäufen ist möglich, ebenso (auf ausschließliche Entscheidung des Unternehmens) ein Barausgleich anstelle Auslieferung von Aktien.
- Eine Mindesthaltefrist von zwei Jahren. Landesspezifische Unterpläne (z.B. in Belgien oder Großbritannien) können längere Haltefristen vorschreiben, an die die Planteilnehmer in den jeweiligen Ländern gebunden sind. Diese Möglichkeit wird vor allem für Zwecke steuerlicher Optimierung genutzt.

Weitere Einzelheiten der Plangestaltung weisen Unterschiede auf.

C. Mitarbeiterbeteiligungsprogramme aus Sicht eines Unternehmens

a) Ausübungszeitraum, Ausübungssperrfristen und Regelungen des Insiderrechts

Die Bezugsrechte des Optionsplanes 1999 können innerhalb von fünf Jahren nach Ablauf der Haltefrist ausgeübt werden, die Bezugsrechte des Optionsplanes 2001 innerhalb von drei Jahren nach Ablauf der Haltefrist. 561

Die Siemens Aktie wird an der New York Stock Exchange gehandelt. Die Ausübung von Optionen ist daher den SEC-Regeln unterworfen. Außerdem müssen Führungskräfte des Unternehmens die für sie geltenden (international unterschiedlichen) Regeln des Wertpapierhandelsrechts beachten. 562

Bezugsrechte aus dem Aktienoptionsplan dürfen in bestimmten Zeiträumen generell nicht ausgeübt werden. Für den Aktienoptionsplan 2001 ist dies der Zeitraum von zwei Wochen vor Quartalsende bis zwei Tage nach der Bekanntgabe der Quartalsergebnisse und der Zeitraum von zwei Wochen vor Geschäftsjahresende bis zwei Tage nach Bekanntgabe der Ergebnisse des abgelaufenen Geschäftsjahres. Die Sperrfristen des Aktienoptionsplanes 1999 sind weniger restriktiv. 563

Jeder Planteilnehmer hat darüber hinaus die Beschränkungen zu beachten, die sich für ihn aus allgemeinen Rechtsvorschriften seines Wohnsitzlandes, seinem Arbeitsvertrag, sowie aus „Organisations- und Aufsichtspflichten" oder den „Business Conduct Guidelines" ergeben. 564

b) Ausübungspreis

Der Ausübungspreis ist der bei Zuteilung des Bezugsrechts vereinbarte Kaufpreis. Er wird beim Plan 1999 aus dem Durchschnittskurs der Aktie im XETRA-Handel an den fünf dem Zuteilungstag vorangegangenen Handelstagen errechnet. Beim Optionsplan 2001 werden auf diesen Durchschnittswert weitere 20 Prozent aufgeschlagen. 565

c) Ausübungshürde

Unter der Ausübungshürde versteht man ein Erfolgsziel, das die Aktie der Siemens AG erreicht haben muss, bevor Bezugsrechte ausgeübt werden können. Beim Aktienoptionsplan 2001 ist die Ausübungshürde für eine Tranche endgültig erreicht, wenn der Kurs der Aktie der Siemens AG einmalig den Ausübungspreis der jeweiligen Tranche erreicht hat. Beim Plan 1999 mußte sich der Kurs der Siemens Aktie gegenüber dem Tag der Zuteilung über einen bestimmten Zeitraum besser entwickelt haben, als ein internationaler Aktienindex. 566

Solche Erfolgsziele werden vom deutschen Aktienrecht, wie an anderer Stelle bereits erwähnt, gefordert, sind aber vor allem in den USA völlig unüblich und mindern die Attraktivität von Optionen deutscher Unternehmen international erheblich. 567

C. Mitarbeiterbeteiligungsprogramme aus Sicht eines Unternehmens

d) Übertragbarkeit und Verfall der Bezugsrechte

568 Die Bezugsrechte sind nicht übertragbar, sondern können nur durch den Bezugsberechtigten ausgeübt werden. Ausnahmen gelten nur im Todesfall.

569 Sofern die Bezugsrechte nicht bis zum Ablauf des Ausübungszeitraumes ausgeübt werden, verfallen sie ersatzlos. Abgesehen von einem unmittelbaren Übertritt in den Ruhestand erlöschen die Bezugsrechte außerdem bei Beendigung des Beschäftigungsverhältnisses ersatzlos mit dem Tag des Ausscheidens.

e) Steuerliche und sozialversicherungsrechtliche Behandlung

570 Die Gewinne, die aus der Zuteilung von Aktienoptionen erzielt werden oder erzielt werden können, unterliegen der Besteuerung. Dabei ist zwischen der Besteuerung als Arbeitslohn und steuerpflichtigen Gewinnen aus der Veräußerung der Aktien zu unterscheiden. Die Art und Höhe der Besteuerung ergibt sich aus den Regelungen des Steuerrechts der einzelnen Staaten. Üblich ist heute die Versteuerung des erzielten Gewinns bei Ausübung der Optionen und ggf. zusätzlich des weiteren Gewinns bei späterem Verkauf der durch Ausübung erworbenen Aktien. Einzelne Länder versteuern zu erwartende Gewinne (in der Regel auf Basis des „Marktwerts" der Aktienoptionen) bereits bei Zuteilung.

571 Lokale Unterpläne sorgen für die Nutzung landesspezifischer Vorteile bei der Besteuerung, soweit nicht unternehmensweite Grundsätze berührt werden.

6.4 Administration

572 Der Zuteilungsprozess wird mittels einer über das Intranet ansprechbaren Datenbank gesteuert, die Teil des weltweiten Personalinformationssystems ist. Eingaben und Ausdruck von Zuteilungsbriefen und Mitteilungen erfolgen dezentral in der jeweiligen Personalabteilung.

573 Den Ausübungsprozess wickelt eine US-amerikanische Bank ab. Ein automatisierter Datenaustausch sorgt für permanent gleichen Informationsstand und unverzügliche gegenseitige Information. Die Planteilnehmer haben über Internet permanent Zugriff auf ihr Depot bei der Bank. Die Ausübung der Optionen ist möglich über Internet und über Call Center der Bank in Europa, USA und Australien.

574 Der Optionsinhaber kann bei Ausübung zwischen drei Möglichkeiten wählen, erstens einer Übertragung der Aktien in sein Depot gegen Bezahlung des Ausübungspreises, zweitens dem sofortigem Verkauf aller bei Ausübung entstehenden Aktien und Gutschrift der Differenz zwischen Verkaufserlös und Ausübungspreis, und drittens dem sofortigen Verkauf der Anzahl an Aktien, die für die Bezahlung des Ausübungspreises aus dem Verkaufserlös erforderlich ist.

575 Das Unternehmen behält sich vor diese Wahlmöglichkeit einzuschränken, wenn das lokale Recht des Wohnsitzstaates oder andere Überlegungen dies erforderlich machen.

C. Mitarbeiterbeteiligungsprogramme aus Sicht eines Unternehmens

6.5 Kommunikation

Die Grundzüge der Pläne werden im jährlichen Geschäftsbericht veröffentlicht. Sie stehen durch Veröffentlichung des Geschäftsberichts im Internet den Investoren und Analysten, aber auch der Öffentlichkeit zur Verfügung. 576

Mitarbeiter können sich umfassend und detailliert auf einer speziellen Homepage im Intranet des Unternehmens informieren. Außerdem stehen Handbücher (auch gedruckt und auf CD) sowie Kalkulationsmodelle und Entwicklungen aller für die Ausübungsentscheidung erforderlichen Daten (z. B. Kursentwicklung, Vergleichsindex für den Plan 1999) „rund um die Uhr" im Intranet und auf der persönlichen Depotseite im Internet der Bank zur Verfügung. Damit und durch die telefonische Verfügbarkeit der die Ausübung administrierenden Bank auf drei Kontinenten ist sichergestellt, dass mit einem minimalen Verwaltungsaufwand jeder Planteilnehmer während der an seinem Standort üblichen Arbeitszeiten alle erforderlichen Entscheidungen treffen und entsprechende Aktionen veranlassen kann. 577

7. Ausblick

Die Entwicklungen der letzten Jahre an den Aktienmärkten und die überwiegend skeptische Beurteilung künftiger Kursentwicklungen haben dazu geführt, dass vielerorts Alternativen mit geringeren Risiken untersucht werden. Die Motivationswirkung von Aktienoptionen hat sich anders entwickelt, als vielfach erwartet wurde. 578

Außerdem werden die Vor- und Nachteile von Optionen und von Restricted Stock als Vergütungsbestandteile im Licht von Erfahrungen der letzten Jahre bewertet. Die internationalen Diskussionen über eine Verbesserung der Corporate Governance spielt dabei eine wesentliche Rolle. 579

In den Vereinigten Staaten wird erneut (wie schon 1995) diskutiert, die Möglichkeit erfolgsneutraler Bilanzierung von Aktienoptionen zu beenden. Ziel des Federal Accounting Standards Boardes ist es, die Verbuchung eines fairen Marktwertes der Optionen bei Zuteilung als Personalkosten auch unter den US GAAP durchzusetzen (bisher SFAS 123 und neuerdings 148 als Alternative zur Buchung nach APB op. Nr. 25). Angestrebt wird dabei auch eine Harmonisierung der bisher auseinander laufenden Bilanzierungsregeln des IASB und des FASB. Die daraus zu erwartenden Ergebnisbelastungen führen dazu, dass auch US-Unternehmen den bisher typischerweise sehr großen Kreis der Bezugsberechtigten und die bei Spitzenfunktionen sehr hohe Anzahl von Optionen überdenken. 580

Die Erwartung, dass auch unter US GAAP in Zukunft der faire Marktwert der Optionen als Personalkosten verbucht werden muss, verringert die bisherige Attraktivität von Optionen für die Unternehmen gegenüber der an bestimmte Bedingungen geknüpften Zuteilung von Aktien.[15] 581

---

[15] Die ökonomischen Kosten eines Vergütungsinstruments bleiben bei Änderungen der Rechnungslegungsnormen selbstverständlich gleich. Die derzeitige Debatte wird deshalb

C. Mitarbeiterbeteiligungsprogramme aus Sicht eines Unternehmens

582   Zum Zeitpunkt der vorliegenden Darstellung (November 2003) sind verschiedene dieser Entwicklungen noch unklar. Siemens arbeitet bereits bisher, wie aus der Darstellung hervorgeht, auf relativ breiter Basis mit Belegschaftsaktien und Aktienoptionen. Außerdem sind Erfahrungen mit „Restricted Stock" als Auszahlungsform variabler Barvergütung vorhanden, also mit Aktien die einer Veräußerungssperre unterliegen. Auf dieses Instrument wurde an verschiedenen Stellen hingewiesen. Da es bisher nur im genannten Zusammenhang eingesetzt wurde, und nicht als selbständiges Vergütungsinstrument auf breiter Basis, wurde dieses Modell aber nicht näher erläutert.

583   Restricted Stock sind insbesondere bei US-Unternehmen ein weit verbreitetes Instrument. Sie werden dort neben Optionen vor allem dazu verwendet, Führungskräfte an das Unternehmen zu binden („golden handcuffs"). Dieser Effekt wird dadurch erleichtert, dass zunächst die Übertragung von Aktien erst für den Ablauf einer bestimmten „Wartefrist" unter dem Vorbehalt zugesagt werden kann, dass die Führungskraft dann noch im Unternehmen mitarbeitet. Die Übertragung der Aktien erfolgt in der Regel erst nach Ablauf dieser Wartefrist. Die überwiegende Rechtsauffassung in Deutschland sagt, dass solche Konstruktionen u.U. den Bestimmungen und damit den Restriktionen für Optionen unterliegen könnten und dass die Verwendung von Aktien aus Kapitalerhöhungen nur unter einschränkenden Voraussetzungen möglich wäre. Das setzt dem Einsatz dieses Instruments für ein deutsches Unternehmen Grenzen oder macht kostspielige Treuhänderkonstruktionen erforderlich.

584   Siemens hat Anfang Juni 2003 veröffentlicht, dass das Unternehmen den breiteren Einsatz von Restricted Stock zu Lasten (aber nicht als vollständigen Ersatz) von Aktienoptionen überprüft. Dabei bestehen eine Reihe von Ausgestaltungsvarianten für dieses Vergütungsinstrument.

8. Schlussbemerkung

585   Das Unternehmen ist überzeugt, dass aktienorientierte Vergütungsinstrumente – in welcher Ausgestaltung auch immer – weiterhin einen hohen Stellenwert behalten werden, weil Sie den Interessen aller Stakeholder entgegenkommen und weil sie unternehmerisches Verhalten fördern. Siemens hat früh damit begonnen und wird diese Instrumente weiterhin intensiv nutzen. Um sie auch künftig optimal einzusetzen, werden die vorhandenen Instrumente permanent überprüft und weiterentwickelt. Das Unternehmen ist neuen Entwicklungen gegenüber offen, sofern diese nicht nur als vorübergehende „Mode-Erscheinungen" anzusehen sind.

---

nicht nur von realen sondern auch von wahrgenommenen Kosten geprägt. Zu tiefer gehenden Kostenbetrachtungen vgl. bspw. Brian J. Hall und Kevin J. Murphy (2002), *Stock Options for Undiversified Executives*, Journal of Accounting and Economics, Bd. 33, S. 3–42.

D. Mitarbeiterbeteiligung aus Sicht einer beratenden Bank

I. Die Rolle der Banken bei der Entstehung innovativer Mitarbeiterbeteiligungsmodelle

Einhergehend mit einer stark ausgeprägten Aktienkultur haben sich zunächst in Ländern wie den USA und Großbrittannien aktienorientierte Vegütungssysteme als tragende Säule in der Vergütungsstruktur etabliert. Gerade in den USA wird die Implementierung einer aktiengebundenen Vergütung von den Aktionären eines Unternehmens geradezu lautstark gefordert, teilweise wohl auch getragen durch den Gedanken, dass der Nutzen eines solchen Programms dessen Kosten weit übersteigen kann.[1] In Deutschland hat sich dann Mitte der 90er Jahre sehr rasch eine ähnlich geartete Vergütungsmentalität etabliert. Zu einer regelrechten Flut führte 1998 das Inkrafttreten des Gesetzes zur Kontrolle und Transparenz im Unternehmen (KonTraG) welches erstmalig die Ausgabe von Optionen an Mitarbeiter einschließlich Mitgliedern des Vorstandes erlaubte. Im Zuge dieser Reform und getragen durch einen nahezu grenzenlosen Kursoptimismus haben sich deutsche Unternehmen gegen Ende des Jahrzehnts um die Einrichtung aktiengebundener Vergütungssysteme bemüht. Aktuell haben fast 90% der Unternehmen im DAX ein Stock Option und/oder ein aktiengebundenes Modell implementiert.

586

Die Euphorie der Unternehmen, insbesondere hinsichtlich der Stock Option Modelle, ist nun, nur 5 Jahre später, völlig verschwunden. Dies gilt nicht nur für Deutschland, sondern gerade auch für die USA. Die Gründe hierfür sind vielfältig.

587

- Eine völlige Desillusionierung der Empfänger der Stock Options aufgrund der anhaltenden Kursflaute und der daraus resultierten Wertlosigkeit der Optionen.

- Ein sich anbahnendes Erfordernis zur aufwandswirksamen Berücksichtigung der Stock Options unter allen drei relevanten Rechnungslegungsvorschriften (US GAAP FAS 123, IAS Exposure Draft 2 und HGB nach Vorschlag des Deutsche Standardisierunsrates (DSR)). Sollte die Gesetzgebung dem Vorschlag des DSR folgen bliebe weiterhin zu klären, ob damit auch das Steuerrecht dem Handelsrecht Folge leistet und die Optionsvergabe steuerlich geltend gemacht werden darf.

---

[1] Vgl. u.a. *Dhillon/Ramirez* (1994), S. 13ff.; *Frisch* (1995), S. 9ff.; *Jones/Kato* (1993), S. 331ff.

D. Mitarbeiterbeteiligung aus Sicht einer beratenden Bank

– Eine Empfehlung des neuen Deutsche Corporate Governance Kodex (DCGK) Stock Option Modelle allenfalls als Outperformance Modelle relativ zu einem Performance index zu strukturieren. Ferner empfiehlt der Kodex eine nachträgliche Abwandlung der Ausübungskonditionen auszuschliessen.

588 All dies hat den Vorständen deutscher Unternehmen die Lust an Stock Option Modellen vorerst genommen. Der Wert aktiengebundener Vergütungssysteme wird grundsätzlich aber keineswegs angezweifelt. Dies bedeutet, dass alternative Strukturierungsformen zu einer effizienten aktiengebundenen Management Vergütung entwickelt werden müssen, und hierbei müssen die Banken wieder eine führende Rolle spielen.

589 Im Folgenden soll zunächst nochmals kurz die Rolle der Banken in der Entstehung neuartiger Beteiligungsformen hervorgehoben werden. Vielleicht ergibt sich auch aus der Weiterentwicklung älterer Modelle eine neue Variante die z.B. wieder den physischen Aktienbesitz in den Vordergrund stellt. Allein daher ist es sinnvoll sich die mit der Evolution dieses Bereichs zu befassen.

590 In den **USA** haben sich eine Vielzahl an Variationen für Beteiligungsmodelle mit Optionscharakter herausgebildet. Entweder handelt es sich dabei um so genannte Leveraged (gehebelte) ESOPs (Beispiel: Continental AG), bei denen Aktien in einem Trust als Sammelstelle steuereffizient verwahrt werden, oder um reine Optionsmodelle, die mittels Zertifikaten zum Bezug einer festen Anzahl Aktien zu einem bestimmten Preis in der Zukunft berechtigen (Phantom Stock). Zum Kreis der Berechtigten gehört immer das Top Management aber nicht immer auch die breite Belegschaft.

591 Die Rolle der Banken bei den optionsähnlichen Modellen in den USA ist eher begrenzt und beschränkt sich meist auf die Zwischenfinanzierung der Aktien im Trust. Eine Absicherung des Optionsrisikos auf die eigenen Aktien ist für die Unternehmen überwiegend uninteressant, da die Optionen fast immer auf junges Kapital lauten und nicht auf bestehendes Aktienkapital. Damit würde die Kurssicherung beim Unternehmen Aufwand verursachen, nur um einen eventuellen, nicht GuV trächtigen, Verwässerungseffekt bei Ausübung der Option (und Ausgabe junger Aktien unter dem Marktpreis) zu vermeiden.

592 Es war aber zunächst das Leveraged ESOP Konzept, welches zu Beginn der 90er Jahre von amerikanischen Investmentbanken auf Europa übertragen wurde. Und zwar geschah dies erstmals in **Frankreich** im Zusammenhang mit der dortigen Privatisierungswelle von Staatsunternehmen. Strukturiert wurden hier weit reichende Beteiligungsmodelle unter anderem bei den Privatisierungen von Elf Aquitaine und BNP. Dieser erstmalige Einsatz des Leveraged ESOP Modells in Europa war die direkte Folge einer französischen Bestimmung, nach der bei Unternehmensverkäufen des Staates mindestens 10% der Aktien bei Mitarbeitern des Unternehmens zu platzieren sind. Das Leveraged ESOP leistete dies, indem es eine vergleichbar hohe Anzahl Aktien kreditfinanziert zuteilte, und überdies die Aktien für den Zeitraum des Programms sperrte. Der wesentliche

I. Banken bei Entstehung innovativer Mitarbeiterbeteiligungsmodelle

Unterschied zum amerikanischen Vorfahren ist der, dass nun bestehende Aktien zugrunde liegen, und damit das Modell auch direkt Aufwand in der GuV des Unternehmens verursacht. Damit fällt den Banken die wichtige Rolle zu, neben der Strukturierung und Zwischenfinanzierung des Programms auch dessen Kurssicherung zu gewährleisten.

II. Neue Formen der Mitarbeiterbeteiligung in Deutschland

593 Der ausschlaggebende Impetus für die Welle neuartiger Beteiligungsmodelle in Deutschland war sicherlich die erfolgreiche Anwendung des Modells in Frankreich. Allerdings sollte hier kritisch angemerkt werden, dass die Banken, mit einer gewissen Portion Willkür, das französische Modell einfach auf Deutschland übertragen haben, ohne rechtliche und steuerliche Unterschiede zwischen den Ländern ausreichend in der Strukturierung mit berücksichtigt zu haben. Aus diesem Grund konnten auch die ersten deutschen Modelle noch nicht als Maßstab für die hierzulande weitere Entwicklung innovativer Modelle herhalten (siehe auch Kapitel III).

1. Leveraged ESOP

594 Das Leveraged ESOP dient primär dem Ziel, die Beschäftigten eines Unternehmens zu voll stimmberechtigten Aktionären zu machen. Hierzu erwerben die Mitarbeiter eine vergleichsweise große Anzahl Aktien, allerdings mit nur relativ geringem Eigenmitteleinsatz. Dies wird ermöglicht, indem der Kaufpreis größtenteils durch ein oftmals zinsfreies Darlehen des Arbeitgebers finanziert wird.

595 Das Darlehen wiederum wird durch eine Put Option besichert. Aus rein ökonomischer Sicht ist eine kreditfinanzierte Aktienposition mit Besicherung des Kursrisikos gleichzusetzen einer Option auf die Kursgewinne der Aktie (quasi eine Call Option). Stillhalter der Put Option ist eine Bank, welche nicht notwendigerweise die depotführende Begleitbank sein muss.

596 Die Realisierung eines Leveraged ESOP ist recht aufwendig, da die Einzelkredite direkt durch das Unternehmen vergeben und ggf. durch die Begleitbank in Form eines Sammelkredits gegenfinanziert werden müssen. Bei der Begleitbank wird zudem für jeden Mitarbeiter ein Wertpapierdepot eingerichtet, in dem die Aktien verbucht und zugleich für die Programmlaufzeit zu Gunsten des Kreditgebers verpfändet werden müssen. Dies bedeutet, dass zur Durchführung des Leveraged ESOP unter anderem Kreditanträge gestellt und geprüft, Einzelkonten eingerichtet, Freistellungsaufträge eingefordert und Dividenden ausgezahlt werden müssen. Die Abarbeitung dieses Leistungskataloges bedarf einer langen Vorlaufzeit, und kann zu erheblichen Kosten führen. Für das Unternehmen setzen sich die Kosten dabei wesentlich aus drei Komponenten zusammen: Den Kosten der Kreditfinanzierung, den Kosten der Put Option sowie den internen und externen Kosten der Administration (Bewerbung des Modells, Kosten der Depotführung, etc.). Der zurechenbare Steuervorteil je Mitarbeiter gemäss §§ 19a, 8 II EStG nimmt sich in diesem Zusammenhang eher gering aus.

II. Neue Formen der Mitarbeiterbeteiligung in Deutschland

Alternativ lässt sich die Verwaltung eines Leveraged ESOP kosteneffizient durch die Zwischenschaltung einer Mitarbeitergesellschaft (GbR) erreichen (Beispiel: Deutsche Telekom AG). Bei dieser Variante werden die Aktien zentral von einer GbR gehalten, an der die Mitarbeiter pro rata beteiligt sind. Somit sind Kreditvergabe, Kurssicherung und Depotverwahrung zentralisiert, mit dem Resultat deutlich gesenkter Administrationskosten. Allerdings hat diese Lösung den entscheidenden Nachteil, dass nunmehr die Beschäftigten nur mittelbar am Unternehmen beteiligt sind, und somit keinen Aktionärsstatus erwerben. Als Konsequenz dieser indirekten Art der Beteiligung könnten sich die erhofften Auswirkungen auf die Mitarbeitermotivation, und den damit einhergehenden Produktivitätsschub, nicht, oder nur unzureichend, einstellen.[3]

2. Reine Optionsmodelle

Durch die Verabschiedung des KonTraG in 1998, welches die Vergabe von Aktienoptionen an die Beschäftigten vereinfacht, wurde das reine Stock Option Modell auch für breit angelegte Beteiligungskonzepte interessant und hat in der Folgezeit dem aktiengestützten Leveraged ESOP den Rang abgelaufen. Darüber hinaus stellen wichtige Faktoren wie Kosteneffizienz, erhöhte Flexibilität, schnelle Durchführbarkeit und internationale Einsetzbarkeit wesentliche Vorteile von Optionsmodellen dar. Bei Optionsmodellen unterscheiden wir zwischen drei Ausgestaltungsformen in Bezug auf die Deckung des Modells:

- Gesellschaft schafft bedingtes Kapital nach § 192 Abs. 2 Nr. AktG
- Gesellschaft erwirbt Aktien nach § 71 Abs. 1 Nr. 8 AktG
- Gesellschaft vergibt „Phantom Stocks" oder auch Stock Appreciation Rights (SAR) gennant. Dies sind Optionen, die bei Ausübung in bar bedient werden und die in der Regel von der Gesellschaft mittels eines aufwandswirksamen Erwerbs äquivalenter Optionen von einer Bank gedeckt werden.

Beim reinen Stock Option Modell vergibt die Gesellschaft Call Optionen an die Belegschaft. Diese Optionen berechtigen die Begünstigten zum Bezug einer festen Anzahl Aktien zu einem vorher bestimmten Basispreis. Bei gestiegenem Aktienkurs resultiert der geldwerte Vorteil für den Mitarbeiter aus der Ausübung der Option mit Bezug von Aktien unter dem Marktpreis. Eine derartiges Beteiligungsmodell führt zu einer Verwässerung der Altaktionäre und bedarf daher einer Ermächtigung durch die Hauptversammlung, auch bei Deckung durch Rückkauf eigener Aktien. Die Deckung über einen Aktien Rückkauf geht zu Lasten der Liquidität des Unternehmens, hat aber den Charme dass Altakionäre wirtschaftlich nicht verwässert werden, da die Lieferverpflichtung bei gestiegenem Aktienkurs durch bestehende Aktien gedeckt ist. Das SAR ist in Deutschland beliebt da es keiner Ermächtigung durch die Hauptversammlung benötigt

---

[2] Aus *Köhler/Scholand* (1999), a.a.O. S. 346–351.
[3] Vgl. *Buchko* (1993), S. 633–655.

und dadurch dass die Kosten des Programms „real" und damit steuerlich abzugsfähig sind.

600 Üblicherweise sind Anzahl und Ausstattung der Optionsrechte je nach (Führungs-) Ebene im Unternehmen gestaffelt. Die Laufzeit der Rechte beträgt meist zwischen 5 und 10 Jahren, doch die Struktur des eigentlichen Optionsrechts ist uneinheitlich. Bei einigen Modellen ist ein Minimalanstieg der Aktie Vorbedingung für jegliche Auszahlung, bei anderen besteht eine zeitlich begrenzte Ausübungssperre. Derartige Ausübungshürden tragen allgemein zur Akzeptanz für das Optionsprogramm im Aktionärskreis und in der Öffentlichkeit bei.

3. Outperformance-Modelle

601 Das Outperformance Modell ist typischerweise ebenfalls als reines Optionsmodell strukturiert. Der Unterschied zum obigen Modell liegt allerdings darin, dass mit dem Outperformance Modell der Versuch unternommen wird, die unmittelbare Mitarbeiterleistung von den exogenen Einflussgrößen (Wechselkurse, Geldpolitik, etc.) auf den Aktienkurs des Unternehmens zu trennen. In diesen Modellen ist es erforderlich, dass die Aktie des Unternehmens einen Benchmark, etwa den DAX, oder alternativ, einen Index aus Aktien von Wettbewerbern outperformt, um das Optionsrecht überhaupt erst zu aktivieren (Beispiel: Lufthansa). Zur Auszahlung an die Mitarbeiter kommt dann der prozentuale Mehranstieg der Aktie gegenüber dem Benckmark, berechnet auf das zugrundeliegende Nominalvolumen.

602 Aus der Beratungspraxis der letzten Jahre lässt sich feststellen, dass gerade das Konzept des Outperformance Modells sich stark mit der weltanschaulichen Grundhaltung der Entscheidungsträger im Unternehmen deckt. Die Idee, durch Koppelung des Optionsrechts an einen Benchmark die Schaffung von Mehrwert durch die Mitarbeiter zu isolieren und entsprechend zu honorieren, entspricht dem Grundgedanken unternehmerischen Handelns.[5] Des weiteren entspricht das Outperformance Modell der Massgabe des Corporate Governance Kodex und wird auch von institutionellen Investoren deutlich bevorzugt.

---

[4] Aus *Köhler/Scholand* (1999), S. 346–351.
[5] Vgl. *Long* (1992), S. 12–21.

III. Die Rolle der Banken bei der Beratung und Implementierung innovativer Modelle

Die ESOP Beratung, obwohl erst seit 1994 in Deutschland nachgefragt, hat sich schnell als eindeutige Domaine der Investmentbanken etabliert. Banken wie unter anderem Bankers Trust, Union Bank of Switzerland (UBS) und Merrill Lynch haben schnell realisiert, dass in Deutschland enormer Nachholbedarf im Bereich der Mitarbeiterbeteiligung besteht, und dass sich ein enormes Knowhow Defizit in Deutschlands Vorstandsetagen aufgebaut hat, welches sich ideal zum Aufbau eines neuen Geschäftsfeldes, der ESOP Beratung und Betreuung, eignen würde. Schnell haben die Banken erfahrene, und mit Derivaten vertraute, Mitarbeiter in diesen Bereich transferiert. Es stellte sich bald heraus, dass mit diesem neuen Produkt, wie mit kaum einem anderen Dienstleistungsprodukt in der Angebotspalette der Banken, sich Führungskräfte in den Unternehmen äußerst rasch für Geschäftsreffen gewinnen lassen konnten. Das ESOP Produkt wurde für die Banken regelrecht zum ‚Türöffner' deutscher Finanzetagen.

Natürlich haben die Banken selbst durch geschicktes Marketing die ESOP Debatte weiter angeheizt, doch haben die Unternehmen durchaus auch ihre eigene Dynamik auf diesem Gebiet entfaltet. Zum Einen haben Manager für eine leistungsbezogene Vergütung nach amerikanischem Vorbild sicherlich auch ein gewisses Eigeninteresse. Zum Anderen hat eine verstärkt shareholder-value orientierte Analystengemeinde begonnen, immensen Druck auf Unternehmen auszuüben, ihre Belegschaft am Unternehmenserfolg zu beteiligen. Das Prinzip Mitarbeiterbeteiligung genießt bei Branchenanalysten einen hohen Stellenwert und wird als wichtiger Baustein für die Steigerung des Unternehmenswertes angesehen.

Für eine Investmentbank setzt sich die ESOP Betreuung im wesentlichen aus drei Bereichen zusammen, der Beratung bei der Programmgestaltung, der Implementierung und Verwaltung des Programms sowie dessen Hedging (Absicherung des Risikos des Unternehmens auf die eigene Aktie). Im folgenden Kapitel wird aufgezeigt, dass die verschiedenen Modellvarianten gänzlich unterschiedliche Dienstleistungsschwerpunkte beinhalten.

Es sei in diesem Zusammenhang allerdings noch anzumerken, dass das ESOP Produkt sich nicht als Profitmaschine der Banken entwickelt hat, sondern vielmehr als ein Relationship Produkt, welches andere Geschäftsbereiche, wie Corporate Finance und M&A Beratung, unterstützt und komplementiert. Direkt wird mit dem Produkt überwiegend beim Hedging Profit erzielt, der allerdings vermehrt dem zunehmenden Wettbewerbsdruck unter den Banken zum Opfer fällt.

D. Mitarbeiterbeteiligung aus Sicht einer beratenden Bank

1. Die Rolle der Banken bei Programmgestaltung, -verwaltung und -hedging verschiedener Modellvarianten

607 Die Form und Intensität der Bankberatung hängt entscheidend von der Programmausgestaltung ab. Im Folgenden werden diesbezüglich die drei einleitend vorgestellten Modelle zur Mitarbeiterbeteiligung untersucht, das Leveraged ESOP (Beispiel: Continental AG), das reine Optionsmodell (Beispiel: Siemens AG) und ein Outperformance Modell (Beispiel: Lufthansa AG). Obschon diese Modelle sich sowohl in ihrer Ausgestaltung, als auch in ihrer Grundintention, fundamental voneinander unterscheiden, so haben sie doch eines gemeinsam; es sind allesamt Modelle mit Optionscharakter. Mit anderen Worten, sie besitzten das Risiko- (Auszahlungs-) profil einer Call Option.

a) Die Leistungen der Bank bei Aktienmodellen (ESOPs)

608 Aus rein beteiligungspsychologischer Sicht hat dieses Modell den entscheidenden Vorteil, dass es den Mitarbeiter zum voll stimmberechtigten Aktionär macht, und damit den Motivationsgehalt der Beteiligung maximiert. Im einschlägigen Schrifttum zu diesem Thema verdichtet sich aufgrund empirischer Studien die Erkenntnis, dass der größte Produktivitätsschub sich bei denjenigen Programmen einstellt, die auf eine zieladäquate, unmittelbare und ehrliche Beteiligung des Mitarbeiters an der Unternehemenssubstanz, sowie an deren Zugewinn, abzielen.[6] Das Leveraged ESOP, bedingt durch dessen immanente Beteiligungsmaximierung, vermag genau dies zu leisten.

609 Auf der Kehrseite der Medaille steht allerdings ein enorm aufwendiger und kostenträchtiger Leistungskatalog, der von der Begleitbank, in Zusammenarbeit mit dem Unternehmen, zu bewältigen ist. Der enorme Aufwand, den die Durchführung eines Leveraged ESOP verursacht, wird bei Ansicht des unten stehenden Leistungskatalogs mehr als deutlich, auch ohne dass noch auf den Administrationsaufwand seitens der Personal- und Finanzabteilung im Unternehmen detailliert eingegangen werden müsste. Dies ist der Zoll, der für das Erreichen des Ideals, „voller Aktionärsstatus des Mitarbeiters" vom Unternehmen zu leisten ist.

610 Als weiteres Manko dieser Beteiligungsform ist anzuführen, dass dessen Ausdehnung auf ausländische Tochtergesellschaften, insbesondere auch auf Gesellschaften in den USA, sich außerordentlich schwierig gestaltet. Hierfür verantwortlich sind neben steuerlichen Ineffizienzen insbesondere auch rechtliche Hürden, wie zum Beispiel der Consumer Protection Act in den USA.

611   **Auszug aus dem Leveraged ESOP Leistungskatalog der Begleitbank**

Programmbeginn
- ❏ Programmberatung und Einleitung interner Marketingmaßnahmen
- ❏ Erstellung der Kontoeröffnungs-, Freistellungs-, Kauf- und Kreditanträge
- ❏ Einrichtung individueller Wertpapierdepots

---

[6] Siehe auch *Jones/Kato* (1993), S. 331; *Kumbhakar/Dunbar* (1993), S. 273–283.

III. Die Rolle der Banken bei der Beratung und Implementierung

- ❏ Übergabe aller Teilnehmerstammdaten an die Begleitbank
- ❏ Abschluss einer Datenschutzvereinbarung mit dem Unternehmen
- ❏ Börslicher Erwerb der Aktien und Hedging des Programms

Programmdauer
- ❏ Laufende Depotverwaltung: HV Einladungen, Dividendenausschüttungen, Stimmrechtsweisungen, vorzeitiger Ausstieg von Teilnehmern, etc.
- ❏ Bearbeitung von Kapitalmaßnahmen und anderer Sonderfälle
- ❏ Rückabwicklung bei Programmende

Aus der aktuellen Beratungserfahrung heraus lässt sich als Fazit hier festhalten, dass die negativen Eigenschaften, wie der hohe administrative Aufwand, oder der Nachteil der ausschließlichen Deutschlandtauglichkeit des Leveraged ESOP, sich für viele Unternehmen als prohibitiv darstellen, und sich in der Subjektivität der unternehmerischen Entscheidungsfindung gegenüber den Vorteilen dieses Modells durchzusetzen vermögen. Aus diesem Grund hat sich in den Jahren seit 1998 das reine Optionsmodell als quasi-Standard etabliert, begünstigt natürlich auch die Verabschiedung des KonTraG in 1998. **612**

b) Die Leistungen der Bank bei Stock Option Modellen

In diesen Modellen bekommt der Teilnehmer von seinem Arbeitgeber Kaufoptionen, die zum Kauf einer festen Anzahl Aktien zu einem fixen Preis (dem Basispreis der Option) in der Zukunft berechtigen. In diese Kategorie fallen unter anderem die Optionsmodelle von Siemens AG und BASF AG, aber auch die Wandelschuldverschreibungen, die unter anderem Daimler Benz AG seinen Mitarbeitern bereits mehrfach angeboten hatte. Die Wandelschuldverschreibung diente hier als Verpackung für ein im Grunde reines Optionsmodell. Dies war notwendig, da in der Zeit vor der Verabschiedung des KonTraG eine Aktiengesellschaft kein bedingtes Kapital für die Ausgabe „nackter" Optionen schaffen durfte. Im übrigen war die Wandelschuldverschreibung zu Zeiten anfänglicher Steuer- und Rechtsunsicherheit bezüglich Mitarbeiteroptionen ein probates Mittel, um die Einkommensbesteuerung der Option bereits zum Zeitpunkt des Zuflusses zu vermeiden. Dies ließ sich nicht durch eine verbindliche Auskunft der zuständigen Finanzbehörde regeln, da natürlich die Einkommensteuerbescheide dezentral am jeweiligen Wohnort der Mitarbeiter erstellt werden. **613**

Das reine Optionsmodell zeichnet sich dadurch aus, dass es einerseits zwar den Mitarbeiter nur mittelbar am Unternehmenserfolg beteiligt, andererseits aber äußerst zügig und kostensparend angeboten werden kann und darüber hinaus global einsetzbar ist. Das KonTraG eröffnet den Unternehmen zudem die Möglichkeit, bedingtes Kapital für die Ausgabe reiner Optionsrechte zu schaffen. **614**

Die Rolle der Bank ist im reinen Optionsmodell stark eingeschränkt. Unterliegt der Option bedingtes Kapital, so gibt es außer der Beratungsfunktion kaum ein sinnvolles Betätigungsfeld für die Banken. Lautet die Option allerdings, wie oft üblich, auf bestehende Aktien, so fungiert die Bank als so genannter *Options-Agent*, der nicht nur als Stillhalter der Option in Erscheinung tritt, sondern das **615**

Programm auch als Administrator begleitet (siehe Abbildung 2). Es stellt sich nun die Frage, worin der Unterschied zur bedingten Kapital-Variante begründet ist.

616 Begibt eine Gesellschaft Optionen auf schon bestehende Aktien (SARs), so fungiert sie als Stillhalter mit vollem Risiko einer möglicherweise signifikanten GuV Belastung bei steigendem Aktienkurs. Dieses Risiko wird eine Gesellschaft in den seltensten Fällen bereit sein einzugehen. Daher wird eine Investmentbank eingeschaltet, die gegen eine Gebühr, in Höhe der kalkulatorischen Optionsprämie, das Stillhalterrisiko von der Gesellschaft übernimmt. Die Bank wird zum Options-Agent des Programms und übernimmt die folgenden Aufgaben:

Auszug aus dem Leistungskatalog der Begleitbank bei Stock Option Modellen
- ❏ Hedging des Programms durch Ausgabe der Optionen gegen Prämienzahlung vom Unternehmen
- ❏ Einbuchen der Optionen in getrennte Mitarbeiter Konten
- ❏ 24-Stunden Service für Beratung, Bewertung und Evtl. Ausübung der Option
- ❏ Regelmäßige Bewertungen des Optionsdepots
- ❏ Lieferung der Aktien an die Mitarbeiter bei Optionsausübung

617 Variationen des Modells können gewisse Bedingungen vorsehen, welche die Ausübung der Optionen nur dann erlauben, wenn ein bestimmter Minimalanstieg der Aktie, oder etwa eine einmalige Outperformance eines Referenzindex, wie zum Beispiel des DAX, vorliegt

618 Für das Unternehmen stellt sich die entscheidende Frage, ob Hedging (eines SAR) und Verwaltung des Programms von nur einer Bank, oder von zwei, auf die jeweiligen Bereiche spezialisierten Banken, geleistet werden soll. Der Vorteil, das Programm nur mit einer Partnerbank zu gestalten, liegt sicherlich in der Vereinfachung der Geschäftsabläufe und einer Simplifizierung der Kommunikation für das Unternehmen und die Mitarbeiter. Der gravierende Nachteil dieser Variante liegt allerdings in der Tatsache begründet, dass genau diejenigen Banken, die sich auf das Geschäft mit Optionen spezialisiert haben, eben die Investmentbanken, sich bei der Depotführung von Einzelkonten äußerst schwer tun. Umgekehrt sind depotführende Banken zwar für die Verwaltung von Optionsprogrammen prädestiniert aber oft nur peripher im Optionsgeschäft tätig. Allein aus diesem Grund empfiehlt sich eine Entkoppelung von Hedging und Verwaltung.

619 Es gibt aber noch einen weiteren, gewichtigen, Grund das Hedging eines SAR Programms von dessen Verwaltung zu trennen. Durch die Vergabe beider Funktionen an nur eine Bank verschließt das Unternehmen sich der Möglichkeit zur wettbewerblichen Ausschreibung des Hedgegeschäfts unter miteinander konkurrierenden Investmentbanken. Da das endgültige Pricing der Option erst am Tag der Optionsvergabe geschehen kann, muss im Dienste einer kompetitiven Preisfindung die Ausschreibung, und damit die Wahl der Hedge-Partnerbank, bis zuletzt offen bleiben. Wenn die Hedge-Partnerbank allerdings schon vorab feststeht, so ist zu erwarten, dass das Unternehmen einen überhöhten Preis für die Option entrichten muss, nämlich den Preis eines Monopolisten. Dieser

III. Die Rolle der Banken bei der Beratung und Implementierung

Punkt wird in seiner Bedeutung noch dadurch bekräftigt, dass es sich bei Mitarbeiter Optionsprogrammen dem Charakter nach um langläufige Optionen (3–7 Jahre Laufzeit) handelt, für die es kaum eine Markttransparenz gibt. Aus Kostengesichtspunkten wird es daher für ein Unternehmen Sinn machen, die Verwaltung auszugliedern und separat zu vergüten, um die Wahl der Hedge-Partnerbank bis zuletzt offen lassen zu können.

c) Die Leistungen der Bank bei Outperformance-Modellen

Diese Modelle sind ebenfalls als Optionsmodelle strukturiert, allerdings mit dem Unterschied, dass sich der geldwerte Vorteil für den Mitarbeiter nicht aus der absoluten Rendite der Unternehmensaktie ergibt, sondern aus eben dieser Aktienrendite relativ zu einem Benchmark, wie zum Beispiel dem DAX oder Euro STOXX Index. Zur Auszahlung kommt letztendlich nur eine positive Renditedifferenz zwischen der Aktie und dem Benchmark. Der Leistungskatalog der Begleitbank ist im Grunde identisch mit dem des klassischen Optionsprogramms unter III.1.b., allerdings mit dem Unterschied, dass bei einem Outperformance Modell die Beratungskomponente für die Begleitbank sich umfangreicher und intensiver darstellt.

Wie bereits gesagt, finden diese Art von Beteiligungsmodellen in Deutschland großen Anklang, scheitern aber oft an der praktischen Umsetzung. Nicht selten weicht die anfängliche Euphorie für dieses Modell der Ernüchterung, dass bei der Strukturierung eines Outperformance Modells, sowie bei dessen praktischer Umsetzung, sich gewisse Schwierigkeiten auftun. Dies fängt an bei der Wahl eines geeigneten Benchmarks. Ein international tätiges Unternehmen sieht seine Aktie nur sehr bedingt vergleichbar mit der Rendite eines DAX oder Euro STOXX Index. Es liegt viel näher, die Mitarbeiter für eine Outperformance vis-à-vis den Aktien von direkten Wettbewerbern, den so genannten *Peers*, zu honorieren, weil diese in dem selben Marktsegment operieren und daher ähnlichen exogenen Einflüssen und Geschäftszyklen unterliegen wie das Unternehmen selbst auch. In der Umsetzung sähe das dann so aus, dass man einen neuen Index formt, der sich aus den Aktien der Peers zusammensetzt, wobei die jeweilige Gewichtung der Aktien dieses Index so gewählt wird, dass die Korrelation des Index mit der Aktie des Unternehmens maximiert ist. Während ein solches Modell durchaus kommunizierbar und für die Belegschaft annehmbar erscheint, so birgt es die Probleme, dass der Optionswert Wechselkursschwankungen unterliegt und dass es relativ hohe Hedge-Kosten verursacht, die aus dem erhöhten Stillhalterisiko bei einer solchen Option herrühren. Das erhöhte Stillhalterisiko resultiert aus der Tatsache, dass die Bank nun außer des üblichen Optionsrisikos, nämlich der Veränderlichkeit der Aktienvolatilität, nun einer zweiten Risikokomponente ausgesetzt ist, und zwar der Veränderlichkeit der Korrelation zwischen Aktie und Referenzindex (siehe auch Abschnitt IV.).

Darüber hinaus stellt sich auf der Unternehmensseite die Frage, inwieweit ein Outperformance Programm als Anreizsystem überhaupt geeignet ist, da es für

D. Mitarbeiterbeteiligung aus Sicht einer beratenden Bank

den Mitarbeiter einen deutlich geringeren Wert hat als eine Option auf die absolute Kurssteigerung der Aktie. Gerade für ein Unternehmen, das sich im internationalen Wettbewerb um qualifizierte Mitarbeiter befindet, vermag ein Outperformance Modell nur einen ungenügenden Anreiz zu schaffen. In einem solchen Fall wäre zu erwägen, das Outperformance-Modell ggf. als Zusatz zu einem klassischen Optionsmodell anzubieten, so dass dem Mitarbeiter bei einer tatsächlichen Outperformance der eigenen Aktie auch ein zusätzlicher, monetärer, Vorteil entsteht.

623 Abschließend wäre auch noch die Frage zu erörtern, inwieweit Mitarbeiter der unteren Unternehmensebenen tatsächlich Einfluss auf die relative Performance der Aktie des Unternehmens nehmen können. Mit anderen Worten die Frage, ob das Outperformance-Modell nicht wirklich nur als Management-Modell einsetzbar ist. Diese Frage ist eingeschränkt wohl mit „ja" zu beantworten. Andererseits ist es aber so, dass Outperformance-Modelle, unabhängig davon ob sie ausschließlich für das Management oder für die breite Belegschaft konzipiert sind, bei Betriebsräten und den Gesellschaften zum Anlegerschutz auf viel Gegenliebe stoßen, da sie auf Grund ihres Auszahlungsprofils weitestgehend vom Ruch des reinen Bereicherungsinstruments befreit sind. Tatsache ist auch, dass die relative Kursentwicklung der letzten Jahre bei einer Reihe von Unternehmen positiv war, wärend die absolute Kursrendite durchweg negativ ist.

2. Entscheidungsparameter bei der Wahl des optimalen Programms

624 Eine exakte Definition der Ziele eines Mitarbeiterbeteiligungsprogramms ist für dessen Erfolg eine absolute Vorbedingung. Das Schrifttum zu diesem Thema liefert Beispiele fehlgeleiteter, mit mangelhaftem Erfolg beschiedener, Beteiligungsinitiativen. Die Vielfalt möglicher Zielsysteme von ESOPs und deren Einfluss auf die Strukturierung sind natürlich auch Teil der Berateraktivitäten der Banken, sollen aber hier unter Verweis auf das Kapitel A dieses Buches nicht nochmals vertieft werden.

625 In diesem Kapitel sollen daher weniger die Aspekte der Mitarbeitermotivation von Programmen diskutiert werden, sondern vielmehr die unternehmerischen Gesichtspunkte, die bei der Auswahl unter den Modellvarianten eine Rolle spielen. Hierunter sind unter anderem die Wahl des Begünstigtenkreises, die Festlegung der Höhe der Begünstigung sowie steuerliche und bilanzielle Aspekte zu zählen.

a) Definition der Ziele des Unternehmens

626 Die Entscheidungsfindung im Unternehmen lässt sich gut in Form einer graphischen Darstellung auf einen Nenner bringen. Entscheidet sich eine Gesellschaft dafür ihre Mitarbeiter am Unternehmenserfolg zu beteiligen, so muss sie in erster Instanz darüber entscheiden, ob es ein reines Managementprogramm,

III. Die Rolle der Banken bei der Beratung und Implementierung

oder aber ein Programm für die gesamte Belegschaft sein soll. Diese Entscheidung ist in den meisten Fällen bereits getroffen bevor ein Berater hinzugezogen wird. Eine Reihe von Unternehmen bevorzugen den Einstieg mittels eines kleinen, überschaubaren Programms für das Top Management, mit der Absicht, dieses dann sukzessive auf weitere Teile der Belegschaft auszudehnen.

Wie schnell ein Managementprogramm dann auf weitere Teile der Belegschaft ausgeweitet wird hängt auch von der jeweiligen Branche des Unternehmens ab. Solche Unternehmen, die eine Fülle hochqualifizierter, geographisch mobiler Mitarbeiter beschäftigen, sehen sich einem wachsenden Druck ausgesetzt, weite Teile ihres Personals adäquater zu kompensieren. Dies ist ein besonders aktuelles Thema bei Unternehmen mit Tochtergesellschaften in den USA, da dort das Gehaltsgefüge schon sehr viel leistungsorientierter strukturiert ist. Darüber hinaus ruft ein reines Managementprogramm bei deutschen Unternehmen Spannungen zwischen Vorstand, Betriebsrat und Aktionärsgruppen hervor, die teilweise nur mittels Zusagen seitens des Vorstands bezüglich der baldigen Einbeziehung der Gesamtbelegschaft überbrückt werden können. **627**

In einem zweiten Schritt muss dann eine Entscheidung darüber getroffen werden, ob es ein aktienunterlegtes Leveraged ESOP sein soll, in dem jeder Teilnehmer zum voll stimmberechtigten Aktionär der Gesellschaft wird, oder aber ein kostengünstigeres Stock Option Modell. Dieser Punkt ist ja schon unter III.1.a. ausgiebig diskutiert worden, mit dem Fazit, dass ein Aktionärsmodell zwar wünschenswert, aber meist einfach zu aufwendig ist. **628**

Drittens ist zu prüfen, ob die mittelfristige Finanzierungsstrategie der Gesellschaft eher für eine bedingte Kapitalerhöhung oder aber für ein Modell auf bestehendes Gesellschaftskapital spricht. Hier sei auf den Abschnitt III.2.b. weiter unten verwiesen, in dem die steuerlichen und bilanziellen Implikationen beider Varianten analysiert werden. Es sei hier nur angeführt, dass natürlich ein SAR Modell auf bestehende Aktien unvergleichlich viel zügiger und unbürokratischer durchgeführt werden kann als eines, das die Genehmigung zur Schaffung von Kapital zur Vorbedingung hat. Letzteres bedeutet nicht nur eine Wartezeit bis wenigstens zur nächsten Hauptversammlung, sondern es bedingt auch ein erhöhtes Anfechtungsrisiko des Modells. **629**

In Abhängigkeit von der Beantwortung der Frage nach der Finanzierung des Modells, ist dann die Frage nach dem ‚ob' und dem ‚wie' des Hedging zu beantworten. Als Faustregel gilt hier, Modelle auf bestehende Aktien werden durch Eindecken der Optionen abgesichert, Modelle auf junge Aktien werden in der Regel nicht abgesichert. Letztlich ist die Frage nach der Optionsart, das heißt ob zum Beispiel eine Outperformance Stuktur bevorzugt wird oder nicht, auch eine Frage nach dem Umfang der aktienabhängigen Vergütung, die den Mitarbeitern zugute kommen soll. **630**

D. Mitarbeiterbeteiligung aus Sicht einer beratenden Bank

b) Vergleich: Optionsprogramm auf bestehende oder auf junge Aktien

631 Die Diskussion um die Finanzierungsalternativen werden von den Finanzabteilungen intensiv geführt, wobei nicht ausschließlich das finanzmathematische Kalkül eine Rolle zu spielen scheint, sondern Kennzahlen wie z.B. Earnings per Share (EPS) selbst Gegenstand der Optimierung sein können. In der folgenden Abbildung werden die zwei Finanzierungsalternativen, Programm auf bestehende oder auf junge Aktien, rechnerisch miteinander verglichen. Es muss an dieser Stelle aber nochmal gesagt werden, dass gegenwärtig die Rechnungslegungsvorschriften unter HGB, IAS und US GAAP im Wandel begriffen sind und dass sich als Folge daraus auch die steuerliche Behandlung im Unternehmen wahrscheinlich ändern wird.

632 Der Abbildung unterliegen folgende Annahmen. Es handelt sich um ein Optionsmodell mit einem rechnerischen Wert der Option von 27 % (5 Jahre Laufzeit). Der Unternehmenssteuersatz beträgt 50 %.

	Bestehende Aktien	**Bedingtes Kapital**
HV Zustimmung:	nein	ja
Finanzierungseffekt:	Barabfluß	Verwässerung
Optionswert pro Mitarbeiter:	27 %	27 %
GuV bei Vergabe:	Aufwand (27 %)	kein Effekt
GuV in 5 Jahren:	kein Effekt	kein Effekt
Abzugsfähig:	ja	nein
Nachsteuer GuV:	13,50 %	kein Effekt
Nachsteuer ökon. Kosten:	13,50 %	Erwartungswert 27 %

Annahmen: Optionswert bei 5-jähriger Laufzeit ist 27 %, Unternehmenssteuersatz ist 50 %

633 In dieser Gegenüberstellung werden zwei Vorteile des die GuV belastenden SAR Models auf bestehende Aktien sofort deutlich. Erstens wird für ein solches Modell keine HV Genehmigung benötigt, mit der Konsequenz schneller Durchführbarkeit (und verminderter Anfechtbarkeit). Zweitens verursacht die Finanzierung über die GuV steuerlich abzugsfähigen Aufwand, während die Finanzierung mittels einer Verwässerung der Altaktionäre zwar ökonomische Kosten in gleichem Ausmaß verursacht, allerdings behaftet mit dem Malus der steuerlichen Nichtabzugsfähigkeit. Dies ist ein entscheidender Punkt, der nähere Aufmerksamkeit verdient. Der wirtschaftliche Gegenwert der Optionen für die Mitarbeiter ist in beiden Varianten identisch, die Nach-Steuer-Kosten, die effektiv durch die Aktionäre der Gesellschaft getragen werden, sind aber doppelt so hoch, wenn das Programm mit frischem Kapital unterlegt ist. Zudem sind in letzterer Variante die Kosten nur ein Schätzwert, welcher der rechnerischen Optionsprämie entspricht. Sollte die Aktie des Unternehmens über die Laufzeit des Programms außergewöhnlich stark steigen, so würde dies einen umso größeren Verwässerungseffekt der Altanteile nach sich ziehen.

634 Daher scheint die Frage berechtigt, warum ein Unternehmen überhaupt ein Optionsprogramm mit jungen Aktien zu unterlegen in Erwägung ziehen wür-

III. Die Rolle der Banken bei der Beratung und Implementierung

de. Einer der eher unausgesprochenen Gründe ist sicherlich, dass die Verwässerung eine kommode, analystenfreundliche Finanzierungsform darstellt, welche die GuV, und damit die EPS Kennzahl des Unternehmens, unberührt lässt (das ist nun wohl nicht mehr länger gegeben aufgrund der sich ändernden Bilanzierungsvorschriften). Kurzum geht es hier um die Fragestellung, welches die Zielgröße der unternehmerischen Maximierung ist, ökonomische oder buchhalterische Rendite.

Dieser Punkt ist insbesondere relevant für wachstumsstarke Unternehmen. Je höher das Kurs-Gewinn-Verhältnis (KGV) einer Aktie, desto stärker würde ein Modell auf bestehende Aktien das gegenwärtige Ergebnis der Gesellschaft, und damit dessen Börsenbewertung, beeinträchtigen. **635**

Ein anderer Beweggrund für die Schaffung von bedingtem Kapital könnte sein, dass das Management von einer im Markt eher überbewerteten eigenen Aktie ausgeht, so dass man daher auch eine relativ niedrige Ausübungswahrscheinlichkeit für die vergebenen Call Optionen unterstellt. Das Optionsrecht hätte bei derart motivierten Programmen einen eher illusorischen Wert. **636**

c) Kosten der Implementierung

Die Kostenplanung des Unternehmens, ob beim Leveraged ESOP, oder bei einem Optionsprogramm, sollte immer zwischen den Kosten für die Verwaltung des Programms und den Kosten für die Mitarbeiteroption (den Hedge) trennen. Für die deutschen Großbanken, einschließlich deren Direktbanken, kann das reine Verwaltungsgeschäft allerdings durchaus von Interesse sein. Dies liegt weniger an der Gebühr, die dafür dem Unternehmen direkt in Rechnung gestellt wird, als vielmehr an dem Umstand, dass die Bank sich von ihrer Begleiterrolle verspricht, einen neuen, interessanten, Kundenstamm auf Dauer zu gewinnen. Dementsprechend fällt die direkte, dem Unternehmen in Rechnung gestellte Verwaltungsgebühr, eher moderat aus und wird sich mehr oder weniger an den bei der Begleitbank verursachten Grenzkosten orientieren. **637**

Für die Investmentbanken ist ausschließlich das Optionsgeschäft von Interesse. Hier sollte das Unternehmen darauf achten, dass der Wettbewerb unter den Banken bis zum aktuellen Tag der Programmdurchführung aufrecht gehalten wird. Da nützt es auch wenig, wenn auf Grund von indikativen Preisen eine Vorauswahl unter den Banken durchgeführt wird, selbst wenn dies auch nur eine Woche vor Programmbeginn geschieht. Entscheidend sind letztendlich die Preise am Tag des Programmbeginns. Das Unternehmen hat grundsätzlich immer das Problem, dass es für langlebige Optionen absolut keine Markttransparenz gibt und Optionspreise sich objektiv nicht auf ihre Fairness hin überprüfen lassen. Aus diesem Grund muss das Unternehmen sich immer auf den Wettbewerb unter den Banken verlassen können. **638**

Zusätzlich zu den externen Kosten für Verwaltung und Mitarbeiteroption, sollten betriebliche Kosten voll in die Kostenrechnung mit einfließen und zur Auswahl des für das Unternehmen optimalen Programms beitragen. Hierzu **639** zählen die Kosten für das interne Marketing des Programms, sowie diejenigen Kosten, die hauptsächlich in der Personalabteilung im Zusammenhang mit der Programmverwaltung anfallen.

d) Modellvarianten zur Verbesserung der Steuereffizienz

640 Ziel dieses Abschnitts ist es, weniger Rezepte für ein steuerlich optimiertes Programm zu liefern, als vielmehr eine interessante Besonderheit des deutschen Einkommensteuerrechts hervorzuheben. Gemeint ist hier die Steuerfreiheit von Kapitalerträgen auf Aktien nach einer Haltefrist von mindestens 12 Monaten. Aus diesem Umstand ergibt sich zunächst einmal ein enormer Vorteil für das Leveraged ESOP gegenüber dem reinen Optionsmodell. Im letzteren sind alle Erträge aus der Optionsausübung voll zu versteuern, während die Kursgewinne auf die kreditfinanzierten Aktien im Leveraged ESOP steuerfrei sind. Das Problem ist nur, dass dem Mitarbeiter im Leveraged ESOP, einerseits durch den zinsbegünstigten Kredit, und andererseits durch die Garantie der Eigenmittel (Put Option), vom Unternehmen eine einkommensgleiche Vergütung zuteil wird.

641 Um die Versteuerung der Kreditsubvention wird man schwerlich umhinkommen. Die wirkliche Frage ist, ob es nicht gelingt, den signifikanteren Teil der Begünstigung, nämlich die Put Option, steuerfrei zu bekommen. Wenn das gelänge, dann wäre das Leveraged ESOP auf einer Nachsteuer Basis dem Optionsmodell eindeutig überlegen.

642 Ein möglicher Ansatz wäre hier zum Beispiel, dass das Unternehmen bei gefallenem Aktienkurs (und Ausübung der Put Option) dem Mitarbeiter die Steuerverpflichtung auf den aus der Put Ausübung entstandenen geldwerten Vorteil ausgleicht. Eine weitere Zahlungsverpflichtung würde für das Unternehmen dann nur für den Fall eines gefallenen Aktienkurses entstehen. Ein Unternehmen wäre unter Umständen hierzu bereit, wenn es an eine Unterbewertung der eigenen Aktie glaubte, und aus diesem Grund ohnehin den Rückkauf der eigenen Anteile erwägen würde (siehe auch Abschnitt III.4.a.).

643 Ein anderer Ansatz könnte darin liegen, eine Vorabbesteuerung der Put Option zu erwirken, so dass in der Folge alle Kursgewinne auf die Aktie steuerfrei bleiben. Eine derartige Variante könnte sich eventuell für stark wachstumsorientierte Unternehmen anbieten. Eine Struktur mit Vorabbesteuerung kann aber nur in enger Zusammenarbeit mit den Finanzbehörden gefunden werden.

644 Zu denken wäre auch an eine Variante, in der die Mitarbeiter die Put Option zu Beginn aus eigenen Mitteln erwerben, mit einer möglichen Rückerstattung eines Teils der Optionsprämie seitens des Unternehmens bei Nichtausübung. Sollte es aber zur Ausübung der Put Option kommen, so wäre der resultierende geldwerte Vorteil steuerfrei, da die Option bei Programmbeginn aus eigenen Mitteln erworben wurde. Für all diese Varianten ist es auf jeden Fall notwendig, die steuerliche Behandlung mit der zuständigen Finanzbehörde abzustimmen.

III. Die Rolle der Banken bei der Beratung und Implementierung

3. Globalisierung des Programms

Gerade für die großen, international tätigen, Aktiengesellschaften ist die globale Kompatibilität von Beteiligungsmodellen eine absolute Vorbedingung. In diesem Abschnitt werden einige wesentliche Aspekte eines globalen Programms näher untersucht.

a) Globales Optionsmodell

Die globale Implementierung des reinen Optionsmodells ist im Grunde schon im Abschnitt II.1.b. behandelt worden. Im Folgenden werden daher zunächst nur noch einige Details im Zusammenhang mit der Internationalisierung des Modells näher erläutert, um dann die steuerliche Behandlung des Modells im Ausland grob zu skizzieren.

Zunächst einmal ist festzuhalten, dass ein Optionsmodell, welches auf bestehenden Aktien beruht, sich besser zur internationalen Erweiterung anbietet, als eines beruhend auf jungen Aktien. Dies liegt unter anderem daran, dass sich ein solches Modell als reines Cash Modell strukturieren lässt, in dem es bei Ausübung nicht zur Lieferung von Aktien an die Mitarbeiter kommt, sondern zu einem Barausgleich zu Gunsten der Mitarbeiter. Hierbei ergibt sich der zu zahlende Geldbetrag aus der Differenz zwischen dem aktuellen Marktpreis der Aktie und dem Basispreis der Option. Der aktuelle Marktpreis, oder auch Referenzpreis genannt, wird entweder bei vorzeitiger Ausübung oder spätestens am Stichtag bei Fälligkeit der Option, zum Beispiel als Börsenschlußkurs, ermittelt.

Ein solches Optionsmodell mit Barausgleich wird, wie schon gesagt, in der Praxis als so genannter Stock-Appreciation-Rights-Plan (SAR) strukturiert. Den Mitarbeitern wird physisch kein unmittelbar verwertbares Wirtschaftsgut in die Hand gegeben, sondern lediglich das Recht auf den Erhalt des Kursanstiegs in bar, berechnet bei Optionsausübung auf eine feste Anzahl zugrundeliegender Aktien.

Optionen ohne Lieferverpflichtung der zugrundeliegenden Aktien haben den Vorteil, dass das Unternehmen selbst diese Optionen an die Mitarbeiter ausgeben kann, da nun zu keinem Zeitpunkt die Notwendigkeit zum Erwerb der eigenen Anteile beim Unternehmen entstehen kann.

Ein Optionsprogramm kann den Mitarbeitern in den **USA** auf dreierlei Art und Weise angeboten werden:

❏ Mit voller SEC-Registrierung
❏ Unter der SEC-Ausnahmeregelung Rule 701
❏ Als Phantom-Stock-Plan

Die volle Registrierung des Plans ist aufwendig, langwierig und daher eigentlich nicht für ein relativ limitiertes Optionsprogramm einer deutschen Tochtergesellschaft in den USA zu empfehlen. Für diesen Fall gibt es eine SEC Ausnahmeregelung, die Rule 701, unter der ein Plan mit einem Optionsnominal von maximal US-$ 5 Mio. pro Jahr angeboten werden kann. Optionen in dieser Katego-

D. Mitarbeiterbeteiligung aus Sicht einer beratenden Bank

rie dürfen bei Ausübung wahlweise auch durch Aktienlieferung (zum Basispreis) abgegolten werden. Des weiteren besteht die Möglichkeit den Plan als Incentive Stock-Option-Scheme (ISO) eintragen zu lassen, mit dem Vorteil, dass jedweder zukünftige Ertrag aus der Option beim Mitarbeiter als Kapitalertrag und nicht als Einkommen versteuert wird (Im amerikanischen Einkommenssteuerrecht werden Kapitalerträge niedriger als Einkommen besteuert). Hier ist noch wichtig zu prüfen, inwieweit die Rechtsvorschriften in den relevanten Staaten sich mit dem föderalen Recht der USA decken.

652 Der Phantom-Stock-Plan entspricht weitestgehend dem SAR Modell und wird in der Regel wohl die bevorzugte Variante für eine deutsche Aktiengesellschaft sein, ihre amerikanischen Mitarbeiter am Unternehmenserfolg zu beteiligen. Für diese Art der Eintragung gibt es keine nominelle Einschränkung bezüglich des maximal erlaubten, den Optionen zugrundeliegenden, Aktienbetrages. Die Optionen müssen bei Ausübung allerdings in bar abgegolten werden, wobei jedweder finanzielle Ertrag beim Mitarbeiter als Einkommen und nicht als Kapitalertrag zu versteuern ist.

653 In **Großbritannien** wird hinsichtlich der rechtlichen und steuerlichen Handhabung von Optionsplänen im Grunde nicht zwischen inländischen und ausländischen Gesellschaften differenziert. Optionen können bei Ausübung entweder mittels Aktienlieferung oder Barausgleichs bedient werden. Alle Erträge aus der Optionsausübung werden beim Mitarbeiter als Einkommen versteuert. Wahlweise, und insbesondere bei substantiellen Plänen zu empfehlen, kann der Optionsplan bei der englischen Steuerbehörde (Inland Revenue) registriert werden. Dies hat einerseits zwar zur Folge, dass der Plan allen Mitarbeitern angeboten werden muss, aber andererseits hat es den Vorteil, dass das Einkommen aus den Optionen als Kapitalertrag deklariert werden darf. Dies hat steuerlich zur Konsequenz, dass jährliche Steuerfreibeträge für Kapitalerträge gegen den Optionsgewinn aufgerechnet werden dürfen.

654 In **Frankreich** ist der reine Optionsplan steuerlich nicht interessant, da Optionsgewinne voll als Einkommen zu versteuern sind. Dagegen begünstigt das französische Steuerrecht ausdrücklich das Leveraged ESOP und damit indirekt die Miteigentümerschaft breiter Bevölkerungsschichten am Produktivkapital des Landes. Die Eckpfeiler einer steuerlich effizienten ESOP-Struktur sind genau definiert und das Modell läuft unter der Bezeichnung *Fonds Commun de Placement d'Entreprise (FCPE)*. Der Mitarbeiter hält für eine Dauer von mindestens 5 Jahren Anteile an einem Fonds, der wiederum ausschließlich die Aktien des Unternehmens hält. Alle Erträge, die dem Mitarbeiter aus dem Verkauf der Anteile entstehen, sind steuerfrei. Anteile an dem Fonds können zusätzlich mittels Fremdfinanzierung weiter gehebelt werden.

b) Globales Leveraged ESOP

655 Es gibt grundsätzlich zwei mögliche Varianten, ein aktienunterlegtes Modell für die ausländische Belegschaft eines deutschen Unternehmens anzubieten.

III. Die Rolle der Banken bei der Beratung und Implementierung

❏ Ein Modell mit direktem Aktienbesitz beim Mitarbeiter
❏ Ein Modell mit nur mittelbaren Aktienbesitz durch Zwischenschaltung einer Stiftung

Der direkte Aktienbesitz ist für ein globales Programm nur äußerst schwer zu verwirklichen. Das Halten deutscher Wertpapiere, sowie die Vergabe von Mitarbeiterkrediten führt in den unterschiedlichen Jurisdiktionen zu nahezu unüberschaubaren rechtlichen Komplikationen, mit der Folge, dass es kein einheitliches Modell geben kann, sondern eine Vielzahl von Variationen, die den jeweiligen rechtlichen und steuerlichen Besonderheiten der einzelnen Länder angepasst sind. Dies ist nicht unmöglich aber höchst unpraktisch. 656

Daher bietet es sich an, das Programm durch die Zwischenschaltung einer Stiftung (Global Employee Trust) zu vereinheitlichen. Für die Gründung einer solchen Mitarbeiterstiftung würden sich aus rechtlichen und steuerlichen Gründen zum Beispiel die britischen Kanalinseln anbieten Die Begünstigten der Stiftung sind die am Programm teilnehmenden Mitarbeiter aus den internationalen Konzerngesellschaften, einschließlich der Mitarbeiter in Deutschland. Die Stiftung kauft Aktien des Unternehmens zu Gunsten der Mitarbeiter. Der Kauf der Aktien erfolgt am Markt und wird zum Teil durch einen Mitarbeitereigenanteil und zum Teil durch Kredit vom Unternehmen finanziert. Gehalten werden die Aktien in einem Sammeldepot einer Geschäftsbank. Die Kurssicherung wird, wie gehabt, von einer Investmentbank geleistet. Bei Programmende werden die Aktien im Markt verkauft und, bei gestiegenem Kurs, den Mitarbeitern der entstandene Kursgewinn in bar ausbezahlt. 657

Hierbei handelt es sich also um ein klassisches Leveraged ESOP, allerdings mit nur mittelbarem Aktienbesitz. Die Durchführung eines solchen Plans ist nicht allzu schwierig, wobei allerdings zu beachten ist, dass die Gründung einer Stiftung im Ausland zusätzliche Kosten verursacht. 658

4. Einbettung der Mitarbeiterbeteiligung in die langfristige Unternehmensstrategie

Mitarbeiter Beteiligungspläne beinhalten ein unlimitiertes GuV-Risiko für das Unternehmen, solange sie nicht abgesichert sind, und tauchen in jedem Fall in der Bilanz des Unternehmens auf. Daher stellt sich die Frage, ob sich Struktur und/oder Risiko des Programms nicht mit anderen Finanzmaßnahmen des Unternehmens verbinden lassen. Im Folgenden seien zwei mögliche Synergiepotentiale dieser Form aufgezeigt. 659

a) Verbindung der Mitarbeiterbeteiligung mit einem Aktienrückkaufprogramm

Seit Ende 1998 ist die steuerliche Behandlung von Aktienrückkäufen in Deutschland geklärt. Allerdings ist der Einsatz von Derivaten zur Unterstützung von Rückkaufprogrammen nach wie vor von erheblicher Rechtsunsicherheit 660 geprägt. Eine Verbindung des Mitarbeiterbeteiligungsplans mit dem Rückkaufprogramm könnte hier auf elegante Weise das gewünschte Risikoprofil auf die eigene Aktie herbeiführen.

661   In den USA werden mehr als die Hälfte aller Rückkaufprogramme durch Derivate, und hier insbesondere durch das Schreiben von Put Optionen, begleitet. Das Unternehmen verfolgt dabei die Strategie, durch ein solches Put Programm zunächst eine Optionsprämie (Stillhalterprämie) zu vereinnahmen, um dann bei eventueller Optionsausübung Aktien zum Basispreis angedient zu bekommen. Bei Nichtausübung der Put Option würden die Aktien dann zum Marktpreis erworben. In beiden Fällen aber reduziert sich der effektive Rückkaufpreis um die vereinnahmte Optionsprämie. Diese, in den USA äußerst beliebte Strategie, ist in Deutschland leider noch von einer Reihe aktienrechtlicher Bedenken begleitet.

662   Das Auszahlungsprofil einer Put Stillhalterposition ist allerdings auch synthetisch herbeizuführen. Begibt das Unternehmen Call Optionen (oder SARs) an die Mitarbeiter, so könnte es anstatt die Option kostenpflichtig einzudecken, selbst die eigene Aktie als Hedge erwerben (vorausgesetzt, die HV Genehmigung zum Rückkauf der eigenen Aktie ist bereits eingeholt). Dadurch würde der Hauptkostenblock eines Optionsplans, die Optionsprämie, eingespart. Unter dem Strich ergäbe sich für das Unternehmen die folgende Position:

Stillhalter Call + Kauf der eigenen Aktie im Umfang des Optionsnominals

663   Aus dem Konzept der so genannten *Put/Call Parität* lässt sich ableiten, dass die obige Position aus geschriebenem Call plus gekaufter Aktie wirtschaftlich völlig identisch ist mit der Position eines geschriebenen Puts (hier allerdings ohne Einnahme einer Prämie, da die Call Optionen ja gratis an die Mitarbeiter ausgeteilt werden).

Stillhalter Put = Stillhalter Call + Kauf der Aktie

664   Mit anderen Worten, das Unternehmen würde zumindest für einen Teil der zum Rückkauf vorgesehen Aktien die gewünschte Put Stillhalterposition darstellen. Bei gestiegenem Aktienkurs würden die Mitarbeiter bei Laufzeitende die zum Hedge erworbene Aktien zum Basispreis abrufen; bei gefallenem Aktienkurs würde die Gesellschaft die zum Hedge erworbenen Aktien als effektiv zurückgekaufte Aktien einziehen. Selbst bei zunehmender Rechtssicherheit bezüglich des unternehmerischen Einsatzes derivater Instrumente, sollte die Call/Aktien Kombination eventuell weiterhin bevorzugt werden, um die zweifache Bezahlung der Geld-/Briefspanne im Optionshandel (Eindeckung des Calls, Schreiben von Puts) zu vermeiden.

b) Koppelung mit dem ADR-(American Depository Receipt)- Programm des Unternehmens

665   In diesem Abschnitt soll nun eine attraktive Alternative zum globalen Optionsplan vorgestellt werden. Insbesondere dann, wenn einem Unternehmen sehr dar-

III. Die Rolle der Banken bei der Beratung und Implementierung

an gelegen ist, die weltweite Belegschaft zu Aktionären zu machen, sollte es ein Modell in Erwägung ziehen, welches das globale Leveraged ESOP (Abschnitt III.3.b.) mit einem ADR Programm des Unternehmens verbindet. Dies würde der Gesellschaft erlauben, die Verpflichtung der Mitarbeiterstiftung gegenüber den Teilnehmern bei Programmende durch die Lieferung von ADR's, anstatt mittels Barausgleichs, zu erfüllen. Die Notwendigkeit für die Lieferung von ADRs liegt rechtlich darin begründet, dass Privatpersonen in den USA (und anderen Ländern) nur Wertpapiere erwerben dürfen, die unter amerikanischem Wertpapierrecht verbrieft sind. Daher wäre der Bezug von ausschließlich in Deutschland notierten Aktien für einen Großteil der ausländischen Belegschaft nicht möglich.

In einem solchen Programm würde die Stiftung entweder direkt ADRs im **666** Markt erwerben, oder aber zunächst die liquidere Aktie an deutschen Börsen kaufen, um diese dann in einem zweiten Schritt bei einem so genannten *ADR Agent* (zum Beispiel bei der Morgan Guaranty Trust Company of New York) zur Schaffung von ADRs zu hinterlegen (das ADR ist also nichts anderes als die Verbriefung einer hinterlegten Aktie unter amerikanischem Recht). Diese ADRs stellen dann ein Papier dar, welches an weite Teile der Belegschaft lieferbar ist. Bei gestiegenem Aktienkurs würden damit alle Teilnehmer an dem Programm zu quasi-Aktionären der Gesellschaft. Durch die Schaffung weiterer Anreize (zum Beispiel durch Zuteilung von Treueaktien in Form von ADRs nach Ablauf gewisser Haltefristen), könnte die Gesellschaft darüber hinaus das weitere Halten der ADRs attraktiv gestalten, mit dem Resultat, die breite Streuung der Anteile in der Belegschaft langfristig zu erhalten.

Die Schaffung von ADRs bedeutet, dass nunmehr das gesamte Programm in **667** USD denominiert ist. Davon sind nicht nur die ADRs selbst betroffen, sondern auch der Eigenanteil des Mitarbeiters an der Finanzierung, sowie der Kreditanteil der Gesellschaft. Für den Mitarbeiter bedeutet dies, dass er am Programmende, bei gestiegenem Kurs, einen geldwerten Vorteil erhält, der nicht der Rendite der Aktie in Euro, sondern der Aktienrendite in USD entspricht. Das muss man sich so vorstellen, dass beispielsweise bei einem Anstieg der Aktie um 10% und einem Verfall des USD gegenüber dem Euro von 10% dem Mitarbeiter ein monetärer Vorteil von 20%, berechnet auf das USD Volumen des Programms, entstanden ist. Bezüglich der Administration eines solchen Modells bietet es sich an, das Aktien-Service-Programm des ADR Agent für die gesamte Abwicklung und Betreuung des Programms zu gewinnen. Ein solches Service Programm kann gegebenenfalls selbst dann noch vom Mitarbeiter genutzt werden, wenn das Programm schon längst abgelaufen, und der Mitarbeiter Eigentümer von ADRs geworden ist.

IV. Pricing und Risikomanagement der Partnerbank bei innovativen Modellen

668   Das Pricing der Optionskomponente eines Beteiligungsprogramms geschieht bei der Begleitbank in Abhängigkeit von einer Vielzahl an Faktoren. Hierzu gehören Laufzeit und Basispreis der Option, sowie der relevante Zinssatz, ebenso wie die Volatilität und die Dividendenrendite der Aktie. Unter Volatilität versteht man die mittlere tägliche Schwankungsbreite einer Aktie. Diese wird durch die Begleitbank aus der historischen Standardabweichung der täglichen Kursausschläge der Aktie ermittelt. Je höher die Volatilität einer Aktie ist, desto höher ist der Wert einer Option auf diese Aktie, da sich durch die relativ hohen Kursschwankungen die Wahrscheinlichkeit einer hohen Auszahlung bei Ausübung erhöht. Bewegt sich dagegen eine Aktie kaum, so hat auch die Optionalität einen geringen Wert. Bei einer Aktie, deren Kurs sich überhaupt nicht bewegt, wäre folgerichtig die Volatilität, und damit auch der Wert einer Option auf diese Aktie, gleich Null (abgesehen vom Finanzierungseffekt der Option gegenüber einem Aktienkauf). Damit ist die Volatilität einer Aktie die wesentliche Determinante der Höhe des Stillhalterrisikos und der sich daraus ergebenen Stillhalterprämie.

669   Die andere aktienspezifische Pricing-/Risikovariable ist die erwartete Dividendenrendite der Aktie. Je höher die Dividendenrendite einer Aktie ist, desto niedriger ist die Call Prämie (und desto höher ist die Put Prämie). Dieser Effekt ergibt sich aus dem bei hoher Dividendenausschüttung verminderten Terminkurs der Aktie, der wiederum einen verringerten Erwartungswert für die zukünftige Höhe des Ertrags einer Call Option bedingt. Die Logik liegt hier in dem Umstand begründet, dass dem Call-Halter die Dividende entgeht.

670   Für das Optionsgeschäft der Bank besteht das bei weitem größte Risiko in der Ungewissheit über die zukünftige Volatilität der Aktie. Die Volatilität einer Aktie ist im Markt weder beobachtbar noch hedgebar, und generiert dadurch, insbesondere bei nicht börsennotierten, langlebigen Optionen, ein enormes Verlustrisiko beim Stillhalter. An zweiter Stelle auf der Risikoskala der Bank steht die Veränderlichkeit der Dividendenrendite. Auch hier haben wir es mit einem Risiko zu tun, welches im Markt direkt nicht absicherbar ist.

671   Die folgende Tabelle demonstriert den Einfluss der Volatilität und der Dividende auf Optionspreise. Zum allgemeinen Verständnis sei gesagt, dass eine tägliche Kursschwankung von 1% einer Volatilität von etwa 16% entspricht. Die Optionspreise sind als % vom Marktwert der Aktie zu verstehen.

672   Die hohe aktuelle Volatilität im Handel mit XYZ Aktien kommt hier in Form einer erhöhten Optionsprämie zum Ausdruck. Verkauft eine Bank Optionen mit einer Volatilitätsbewertung unterhalb derjenigen Volatilität, die sie aktuell während der Optionslaufzeit erfährt, so entstehen im Handelsbuch der Bank Verluste. Da Banken, strukturell bedingt, überwiegend Stillhalterpositionen eingehen

IV. Pricing und Risikomanagement der Partnerbank

Stillhalterprämien für Calls

	ABCAG	XYZ AG
Volatilität:	32 %	45 %
Dividendenrendite:	3,50 %	1,65 %
Prämien bei 3 Jahren Laufzeit:	19,5 %	30,6 %
Prämien bei 5 Jahren Laufzeit:	23,6 %	38,4 %

- Die Preisunterschiede sind zu ca. 60 % durch die höhere Volatilität der XYZ Aktie, und zu ca. 40 % durch deren geringere Dividende erklärt
- Die Preise beruhen auf der Black-Scholes Formel

(und die institutionelle Kundschaft überwiegend eher Optionen kauft), so kann man sich vorstellen, dass exogene Schocks, wie zum Beispiel die Irak Krise Anfang 2003, und die damit einhergehende hohe Volatilität an den Aktienmärkten, sich enorm negativ auf die Profitabilität der Optionsbücher der Banken auswirken. Dabei sind die Stillhalterpositionen aus dem Mitarbeiteroptionsgeschäft natürlich auch Teil der Optionsbücher der Banken. Das Risiko des Stillhalters im Zusammenhang mit der Dividendenrendite der Aktie rührt aus der Ungewissheit über die zukünftige Höhe dieser Rendite her. Das Dividendenrisiko ist, wie die Volatilität selbst auch, für die Bank wenn überhaupt dann nur sehr bedingt absicherbar.

1. Preisfindung bei Leveraged ESOP und Optionsmodellen

Es macht in diesem Zusammenhang auch keinen Unterschied, ob über die Rolle der Begleitbank bei einem Leveraged ESOP, oder bei einem reinen Optionsmodell gesprochen wird. Bei dem Leveraged ESOP verkauft die begleitende Investmentbank dem Unternehmen zur Besicherung der Mitarbeiterkredite Put Optionen, bei einem reinen Optionsprogramm dagegen Call-Optionen. Das Risiko für die Bank ist in beiden Fällen identisch.

Interessanterweise lässt sich beim Kostenvergleich zwischen einem ESOP und einem Optionsmodell feststellen, dass insofern das Unternehmen den Mitarbeitern in beiden Modellen ein absolut gleiches Gewinnsteigerungspotential zugesteht, die Kosten des Unternehmens für diese Zuwendung in beiden Modellen auch absolut identisch sind. Dieser Umstand folgert ebenfalls aus der oben schon erwähnten Put/Call Parität. Mit anderen Worten, die Kosten für eine Call Option sind identisch den Kosten für eine Put Option *plus* den Kosten zur Finanzierung des Aktienkaufs. Dieser Zusammenhang soll in folgendem Rechenbeispiel eines typischen Beteiligungsprogramms verdeutlicht werden.

Auf die Programmgröße von −€ 53.500 berechnet entsprechen die Programmkosten pro Mitarbeiter von −€ 15.150 für das Unternehmen Kosten in Höhe von 28,32 % vom Marktwert der Aktie. Da allerdings das Gewinnpotenzial im Leveraged ESOP (Aktien + Put) identisch ist mit dem Gewinnpotenzial einer Call Option, so ist logischerweise zu erwarten, dass die Prämie für eine Call Option mit 3-jähriger Laufzeit ebenfalls bei 28,32 % anzusetzen ist. Tatsächlich wird der Call-Preis genau 28,32 % betragen, wenn Kredit- und Wiederanlagezins

D. Mitarbeiterbeteiligung aus Sicht einer beratenden Bank

Berechnung: Leveraged ESOP Modellannahmen

Anzahl der Aktien:	1.000	Programmlaufzeit:	3 Jahre
Wert der Aktien (€):	−53.500	Volatilität:	36 %
Mitarbeiter eigene Mittel (€):	−5.350	Divdendenrendite:	0,00 %
Kredit(€):	−48.150	Aktienpreis (€):	−53,50
Kreditkosten/Aktie (€):	−5,08	Wert der Put Option:	−18,83 %
Put Prämie/Aktie (€):	−10,07		
Programmkosten/Aktie (€):	−15,15	Eigene Mittel:	10 %
Programmkosten/Mitarbeiter (€):	−15.150	Mitarbeiter Kredit:	90 %

im Modell gleich sind. Auf reiner Kostenbasis (vor Verwaltungskosten) ist das Unternehmen daher indifferent zwischen einem Leveraged ESOP und einem reinen Optionsprogramm. Also obwohl, wie gesehen, beide Modelle vom Gewinnprofil her für den Mitarbeiter identisch sind, so hat das Leveraged ESOP doch den motivationspsychologischen Vorteil, dass es den Mitarbeiter zum voll stimmberechtigten Aktionär macht, allerdings, wie auch gesehen, nur unter hohem Verwaltungsaufwand.

676   Das Unternehmen besitzt gewisse Möglichkeiten, die Kosten für das Programm zu senken. Zu diesen sind unter anderem zu zählen:

- ❑ Limitierung des maximalen Gewinnpotentials, z.B. bei 150 % Zugewinn
- ❑ Auszahlung nur bei einem Minimalanstieg der Aktie von z.B. 30 %
- ❑ Basispreis über heutigem Marktpreis, z.B. bei 125 % vom heutigen Kurswert der Aktie
- ❑ Notwendigkeit für einmalige Outperformance eines Referenzindex, z.B. des EuroSTOXX

677   Handelt es sich bei dem Beteiligungsmodell allerdings um ein reines Outperformance Modell, so ergibt sich für das Unternehmen und die Begleitbank ein völlig anderes Bild. Die Auszahlung der Option beruht dann nicht auf der absoluten Wertsteigerung der Aktie, sondern auf der Wertsteigerungsdifferenz zwischen der Aktie und einem Referenzindex. Für das Stillhalterrisiko bedeutet das allerdings, dass nun zu der ungewissen Variable Volatilität noch die ungewisse, und daher zu schätzende, Variable der Korrelation zwischen Aktie und Index hinzukommt. Wie die Volatilität auch, wird die zum pricing verwendete Korrelation (wo gilt: −1 < Korrel. < +1) aufgrund der statistischen Aufarbeitung historischer Zeitreihen geschätzt, und in die Zukunft extrapoliert. Es gilt ferner, je höher die Korrelation zwischen der Aktie und dem Referenzindex, desto billiger ist die Outperformance Option. Im Extrem, bei einer Korrelation von +1, wäre der Wert der Outperformance Option gleich Null, bei einer negativen Korrelation dagegen wäre der Wert der Outperformance Option höher als der Wert der Call Option auf die absolute Kurssteigerung der Aktie.

678   Da die Korrelation zwischen einer Aktie und einem Aktienindex allerdings niemals negativ ist, lässt sich sagen, dass die Outperformance Option für das Unternehmen immer billiger sein wird als die absolute Call Option. Allerdings ist auch zu bedenken, dass die Stillhalter Bank für das zusätzliche Korrelationsrisiko eine zusätzliche Risikoprämie verlangen wird. In diesem Zusammenhang lässt

IV. Pricing und Risikomanagement der Partnerbank

sich die Russland-/Asienkrise von 1998 illustrativ anführen. Das größte Problem für die Kredit- und Derivatabteilungen der Banken während dieser Krise war nicht einmal so sehr die enorme Fluktuation der absoluten *asset* Preise, sondern mehr noch der völlige Zusammenbruch der Korrelation zwischen den verschiedenen Asset-Klassen. Dadurch wurden zahlreiche Absicherungsstrategien nicht nur unbrauchbar, sondern haben teilweise gar ihr Vorzeichen verändert und das vermeintlich abgesicherte Risiko noch erhöht.

2. Hedging des Stillhalterisikos bei der Bank

Natürlich wird die vereinnahmte Optionsprämie bei der Bank nicht als Ertrag gebucht, sondern wird zunächst als Verbindlichkeit in die Bilanz eingestellt. Zu Bilanzstichtagen wird die Option bewertet (Mark-to-Market), was zu Wertberichtigungen der Verbindlichkeit führen kann. Die Optionsprämie beinhaltet zudem die Marge der Bank. Diese wird in Abhängigkeit von einer ganzen Reihe von Faktoren festgelegt, und bewegt sich meist in einem Rahmen zwischen 0,50%–1,00% (bei 3 Jahren Laufzeit), gerechnet auf das zugrundeliegende Aktienvolumen. Zu den Faktoren, welche die Höhe der Marge diktieren, gehören die Liquidität der Aktie, die Höhe der Bilanzbelastung sowie natürlich auch die absolute Höhe der Optionsprämie, die im wesentlichen durch die Laufzeit der Option bestimmt ist.

Der tatsächliche Profit/Verlust für die stillhaltende Bank ergibt sich über die Laufzeit der Option aus dem Verhältnis zwischen der beim Optionsverkauf eingepreisten Volatilität und der tatsächlichen Volatilität. Der ursprüngliche Hedge für den verkauften Call besteht darin, dass die Bank die Aktie im Umfang eines rechnerischen, so genannten, *hedge ratio* kauft. Dies wird auch als das *Delta* der Option bezeichnet, und liegt bei am-Geld Optionen (Basispreis = Marktpreis) bei ca. 60%. Nun ist es so, dass bei steigenden Aktienkursen das Delta der Option ansteigt, so dass die Bank weitere Aktien (zum dann höheren Kurs) zukaufen muss, um weiterhin voll abgesichert zu sein. Sollte der Kurs dann allerdings wieder fallen, so würde sich das Optionsdelta wieder zurückbilden, mit der Konsequenz, dass überschüssige Aktien wiederum veräußert werden müssten (zum dann allerdings wieder niedrigeren Aktienkurs).

Dieses Kursszenario illustriert die Auswirkung der Aktienvolatilität auf die Profitabilität der Bank. Je höher die Schwankungen in der Aktie, desto häufiger sieht die Bank sich veranlasst, den Hedge in der zugrundeliegenden Aktie anzupassen. Diese Anpassungen bedeuten allerdings immer, wie oben gesehen, Aktien bei steigenden Kursen zu kaufen und bei sinkenden Kursen wieder zu verkaufen, also ein verlustbringendes Geschäft. Der Nettoerfolg des Stillhaltergeschäfts für die Bank ergibt sich damit aus dem Saldo der Summe der Verluste aus den Anpassungen des Hedges einerseits, und der zu Beginn eingenommenen Optionsprämie andererseits.

Profit des Stillhalters = Optionsprämie − Verluste aus Hedge Anpassungen

D. Mitarbeiterbeteiligung aus Sicht einer beratenden Bank

682 Anders ausgedrückt ist der Profit eine direkte Funktion der Differenz zwischen der ursprünglich eingepreisten Volatilität und der aktuell erfahrenen Volatilität während der Optionslaufzeit.

V. Der Weg nach vorn?

Bedingt in erster Linie durch die unkomplizierte Durchführbarkeit haben sich in Deutschland die reinen Optionsmodelle gegenüber den ESOPs mit physischem Aktienbesitz vollständig durchgesetzt. Dies könnte aber vor dem Hintergrund sich rapide wandelnder Rahmenbedingungen nur von kurzer Dauer bleiben. Es scheint momentan darauf hinaus zu laufen dass der bilanzielle und steuerliche Effekt der Stock Option Modellen mit bedingtem Kapital den SARs auf bestehende Aktien mehr oder weniger angeglichen wird; die Kosten der Option müssten in jedem Fall bei Vergabe ergebniswirksam verbucht werden, unabängig davon ob sie real (SAR) oder fiktiv (Stock Option Modell) sind. Darüberhinaus ergibt sich aus der Empfehlung des Deutsche Corporate Governance Kodex (DCGK) eine starke Einschränkung des Gewinnprofils aus Optionen.

All dies wird eine ganze Reihe deutscher Unternehmen dazu veranlassen ihr Optionsmodell ganz einzustellen und entweder auf eine Cash Komponente (Bonus) zurückgreifen oder aber anstelle der Optionen Aktien des Unternehmens zuteilen. Eine ersatzlose Streichung von Optionsplänen ist aber weder im Hinblick auf die Gruppe der Begünstigten, noch unter dem Aspekt der Wertmaximierung des Unternehmens wünschenswert. Es sind die Banken gefragt erneut in Zusammenarbeit mit den Unternehmen alternative Gestaltungsformen von langfristigen Vergütungssystemen zu entwickeln, die das Grundprinzip von Aktienoptionen beibehalten. Ideen zur Weiterentwicklung des Leveraged ESOP die im Abschnitt 2(d) angesprochen wurden könnten einen möglichen Ansatz bilden.

Als Fazit sollte hier aber unbedingt festgehalten werden, dass die Entwicklung der letzten Jahre auf dem Gebiet der unternehmenswertorientierten Vergütung in Deutschland überfällig war, und unter dem Strich sicherlich zur Wettbewerbskraft deutscher Unternehmen weiterhin beitragen wird. Sie passt voll in den Trend hin zu einer Shareholder Value Maximierung im Rahmen einer sozialen Marktwirtschaft. Dabei ist es wichtig im Auge zu behalten, dass diese Modelle nicht nur einseitig der Maximierung des Unternehmenswerts dienen, sondern auch vermittels ihres breit angelegten Beteiligungscharakters zur weiteren Überbrückung des sozial unverträglichen Antagonismus zwischen Arbeit und Kapital in der Gesellschaft beitragen.

Weiterführende Literatur

Köhler, Johannes/Scholand, Markus (1999):	Reengineering der Belegschaftsaktie – Neue Konzepte zur Mitarbeiterbeteiligung in Aktiengesellschaften, in DIE BANK, Heft 5/99, S. 346–351
Buchko, Aaron (1993):	The Effects of Employee Ownership on Employee Attitudes – An Integrated Causal Model and Path Analysis, Journal of Management Studies, Nr. 7/93, S. 633–655

D. Mitarbeiterbeteiligung aus Sicht einer beratenden Bank

Dhillon, Upinder S./Ramirez, Gabriel G. (1994):	Employee stock ownership and corporate control, Journal of Banking and Finance, Nr. 18/1994, S. 9-26
Frisch, Robert A. (1995):	The ESOP handbook – practical strategies for achieving corporate financing Goals, John Wiley & Sons, New York 1995
Jones, Derek C./Kato, Takao (1993):	Employee Stock Ownership Plans and Productivity in Japanese Manufacturing Firms, British Journal of Industrial Relations, Nr. 9/93, S. 331–346
Kumbhakar, Subal/Dunbar, Amy (1993):	The elusive ESOP-productivity link – Evidence from U.S. firm-level data, Journal of Public Economics 52, S. 273–283
Long, Michael (1992):	The Incentives behind the Adoption of Executive Stock-Option-Plans in U.S.Corporations, Financial Management, Nr. 3/92, S. 12–21

Anhang. Mustertexte

Die nachfolgenden Mustertexte enthalten Muster für einen Hauptversammlungsbeschluss für die Ausgabe von Mitarbeiteroptionen und Schaffung eines bedingten Kapitals, eine Optionsvereinbarung, einen Vorstands- und Aufsichtsratsbeschluss, eine Bezugserklärung für die Ausübung der Aktienoptionen sowie das Muster für einen Hauptversammlungsbeschluss zur Ermächtigung der Gesellschaft zum Rückkauf eigener Aktien und Verwendung für Aktienoptionen. Wie bei Vertragsmustern üblich, stellen die Muster nur eine exemplarische Ausgestaltung dar, die lediglich als Grundlage für die Erstellung eines individuellen Stock-Option-Plans dienen sollen und einer sorgfältigen Anpassung an die Bedürfnisse des Einzelfalls bedürfen.

Die Muster enthalten an verschiedenen Stellen alternative Formulierungsvorschläge, unter denen im Einzelfall die passende Alternative ausgewählt werden muss. Hieraus kann sich u.U. weiterer Änderungsbedarf in dem Muster ergeben. Die Festlegung einer Reihe von Gestaltungsparametern, wie. z.B. Erfordernis eines Eigeninvestments, Anpassung des Basispreises bei gesellschaftsrechtlichen Maßnahmen, die Auswahl des geeigneten Indexes, des Basis- und Bezugspreises, des Bezugs- und Handelsfensters sowie der jeweiligen angemessenen Fristen ist unter abwägender Berücksichtigung der Interessen der Parteien im Einzelfall erforderlich.

1. Hauptversammlungsbeschluss für Aktienoptionen aus genehmigtem Kapital

Punkt • der Tagesordnung

Beschlussfassung über die Ermächtigung zur Ausgabe von Aktienoptionen, die Schaffung eines bedingten Kapitals sowie entsprechende Änderung der Satzung

Vorstand und Aufsichtsrat schlagen vor, folgenden Beschluss zu fassen:

(1) Der Vorstand wird ermächtigt, mit Zustimmung des Aufsichtsrats bis zum • einmalig oder mehrmals Bezugsrechte („Aktienoptionen") auf insgesamt bis zu • Stück auf den Inhaber lautende Stammaktien der Gesellschaft ohne Nennbetrag („Stückaktien") an Arbeitnehmer und Mitglieder der Geschäftsführung der Gesellschaft und der Unternehmen, an denen die Gesellschaft unmittelbar oder mittelbar mit Mehrheit beteiligt ist („verbundene Unternehmen"), zu gewähren (zusammen „Bezugsberechtigte"). Soweit der Vorstand der Gesellschaft begünstigt ist, ist der Aufsichtsrat zur Gewährung der Aktienoptionen ermächtigt.

Von den Aktienoptionen können bis zu insgesamt • Stück (entsprechend •%) an Mitglieder des Vorstandes der Gesellschaft, bis zu insgesamt • Stück (entsprechend •%) an die Mitglieder der Geschäftsführungen verbundener Unternehmen, bis zu insgesamt • Stück (entsprechend •%) an Arbeitnehmer der Gesellschaft und bis zu insgesamt • Stück (entsprechend •%) an Arbeitnehmer verbundener Unternehmen gewährt werden. Bezugsberechtigten, die mehreren der vorstehenden Gruppen angehören, werden Aktienoptionen nur als Mitglied einer Gruppe und nur aus dem Anteil der Aktienoptionen gewährt, der für die betreffende Gruppe vorgesehen ist. Die Bestimmung der Bezugsberechtigten im Einzelnen und der Anzahl der diesen jeweils zu gewährenden Aktienoptionen trifft der Vorstand der Gesellschaft und, soweit Vorstandsmitglieder der Gesellschaft betroffen sind, der Aufsichtsrat. Die Aktienoptionen können für Zwecke der Abwicklung des Aktienoptionsprogramms auch ganz oder teilweise an einen Treuhänder für Rechnung der jeweiligen Bezugsberechtigten ausgegeben oder von den Bezugsberechtigten an Treuhänder übertragen werden.

Die Gewährung der Aktienoptionen an die Bezugsberechtigten ist auf die folgenden jährlichen Zeiträume beschränkt, die jeweils eine Woche dauern („Bezugsfenster"): Ein Bezugsfenster beginnt am Tage nach der jährlichen ordentlichen Hauptversammlung, ein Bezugsfenster beginnt am Tage nach der Veröffentlichung des Jahresabschlusses (Bilanzpressekonferenz) und weitere Bezugsfenster beginnen jeweils am Tage nach der Veröffentlichung von Zwischenabschlüssen (Halbjahresbericht und/oder Quartalsberichten) der Gesellschaft. [**ggf. zusätzlich:** *Außerdem können Aktienoptionen in einem einmaligen Bezugsfenster gewährt werden, das am Tage nach der Eintragung der unter (2) beschlossenen bedingten Kapitalerhöhung beginnt und zwei Wochen dauert.*]

Die Aktienoptionen können erst nach Ablauf einer Frist von mindestens *[drei]* Jahren ab der jeweiligen Gewährung ausgeübt werden („Wartefrist"). Die Optionsbedingungen können auch eine längere Wartefrist sowie eine gestaffelte Ausübung der Aktienoptionen in einzelnen Tranchen vorsehen. Die Aktienoptionen haben eine Laufzeit von bis zu *[acht]* Jahren, gerechnet ab der jeweiligen Gewährung. Die Ausübung der Aktienoptionen ist nur in den folgenden jährlichen Zeiträumen („Ausübungsfenster") zulässig, die jeweils zwei Wochen dauern: Das eine Ausübungsfenster beginnt am Tage nach der jährlichen ordentlichen Hauptversammlung, weitere Ausübungsfenster beginnen jeweils am Tage nach der Veröffentlichung der Zwischenabschlüsse des zweiten und dritten Quartals [**alternativ:** *ein weiteres Ausübungsfenster beginnt am Tage nach der Veröffentlichung des Halbjahresabschlusses*]. Fällt ein Ausübungsfenster in den Zeitraum, in dem die Gesellschaft ihren Aktionären den Bezug von neuen Stückaktien aus einer Kapitalerhöhung anbietet, beginnt das entsprechende Ausübungsfenster am nächsten Bankarbeitstag nach Ende der Bezugsfrist.

1. Hauptversammlungsbeschluss für Aktienoptionen aus genehmigtem Kapital

Die Aktienoptionen können nach Ablauf der jeweiligen Wartefrist nur ausgeübt werden, wenn die Kursentwicklung der Stückaktien in der Zeit zwischen Gewährung der Aktienoptionen und dem Beginn des jeweiligen Ausübungsfensters, in dem die Aktienoptionen ausgeübt werden sollen, die Entwicklung des •-index der Deutsche Börse AG oder eines anderen an seine Stelle tretenden Index für • („Referenzindex") in dem selben Zeitraum um mindestens •% übertrifft („Erfolgsziel"). Zur Berechnung des Erreichens des Erfolgsziels sind der durchschnittliche Schlusskurs der Stückaktie im XETRA-Handel (oder ein an seine Stelle tretendes Nachfolgesystem) in den letzten 5 Börsentagen vor dem Ende des jeweiligen Bezugsfensters, in dem die Aktienoptionen gewährt wurden, und in den letzten 5 Börsentagen vor dem Beginn des Ausübungsfensters, in dem die Aktienoptionen ausgeübt werden sollen, mit der in gleicher Weise berechneten Entwicklung des Referenzindex zu vergleichen. Soweit das Erfolgsziel für die Ausübung der Aktienoptionen zu einem Ausübungsfenster nicht erfüllt ist, können die Aktienoptionen für die die jeweilige Wartefrist abgelaufen ist, in einem der nachfolgenden Ausübungsfenster ausgeübt werden, wenn das Erfolgsziel zu einem der nachfolgenden Ausübungsfenster erfüllt ist. Aktienoptionen, für die die Wartefrist erfüllt ist und die trotz Erreichens des Erfolgsziels in dem Ausübungsfenster nicht ausgeübt wurden, können in einem späteren Ausübungsfenster ausgeübt werden, auch wenn das Erfolgsziel zu diesem späteren Ausübungsfensters nicht mehr erfüllt ist.

Die teilweise Ausübung von Aktienoptionen in einem Ausübungsfenster ist zulässig. Die Optionsbedingungen können neben der Erfüllung des Erfolgsziels weitere Voraussetzungen für die ganz oder teilweise Ausübung der Aktienoptionen vorsehen.

Die Aktienoptionen werden ohne Gegenleistung gewährt. Die Gewährung der Aktienoptionen an die Bezugsberechtigten kann jedoch von bestimmten Voraussetzungen abhängig gemacht werden (z.B. Eigeninvestment des Bezugsberechtigten in Aktien der Gesellschaft). Bei Ausübung der Aktienoptionen ist für jede ausgeübte Aktienoption ein Ausübungspreis zu zahlen, der dem durchschnittlichen Schlusskurs der Stückaktie im XETRA-Handel (oder ein an seine Stelle tretendes Nachfolgesystem) in den letzten 5 Börsentagen vor Ende des Bezugsfensters, in dem die jeweiligen Bezugsrechte gewährt wurden entspricht („Basispreis")

Die Optionsbedingungen können für die Fälle einer Kapitalerhöhung mit Bezugsrecht, einer Kapitalerhöhung aus Gesellschaftsmitteln („Gratisaktie"), einer Neueinteilung des Grundkapitals der Gesellschaft („Aktiensplit"), einer Kapitalherabsetzung sowie einer Sonderdividende während der Laufzeit der Aktienoptionen eine Anpassung des Basispreises und/oder des Erfolgsziels vorsehen. Für die Fälle einer Kapitalerhöhung aus Gesellschaftsmitteln, eines Aktiensplits oder einer Kapitalherabsetzung können die Optionsbedingungen vorsehen, dass die Anzahl der Bezugsrechte und der Basispreis sowie das Erfolgsziel entsprechend im Verhältnis zu der Erhöhung bzw. Verringerung der Zahl der Stückaktien angepasst werden. In Fällen einer Kapitalerhöhung mit Bezugsrecht oder Sonderdividende kann der Basispreis und/oder das Erfolgsziel entsprechend der mit der jeweiligen Maßnahme verbundenen Einwirkung auf den Börsenkurs der Stückaktie angepasst werden. Die mit der jeweiligen Maßnahme verbundene Auswirkung auf den Börsenkurs der Stückaktien ist nach finanzmathematischen Methoden zu ermitteln und wird durch ein Gutachten einer Wirtschaftsprüfungsgesellschaft oder Investmentbank bindend festgelegt. [**ggfs:** *Die Optionsbedingungen können weiterhin vorsehen, dass Dividendenzahlungen der Gesellschaft während der Laufzeit der Aktienoptionen den Basispreis und/oder das Erfolgsziel um die Summe der in dem Zeitraum zwischen Gewährung der Aktienoptionen und deren Ausübung ausgezahlten Dividenden verringern.*]

Die Aktienoptionen sind nicht übertragbar. Die Aktienoptionen verfallen grundsätzlich, wenn das Beschäftigungsverhältnis des Bezugsberechtigten mit der Gesellschaft oder einem verbundenen Unternehmen – gleich aus welchem Grunde – endet und nicht mit einem anderen mit der Gesellschaft verbundenen Unternehmen fortgeführt wird. Hiervon ausgenommen sind Aktienoptionen, für die die jeweilige Wartefrist abgelaufen ist, für die jedoch in den Optionsbedingungen zeitliche Beschränkungen für deren Ausübbarkeit bzw. deren Verfall bestimmt werden können. Im übrigen können die Optionsbedingungen. für Fälle des Ruhestandes, der Berufs- oder Erwerbsunfähigkeit, des Todes des Bezugsberechtigten sowie die Beendigung des Beschäftigungsverhältnisses aufgrund Zeitablaufs Sonderregelungen vorsehen. Die Optionsbedingungen können auch für Fälle, wie u.a. das Ausscheiden von Betrieben oder Betriebsteilen, die Übernahme der Gesellschaft, deren Eingliederung oder den Ausschluss von Minderheitsaktionären Sonderregelungen, insbesondere auch Kündigung der Aktienoptionen gegen Abfindung oder eine Verpflichtung zur sofortigen und/oder zeitlich begrenzten Ausübung, vorsehen.

Die Optionsbedingungen können auch vorsehen, dass dem BEZUGSBERECHTIGTEN im Falle der Ausübung der Aktienoptionen statt Stückaktien aus dem unter (2) beschlossenen bedingten Kapital, eigene Stückaktien der GESELLSCHAFT gewährt werden, soweit die GESELLSCHAFT von der Hauptversammlung ermächtigt wurde, eigene Stückaktien im Rahmen dieses Aktienoptionsprogramms zu verwenden. Außerdem können die Optionsbedingungen vorsehen, dass dem BEZUGSBERECHTIGTEN im Falle der Ausübung der Aktienoptionen statt Stückaktien deren Gegenwert in Geld gewährt wird.

Der Vorstand wird ermächtigt, mit Zustimmung des Aufsichtsrates die weiteren Einzelheiten der Optionsbedingungen sowie die Ausgabe und Ausstattung der Bezugsaktien festzulegen. Insbesondere soll der Vorstand und soweit Aktienoptionen Mitgliedern des Vorstands gewährt werden, der Aufsichtsrat, in den Optionsbedingungen vorsehen, dass im Falle außerordentlicher, nicht vorhergesehener Entwicklungen die Ausübung der Aktienoptionen im Sinne von Ziffer 4.2.3 des Deutschen Corporate Governance Kodex begrenzt werden kann.

(2) Das Grundkapital der Gesellschaft wird um bis zu EUR • durch Ausgabe von bis zu • Stück auf den Inhaber lautende Stammaktien ohne Nennbetrag bedingt erhöht. Die bedingte Kapitalerhöhung wird nur insoweit durchgeführt, wie die Aktienoptionen ausgeübt werden, die aufgrund der Ermächtigung der Hauptversammlung vom •, die Bestandteil des bedingten Kapitals ist, bis zum • gewährt werden. Die aufgrund der Bezugsrechte ausgegebenen neuen Aktien sind für das gesamte Geschäftsjahr, in dem die Ausübung des Bezugsrechts wirksam wird, dividendenberechtigt.

(3) In § • der Satzung (Höhe und Einteilung des Grundkapitals, Aktienurkunden) wird ein neuer Absatz (•) mit folgendem Wortlaut eingefügt:

„Das Grundkapital der Gesellschaft ist um bis zu EUR • durch Ausgabe von bis zu • Stück auf den Inhaber lautender Stammaktien ohne Nennbetrag bedingt erhöht. Die bedingte Kapitalerhöhung wird nur insoweit durchgeführt, wie die Aktienoptionen ausgeübt werden, die aufgrund der Ermächtigung der Hauptversammlung vom •, die Bestandteil des bedingten Kapitals ist, bis zum • gewährt werden. Die aufgrund der Bezugsrechte ausgegebenen neuen Aktien sind für das gesamte Geschäftsjahr, in dem die Ausübung des Bezugsrechts wirksam wird, dividendenberechtigt (Bedingtes Kapital)."

Zu TOP •:
Erläuterungen des Vorstandes zum Aktienoptionsprogramm

Die Ausgabe von Aktienoptionen aus bedingtem Kapital an Arbeitnehmer, Geschäftsführer von Tochtergesellschaften und Vorstände (zusammen auch „Mitarbeiter") ist inzwischen ein gängiger Bestandteil der Vergütung von Mitarbeitern geworden. Auch der Deutsche Corporate Governance Kodex sieht ausdrücklich eine variable Vergütung mit Aktienoptionen oder vergleichbaren Instrumenten vor (Ziffer 4.2.3). Die der Hauptversammlung vorgeschlagene Beschlussfassung über ein bedingtes Kapital für eine Mitarbeiterbeteiligung ist aus Sicht des Vorstands erforderlich, damit die Gesellschaft auch künftig für qualifizierte und engagierte Mitarbeiter attraktiv bleibt. Eine aktienbasierte Vergütung trägt vor allem dazu bei, dass sich Mitarbeiter verstärkt mit dem Unternehmen und dessen Zielen identifizieren und so zu einer „shareholder value" orientierten Unternehmenspolitik und -führung beitragen.

Durch die Gewährung von Aktienoptionen wird den Mitarbeitern eine Vergütung gewährt und ein besonderer Leistungsanreiz geschaffen, der sich an der Kurssteigerung der Aktien der Gesellschaft bemisst. Der Vorstand ist davon überzeugt, dass eine solche Verknüpfung dazu beitragen kann, den Wert des Unternehmens langfristig und dauerhaft zu steigern. Durch die

1. Hauptversammlungsbeschluss für Aktienoptionen aus genehmigtem Kapital

Ausgabe von Aktienoptionen wird das Interesse der Mitarbeiter den Interessen der Aktionäre möglichst angenähert, indem auch sie von einer Steigerung des Unternehmenswertes – gemessen am Aktienkurs – profitieren.

Als vergleichbare Alternative für den Anreiz und zur Gewinnung sowie Bindung von entsprechenden Mitarbeitern steht lediglich die Gewährung von Tantiemen, Boni oder ähnlichen Geldzahlungen zur Verfügung, deren Höhe sich am Aktienkurs der Gesellschaft orientiert. Die Einführung einer solchen Vergütungsstruktur würde jedoch die Liquidität der Gesellschaft erheblich belasten und die für andere, die weitere Entwicklung der Gesellschaft fördernde, Investitionen benötigten Geldmittel binden. Solche alternativen Gestaltungen wären nach der Überzeugung des Vorstands daher auch für die Aktionäre der Gesellschaft von Nachteil. Der Beschlussvorschlag sieht jedoch vor, der Gesellschaft die Möglichkeit einzuräumen, bei Ausübung der Aktienoptionen zu entscheiden, ob sie die Bezugsrechte durch Ausgabe neuer Stückaktien, durch Lieferung eigener Aktien oder durch eine Geldzahlung in Höhe der Kursdifferenz erfüllen will. Die Gesellschaft kann dann, abhängig von einem eventuellen Bestand an eigenen Aktien und ihrer Liquiditätslage, entscheiden, welche Form der Erfüllung der Aktienoptionen den Interessen der Gesellschaft am besten entspricht.

Die der Hauptversammlung vorgeschlagene Beschlussfassung unter Tagesordnungspunkt • sieht vor, den Vorstand mit Zustimmung des Aufsichtsrates zu ermächtigen, in den kommenden 5 Jahren insgesamt bis zu • Optionen auf Aktien der Gesellschaft an Arbeitnehmer und Geschäftsführungen auszugeben. Dabei soll je eine Aktienoption zum Bezug einer Aktie berechtigen. Der vorgeschlagene Umfang des Aktienoptionsprogramms bewegt sich [**ggfs.**: *zusammen mit den bereits bestehenden Programmen*] innerhalb des gesetzlich zulässigen Rahmens in Höhe von 10% des bei Beschlussfassung vorhandenen Grundkapitals.

Bei Annahme einer Steigerung des Börsenkurses der Aktien der Gesellschaft innerhalb der vorgesehenen Mindestwartefrist von drei Jahren um insgesamt •% ergibt sich bei Unterstellung eines fiktiven einheitlichen Basispreises von EUR • für alle Aktienoptionen ein innerer Wert von EUR • je Aktienoption und von EUR • für alle Aktienoptionen zusammen. [**ggfs.** *weitere Ausführungen zum Zeitwert der Aktienoptionen und u.U. auch Vergleichsrechnungen*].

Durch die Aufteilung des Gesamtvolumens der zur Verfügung stehenden Aktienoptionen auf die vier Gruppen von Bezugsberechtigten (Vorstand, Geschäftsführungen verbundenen Unternehmen, Arbeitnehmer der Gesellschaft und Arbeitnehmer verbundener Unternehmen), wird einerseits sichergestellt, dass alle für den Gesamterfolg der Gesellschaft verantwortlichen Gruppen von Mitarbeitern an dem Aktienoptionsprogramm partizipieren können. Andererseits wird eine unverhältnismäßig hohe Zuteilung von Aktienoptionen an einzelne Gruppen verhindert. Der vorgeschlagenen Aufteilung der Aktienoptionen liegt die voraussichtliche Personalentwicklung der Gesellschaft und der mit ihr verbundenen Unternehmen entsprechend dem Personalentwicklungsplan sowie eine Gewichtung der einzelnen Gruppen im Hinblick auf deren Verantwortlichkeit für den Unternehmenserfolg zugrunde.

Durch die Festlegung eines Basispreises in Höhe des aktuellen Kurses der Aktien der Gesellschaft zum Zeitpunkt der Gewährung der Aktienoptionen wird erreicht, dass für die Bezugsberechtigten nur dann ein finanzieller Vorteil entsteht, wenn der Kurs der Aktien ab dem Zeitpunkt der Ausgabe nicht nur relativ zu dem Referenzindex, sondern auch absolut steigt. Der Beschluss ermöglicht es jedoch, in den Optionsbedingungen vorzusehen, den Basispreis und/oder das Erfolgsziel bei solchen gesellschaftsrechtlichen Maßnahmen anzupassen, die einen erheblichen Einfluss auf den Aktienkurs haben. Hierdurch soll vermieden werden können, dass Entscheidungen über die Durchführung bestimmter gesellschaftsrechtlicher Maßnahmen im Interesse der Aktionäre und der Gesellschaft von deren Auswirkung auf den Kurs der Aktien der Gesellschaft beeinflusst werden. [**ggfs.** *Erläuterung der Möglichkeit Dividendenzahlungen zu berücksichtigen*]

Der der Hauptversammlung vorgeschlagene Beschluss über die Schaffung des bedingten Kapitals zum Zwecke der Mitarbeiterbeteiligung bewegt sich im Übrigen im Rahmen der gesetzlichen Vorgaben.

2. Optionsvereinbarung

zwischen

• AG

in •

(nachfolgend „GESELLSCHAFT")

und

_____
_____
_____

(nachfolgend „BEZUGSBERECHTIGTER")

Vorbemerkung

Der BEZUGSBERECHTIGTE ist *[Mitglied des Vorstandes der Gesellschaft/Mitglied der Geschäftsführung eines verbundenen Unternehmens/als Arbeitnehmer bei der Gesellschaft/bei einem verbundenen Unternehmen beschäftigt]*.

Die GESELLSCHAFT verfolgt eine an den Interessen der Aktionäre ausgerichtete Geschäftspolitik im Sinne des ‚shareholder-value-Prinzips', die die langfristige Wertsteigerung der Beteiligung der Aktionäre, ausgedrückt durch die Steigerung des Börsenkurses der Aktien der GESELLSCHAFT, fördert. Die Mitarbeiter sollen daher einen Teil ihrer Vergütung nicht in der Form von Festbezügen, sondern durch Einräumung von Optionsrechten erhalten. Auf diese Weise soll die besondere Verantwortung der Mitarbeiter für den langfristigen Erfolg der Gesellschaft betont werden.

Die Hauptversammlung der GESELLSCHAFT hat daher am • den Vorstand ermächtigt, mit Zustimmung des Aufsichtsrates bis zum • Bezugsrechte auf insgesamt bis zu • Stück auf den Inhaber lautende Stammaktien der GESELLSCHAFT ohne Nennbetrag („**Stückaktien**") an Vorstände und Arbeitnehmer der GESELLSCHAFT sowie Geschäftsleitungen und Arbeitnehmer mit ihr verbundener Unternehmen zu gewähren und hat hierfür die Schaffung eines bedingten Kapitals in Höhe von bis zu EUR • beschlossen.

Eine Kopie des entsprechenden Teils des Hauptversammlungsbeschlusses, dessen Inhalt Teil dieser Optionsvereinbarung ist, ist dieser Optionsvereinbarung als **Anlage A** beigefügt. Der BEZUGSBERECHTIGTE gehört dem Personenkreis der in dem Hauptversammlungsbeschluss genannten Bezugsberechtigen an.

Dies vorausgeschickt, vereinbaren die Parteien mit Wirkung zum Stichtag gemäß § 7 Abs. 1 das Nachfolgende:

§ 1
Optionsrechtsgewährung

(1) Der BEZUGSBERECHTIGTE erhält das Recht, gemäß den Bedingungen dieser Optionsvereinbarung bis zu • Stückaktien zu dem Ausübungspreis gemäß § 1 Abs. 2 zu beziehen (**„Aktienoptionen"**). Der BEZUGSBERECHTIGTE erhält daher insgesamt • Stück Aktienoptionen. Eine (1) Aktienoption berechtigt, vorbehaltlich einer Anpassung nach § 4, zum Erwerb von einer (1) Stückaktie der GESELLSCHAFT zum Ausübungspreis. Die Gewährung der Aktienoptionen erfolgt ohne Gegenleistung des BEZUGSBERECHTIGTEN.

2. Optionsvereinbarung

(2) Das für jede Stückaktie bei Ausübung der Aktienoptionen zu bezahlende Entgelt („**Ausübungspreis**") entspricht dem Basispreis. Der Basispreis für eine Stückaktie entspricht dem durchschnittlichen Schlusskurs der Stückaktien der GESELLSCHAFT im XETRA-Handel (oder ein an seine Stelle tretendes Nachfolgesystem) in den letzten 5 Börsentagen vor dem Ende des Bezugsfensters, in dem die jeweiligen Bezugsrechte gewährt wurden („**Basispreis**"). Der Basispreis wird unverzüglich nach Ende des Bezugsfensters ermittelt und dem BEZUGSBERECHTIGTEN mitgeteilt.

*(3) [Bspl. für Eigeninvestment: Die Gewährung der Aktienoptionen gemäß § 1 Abs. 1 steht unter der aufschiebenden Bedingung, dass der BEZUGSBERECHTIGTE bis zum Stichtag je • Stück gewährter Aktienoptionen • Stückaktien der GESELLSCHAFT, insgesamt • Stückaktien, zum aktuellen Börsenkurs [von EUR •] von der GESELLSCHAFT erwirbt. Die GESELLSCHAFT wird dem BEZUGSBERECHTIGTEN den Kaufpreis für die Stückaktien in Höhe von insgesamt EUR • [zinslos] bis zum Ablauf der Wartefrist/der Wartefrist für die erste Tranche der Aktienoptionen stunden. Der BEZUGSBERECHTIGTE ist verpflichtet, die von ihm erworbenen Stückaktien bis zum Ablauf der [jeweiligen] Wartefrist zu halten/*alternativ:* Der BEZUGSBERECHTIGTE ist verpflichtet, die von ihm erworbenen Stückaktien während der Laufzeit der Aktienoptionen zu halten und ist zu einer Veräußerung dieser Stückaktien in einem der Ausübungsfenster nur in dem Verhältnis gemäss Satz 1 berechtigt, wie er auch zur Ausübung der Aktienoptionen berechtigt ist (Erfüllung der [jeweiligen] Wartefrist und des Erfolgsziels).]*

§ 2
Optionsrechtsausübung

(1) Der BEZUGSBERECHTIGTE kann die Aktienoptionen erst nach Ablauf einer Wartefrist von 3 Jahren ab der Gewährung der Aktienoptionen ausüben („**Wartefrist**"). **[ggfs. zusätzlich:** *Nach Ablauf der Wartefrist kann der BEZUGSBERECHTIGTE pro Kalenderjahr insgesamt bis zu 1/3 der Aktienoptionen ausüben./***alternativ:** *Der BEZUGSBERECHTIGTE kann frühestens nach Ablauf einer Wartefrist von 3 Jahren ab Gewährung der Aktienoptionen bis zu •% der Aktienoptionen und in jedem der Folgejahre weitere • % der Aktienoptionen ausüben* („**Wartefristen**").]

(2) Die Aktienoptionen können nach Ablauf der *[jeweiligen]* Wartefrist nur ausgeübt werden, wenn die Kursentwicklung der Stückaktien der GESELLSCHAFT in der Zeit zwischen Gewährung der Aktienoptionen und dem Beginn des jeweiligen Ausübungsfensters, in dem die Aktienoptionen ausgeübt werden sollen, die Entwicklung des •-index der Deutsche Börse AG oder eines anderen an seine Stelle tretenden Index für • („**Referenzindex**") im selben Zeitraum um mindestens •% übertrifft („**Erfolgsziel**") *[ggfs. ergänzen: und die persönlichen Ausübungs-Voraussetzungen gemäß § 2 Abs. 4 erfüllt sind].* Zur Berechnung des Erreichens des Erfolgsziels sind der durchschnittliche Schlusskurs der Stückaktie der GESELLSCHAFT im XETRA-Handel (oder ein an seine Stelle tretendes Nachfolgesystem) in den letzten 5 Börsentagen vor dem Ende des jeweiligen Bezugsfensters, in dem die Aktienoptionen gewährt wurden, und in den letzten 5 Börsentagen vor dem Beginn des Ausübungsfensters, in dem die Aktienoptionen ausgeübt werden sollen, mit der in gleicher Weise berechneten Entwicklung des Referenzindex zu vergleichen.

(3) Soweit das Erfolgsziel für die Ausübung der Aktienoptionen zu einem Ausübungsfenster nicht erfüllt ist, können die Aktienoptionen für die die *[jeweilige]* Wartefrist abgelaufen ist, in einem der nachfolgenden Ausübungsfenster ausgeübt werden, wenn das Erfolgsziel zu einem der nachfolgenden Ausübungsfenster erfüllt ist. Aktienoptionen, für die die Wartefrist erfüllt ist und die trotz Erreichens des Erfolgsziels in einem Ausübungsfenster nicht ausgeübt wurden, können in einem späteren Ausübungsfenster ausgeübt werden, auch wenn das Erfolgsziel zu diesem späteren Ausübungsfenster nicht mehr erfüllt ist. Die teilweise Ausübung von Aktienoptionen in einem Ausübungsfenster ist zulässig.

[(4) Ggfs.: Persönliche Ausübungsvoraussetzungen, wie zum Beispiel Erreichen bestimmter Zielvorgaben.]

(5) Die Ausübung der Aktienoptionen ist nur in den folgenden jährlichen Zeiträumen („**Ausübungsfenster**") zulässig, die jeweils zwei Wochen dauern: Das eine Ausübungsfenster beginnt am Tage nach der jährlichen ordentlichen Hauptversammlung, weitere Ausübungsfenster beginnen jeweils am Tage nach der Veröffentlichung der Zwischenabschlüsse des zweiten und dritten Quartals [**alternativ:** *ein weiteres Ausübungsfenster beginnt am Tage nach der der Veröffentlichung des Halbjahresabschlusses*]. Fällt ein Ausübungsfenster in den Zeitraum in dem die GESELLSCHAFT ihren Aktionären den Bezug von neuen Stückaktien aus einer Kapitalerhöhung anbietet, beginnt das entsprechende Ausübungsfenster am nächsten Bankarbeitstag nach Ende der Bezugsfrist.

(6) Die Ausübung der Aktienoptionen erfolgt durch eine schriftliche Erklärung in zweifacher Ausfertigung gegenüber der GESELLSCHAFT („**Bezugserklärung**"). Das Formular für die Bezugserklärung ist in der Personalabteilung erhältlich. Die Bezugserklärung muss der GESELLSCHAFT, Personalabteilung, innerhalb eines Ausübungsfensters während der üblichen Bürozeiten zugehen. Die GESELLSCHAFT ist berechtigt, unvollständig ausgefüllte Bezugserklärungen zurückzuweisen.

(7) Der BEZUGSBERECHTIGTE ist verpflichtet, der GESELLSCHAFT den Ausübungspreis für die von ihm ausgeübten Aktienoptionen binnen • Bankarbeitstagen nach Ende des jeweiligen Ausübungsfensters auf das in der Bezugserklärung angegebene Bankkonto zu zahlen. Soweit die GESELLSCHAFT dem BEZUGSBERECHTIGTEN in dem Formular für die Bezugserklärung ein solches Verfahren anbietet, kann der BEZUGSBERECHTIGTE seine Zahlungsverpflichtung auch dadurch erfüllen, dass er eine von der GESELLSCHAFT beauftragte Investmentbank anweist, in seinem Namen mindestens diejenige Anzahl der von ihm bezogenen Stückaktien zu verkaufen und den Verkaufserlös an die GESELLSCHAFT abzuführen, die erforderlich ist, um den Ausübungspreis nebst eventuell anfallender Bankspesen und -provisionen sowie Abgaben im Sinne von § 6 zu zahlen. Die GESELLSCHAFT ist berechtigt, ein solches Verfahren zwingend in dem Formular der Bezugserklärung vorzugeben.

(8) Die GESELLSCHAFT ist berechtigt, die Ausübung von Aktienoptionen abzulehnen, wenn der BEZUGSBERECHTIGTE der GESELLSCHAFT den Ausübungspreis nicht fristgerecht leistet. [**ggfs. zusätzlich:** *Die GESELLSCHAFT ist berechtigt, die Ausübung von Aktienoptionen in dem Umfang abzulehnen, wie deren Ausübung wegen außerordentlicher, nicht vorhergesehener Entwicklungen zu einer unverhältnismäßig hohen Vergütung des BEZUGSBERECHTIGTEN führen würde. Die GESELLSCHAFT ist insbesondere berechtigt, die Ausübung von Aktienoptionen insoweit abzulehnen, als der mit der Ausübung der Aktienoptionen verbundene Vermögensvorteil (zusammen mit dem Vermögensvorteil aus bereits ausgeübten Aktienoptionen im laufenden Kalenderjahr) insgesamt einen Betrag von EUR • übersteigen würde.*]

(9) Unverzüglich nach Ende des entsprechenden Ausübungsfensters und Leistung des Ausübungspreises wird die GESELLSCHAFT dem BEZUGSBERECHTIGTEN die der ausgeübten Zahl an Aktienoptionen entsprechende Zahl an Stückaktien in das in der Bezugserklärung angegebene Bank-Depot übertragen, soweit der BEZUGSBERECHTIGTE nicht entsprechend der in dem Formular für die Bezugserklärung vorgegebenen Möglichkeiten anderweitige Weisungen in der Bezugserklärung erteilt hat. Die GESELLSCHAFT ist berechtigt, dem BEZUGSBERECHTIGTEN, statt neuer Stückaktien aus dem für diese Zwecke von der Hauptversammlung beschlossenen bedingten Kapitalerhöhung, eigene Stückaktien gewähren.

(10) Die GESELLSCHAFT ist berechtigt, die Aktienoptionen in Geld zu erfüllen, wenn sie dies vor Beginn des jeweiligen Ausübungsfensters angekündigt hat. In diesem Fall gelten die vorstehenden Regelungen mit der Maßgabe, dass der BEZUGSBERECHTIGTE nicht verpflichtet ist, den Ausübungspreis an die GESELLSCHAFT zu leisten, die GESELLSCHAFT vielmehr für jede ausgeübte Aktienoption die Differenz zwischen dem Schlusskurs der Stückaktien am ersten Bankarbeitstag nach Ende des Ausübungsfensters und dem Ausübungspreis an den Bezugsberechtigten auszahlt.

2. Optionsvereinbarung

§ 3
Veräußerungsbeschränkungen

(1) Der BEZUGSBERECHTIGTE ist zur sofortigen Weiterveräußerung der in Ausübung der Aktienoptionen erworbenen Stückaktien berechtigt. Im Rahmen einer derartigen Veräußerung hat er jedoch auf die berechtigen Interessen der GESELLSCHAFT an einer angemessenen Kurspflege im Rahmen der Veräußerung Rücksicht zu nehmen. [**ggfs. zusätzlich:** *Bei einer Weiterveräußerung der in Ausübung der Aktienoptionen erworbenen Stückaktien innerhalb von 4 Wochen ab dem Ende des jeweiligen Ausübungsfensters, ist der BEZUGSBERECHTIGTE verpflichtet, der GESELLSCHAFT seine Veräußerungsabsichten anzuzeigen und, soweit die GESELLSCHAFT dies aus einem berechtigten Interesse an einer angemessenen Kurspflege verlangt, Art, Umfang und Zeitpunkt seiner Veräußerung mit ihr zu vereinbaren. / alternativ: Lock-up Verpflichtung des BEZUGSBERECHTIGTEN, soweit die Stückaktien nicht veräußert werden, um den Ausgabepreis zu finanzieren*]

(2) Die GESELLSCHAFT weist den BEZUGSBERECHTIGTEN darauf hin, dass er als Mitarbeiter oder als Organ der GESELLSCHAFT oder einem mit der GESELLSCHAFT verbundenen Unternehmen zu dem Kreis der Personen gehört, die als Insider im Sinne von § 13 Wertpapierhandelsgesetz über sogenannte Insider-Informationen verfügen können, die die GESELLSCHAFT oder mit ihr verbundenen Unternehmen betreffen. Die GESELLSCHAFT weist den BEZUGSBERECHTIGTEN weiter darauf hin, dass unter anderem der Erwerb sowie die Veräußerung von Aktien der GESELLSCHAFT in der Kenntnis von Insider-Tatsachen strafbar ist.

§ 4
Optionsrechtsanpassung

(1) Bis zur Übertragung der in Ausübung der Aktienoptionen bezogenen Stückaktien stehen dem BEZUGSBERECHTIGTEN weder Bezugsrechte auf neue Stückaktien der GESELLSCHAFT aus Kapitalerhöhungen noch Rechte auf Dividenden oder sonstige Ausschüttungen aus den den Aktienoptionen unterliegenden Stückaktien zu.

(2) Im Falle einer Kapitalerhöhung aus Gesellschaftsmitteln (Gratisaktien), einer Neueinteilung des Grundkapitals der GESELLSCHAFT (Aktiensplitt) oder einer Kapitalherabsetzung werden die Zahl der dem BEZUGSBERECHTIGTEN gewährten Bezugsrechte, der Basispreis und das Erfolgsziel entsprechend dem im Verhältnis der Erhöhung bzw. Verringerung der Zahl der Stückaktien angepasst. Der angepasste Basispreis sowie der neue Ausübungspreis wird unverzüglich nach Wirksamwerden der Maßnahme ermittelt und dem BEZUGSBERECHTIGTEN mitgeteilt.

(3) Im Falle einer Kapitalerhöhung mit Bezugsrecht oder einer Sonderdividende werden der Basispreis und das Erfolgsziel entsprechend der mit der jeweiligen Maßnahme verbundenen Einwirkung auf den Börsenkurs der Stückaktien angepasst. Die mit der jeweiligen Maßnahme verbundene Auswirkung auf den Börsenkurs der Stückaktien wird nach finanzmathematischen Methoden ermittelt und durch ein Gutachten einer Wirtschaftsprüfungsgesellschaft oder Investmentbank nach Wahl der GESELLSCHAFT bindend festgelegt.

[*(4) **Ggfs.:** Reduzierung des Basispreises und des Erfolgszieles um den Betrag von Dividenden, die in dem Zeitraum zwischen Gewährung der Optionen und Ausübung ausgeschüttet wurden.*]

(4) Im Falle einer Verschmelzung der GESELLSCHAFT auf eine andere GESELLSCHAFT, deren Umwandlung oder vergleichbaren Maßnahmen, die die Rechte des BEZUGSBERECHTIGTEN durch Untergang der Stückaktien wesentlich beeinträchtigen tritt an die Stelle des Rechts nach § 1 Abs. 1 das Recht, zum – entsprechend angepassten – Ausübungspreis und Erfolgsziel diejenige Anzahl von Aktien, Geschäftsanteilen oder in sonstiger Weise an die Stelle der Stückaktien der GESELLSCHAFT tretenden Beteiligungsrechten an der GESELLSCHAFT oder deren Rechtsnachfolgerin zu erwerben, deren Wert dem Kurswert einer Stückaktie im Zeitpunkt unmittelbar vor dem Wirksamwerden einer derartigen Maßnahme entspricht.

§ 5
Übertragbarkeit und Verfall

(1) Die unter § 1 gewährten Aktienoptionen sind grundsätzlich nicht übertragbar und unvererblich. Die Aktienoptionen können grundsätzlich nur ausgeübt werden, solange der BEZUGSBERECHTIGTE in einem ungekündigten Beschäftigungsverhältnis mit GESELLSCHAFT oder einem mit der GESELLSCHAFT verbundenen Unternehmen steht.

(2) Jegliche Verfügung über die Aktienoptionen, die Gewährung einer Unterbeteiligung oder die Errichtung einer Treuhand daran sind unzulässig. Auch die Eingehung von Short-Positionen sowie vergleichbare Glattstellungsgeschäfte, die wirtschaftlich einer Veräußerung der Aktienoptionen gleichstehen, sind dem BEZUGSBERECHTIGTEN nicht gestattet.

(3) Verstirbt der BEZUGSBERECHTIGTE sind seine Erben/Vermächtnisnehmer unter dem Nachweis ihrer Berechtigung berechtigt, statt seiner, zu den gleichen Bedingungen, die Aktienoptionen, für die im Todeszeitpunkt die Wartefristen gemäß § 2 Abs. 1 abgelaufen sind, binnen einer Frist von einem Jahr ab dem Zeitpunkt des Todesfalls ausüben. Nicht ausgeübte Aktienoptionen verfallen entschädigungslos.

(4) Aktienoptionen verfallen, wenn das Beschäftigungsverhältnis des BEZUGSBERECHTIGTEN mit der GESELLSCHAFT oder einem verbundenen Unternehmen – gleich aus welchem Grunde – endet oder wenn das verbundene Unternehmen, der Betrieb oder der Betriebsteil, bei dem der BEZUGSBERECHTIGTE beschäftigt ist, durch Verkauf oder sonstige Maßnahmen als verbundenes Unternehmen aus dem Beteiligungskreis der GESELLSCHAFT ausscheidet. Hiervon ausgenommen sind Aktienoptionen, für die jeweilige Wartefrist abgelaufen ist und Aktienoptionen, für die die Wartefrist in dem Kalenderjahr abläuft, in dem das Beschäftigungsverhältnis des BEZUGSBERECHTIGTEN durch Zeitablauf endet. Solche Aktienoptionen können einmalig, in dem nächsten, auf das Ausscheiden bzw. auf den Ablauf der Wartefrist folgende Ausübungsfenster ausgeübt werden.

§ 6
Steuern und Abgaben

(1) Dem BEZUGSBERECHTIGTEN ist bekannt, daß die Gewährung der Aktienoptionen an den BEZUGSBERECHTIGTEN sowie deren Ausübung zu steuerpflichtigen geldwerten Vorteilen bei dem BEZUGSBERECHTIGTEN führen kann.

(2) Die GESELLSCHAFT wird die hierauf entfallende Lohnsteuer einschließlich Kirchensteuer und Solidaritätszuschlag an das Finanzamt und gegebenenfalls Sozialversicherungsabgaben (zusammen: „Abgaben") an die Sozialversicherungsträger entsprechend den gesetzlichen Vorschriften abführen. Der BEZUGSBERECHTIGTE ist jedoch verpflichtet, der GESELLSCHAFT diese Abgaben zu erstatten. Der jeweilige Arbeitgeber des BEZUGSBERECHTIGTEN ist berechtigt, sofern diese Abgaben nicht durch die sofortige Veräußerung der Stückaktien bezahlt werden können, hierzu entsprechende Beträge vom Gehalt des BEZUGSBERECHTIGTEN einzubehalten.

(3) Wenn die GESELLSCHAFT ausgeübte Aktienoptionen in Geld erfüllt (§ 2 Abs. 9) oder die GESELLSCHAFT in dem Formular der Bezugserklärung die Möglichkeit der Abwicklung des Verkaufs der in Ausübung der Aktienoptionen bezogenen Stückaktien vorsieht, ist sie berechtigt, die von dem BEZUGSBERECHTIGTEN zu tragenden Beträge der Abgaben einzubehalten.

§ 7
Laufzeit und Kündigung

(1) Diese Vereinbarung wird mit Wirkung zum • („**Stichtag**"), für die Dauer von [8] Jahren („**Laufzeit**") geschlossen. Werden die Aktienoptionen von dem BEZUGSBERECHTIGTEN nicht innerhalb der Laufzeit ausgeübt, verfallen die Aktienoptionen entschädigungslos.

2. Optionsvereinbarung

(2) Die Gesellschaft kann diese Vereinbarung mit sofortiger Wirkung kündigen:
- wenn über das Vermögen des BEZUGSBERECHTIGTEN ein Insolvenzverfahren eröffnet wird oder die Eröffnung mangels Masse abgelehnt wird;
- wenn von einem Gläubiger des BEZUGSBERECHTIGTEN die Zwangsvollstreckung in seine Rechte nach dieser Optionsvereinbarung betrieben wird,
- wenn der BEZUGSBERECHTIGTE wesentliche Pflichten nach dem Gesetz, der Satzung der GESELLSCHAFT, seinem Anstellungsvertrag oder dieser Optionsvereinbarung wesentlich verletzt hat, insbesondere über die Aktienoptionen entgegen den Bestimmungen in § 5 Abs. 1 verfügt hat;
- wenn die GESELLSCHAFT gemäß §§ 319, 320 AktG eingegliedert wird oder Minderheitsaktionäre der GESELLSCHAFT gemäß § 327a AktG ausgeschlossen werden. In diesem Fall hat der BEZUGSBERECHTIGTE einen Anspruch auf eine Abfindung in Höhe des [Zeitwerts] der ihm gemäß § 1 Abs. 1 eingeräumten und noch nicht ausgeübten Aktienoptionen. Die Kündigung kann ab dem Zeitpunkt ausgesprochen werden, ab dem der GESELLSCHAFT das formelle Verlangen des entsprechenden Mehrheitsaktionärs vorliegt, eine Beschlussfassung der Hauptversammlung herbeizuführen.

(3) Die Kündigung unterliegt der Schriftform. Mit Zugang der Kündigungserklärung erlöschen die nach dieser Optionsvereinbarung gewährten und bis zu diesem Zeitpunkt nicht ausgeübten Aktienoptionen entschädigungslos, soweit Abs. 2 nicht ausdrücklich eine Entschädigung vorsieht.

§ 8
Schlussbestimmungen

(1) Jegliche Änderungen und Ergänzungen dieser Optionsvereinbarung bedürfen der Schriftform. Dies gilt auch für die Änderung dieser Schriftformklausel.

(2) Falls einzelne Bestimmungen dieser Optionsvereinbarung ganz oder teilweise unwirksam sein sollten, wird die Wirksamkeit der übrigen Bestimmungen davon nicht berührt. Gleiches gilt, wenn sich in den Regelungen dieser Optionsvereinbarung eine Lücke ergeben sollte. Anstelle der unwirksamen Bestimmung und zur Ausfüllung der Lücke gilt eine Regelung als vereinbart, die, soweit rechtlich möglich, dem am nächsten kommt, was die Parteien gewollt hätten, sofern sie diese Unwirksamkeit oder Lücke bei der Abfassung der Optionsvereinbarung bedacht hätten.

_____, den _____ .

_____ _____
BEZUGSBERECHTIGTER GESELLSCHAFT

3. Beschluss des Vorstands

der

• **AG**

(nachfolgend „GESELLSCHAFT")

vom •

Der Vorstand der Gesellschaft hat am heutigen Tage im Rahmen seiner Sitzung *[alternativ: im schriftlichen Umlaufverfahren, dem alle Mitglieder des Vorstands zugestimmt haben, / im Wege der telefonischen Abstimmung, der alle Mitglieder des Vorstands zugestimmt haben]* unter Verzicht auf alle durch Gesetz, Satzung und Geschäftsordnung vorgeschriebenen Formen und Fristen einstimmig Nachfolgendes beschlossen.

Die Hauptversammlung der Gesellschaft vom • hat den Vorstand ermächtigt, mit Zustimmung des Aufsichtsrats bis zum ? einmalig oder mehrmals Bezugsrechte („Aktienoptionen") auf insgesamt bis zu ? Stück auf den Inhaber lautende Stammaktien der Gesellschaft ohne Nennbetrag („Stückaktien") an Arbeitnehmer und Mitglieder der Geschäftsführung der Gesellschaft und der Unternehmen, an denen die Gesellschaft unmittelbar oder mittelbar mit Mehrheit beteiligt ist („verbundene Unternehmen"), zu gewähren (zusammen „Bezugsberechtigte"). Soweit der Vorstand der Gesellschaft begünstigt ist, ist der Aufsichtsrat zur Gewährung der Aktienoptionen ermächtigt.

Der Vorstand hat bisher von der ihm erteilten Ermächtigung keinen Gebrauch gemacht. *[alternativ: Der Vorstand hat bereits in der Vergangenheit von dieser Ermächtigung Gebrauch gemacht und bisher • Aktienoptionen gewährt, so dass zur Zeit noch • Aktienoptionen ausgegeben werden können.]*

Dies vorausgeschickt hat der Vorstand einstimmig beschlossen:

(1) Der Vorstand macht von die ihm von der Hauptversammlung erteilten Ermächtigung hiermit Gebrauch. Vorbehaltlich der Zustimmung des Aufsichtsrats der Gesellschaft, werden den in der **Anlage 1** aufgeführten Arbeitnehmern der Gesellschaft sowie an Mitglieder der Geschäftsführungen und Arbeitnehmer von mit der Gesellschaft verbundenen Unternehmen Aktienoptionen gemäß dieser Anlage gewährt.

(2) Vorbehaltlich der Zustimmung des Aufsichtsrats der Gesellschaft wird die diesem Beschluss als **Anlage 2** beigefügte Optionsvereinbarung zur Gewährung der Aktienoptionen mit den begünstigten Arbeitnehmern und Geschäftsführungsmitgliedern abgeschlossen.

_____, den _____ .

_____

Anlage 1

Name	Position/ Abteilung (ggfs. Gesellschaft)	PLZ	Ort	Straße	Zahl der Optionen

4. Beschluss des Aufsichtsrats

der

• **AG**
(nachfolgend „GESELLSCHAFT")

vom •

Der Aufsichtsrat *[alternativ: der Personal-/Präsidialausschuss des Aufsichtsrats]* der Gesellschaft hat am heutigen Tage im Rahmen seiner Sitzung *[alternativ: im schriftlichen Umlaufverfahren, dem alle Mitglieder des Aufsichtsrats/des Personal-/Präsidialausschusses zugestimmt haben,/im Wege der telefonischen Abstimmung, der alle Mitglieder des Aufsichtsrats/ des Personal-/Präsidialausschusses zugestimmt haben] [ggfs. unter Verzicht auf alle durch Gesetz, Satzung und Geschäftsordnung vorgeschriebenen Formen und Fristen]* einstimmig wie folgt beschlossen:

Der Vorstand der Gesellschaft hat am • beschlossen, an Arbeitnehmer der Gesellschaft sowie an Mitglieder der Geschäftsführungen und Arbeitnehmer von mit der Gesellschaft verbundenen Unternehmen, auf der Grundlage des Ermächtigungsbeschlusses der Hauptversammlung vom •, Aktienoptionen zu gewähren. Der Beschluss des Vorstands, einschließlich seiner Anlagen liegt dem Aufsichtsrat *[alternativ: dem Personal- Präsidialausschuss des Aufsichtsrats]* in Kopie vor.

Dies vorausgeschickt hat der Aufsichtsrat *[alternativ: der Personal-/Präsidialausschuss des Aufsichtsrats]* einstimmig beschlossen:

(1) Der Aufsichtsrat *[alternativ: der Personal-/Präsidialausschuss des Aufsichtsrats]* stimmt dem Beschluss des Vorstandes vom • über die Gewährung von Aktienoptionen zu.

(2) Den in **Anlage 1** zu diesem Beschluß aufgeführten Vorstandsmitgliedern werden Aktienoptionen gemäß der Anlage 1 gewährt. Herr • wird beauftragt und ermächtigt, namens des Aufsichtsrates *[alternativ: des Personal-/Präsidialausschusses des Aufsichtsrats]*, die in **Anlage 2** als Muster beigefügte Optionsvereinbarung mit den betroffenen Vorstandsmitgliedern abzuschließen.

Jedes Aufsichtsratmitglied erhält unverzüglich eine Abschrift dieser Niederschrift.

_____, den _____ .

_____

Anlage 1

Name	PLZ	Ort	Straße	Zahl der Optionen

5. Bezugserklärung Aktienoptionsprogramm 200•

vom •

gemäß § 198 AktG auf Aktien der

• AG in •
(„Gesellschaft")

I.
Bezugsberechtigter:

Name: _____

Straße: _____

PLZ/Ort: _____

Die Gesellschaft hat mit dem Bezugsberechtigten auf der Grundlage des unter Ziffer III. auf der Rückseite wiedergegebenen Beschlusses der Hauptversammlung der Gesellschaft vom • eine Optionsvereinbarung abgeschlossen, wonach dem Bezugsberechtigten Optionsrechte auf nennwertlose Inhaberstammaktien der Gesellschaft („Stückaktien") eingeräumt wurden. Jeweils ein Optionsrecht berechtigt zum Bezug einer Stückaktie. Der Bezugsberechtigte gehört zu dem Kreis der nach dem Beschluss der Hauptversammlung bezugsberechtigten Personen.

II.
Bezugserklärung:

In Ausübung der mir durch die Optionsvereinbarung vom • gewährten Optionsrechte zeichne und übernehme ich, der Bezugsberechtigte, hiermit • Stückaktien zu einem Ausübungspreis von € • je Stückaktie, zusammen also zum Gesamtausübungspreis von € •.

Den Gesamtausübungspreis werde ich bis zum • auf das Konto der Gesellschaft bei der •, Kontonummer •, BLZ • einzahlen. Mir ist bekannt, dass die Gesellschaft meine Bezugserklärung zurückweisen kann, falls der Ausgabebetrag nicht innerhalb der Frist auf dem Konto der Gesellschaft gutgeschrieben ist.

[Alternativ:

Bitte die entsprechende Alternative ankreuzen:

❏ *Den Gesamtausübungspreis werde ich bis zum • auf das Konto der Gesellschaft bei der •, Kontonummer •, BLZ • einzahlen. Mir ist bekannt, dass die Gesellschaft meine Bezugserklärung zurückweisen kann, falls der Ausgabebetrag nicht innerhalb der Frist auf dem Konto der Gesellschaft gutgeschrieben ist.*

oder

❏ *Um den Gesamtausübungspreis zu leisten, weise ich hiermit die • Bank unwiderruflich an, sämtliche von mir in Ausübung des Bezugsrechts bezogenen Aktien best möglichst zu verkaufen und von dem Verkaufserlös den Gesamtausübungspreis [**ggf.**: sowie die auf die Optionsausübung anfallenden Abgaben im Sinne von § 6 Abs. 2 der Optionsvereinbarung] an die Gesellschaft zu zahlen sowie den restlichen Verkaufserlös mir auf meinen Konto • bei der •, Kontonummer •, BLZ • gutzuschreiben.]*

5. Bezugserklärung Aktienoptionsprogramm

Diese Erklärung ist in 2 Ausfertigungen auszustellen und innerhalb des jeweiligen Ausübungsfensters bei der Gesellschaft, Personalabteilung, während der üblichen Bürozeiten abzugeben. Mir ist bekannt, dass die Gesellschaft unvollständig ausgefüllte Bezugserklärungen zurückweisen kann.

_____

Ort und Datum

_____

Unterschrift des Bezugsberechtigten

Ziffer III.

Die Hauptversammlung der • AG in • hat am • eine bedingte Erhöhung des Grundkapitals in Höhe von bis zu EUR • beschlossen (bedingtes Kapital).

[Wiedergabe des Beschlusses]

6. Musterbeschluss für den Erwerb und die Verwendung eigener Aktien

Punkt • der Tagesordnung

Beschlussfassung über die Ermächtigung zum Erwerb und zur Verwendung eigener Aktien gem. § 71 Abs. 1 Nr. 8 AktG

Vorstand und Aufsichtsrat schlagen vor, folgenden Beschluss zu fassen:

(1) Der Vorstand wird ermächtigt *[mit Zustimmung des Aufsichtsrates]*, bis zum • eigene Aktien der Gesellschaft bis zu 10 % des bei der Beschlussfassung vorhandenen Grundkapitals zu erwerben. Der Erwerb kann über die Börse oder mittels eines an alle Aktionäre gerichteten öffentlichen Kaufangebots erfolgen. Die Ermächtigung kann ganz oder in Teilen, einmal oder mehrmals ausgeübt werden. Der Erwerb kann auch durch von der Gesellschaft im Sinne von § 17 AktG abhängige Unternehmen oder durch Dritte für Rechung der Gesellschaft oder für Rechnung von nach § 17 AktG abhängigen Unternehmen der Gesellschaft durchgeführt werden.
Der Kaufpreis für eine Aktie der Gesellschaft (ohne Erwerbsnebenkosten) darf den Durchschnitt der Schlusskurse (Schlussauktionspreis im XETRA-Handel bzw. einem das XETRA-System ersetzenden Nachfolgesystem) an den letzten drei Handelstagen vor dem Erwerb über die Börse um nicht mehr als 10 % über- oder unterschreiten. Bei einem öffentlichen Kaufangebot an alle Aktionäre darf der Kaufpreis für eine Aktie der Gesellschaft (ohne Erwerbsnebenkosten) den Durchschnitt der Schlusskurse (Schlussauktionspreis im XETRA-Handel bzw. einem das XETRA-System ersetzenden Nachfolgesystem) am zweiten bis vierten Börsentag vor dem Tag der Veröffentlichung des Angebots um nicht mehr als 20 % unter- oder überschreiten. Sollte bei einem öffentlichen Kaufangebot das Volumen der angeboten Aktien das vorgesehene Rückkaufvolumen überschreiten, muss die Annahme im Verhältnis der jeweils angebotenen Aktien erfolgen. Eine bevorrechtigte Annahme geringer Stückzahlen bis zu 50 Stück zum Erwerb angebotener Aktien der Gesellschaft je Aktionär kann vorgesehen werden.

(2) Der Vorstand wird ermächtigt *[mit Zustimmung des Aufsichtsrates]*, die eigenen Aktien der Gesellschaft über die Börse oder durch ein Angebot an alle Aktionäre wieder zu veräußern.

Der Vorstand wird außerdem ermächtigt, mit Zustimmung des Aufsichtsrats die aufgrund der vorstehenden Ermächtigung [**ggf. ergänzen:** *sowie aufgrund von Ermächtigungen vorausgegangener Hauptversammlungen*] erworbenen eigenen Aktien in anderer Weise als über die Börse oder durch ein Angebot an alle Aktionäre zu veräußern und dabei das Bezugsrecht der Aktionäre auszuschließen, wenn

(a) die eigenen Aktien zu einem Preis veräußert werden, der den Börsenpreis von Aktien der Gesellschaft gleicher Ausstattung zum Zeitpunkt der Veräußerung nicht wesentlich unterschreitet. Als maßgeblicher Börsenpreis gilt dabei der Durchschnitt der Schlusskurse der Aktie der Gesellschaft (Schlussauktionspreis im XETRA-Handel bzw. einem das XETRA-System ersetzenden Nachfolgesystem) an den letzten drei Börsentagen vor der Veräußerung;

(b) die eigenen Aktien zur Einführung an einer ausländischen Börse, an denen die Aktien der Gesellschaft bisher nicht notiert sind, verwendet werden;

(c) die eigenen Aktien Dritten als Gegenleistung im Rahmen von Unternehmenszusammenschlüssen oder beim Erwerb von Unternehmen, Unternehmensteilen oder Beteiligungen an Unternehmen gewährt werden;

(d) die eigenen Aktien dazu verwendet werden, Options- und/oder Wandlungsrechte aus Wandel- und/oder Optionsanleihen und/oder Genussrechten mit Wandlungs- oder

6. Musterbeschluss

Optionsrecht, die entsprechend der unter Tagesordnungspunkt • von der heutigen Hauptversammlung beschlossenen Ermächtigung ausgegeben werden, zu bedienen;

(e) die eigenen Aktien dazu verwendet werden, den Inhabern von Bezugsrechten aus von der Gesellschaft ausgegebenen Wandel- und/oder Optionsanleihen und/oder Genussrechten mit Wandlungs- oder Optionsrecht und/oder aus Mitarbeiterbeteiligungsprogrammen ein Bezugsrecht auf die Aktien in dem Umfang zu gewähren, wie es ihnen nach Ausübung des Options- bzw. Wandelungsrechts zustehen würde;

(f) die eigenen Aktien dazu verwendet werden, Bezugsrechte aus dem von der heutigen Hauptversammlung unter Tagesordnungspunkt • beschlossenen Mitarbeiterbeteiligungsprogramm zu bedienen.

(g) die eigenen Aktien dazu verwendet werden, sie als Belegschaftsaktien an Arbeitnehmer und Pensionäre der Gesellschaft und mit ihr verbundener Unternehmen auszugeben (§ 71 Abs. 1 Nr. 2 AktG).

Der Vorstand wird weiter ermächtigt *[mit Zustimmung des Aufsichtsrates]*, aufgrund dieser Ermächtigung erworbene Aktien einzuziehen, ohne dass die Durchführung der Einziehung eines weiteren Hauptversammlungsbeschlusses bedarf.

Der Vorstand wird ferner ermächtigt, im Fall der Veräußerung von Aktien der Gesellschaft im Rahmen eines Erwerbsangebotes an die Aktionäre das Bezugsrecht der Aktionäre mit Zustimmung des Aufsichtsrates für Spitzenbeträge auszuschließen.

Die vorstehenden Ermächtigungen zur Veräußerung über oder außerhalb der Börse können ganz oder in Teilen, einmalig oder mehrmalig, einzeln oder gemeinsam, ausgenutzt werden. Der Erwerb und die Veräußerung eigener Aktien darf in Verfolgung eines oder mehrerer der vorgenannten Zwecke erfolgen. Soweit das Bezugsrecht der Aktionäre gemäß (a) ausgeschlossen wird, darf die Anzahl der auf diese Weise veräußerten Aktien ein Zehntel der bei Beschlussfassung vorhandenen Aktien nicht übersteigen, wobei ein bereits erfolgter Ausschluss des Bezugsrechts gemäß § 186 Abs. 3 Satz 4 AktG aufgrund anderer zum Zeitpunkt dieser Ermächtigung bestehenden Ermächtigungen, insbesondere im Falle von Kapitalerhöhungen aus genehmigtem Kapital und der Ausgabe von Wandel- und/oder Optionsanleihen und/oder Genussrechte mit Options- oder Wandlungsrecht auf diese Grenze anzurechnen ist.

Zu TOP •:
Bericht des Vorstands gemäß § 71 Abs. 1 Nr. 8 in Verbindung mit § 186 Abs. 4 AktG (gemäß § 186 Abs. 3 Satz 4 und Abs. 4 Satz 2 AktG über den Ausschluss des Bezugsrechts bei Veräußerung eigener Aktien)

Punkt • der Tagesordnung enthält den Vorschlag, die Gesellschaft gemäß § 71 Abs. 1 Nr. 8 AktG zu ermächtigen, bis zum • eigene Aktien bis zur Höhe von 10% des Grundkapitals zu erwerben.

Die auf diese Weise von der Gesellschaft erworbenen eigenen Aktien können grundsätzlich entweder über die Börse oder durch ein öffentliches Verkaufsangebot, das sich an alle Aktionäre richten muss, wieder veräußert werden. Durch den Erwerb der eigenen Aktien sowie deren Veräußerung über die Börse oder durch ein öffentliches Angebot wird der Grundsatz der Gleichbehandlung der Aktionäre gewahrt.

Die der Hauptversammlung vorgeschlagene Ermächtigung sieht die Möglichkeit vor, in bestimmten Fällen Aktien auch außerhalb der Börse oder ohne ein an alle Aktionäre gerichtetes öffentliches Angebot zu veräußern und dabei das Bezugsrecht der Aktionäre auszuschließen:

Die eigenen Aktien der Gesellschaft können außerhalb der Börse und ohne ein öffentliches Angebot veräußert werden, wenn die eigenen Aktien zu einem Preis veräußert werden, der den Börsenpreis von Aktien der Gesellschaft gleicher Ausstattung zum Zeitpunkt der Veräußerung nicht wesentlich unterschreitet, wobei als maßgeblicher Börsenkurs dabei der Durchschnitt der Schlusskurse der Aktien der Gesellschaft im XETRA-Handel an der Wertpapierbörse Frankfurt am Main an den letzten 3 Börsenhandelstagen vor der jeweiligen Veräußerung maßgeblich ist. Mit dieser Ermächtigung wird von der in § 71 Abs. 1 Nr. 8 AktG zugelassenen Möglichkeit des erleichterten Bezugsrechtsausschlusses entsprechend § 186

Abs. 3 Satz 4 AktG Gebrauch gemacht. Hierdurch wird u.a. die Möglichkeit eröffnet, im Interesse der Gesellschaft institutionellen Investoren im In- und Ausland Aktien der Gesellschaft anzubieten und dadurch den Aktionärskreis zu erweitern. Durch diese Ermächtigung erhält die Gesellschaft die Möglichkeit, auf ein günstiges Börsenumfeld schnell und flexibel reagieren zu können. Durch die Bindung des Verkaufpreises der eigenen Aktien an den Börsenkurs und die Anrechnung des erleichterten Bezugsrechtsausschlusses in anderen Fällen werden die Vermögensinteressen der Aktionäre dabei in angemessener Weise gewahrt. Auf den Umfang der nach dieser Ermächtigung zu veräußernden eigenen Aktien ist ein anderweitiger bereits erfolgter erleichterter Bezugsrechtsausschluss gemäß § 186 Abs. 3 Satz 4 AktG, z.B. im Fall von Kapitalerhöhungen aus genehmigtem Kapital anzurechnen, so dass für den erleichterten Bezugsrechtsausschluss insgesamt eine Obergrenze von 10 %, unabhängig von der Art der Maßnahme, besteht. Dadurch wird die quotale Verwässerung des einzelnen Aktionärs auf 10 % beschränkt. Dem wertmäßigen Verwässerungsschutz der Aktionäre wird dadurch Rechnung getragen, dass der Verkaufspreis für die eigenen Aktien an den aktuellen Börsenkurs gebunden ist und diesen nicht wesentlich unterschreiten darf.

Der Beschlussvorschlag sieht weiter vor, dass das Bezugsrecht auf die eigenen Aktien der Gesellschaft ausgeschlossen werden kann, um diese an einer ausländischen Börse einzuführen, an der die Aktien der Gesellschaft bisher nicht notiert sind. Die Einführung der Aktien der Gesellschaft an einer ausländischen Börse kann sinnvoll und erforderlich sein, um den Aktionärskreis der Gesellschaft auch international zu erweiterten. Die Einführung der Aktien der Gesellschaft an einer ausländischen Börse ermöglicht es ausländischen Investoren die Aktien der Gesellschaft auf ihrem Heimatmarkt zu handeln und kann dadurch die Bereitschaft, in Aktien der Gesellschaft zu investieren, erhöhen. Soweit ausländische institutionelle Investoren aufgrund von Anlagebeschränkungen nur in Werte investieren dürfen, die an einer inländischen Börse notiert sind, eröffnet erst die Notierung der Aktien an der ausländischen Börse diesen Investoren die Möglichkeit in die Aktien der Gesellschaft zu investieren. Ein weiter Aktionärskreis, auch im Ausland, erleichtert der Gesellschaft eine mögliche zukünftige Kapitalaufnahme und ist somit im Interesse der Gesellschaft. Für die zukünftige geschäftliche Entwicklung ist eine angemessene Ausstattung mit Eigenkapital und die Möglichkeit, jederzeit zu angemessenen Bedingungen Eigenkapital am Markt zu erhalten von überragender Bedeutung. Die Ermächtigung sieht für diesen Fall keine zwingende Anbindung an den Börsenkurs vor. Eine solche Anbindung würde den Handlungsspielraum der Gesellschaft bei der Einführung der Aktien an einer ausländischen Börse erheblich einschränken und u.a. eine Platzierung der Aktien im Wege des üblichen Bookbuilding-Verfahrens unmöglich machen.

Außerdem sieht der Beschlussvorschlag vor, den Vorstand zu ermächtigen, eigene Aktien beim Erwerb von Unternehmen, Teilen von Unternehmen oder Beteiligungen daran sowie im Rahmen der Vereinbarung von Unternehmenszusammenschlüssen unter Ausschluss des Bezugsrechts der Aktionäre als Gegenleistung anbieten zu können. Hierdurch soll die Gesellschaft die Möglichkeit erhalten, auf nationalen und internationalen Märkten rasch und erfolgreich auf vorteilhafte Angebote oder sich sonst bietende Gelegenheiten zum Erwerb von Unternehmen, Unternehmensteilen oder Beteiligungen an Unternehmen sowie auf Angebote zu Unternehmenszusammenschlüssen reagieren zu können. Nicht selten ergibt sich aus den Verhandlungen die Notwendigkeit [oder Möglichkeit], als Gegenleistung nicht ausschließlich Geld, sondern auch Aktien bereitzustellen. Dem trägt die Ermächtigung Rechnung. Sie ermöglicht es der Gesellschaft, Akquisitionen unter Verwendung der eigenen Aktien durchzuführen, ohne hierzu das Grundkapital der Gesellschaft erhöhen zu müssen. Die vorgeschlagene Möglichkeit des Bezugsrechtsausschlusses räumt der Gesellschaft den notwendigen Handlungsspielraum ein, um sich bietende Gelegenheiten zum Erwerb von Unternehmensbeteiligungen schnell und unkompliziert ausnutzen zu können. Bei der Festlegung der Bewertungsrelationen und damit der Anzahl der für das Unternehmen oder die Beteiligung zu gewährenden Aktien, wird der Vorstand sicherstellen, dass die Interessen der Aktionäre angemessen gewahrt werden. In der Regel wird sich die Festlegung des Wertes der eigenen Aktien an dem Börsenkurs der Gesellschaft orientieren, wobei eine zwingende Anknüpfung an den Börsenkurs nicht vorgesehen ist. Eine zwingende Anbindung an den Börsenkurs würde den Handlungsspielraum der Gesellschaft in Akquisitionsverhandlungen in erheblichem Maße einschränken, so dass die Aktien als Akquisitionsfinanzierung ausscheiden würden, da insbe-

6. Musterbeschluss

sondere mögliche Schwankungen des Börsenkurses die Vereinbarung einer Bewertungsrelation für den Erwerb einer Beteiligung erheblich erschweren würden oder eine getroffene Vereinbarung gegenstandslos machen könnten.

Die Ermächtigung sieht weiter vor, dass die eigenen Aktien der Gesellschaft auch zur Bedienung von Options- und/oder Wandlungsrechten aus Wandel- und/oder Optionsanleihen und/oder Genussrechten mit Wandlungs- oder Optionsrecht, die auf der Grundlage der von der Hauptversammlung unter Tagesordnungspunkte • beschlossenen Ermächtigung ausgegeben wurden, verwendet werden können. Außerdem sollen die eigenen Aktien der Gesellschaft auch zur Bedienung von Bezugsrechten von Mitarbeitern verwendet werden können, die auf der Grundlage des Mitarbeiterbeteiligungsprogramms ausgegeben wurden, das von Hauptversammlung unter Tagesordnungspunkt • beschlossen wurde. Sowohl die Ermächtigung zur Ausgabe von Wandel- und/oder Optionsanleihen und/oder Genussrechten mit Wandlungs- oder Optionsrechten, als auch der Beschluss über das Mitarbeiterbeteiligungsprogramm sehen vor, das Options- bzw. Wandlungs- bzw. Bezugsrechte aus bedingtem Kapital erfüllt werden. Die Verwendung eigener Aktien für die Bedienung solcher Rechte bietet für die Aktionäre und die Gesellschaft jedoch den Vorteil, dass im Fall der Ausübung dieser Options- bzw. Wandlungs- bzw. Bezugsrechte das Grundkapital der Gesellschaft nicht erhöht werden muss und eine Verwässerung der Beteiligungsquote der Aktionäre vermieden werden kann. Für die Gesellschaft ist die Verwendung der eigenen Aktien von Vorteil, da eine Zulassung neuer Aktien nicht erforderlich ist, da die eigenen Aktien bereits zum Handel zugelassen sind. Hierdurch können Kosten gespart und die Ausübung von Bezugsrechten auch in zeitlicher Hinsicht verkürzt und vereinfacht werden. In der Ermächtigung zur Verwendung eigener Aktien für die Bedienung solcher Options- bzw. Wandlungs- bzw. Bezugsrechte liegt auch kein eigenständiger Eingriff in die Vermögensinteressen der Aktionäre; vielmehr ergänzt sie lediglich die in Tagesordnungspunkt • vorgeschlagene Beschlussfassung zur Ermächtigung zur Ausgabe von Wandel- und/oder Optionsanleihen und/oder Genussrechten und das von der Hauptversammlung unter Tagesordnungspunkt • beschlossene Mitarbeiterbeteiligungsprogramm. Die Entscheidung, wie im Einzelfall Umtausch- bzw. Wandlungsrechte erfüllt werden, treffen die zuständigen Organe der Gesellschaft; sie werden sich dabei allein vom Interesse der Aktionäre und der Gesellschaft leiten lassen und der jeweils nächsten Hauptversammlung über ihre Entscheidung berichten.

Darüber hinaus schafft die Ermächtigung die Möglichkeit, das Bezugsrecht der Aktionäre bei einer Veräußerung der Aktien an Inhaber von Bezugsrechten aus Wandel- bzw. Optionsanleihen bzw. Genussrechten mit Wandlungs- oder Optionsrecht bzw. Mitarbeiterbeteiligungsprogrammen auszuschließen, um diesen eigene Aktien in dem Umfang zu gewähren, wie es ihnen nach Ausübung der jeweiligen Options- bzw. Wandlungsrechts zustehen würde. Dies gibt der Gesellschaft die Möglichkeit, den üblichen Bestimmungen zum Schutz der Inhaber von Bezugsrechten aus Wandel- bzw. Optionsanleihen bzw. Genussrechten mit Wandlungs- oder Optionsrecht bzw. Mitarbeiterbeteiligungsprogrammen gegen eine Verwässerung durch Überlassung von Aktien der Gesellschaft zu genügen, statt den Options- bzw. Wandlungspreis für die Inhaber der bereits bestehender Optionsrechte bzw. Wandelrechte zu reduzieren.

Weithin sieht die Ermächtigung vor, dass die eigenen Aktien außerhalb der Börse und ohne Angebot der Aktionäre Arbeitnehmern und Pensionären der Gesellschaft und mit ihr verbundenen Unternehmen zum Erwerb angeboten werden können. Dieser Beschlussvorschlag folgt der Regelung in § 71 Abs. 1 Nr. 2 AktG, wonach die Gesellschaft jederzeit eigene Aktien erwerben kann, um sie Arbeitnehmern zum Erwerb anzubieten. Diese Möglichkeit für die Verwendung der eigenen Aktien wurde in den Beschlussvorschlag aufgenommen, um klarzustellen, dass die Gesellschaft die ohne besonderen Verwendungszweck erworbenen eigenen Aktien auch für den Zweck des Angebots an Arbeitnehmer gemäß § 71 Abs. 1 Nr. 2 AktG verwenden und dabei das Bezugsrecht der Aktionäre ausschließen kann. Ohne eine Aufnahme könnten Zweifel an der Zulässigkeit einer solchen Verwendung bestehen. Soweit solche Zweifel bestehen würden, wäre die Gesellschaft unter Umständen gezwungen, neben den unter dieser Ermächtigung erworbenen eigenen Aktien, weitere eigene Aktien für Zwecke der Mitarbeiterbeteiligung erwerben zu müssen. Die Ermächtigung eigene Aktien Arbeitnehmern anzubieten betrifft ausschließlich Personen, die mit der Gesellschaft oder einem mit der Gesell-

Anhang. Mustertexte

schaft verbundenen Unternehmen in einem Arbeitsverhältnis stehen oder standen. Hiervon sind weder Vorstände der Gesellschaft, noch Geschäftsführungen verbundener Unternehmen betroffen. Die Ermächtigung sieht keine Vorgaben für den Preis vor, zu dem die Gesellschaft die eigenen Aktien anbieten kann. Der Vorstand wird daher von der Ermächtigung nur im wohlverstandenen Interesse der Gesellschaft Gebrauch machen und im Regelfall die eigenen Aktien nicht erheblich unterhalb des aktuellen Börsenkurses an Arbeitnehmer veräußern.

Der Vorstand soll schließlich ermächtigt sein, bei Veräußerung der eigenen Aktien im Rahmen eines Erwerbsangebotes an die Aktionäre der Gesellschaft das Bezugsrecht der Aktionäre mit Zustimmung des Aufsichtsrates für Spitzenbeträge auszuschließen. Der Ausschluss des Bezugsrechts für Spitzenbeträge ist erforderlich, um eine Abgabe erworbener Aktien im Wege eines Erwerbsangebotes an die Aktionäre technisch durchführbar zu machen. Die als freie Spitzen vom Bezugsrecht der Aktionäre ausgeschlossenen eigenen Aktien werden anderweitig bestmöglich für die Gesellschaft verwertet.

Schließlich erlaubt die Ermächtigung der Gesellschaft, die eigenen Aktien ohne weiteren Hauptversammlungsbeschluss einzuziehen. Auch eine solche Ermächtigung ist üblich und zweckmäßig, wenn sich herausstellt, dass die Gesellschaft die eigenen Aktien auf Dauer nicht veräußern kann oder will. Dadurch wird es der Gesellschaft erlaubt, auf geänderte Kapitalmarktsituationen und Bedürfnisse der eigenen Finanzierung angemessen und flexibel zu reagieren.

Derzeit hat der Vorstand jedoch keine konkreten Pläne, die eigenen Aktien für die vorgenannten Zwecke auszunutzen. Der Vorstand wird die Hauptversammlung jeweils über die Ausnutzung der verschiedenen Ermächtigungen unterrichten.

Sachregister

Zahlen = Randnummern

ABP 25 376
Administration
- Aktienoptionsplan 572 ff.
- Belegschaftsaktienprogramm 542 ff.

Aktienkaufpläne 153
Aktienkurs 520
Aktienoptionen
- Anspruchsgrundlagen 419 ff.
- Definition 18 ff., 158 ff.

Aktienoptionsplan
- arbeitsrechtliche Aspekte 417 ff.
- Begründung 202 f.
- Bilanzierung 315 ff.
- Durchführung (SOP) 180 ff.
- eigenkapitalbasierte Vergütung am Beispiel „Siemens" 520 ff.
- Erwerb eigener Aktien 168 ff.
- Gewährung aufgrund Kapitalerhöhung 173 ff.
- inhaltliche Ausgestaltung 202
- internationales Vergleich 64 ff
- Trends/Entwicklungen 133 f.
- Verbreitung und Erfolg in Deutschland 57 ff.
- wertpapierrechtliche/kapitalmarktrechtliche Aspekte 469 ff.
- Zielsetzungen 161 ff., 626 ff.

Aktienoptionsplan, Beispiel „Siemens"
- Bezugsberechtigte 554 f.
- Design 556 ff.
- Ziele 552 f.

Aktienoptionsplan, globaler s.a. Globalisierung
- arbeitsrechtliche Bestimmungen 126 ff.
- Betriebsausgaben 120 ff.
- Einbehalt gesetzlicher Abgaben 116
- Kapitalertragssteuern 117 ff.
- kapitalmarktrechtliche Beschränkungen 123, 132
- lohnsteuerliche Aspekte 107 ff.
- Sozialversicherungsabgaben 115
- Vermeidung rechtlicher/administrativer Schwierigkeiten 132
- wertpapierrechtliche Bestimmungen 124

Aktienoptionsverlust
- bei Ausscheiden aus Unternehmen 457

Aktienrückkaufprogramm 660 ff.
Aktienwertsteigerungsrecht 276

All Employee Share Plans 80
Alt-Aktionär 199 f.
American Depository Receipt (ADR) 665 ff.
Amtlicher Markt 475, 478 ff.
Anhangsangaben
- Standard-Entwurf 370 f.

Anreizvergütung 88, 299
Anspruchsgrundlagen für Aktienoptionen
- arbeitgeberseitig gewollte Ansprüche 420 ff.
- potenzielle Leistungserweiterung 426 ff.

Arbeitslohn 218 ff., 281
Arbeitnehmervertretungen
- Betriebsrat 421 f., 438 ff.
- Mitwirkung 436 ff.
- Sprecherausschuss 423, 436 f., 450 ff.
- Zuständigkeit 456

Ausgabebetrag 188 f.
Ausübungshürde 566 f.
Ausübungspreis 565
Ausübungszeitraum 188, 193, 561 ff.
Banken, Rolle bei Beratung und Implementierung innovativer Modelle
- Einbettung in langfristige Unternehmensstrategie 659 ff.
- Entscheidungsparameter, Wahl des optimalen Programms 624 ff.
- Globalisierung des Programms 645 ff.
- Leistungen bei Aktienmodellen (ESOPs) 608 ff.
- Leistung bei Outperformance-Modellen 620 ff.
- Leistungen bei Stock Option Modellen 613 ff.

Barlohnzahlung 277
Bedingungstheorie 210
befristet Beschäftigte 432
Belegschaft, breite 70 ff.
Belegschaftsaktien 9, 13 ff., 153 ff.
- Ausgabe 154 ff.
- Verbreitung 48 ff.
- Vergleich mit LESOP 26

Belegschaftsaktienprogramm, Beispiel „Siemens"
- Administration 542 ff.
- Design 539 ff.

Sachregister

- Kommunikation 545 f.
- Ziele 536 ff.

Belohnungscharakter 300
Beschaffungsproblematik 166 ff.
Besteuerung, deutsches Recht
- Besteuerungszeitpunkte 223 ff.
- Bewertung des Sachbezuges 247 ff.
- Einkunftsart 217 ff.
- Lohnsteuerabzug 268 ff.
- Problemstellung 208 ff.
- Tarifermäßigung (§ 34 EStG) 265 ff.

Besteuerung, grenzüberschreitende Sachverhalte
- Aufteilung zwischen den Fisken 303 ff.
- Besteuerungszeitpunkte 292 ff.
- Problemstellung 208 ff.
- Veräußerung und Tausch bei Unternehmensübernahme/-fusion 314
- Vermeidung steuerlicher Verzerrungen 285
- Qualifikation der Einkünfte 310 ff.
- Zuordnung des Vorteils 299 ff.

Besteuerungszeitpunkt
- nicht handelbare Stock Options 223 ff.
- handelbare Stock Options 232 ff.
- Handelbarkeit 239 ff.
- grenzüberschreitende Sachverhalte 292 ff.
- Optionstausch 242 ff.

beteiligte Mitarbeiter 526 ff., 554
Beteiligungsquoten 42
Beteiligungsrecht
- Betriebsrat/Sprecherausschuss 436 ff.

Beteiligungssumme 43
Betriebliche Übung 434
Betriebsausgaben 120 ff.
Betriebsrat
- Betriebsvereinbarungen mit – 421 f.
- Mitbestimmung 438 ff.

Betriebsübergang
- Aktienoptionsgewährung durch Arbeitgeber-Unternehmen 464 ff.
- Aktienoptionsgewährung durch ein vom Arbeitgeber verschiedenes Unternehmen 462 f.
- Konsequenzen für Praxis 468

Betriebsvereinbarungen 421 f.
Bewertung des Sachbezuges 247 ff., 252 ff.
Bezugsrechte
- Aktionäre 199 f.
- Aufteilung 188, 190
- Übertragbarkeit 568 f.
- Verfall 568 f.

Bilanzierung
- nach IAS/IFRS 320 ff.
- nach deutschen Rechnungslegungsvorschriften 339 f.
- nach US-GAAP 376 ff.

Binomial-Modell 255, 356, 384, 402
Black-Scholes-Formel 255, 356, 384, 404 ff.
Börsenordnung der Frankfurter Wertpapierbörse 484
Börsenzulassung 475 ff.
Call-Option 404, 547, 594 f.
Cash-settled Transaktionen 330, 336 f., 365 f.
Company Stock Option Plan (CSOP) 81
Corporate-Governance-Initiativen 66
Darstellung in Prospekten 489
Datenschutz 131
Deutscher Standardisierungsrat (DSR) 399, 587
Directors' Dealings 469, 516 ff.
Design
- Belegschaftsaktienprogramm 541
- Optionspläne 556 ff.

Diskriminierungsverbote 126, 430 ff.
Dividenden, erwartete 415 f.
Doppelbesteuerung 284 f., 295 f., 308 f.
Doppelbesteuerungsabkommen (DBA) 286, 295 ff.
„**eigene Optionen**" 502
Eigenkapitalbasierte Vergütung, am Beispiel „Siemens"
- Ausblick 578 ff.
- Belegschaftsaktien 532 ff.
- Beteiligte Mitarbeiter 526 ff.
- nationale/internationale Programme 530 f.
- Stock Options 547 ff.
- Ziele 523 ff.

Eigenkapitalcharakter 9, 520 ff.
Einheitsregelung 424, 437
Einkommensteuergesetz (EStG)
- § 19a EStG 38
- § 34 EStG 265 ff.

Einkünfte
- Arten 217 ff.
- aus unselbständiger Arbeit 310 ff.
- Veräußerungsgewinne 310 ff.

Einzelzusagen 425
Employee Benefit Research Institute (EBRI) 67
Employee Stock Ownership Plans (ESOPs) 76
- Leistungen der Bank 608 ff.

Employee Stock Purchase Plan 75
Enrollment Form 546

Sachregister

Enterprise Management Incentive Scheme 93
Entrepreneurial Employee Stock Option Scheme 93
Entscheidungsparameter bei Programmwahl
- Definition der Unternehmensziele 626 ff.
- Implementierungskosten 637 ff.
- Modellvarianten zur Verbesserung der Steuereffizienz 640 ff.
- Optionsprogramm auf bestehende oder auf junge Aktien 631 ff.

Equity Incentive Compensation 460
Equity-settled Transaktionen 330, 333 ff., 350 ff.
Erdienungszeitraum 238
Erfolgsbeteiligung 27 f.
Erfolgsziele 188, 191
Ermächtigungsbeschluss (§ 192 Abs. 2 Nr. 3 AktG) 198
Erstausübungsfrist 188, 195
Erwerb eigener Aktien 168 ff.
Erziehungsurlauber 433
ESOPs s. Employee Stock Ownership Plans
Expatriates 282
Exposure Draft ED 2
- Anhangsangaben 370 f.
- Annäherung mit US-GAAP-Regelungen 396 ff.
- Ansatz 333 ff.
- Anwendungsbereich 329 ff.
- cash-settled Transaktionen 336 f., 365 f.
- equity-settled Transaktionen 333 ff., 350 ff.
- Inkrafttreten 372 ff.
- Kombinationsmodelle 338 ff., 367 ff.
- Übergangsvorschriften 372 ff.

fair value-Bestimmung
- Aktien 355 ff.
- Aktienoptionen 356

fair value-Bewertung
- Optionsrechte 401 ff.
- SFAS 123 383 f.

Fixgehalt 201
Fonds Commun de Placement d'Entreprise (FCPE) 654
Förderung, staatliche 39
Frankfurter Wertpapierbörse 487 f.
Frankreich 82 ff., 592, 654
Freiverkehr 475
freiwillige Leistungen 419, 441 f.
„fremde Optionen" 503
Fremdkapital 9, 183
Führungskräfte 88, 472
Fünftelungs-Methode 267

General Standard 478, 485 f.
Genossenschaftliche Beteiligungen 41
Genussrechte 9, 41, 148 ff.
Genussscheine 148 ff.
„Geregelter Markt" 475, 483 ff.
geringfügig Beschäftigte 431
Gesamtvergütung 201
Gesamtzusage 424
Gesetz zur Kontrolle und Transparenz im Unternehmensbereich (KonTraG) 24, 57, 166
Gewinnbeteiligung 140
Glattstellung 245
Gleichbehandlungsgrundsatz
- Ausschluss von Erziehungsurlaubern 433
- geringfügig/befristet beschäftigte Arbeitnehmer 430 ff.
- Geschäftsbereichen, Betrieben, Unternehmen 429
- Hierarchiegruppen 428
- Vollzeit-/Teilzeitarbeitnehmer 430 ff.

Globalisierung s.a. Aktienoptionsplan, globaler
- Globales Leveraged ESOP 655 ff.
- Globales Optionsmodell 646 ff.

GmbH-Beteiligung 9, 41, 151 f.
Großbritannien 79 f., 653
Hauptversammlung über bedingte Kapitalerhöhung (§§ 192 ff. AktG)
- Ermächtigungsbeschluss (§ 192 Abs. 2 Nr. 3 AktG) 198
- Inhalt des Beschlusses (§ 193 Abs. 2 AktG) 188 ff.
- kein Mitbestimmungsrecht des Betriebsrats 445 ff.

hedge ratio 680
Hedging
- Stillhalterisiko der Bank 679 ff.

HGB-Rechnungslegungsvorschriften 399
Hierarchiegruppen 428
IAS/IFRS
- aktuelle Entwicklungen 329 ff.
- Exposure Draft (ED 2) 329 ff.
- gegenwärtige Behandlung 324 ff.
- Überblick 320 ff.

Imagegewinn 161
Immaterielle Beteiligung 29 ff.
Impatriates 282
Incentive Stock-Option-Scheme (ISO) 651
Informationsmemorandum 490
Insider 497
Insiderhandeln
- Ausgangslage 501 ff.

Sachregister

- Ausübung 508
- Einführung/Zuteilung 505 ff.
- Veräußerung 509 ff.

Insiderpapiere 495 f.

Insiderrecht
- Allgemeines 493 f.
- Begriffsbestimmungen 495 ff.
- Directors' Dealings 516 ff.
- Mitteilungspflicht kursrelevanter Tatsachen 514 f.
- Verbot des Insiderhandels 499 f.
- Veröffentlichungspflicht 514 f.

Insidertatsache 497 f.

International Accounting Standards Board (IASB) 320 ff.

International Fiscal Association (IFA) 290

Intrinsic value-Bewertung (APB 25) 385 ff.

Kapitalbeschaffung 163

Kapitalerhöhung
- bedingte – (§§ 192 ff. AktG) 178 f.
- genehmigte – (§§ 202 ff. AktG) 176 f.
- ordentliche – (§§ 182 ff. AktG) 175

Kapitalbeteiligung s.a. Aktienoptionspläne, Belegschaftsaktien
- in Aktiengesellschaften 13 ff.
- Modelle 9 ff., 13 ff., 18 ff.

Kapitalertragssteuern 117 ff.

Kaufplan 539

Keinmalbesteuerung 285

Kombinationsmodelle 330, 338 ff., 367 ff.

Kommanditbeteiligung 151 f.

Kommunikation
- Aktienoptionsplan 576 ff.
- Belegschaftsaktienprogramm

Laufzeit, erwartete 411

Leistungserweiterung, potenzielle
- Betriebliche Übung 434 f.
- Gleichbehandlungsgebot 427 ff.

Leistungssteigerung 161

LESOP s. Leveraged Employee Stock Ownership Programme

„Let's Share"-Programm 534 ff.

Leveraged Employee Stock Ownership Programme (LESOP) 26, 39, 594 ff., 673 ff.

Lohn
- Begriffsbestimmung 439

Lohnsteuer 107 ff.

Lohnsteuerabzug
- entsandtes Personal 269
- inländischer Arbeitgeber 268
- Optionsgewährung durch ausländische Muttergesellschaft 270

Marktsegmente 475 ff.

Matched Saving Plans 73

Mehrfachansässigkeit 308 f.

Mehrfachbesteuerung 284 f.

Mitarbeiterbeteiligung s.a. Aktienoption, Aktienoptionsplan
- Ausblick 60 ff.
- aus Sicht eines Unternehmens („Siemens") 520 ff.
- aus Sicht einer beratenden Bank 586 ff.
- Förderung durch Gesetzgeber 32 ff.
- Formen 8 ff., 70 ff., 139 f., 594 ff.
- Grundidee/Ziele 1 ff.
- internationaler Vergleich 64 ff.
- Verbreitung in Deutschland 40 ff.

Mitarbeiterdarlehen 9, 11, 41, 144 f.

Mitarbeiterfluktuation 364

Mitarbeiterkapitalbeteiligung s. Kapitalbeteiligung

Mitarbeitermotivation 161

Mitbestimmungsrecht, Betriebsrat
- Bestehen des Mitbestimmungsrechts 438 ff.
- Hauptversammlungsbeschluss über bedingte Kapitalerhöhung 445 ff.
- mitbestimmungsfreie Vorgaben 441 ff.
- mitbestimmungspflichtige Ausgestaltungsregelungen 447 f.

Mitteilungspflicht 514 f., 516 ff.

Mitwirkungsrecht, Sprecherausschuss
- Intensität 450 ff.
- Sanktionen 454 f.

modified prospective method 394

NASDAQ 476

„nackte Option" 184, 186 f.

Neuer Markt 476, 487 f.

OECD 285 ff.

Offertentheorie 210

Options-Agent 615 f.

Optionsanleihen 180 ff.

Optionsmodell, reines 598 f., 614

Optionsrechte
- fair value-Bewertung 401 ff.

Optionstausch 242 ff., 314

Outperformance-Modelle 601 f., 620 ff., 677 f.

Partnerbanken
- Pricing und Risikomanagement bei innovativen Modellen 668

Performance Shares 99

Personalaufwand
- Verteilung 358 ff.

Phantom Stock 276 ff.

Plan-Administration 542

Plan d'Epargne d'Entreprise (PEE) 82

Plan Document 546

Pricing s. Preisfindung

Sachregister

Preisfindung
- bei Leveraged ESOP und Optionsmodellen 673 ff.

Prime Standard 478, 485 f.
Principle-Agent-Problem 59
prospective method 394
Prospekte
- Darstellung in – 489

Prospekthaftung 491 f.
Prospektpflichtigkeit
- Wertpapier-Verkaufsprospektgesetz 470 ff.
- Zulassung in verschiedenen Marktsegmenten 475 ff.

Put Option 594 f., 661 ff.
Rechnungslegung s. Bilanzierung
Restricted Stocks 98
retroactive restatement method 394
Risikomanagement 668 ff.
Rückkaufprogramm 660 ff.
Sachbezugsbewertung
- handelbare Stock Options 247 ff.
- nicht handelbare Stock Options 252 ff.
- Schlussfolgerung aus Erlass-Bewertungsregelung 262 ff.

SAR-Programm 618 ff.
Save As You Earn (SAYE) Share Option Scheme 79
SFAS 123 383 ff.
SFAS 148 392 ff.
Share Incentive Pans (SIP) 80
Siemens-Nold-Entscheidung 183
Sozialversicherungsabgaben 115
Sparplan 539
Sperrfristen 561 ff.
Sprecherausschuss
- Mitwirkungsrecht 436 f., 450 ff.
- Vereinbarungen mit – 423

Sprecherauschussvereinbarungen 423
Steuerliche Bemessungsgrundlage 252 ff. s. a. Besteuerung
Stille Beteiligung 9, 146 f.
Stillhalteprämie 661
Stillhalterisiko 679 ff.
Stock Appreciation Rights 276 ff., 326
Stock Option s. Aktienoption
Stock Option Plan s. Aktenoptionsplan
Stock Options, handelbare
- Bewertung des Sachbezugs 147 ff.
- Zeitpunkt der Besteuerung 232 ff.

Stock Options, nicht handelbare
- Bewertung des Sachbezugs 252 ff.
- Zeitpunkt der Besteuerung 223 ff., 242 ff.

STOXX 620 f.
Stuttgarter Verfahren 155

Tarifermäßigung (§ 34 EStG) 265 ff.
Teilnahmeausschluss 430 ff.
Teilzeitarbeitnehmer 430 ff.
Tochtergesellschaft im Ausland 100 ff.
„Trading Windows" 512
Transaktionsarten
- cash-settled Transaktionen 330
- equity-settled Transaktionen 330
- Kombinationsmodelle 330

Trinkgeld-Urteil 271 ff.
Übergewinn 258
UNICE 304
Unternehmensübernahme 314
USA s. Vereinigte Staaten
US-GAAP
- Anhangsangaben 391
- Annäherung zwischen ED 2 und US-GAAP-Regelungen 396 ff.
- Ansatz 381 ff.
- fair value-Bewertung (SFAS 123) 383 f.
- Intrinsic value-Bewertung (APB 25) 385 ff.
- Überblick 376 ff.
- Übergang zur fair value-Bewertung nach SFAS 148 392 ff.

Vereinigte Staaten 73 ff., 476, 580, 590, 650
Verfallsfrist 459
Verfallsklauseln
- Unternehmensausschied 457 ff.

Vergütung
- Angemessenheit (§§ 86, 87 AktG 61)
- eigenkapitalbasierte – 520 ff.

Verkaufsprospektgesetz (VerkProspG) 470 ff.
Verkaufssperren 197
Vermögensbildungsgesetz 32 ff.
Veröffentlichung und Mitteilung von Geschäften (Directors' Dealings) 516 ff.
Veröffentlichungspflicht 514 f.
virtuelle Optionen 25, 141 ff., 326
Volatilität 410
Vollzeitarbeitnehmer 430 ff.
Vorgaben
- mitbestimmungsfreie 441 ff.

Wandelschuldverschreibungen 180 ff., 502, 505
Wertpapierbörsen 475 ff.
Wertpapierrecht 124, 149, 469 ff.
Wertpapier-Verkaufsprospektgesetz (VerkProspG) 470 ff.
Windfall Profits 94, 164
Zielsetzungen 161 ff., 626 ff.
Zinssatz, risikofreier 413

Sachregister

Zusagen
- des Arbeitgebers 419
- Einheitsregelung 424, 437
- Einzelzusage 425
- Gesamtzusage 424

Zuständigkeit
- Arbeitnehmervertretungen 456